星火與香火

大眾文化與地方歷史視野下的中共國家形構

趙樹岡 著

星火與香火：大眾文化與地方歷史視野下的中共國家形構

2014年2月初版　　　　　　　　　　　　　　　　定價：新臺幣580元

著　　者　趙　樹　岡
發 行 人　林　載　爵

出　版　者　聯經出版事業股份有限公司
地　　　址　台北市基隆路一段180號4樓
編輯部地址　台北市基隆路一段180號4樓
叢書主編電話　(02)87876242轉212
台北聯經書房　台 北 市 新 生 南 路 三 段 9 4 號
電　　　話　(0 2) 2 3 6 2 0 3 0 8
台中分公司　台 中 市 北 區 崇 德 路 一 段 1 9 8 號
暨門市電話：(0 4) 2 2 3 1 2 0 2 3 & 2 2 3 0 2 4 2 5
台中電子信箱　e-mail：linking2@ms42.hinet.net
郵 政 劃 撥 帳 戶 第 0 1 0 0 5 5 9 - 3 號
郵 撥 電 話 (0 2) 2 3 6 2 0 3 0 8
印　刷　者　世 和 印 製 企 業 有 限 公 司
總　經　銷　聯 合 發 行 股 份 有 限 公 司
發　行　所　新北市新店區寶橋路235巷6弄6號2樓
電　　　話　(0 2) 2 9 1 7 8 0 2 2

叢書主編　沙　淑　芬
校　　對　王　中　奇
整體設計　劉　克　韋

行政院新聞局出版事業登記證局版臺業字第0130號

ISBN　978-957-08-4348-4 (精裝)
聯經網址：www.linkingbooks.com.tw
電子信箱：linking@udngroup.com

國家圖書館出版品預行編目資料

星火與香火：大眾文化與地方歷史視野下
的中共國家形構/趙樹岡著 . 初版 . 臺北市 . 聯經 .
2014年2月（民103年）. 456面 . 14.8×21公分
ISBN　978-957-08-4348-4（精裝）

1.文化人類學　2.史學　3.中國研究

574.3　　　　　　　　　　　　　　103000980

目次

第一章

緒論

一、革命星火的考掘

　　1964 年 4 月，福建省文化局組織的「古田會議會址建館規劃聯合工作組」抵達上杭縣東北山區的古田鎮，此行任務是調查 1929 年 12 月，包括毛澤東、朱德、陳毅等中共領導人在當地廖氏宗祠召開會議的前後過程，以及復原會議場景。事實上，早在 1950 年代初期，原名萬原祠的古田會議舊址就曾進行簡單修葺，只不過當時是由最基層的村鄉級單位負責，由於許多幹部甚至連古田會議都未曾聽聞，因此還必須附帶進行宣傳工作。由此可見，中共國務院公布「第一批國家重點文物保護單位」的 1961 年以前，別說是村鄉，甚至省級幹部都無法想像，這座位於偏遠山區，外觀不怎麼起眼的小宗祠，居然有朝一日與井岡山、延安、韶山並列為 33 個最高級別的「革命建築與遺址」名單。

　　相距古田會議召開三十五年，又極度缺乏相關資料，要想復原此一短暫事件的過程與場景確實不易。工作組發揮擅長的組織動員，透過地方幹部要求親身參與、目擊，甚至僅僅耳聞會議的群眾參加座談。從洋洋灑灑的座談會記錄看來，這次動員相當成功，然而從被動員的群眾對古田會議細節充滿分歧的發言，卻又明顯反映了，在場沒有人能夠較為完整、清晰記憶會議過程，甚至號稱曾親身與會者亦不例外。時間確實模糊了記憶，更重要的或許是除了宗祠主體建築以外，幾乎不存在足以令人聯想到紅軍活動的蛛絲馬跡。不過天井旁的旮旯角，一處不甚顯眼的灰黑焦痕或許是唯一例外。

　　古田雖屬華南福建，但位於海拔較高且近內陸的閩西，冬季甚至可見降雪霜凍。古田會議期間正值仲冬，會場又在無法阻隔

寒風的宗祠正廳與三面庭廊，更有不少人蹲踞在天井下的空地，紅軍如何取暖引起工作小組興趣，也成為座談會討論焦點之一。相關問題的發言不少，但大多圍繞在紅軍如何以單薄衣衫抵擋山野風雪，藉以反襯革命時期的艱苦。大量類似且重複的發言或許曾令幹部們感到索然無味，直到有群眾信誓旦旦指出，面對大門正廳右前方天井的花崗石地面，看來不顯眼的灰黑污痕正是會議期間烤火的焦痕時，才將討論帶到高潮，燃起整個會場的熱情。多數身處中共革命歷史脈絡外的他者或許不明白這次大費周章的動員，以及往後大大小小、各式各樣調查活動背後的意義，同時也難以理解山區小鎮不起眼的宗祠，以及模糊到難以辨認的遺跡究竟有何討論的必要？帶著這些疑問，勢必更不可能想像調查小組發現這個遺跡當下，幾乎感到類似考古學者在周口店遺址發現餘燼堆積層的興奮。

　　事實上，當我首度接觸這份調查檔案與會議發言記錄，確實也無法理解幹部在字裡行間所反映的興奮之情。直到進入整個中共革命史與文史資料描寫的閩西革命歷程，才聯想到調查活動的另一個重點：探訪毛澤東在會址二里外賴坊村撰寫〈星星之火可以燎原〉——經常被用來說明毛澤東堅持以農村包圍城市戰略的正確性，因而成功奪取政權，一篇具有濃厚革命象徵意義，廣泛流傳文章的書寫經過與背景。

　　關鍵的革命星火意象與詮釋，再加上毛澤東、朱德等中共領導人在古田、閩西活動的小故事，有如大量馬賽克拼貼成1930年代中共建立閩西、贛南中央蘇區農村根據地的背景，古田會址也濃縮與展演了革命建國的「光輝歷史」片段。而建築以外，唯一與古田會議直接關連，冬夜篝火留下的焦痕遺跡之於共產革命的象徵，也因此絲毫不亞於周口店餘燼在人類文明發展的意義。

　　1950 年代以來，中共中央文物局鼓勵各地紀念館，「在調查
訪問的基礎上，編寫一套說明詞，應該像『講故事』一樣生動
地說明（革命）人物生活和事件情況的具體事實。」[1] 各省革命
博物館在這個要求下，持續徵集、蒐集革命文物與故事。各地
看似無關緊要的宗祠、廟宇，難以直接判別的「星火」等革命
遺址、遺跡，在說明詞或在故事裡被賦予生命，地方的過去也透
過轉換或加工，呈現出真實效果。古田山坳宗祠裡的革命星火，
以及從此地蔓延到整個閩西、贛南，從地方到區域的歷史敘事也
在轉換和展演過程中，被吸納入中共建國歷史。

　　中共革命建國成功的因素相當複雜，但現在越來越清楚，同
時可以肯定的一點是，組織動員與宣傳交互運用的重要性，絕對
不亞於軍事武裝。作為政治動員基礎的宣傳之所以打動人心，意
識型態之所以成功滲透往往不是來自激昂、單純的政治口號，或
是國家霸權由上而下，單線式的強加在人民身上。而在於各種精
簡、淺顯易懂，藉由文字、圖像、歌謠、戲劇等，群眾「喜聞
樂見」的不同載體，呈現階級剝削和共產黨領導工農群眾「翻
身」的革命敘事。

　　改革開放後，經濟發展雖然迅速取代了日常生活的政治教
條，但中共卻持續為革命星火加薪添柴，藉由無數類似的革命星
火意象，以及各個革命聖地傳遞黨及建國歷史的神聖性。1989
年，江澤民在六四天安門事件的動盪過程中，接任中共中央總
書記，事件甫平即接連訪問革命遺址，當年底便到訪古田「瞻

1　王冶秋，〈在紀念性博物館工作座談會上的發言（1957）〉，國家文物
　　局編，《王冶秋文博文集》（北京：文物出版社，1997），頁 36。引文「講
　　故事」三字引號為原文所加。

仰」。二十年後，胡錦濤又到此地與「革命老區群眾」共度除夕。此期間更不乏國務總理、中央政治局委員、省部級大員在此留下足跡，地方幹部更自不待言。中央領導頻頻加持，再加上國務院到各省市大力宣傳紅色旅遊，鼓勵民眾瞻仰革命遺址，古田開始迅速竄紅，成為今日閩西宣傳 1930 至 1950 年「二十年紅旗不倒」，「維持土地革命果實地區」的重心，被黨史工作者稱為「革命聖地」，甚至共產黨員的「麥加」。

中國大陸有多少革命遺址被冠以「聖地」之名，難以估算，至少列入中共國務院，屬於全國性質的「紅色旅遊經典景區」就高達 100 個，此外還有整整一倍的「全國愛國主義教育基地」，這還不包括更多的省、縣級「愛國主義教育基地」。其中除了在廢墟中重建的曲阜孔廟，或兵馬俑博物館等少數歷史或考古遺址、博物館外，絕大多數都是以中共革命事件、人物為主題的紀念地景。

宣揚革命的愛國主義教育基地或紅色景區各自呈現不同階段或地區的革命敘事，但背後都企圖反映革命星火是由底層工農群眾引燃，藉此宣告「廣大人民」對共產革命的支持，以及「新中國」的基礎是建立在星散各地的農村與小城鎮。革命建國的星火敘事，呈現出「新中國」的「歷史」與傳統，如同 Ana Maria Alonso 討論國族主義建構的史詩（epic）文類，一方面連結過去與現在，同時創造現在、過去與未來穩定的階序[2]。

2　Ana Maria Alonso, "The Politics of Space, Time and Substance: State Formation, Nationalism, and Ethnicity," *Annual Review of Anthropology* 3(1994): 379-405.

二、星火與香火

目前許多已經成為革命遺址的中共革命時期政治、軍事機關或集會活動地點，都是過去的宗祠、寺廟或書院，中共之所以選擇這些公共建築，除了空間較民居寬敞，適合供集會使用，似乎很難找到其他因素。古田會議選擇在萬原祠召開也沒有特殊的政治或歷史背景可尋，僅僅是出自偶然，我個人之所以會接觸古田會議舊址以及這個小鎮，同樣是因為 2007 年參與中央研究院主題計畫過程的另一個偶然。

除了小鎮本身相當曲折且吸引人的特殊經歷，因為過去的人類學訓練背景，長期對宗族與民間信仰的興趣，以及接觸無數宗祠的經驗，促使我試圖透過這些偶然，思考古田會議舊址這個空間從宗祠轉換為革命遺址的過程，以及政治意識型態以外的社會文化意義。

宗族與民間信仰是西方漢學領域，人類學漢人社會文化研究相當重要的主題，因為宗族不僅是純粹的親屬組織，同時也呈現出複雜的社會經濟、地域結構，而民間信仰不僅反映了漢人傳統宇宙觀，更複製了中華帝國的科層體制[3]。過去半個多世紀，歷史學者用宗法、禮教[4]，人類學者運用源自非洲部落社會的世系群

3　Arthur P. Wolf, "Gods, Ghosts, and Ancestors," in Arthur P. Wolf ed, *Religions and Ritual in Chinese Society*(Stanford: Stanford University Press, 1974), pp.131-183. Stephan Feuchtwang, *Popular Religion in China: The Imperial Metaphor* (Stanford: Stanford University Press, 2007).

4　尤其是日本學者如牧野巽、清水盛光、濱島敦俊、井上微等學者對宋代

（lineage）概念，從宗族的定義為起點，延續到親屬組織結構與
功能，並擴展到地域性宗族的社會結構研究，或是以民間信仰面
向探討祖先崇拜的儀式行為。

　　歷史學、人類學大量研究成果，顯示中國各地宗族與民間信
仰的分歧多樣，具體組織型態與觀念形成也有複雜的歷史地理背
景，但二者皆為中華帝國行政控制以外，維繫社會穩固相當重要
的文化基礎，則是相關學術領域普遍的共識。

　　陳春聲、劉志偉、蕭鳳霞、柯大衛（David Faure）等目前
被稱為「華南學派」的學者，開拓了宗族與民間信仰研究新視
野，超越了傳統功能與結構面向，將焦點集中於各地形貌各異的
宗族與民間信仰實踐背後的國家意識型態，以及各類能動者如何
透過信仰、儀式及各類文化展演，凸顯地方在整體國家秩序的正
統[5]。如明清珠江三角洲宗族研究清楚反映出，該地區宗族形成超

　　以來的宗法制度、明代家廟與宗祠制度等都有詳細的討論，參見井上徹，
　　《中國宗族與國家禮制：以宗法主義角度所作的分析》，錢杭譯（上海：
　　上海書店出版社，2008），頁 34-127。

5　這些研究成果相當豐富，有關中華帝國與宗族社會結構、民間信仰等
　　重要著作參見 David Faure, *Emperor and Ancestor, State and Lineage in
　　South China* (Stanford: Stanford University Press, 2007)；劉志偉，《在
　　國家與社會之間：明清廣東戶籍賦役制度研究》（北京：中國人民大學
　　出版社，2010）。信仰與地方文化及國家正統性研究另參見陳春聲，
　　〈正統性、地方化與文化的創制：潮州民間信仰的象徵與歷史意義〉，
　　《史學月刊》1（2001）：123-133; Helen Siu（蕭鳳霞），"Recycling
　　Tradition: Culture, History and Political Economy in the Chrysanthemum
　　Festivals of South China," *Comparative Studies in Society and History* 32.4
　　(1990): 765-794, "Cultural Identity and the Politics of Difference in South
　　China," Daedalus122.2 (1993): 19-43.

越血緣和親屬組織的關鍵，主要是國家正統傳遞過程中，地方知識分子扮演中介者角色，將代表國家正統意識型態的宋明理學傳遞到地方，透過鄉紳、禮生推廣宗族禮儀，結合地方認同與國家象徵的過程與結果[6]。

中共是中國歷史上第一個試圖徹底摧毀，也有能力剷除宗族、民間信仰，脫離傳統國家正統象徵，而能維繫社會穩固的政權。滲透到村落的黨政組織固然是政權穩固的關鍵，但行政制度以外，更需要重建另一套非儒家意識型態的國家正統象徵。如果將國家形構視為一種文化革命，世界產生意義的方式[7]，中共政權摧毀所有「封建傳統」之後，也必須建構得以取而代之的文化體系。這套意識型態，簡單的說，就是以馬列共產主義與階級鬥爭為核心，革命的「新文化」。

宗族與民間信仰觀念及組織可說是「封建傳統」思想與生活實踐的根柢，不剷除宗族組織，人為劃分的階級便難以存在；不打破唯心的民間信仰，更無法建立唯物的馬列共產主義。最後的結果是階級取代宗族之類的血緣、地緣組織，階級關係取代家庭、宗族關係；馬列主義思想驅逐了「封建迷信」和宗教，最後取代所有信仰，建立全國一致，滲透到日常生活的「新文化」。

6　科大衛、劉志偉，〈宗族與地方社會的國家認同：明華南地區宗族發展的意識型態基礎〉，《歷史研究》3（2000）：3-14；David Faure, "The Lineage as a Cultural Invention: The Case of the Pearl River Delta," *Modern China* 15.1 (1986): 4-36.

7　Philip Corrigan and Derek Sayer, *The Great Arch: English State Formation as Cultural Revolution* (Oxford: Basil Blackwill, 1985), p. 3, 218.

中共建國到文化大革命結束前，這個「新文化」相當於革命文化，革命論述也成為無可取代，社會生活的最高價值。在革命論述與實踐不斷滲透日常生活，以及對毛澤東狂熱的個人崇拜過程中，所謂的革命又幾乎成為另一種大眾信仰。毛澤東像章、塑像、毛語錄具有不可輕侮的神聖性，舉國上下透過革命戲曲、舞蹈等有如儀式性的展演宣揚革命。從中共官方媒體對於文革初期大串連，文革期間的革命旅遊，以及改革開放後，紅色旅遊的宣傳報導內容，都可以發現這些活動被描繪為具有接觸「革命聖地」、「淨化革命心靈」，類似朝聖進香的效果。

中國傳統宗族與民間信仰表面上呈現複雜多樣的面貌，但在社會實踐的關鍵象徵就是香火所代表的延續性。宗族香火往上的延續是連接歷代祖先，華南地區族譜最常見的內容就是透過繁複的中原始祖南遷過程，攀附同姓帝王或歷史名人，說明世系傳自帝王貴胄、族中不乏簪纓之士，被視為邊緣的族群也藉此建構我群出自「純正」漢族血脈，而往下的延續則是期盼宗支後世能夠瓜瓞綿延，這是無論身為生物個體乃至整個宗族文化的終極理想。廟宇之所以能夠香火鼎盛，也與香火綿延互為因果。

歷代政權更無不希望國祚綿延、萬世永續。除了政治軍事後盾，一方面需要依賴祭祀天地，藉由鄉紳透過宗族制度，傳遞代表國家正統的宋明理學；另一方面更要透過高壓手段毀淫祀，確立合於祀典的神明，透過敕封確立神明位階[8]，以此建構類似香火

8　James L. Watson, "Standardizing the Gods: The Promotion of T'ien Hou('Empress of Heaven') Along the South China Coast, 960-1960," in David Johnson, Andrew J. Nathan, and Evelyn S. Rawski eds., *Popular Culture in Late Imperial China* (Berkeley: California University Press,

的文化象徵基礎。

　　中共建國至文革期間，藉由黨或「國」取代「家」或宗族，以馬列共產主義取代民間信仰，亦即透過中央到地方的黨政組織及意識型態，取代維繫傳統中國社會穩固基礎的宗族與民間信仰。然而，以唯物的馬列主義為基礎建立的政權，也必須建構一套具有類似香火延續性，可以往上追溯革命建國歷史，往下維繫政權穩固的象徵。如果從中共無數的建國敘事文本，找尋可以取代被摧毀的宗族與民間信仰的香火，應該就是迄今不斷考掘、不斷展演，被中共用來象徵「廣大人民」支持共產革命的星火。

　　全國各地持續不斷的考掘、展演、描繪星火，不僅為了增強革命敘事真實感，更為了書寫從井岡山、閩西、贛南、延安到北京，從星散的革命根據地到「新中國」建立的時間與空間。描繪星星點點革命遺址構成的革命空間與「長征」路徑，成為記錄革命始祖遷徙，在各地開支散葉的革命系譜，各個省、市、縣的地方革命史，則是有如支譜般的將地方革命過程，有系統的連結或攀附到整個革命系譜之中。個體、家庭、地方或區域也因此透過大大小小的革命建國事件、遺跡、遺址與「新中國」產生連結。

　　改革開放以來的中國社會經濟產生急遽變遷，官方主導的意識型態與歷史論述也逐漸改變。無論政治經濟如何變化，藉由微弱但卻廣布的星火意涵，傳遞革命建國「史詩」意象與象徵，亦即「新中國」是代表「大多數」底層群眾支持的國家，將是中共維繫政權穩定相當基本，足以連結過去、現在到未來，最為

1985), pp. 92-324.

終極、不可能捨棄，且將持續宣揚的政權正當性論述軸心與核心意識型態。

星火如何建構、未來如何能夠如同香火般延續，同時維持「鼎盛」與「神聖」，是中共政權面臨的問題或挑戰，更是外界了解中國社會 50 年代迄今及其未來發展的關鍵。相對於官方的「民間」在不同歷史階段如何認識革命星火、中共賦予的神聖性，則是更值得探討的另一個問題。

任何來自中國大陸以外，對中共革命至改革開放發展過程稍具認識的他者，站在復原後的古田會議會場，感受強烈共產革命意象的宗祠大廳，再仰視原本象徵宗族香火延續，現在卻空無一物的神龕，或許會自然而然的思考革命與宗族、民間信仰等，可歸類為中國傳統文化的扞格，以及中共形塑革命意象與神聖性的文化霸權。如果將視野置於長時段歷史發展、廣大的農村，以及改革開放之後，隨處可見過去被強力摧毀，代表「封建勢力」、「封建迷信」的宗族與民間信仰正以驚人速度復興、回歸，或許又令人懷疑中共持續半個多世紀的革命似乎並未置換、取代或打破傳統。

就理解中共革命建國迄今的國家形構（state formation）與社會文化變遷過程而言，無論側重國家霸權，或強調傳統的延續，都可能僅僅觸及了問題的邊緣，或只瞥見當代中國的浮光掠影。如同會址的建築結構、外觀與歷史功能，及其空間展演呈現的多義性，既不能單純以國家霸權探討共產革命對宗族、民間信仰等社會文化傳統改造成功與否，或所謂的文化傳統如何根深柢固。必須透過檔案、國家展演的各類象徵文本、田野材料，深入分析象徵共產革命的星火，以及宗族、民間信仰相當重要的香火象徵交結纏繞過程，彼此如何產生意義轉換，透過當代國家研究視

野，剖析中共「新文化」與國家形構的歷史脈絡及當代變遷。

三、「新文化」與中共國家形構

從毛澤東宣告中華人民共和國──中共標舉的「新中國」正式建立伊始，學術界對中共所以能成功奪取政權，以及中央到地方的政治結構無不抱持高度興趣。半個世紀以來，大體歷經了三個學術世代，分別以集權主義、多元主義，以及 1980 年代開始盛行，用來討論改革開放之後的國家／社會關係模式，不斷試圖詮釋、分析或描繪這個過程[9]。歷史學及政治學者無以計數的研究成果，詳細呈現中共黨政組織、政權結構，以及社會階級分化。大量人類學者在改革開放後湧入中國農村，透過細膩的社區民族誌，循著土地改革、集體化、人民公社、大躍進飢荒、文革傷痛、改革開放的發展序列，探討黨支部在村落的滲透，制度變遷對農村社會結構與人際關係的影響，以及傳統文化與儀式的回歸[10]。

跨學科共建，廣布西方學術圈的中國研究領域自 1960 年代起，大多集中於描繪或分析中共強大的黨政機器、國家機器底下的人民，或是從政治狂風驟雨摧殘後的荒原尋找傳統。相較於封

9　Elizabeth J. Perry, "Trends in the Study of Chinese Politics: State-society Relations," *China Quarterly* 139 (September 1994): 704-713.

10　人類學者自改革開放後的中國研究回顧可參閱 Steven Harrell, "The Anthropology of Reform and the Reform of Anthropology: Anthropological Narratives of Recovery and Progress in China," *Annual Review of Anthropology* 30 (2001): 139-161.

閉的冷戰時期，當前逐漸對外開放的田野，以及稍可觸及的中共
地方檔案，使得我們對中共政權運作、社會控制，或是制度與社
會文化變遷又有了更清楚的了解。然而中共建黨、建國迄今，
在政治制度、黨政組織、經濟發展與社會控制以外，作為「新
中國」基礎的文化建構，及其與大眾文化（popular culture）在
不同時期、不同領域互動的討論，似乎仍有相當大的空間，亦即
缺乏將當代國家研究關切的重要問題，帶入中國研究領域。

　　1980 年代中後期以來，跨領域人文社會學者的國家研究，
除了在全球化脈絡思考國家邊界，反思傳統的國家觀念，傅柯的
多重力場（multiple force field）也挑戰國家作為權力中心的傳統
思維。這些視野提供我們反思何謂國家、反思長期支配學術領
域的國家／社會模式，以及從例行（routine）、儀式性的日常生
活實踐探討「新中國」，重新認識紅色政權不僅是統治者的「面
具」，更是不同領域「大眾」共構的結果，進一步思考整個共構
過程。

　　從概念層面而言，當代跨學科的國家研究大致已經排除將國
家視為先驗（a priori）的概念、定著的（fixed）實體，甚至能
否成為研究客體也再度被重新審視。Philip Abrams 詳細梳理 20
世紀國家研究指出，以往政治社會及馬克思主義學者將國家視為
實體進行研究遭遇的困境，建議將國家視為超越人民的首要意識
型態（first ideology）、社會的虛幻共同利益（illusory common
interest）[11]，從政治運作和行政統治的現實面抽離國家概念，

11　Philip Abram, "Notes of the Difficulty of Studying the State(1977),"
　　Journal of Historical Sociology 1.1 (1988): 58.

將其區分為行政管理、司法制度等實際運作的國家體系（state-system），以及意識型態的國家觀念（state-idea）。前者類似實際執行統治權力的政府，後者則是有如集體虛偽呈現（collective mis-representation）的國家。

　　Philip Abram 認為，國家不是隱藏在政治實踐面具背後的實體，其本身就是防止人民窺見政治實踐的面具，除了限制人民接近政府實際運作知識，也透過意識型態建構使其更具真實感。換言之，國家一方面透過禁止人民接觸檔案等行政控制手段，掩蓋面具背後的政治操作；另一方面更要讓人民相信，彰顯於外的面具就是真實的國家。Begona Aretxag 呼應 Abram 的「國家面具」觀點，也回應 Etienne Balibar 和 Immanuel Wallerstien 討論國族形式事實上是觀念、意象和意識型態，非先決的包裝（container）[12]，而以國家形式（state form）強調內容空洞卻有力的國家概念，有如權力論述和實踐的螢幕[13]。

　　無論面具或螢幕，國家觀念得以存在的關鍵主要是維繫、穩固，以及不斷建構政權正當性來源基礎的真實感，不可能脫離公共展演，以及圍繞在國家意識而生產的論述、敘事、虛幻（fantasies）等用以連結國家形式到人民的能動性（dynamics）元素。因此，Aretxag 建議將國家視為現象學的存在，透過權力論述和實踐的生活會遇（encounter），在日常領域、公共文化、

---

12 Etienne Balibar and Immanuel Wallerstein, *Race, Nation, Class: Ambiguous Identities* (London; New York: Routledge, 1991).

13 Begona Aretxags, "Maddening State," *Annual Review of Anthropology* 32 (2003): 395.

儀式慶典、官僚機構、紀念場域等空間組織被生產[14]。

　　中共各類革命遺址與敘事文本毫無疑問是國家展演的重要場域，文革結束前，地方幹部在各類政治運動過程，組織動員群眾展開的鬥爭大會、政策宣導活動，也可以視為連結國家與人民公開展演的劇場。透過激烈、戲劇性、情緒性的表述，打擊「階級敵人」，宣揚「新」、「舊」社會的對比，藉此帶給人民「新中國」的擬構（fiction）。然而，這種擬構如同中共地方檔案描繪的社會樣貌或國家象徵文本，並不全然出自虛構（falsity）[15]，而是如 Clifford Geertz 討論「國家劇場」提及的 Negara，屬於另一種展演文類[16]。

　　既然國家不是先驗的概念、定著的實體，也不是理所當然的權力中心，不僅民族－國家之間賴以連結的分號越來越站不住腳，長期處於學術支配地位的國家／市民社會典範也遭受到相當強烈的質疑。取代國家／社會模式的重要取向，是將國家視為新的治理性效應（governmentality effect）[17]，從效應（effect）認識國

14　Begona Aretxags, "Maddening State," *Annual Review of Anthropology* 32：396.

15　有關中共地方檔案的討論，請參閱趙樹岡，〈國家代理人筆下的地方社會：從檔案看中國的地方「歷史」，1949-1966〉，中央研究院近代史研究所主辦「歷史視野中的中國地方社會比較」研討會會議論文，2008 年 12 月 18-19 日。

16　Clifford Geertz, *Negara: The Theatre State in Nineteenth Century Bali* (Princeton: Princeton University Press, 1980).

17　Timothy Mitchell, "Society, Economy, and the State Effect" In George Steinmetz., ed., *State/Culture: State-Formation after the Cultural Turn* (Ithaca: Cornell University Press, 1999).

家過程和實踐的多重場域（multiple sites）[18]，從而探究國家在日常生活中非顯而易見的會遇（encounter）。

多重場域的國家，或 Navaro-Yashin 所謂的多形貌國家（faces of the state）等觀點挑戰了長期支配人文社會學界的國家／社會框架，被視為國家生產、再生產中心的日常生活場域也逐漸受到重視[19]。如 Timothy Mitchell 對於諸如公共領域（public sphere）、公共文化、市民社會和國家等國家／社會二元對立的批判，認為這些二元對立都是新的權力論述效應[20]。Navaro-Yashin 同樣質疑誰有權定義哪些社會領域為「市民社會」，另一方面藉由政治生產場域的公共生活（public life）概念，批判以往假設權力與抵抗之間存在涇渭分明界線的觀點，並藉此說明，無論人民或國家都是政治生產和重鑄的模糊指涉，因此二者不是對立的兩端，而是處於相同的領域[21]。

在政治上，中共向來以「帶領」群眾的口號，取代「統治」人民的事實。在文化上，則一向自詡為五四精神的承繼者，甚至自認在文化大眾化的程度更超越五四知識菁英。建國以前即不斷強調壓倒性多數群眾為主體，「大眾的新文化」論

---

18 Michel-Rolph Trouillot, "The Anthropology of the State in the Age of Globalization," *Current Anthropology* 42.1 (2001): 126.

19 Yael Navaro-Yashin, *Faces of the State: Secularism and Public Life in Turkey* (Princeton: Princeton University Press, 2002).

20 Timothy Mitchell, "Everyday Metaphors of Power," *Theory and Society* 19.5 (1990): 545-577.

21 Yael Navaro-Yashin, *Faces of the State: Secularism and Public Life in Turkey*, p. 135.

述，形構出「新中國」這個面具是「廣大勞動人民」的集合體。無論實際統治形式為何，至少在政治與文化宣傳上，模糊了統治者與被統治者界線，建構出貌似「人民」的「新中國」。

在中國朝代更迭、政權嬗遞的歷史過程，中共政權的特殊性並非中國研究領域長久以來所關注的武裝割據，建國之後的黨政權力結構，或嚴密的社會控制，而是延安時期開始利用「文化軍隊」，積極運用各類宣傳工具製造輿論，拓展「文化戰場」[22]。毛澤東所謂，「凡是要推翻一個政權，總要先造成輿論，總要先做意識型態方面的工作」[23]，為輿論和意識型態在推翻舊政權，建立新政權的功能，下了赤裸裸的註解。輿論傳播與意識型態滲透工作所憑藉的就是宣傳，就是徹底將中共自認為屬於大多數群眾的「新文化」轉化為全國大眾的文化，建構全國一致，新的世界觀、歷史觀。

George Steinmetz 指出，以往歷史或比較研究脈絡進行的國家研究中，文化這個主題雖然從未被排除在外，但無論傳統或新馬克思、韋伯政治理論都將文化視為國家產物，而沒有看到國家同樣是文化過程的結果[24]，當代中國研究領域同樣缺乏以這個觀點

---

22 「文化軍隊」與「文化戰場」引自毛澤東，〈延安文藝工作會議上的講話（1942）〉，竹內實編，《毛澤東集》（東京：蒼蒼社，1983），頁849。

23 毛澤東，〈中共八屆十中全會講話（1962）〉，《建國以來毛澤東文稿》第十冊（北京：中央文獻出版社，1996），頁194。

24 George Steinmetz, "Introduction: Culture and the State," in George Steinmetz ed., *State/Culture: State-formation after the Cultural turn*, pp. 12-23.

討論中共建國前後到當代國家形構過程。國家與文化的關係，或 Steinmetz 使用意義較為開放的國家／文化，討論重點是文化如何影響國家形構，以及國家又如何反過頭來影響國族文化和地方文化。為了達成國家形構與展演的效力，這些展演又必須是通俗或大眾的（popular）[25]。

Philip Corrigan 和 Derek Sayer 在其經典著作 *The Great Arch* 當中，透過中古到近代，九個世紀以來的歷史發展，論述英國現代國家形成是以中產階級文明為基礎，強調國家活動與制度都是文化形式，因此探討國家形構不能不深入分析文化生活形式與實踐[26]。換言之，所謂的國家形構觀點嘗試擺脫以往著重政治菁英與上層知識分子，或是以權力為核心探討國家起源的國家建設（state building）研究傳統，在他們看來，國家形構不外乎是一種文化革命，世界產生意義的方式。

如果說雄偉的拱門是英國的國家形構象徵，「新中國」相當重要的象徵即為分散各地，代表廣大人群的「星火」。寓意微弱、廣布，但卻能夠燎原的星火，成為與階級對立的大眾（the masses）──中共強調的「群眾」和「人民」隱喻，也成為所有文藝活動、革命敘事與物質展演試圖凸顯的主軸。從國家作為集體虛偽意識的面具而言，中共形構的「新中國」成為最高道德指涉，「新中國」賴以建構，關鍵的、屬於「大眾的」「新文

25　Stuart Hall, "Popular Culture and the State," In Tony Bennett, Colin Mercer, and Janet Woollacott eds., *Popular Culture and Social Relations* (Philadelphia: Open University Press, 1986), pp. 22-49.

26　Philip Corrigan and Derek Sayer, *The Great Arch: English State Formation as Cultural Revolution*, p. 3, 218.

化」意識型態，更模糊了國家與人民界線。

「大眾的新文化」與「新中國」

Corrigan 和 Sayer 採借 E.P. Thompson 用來表述英國中產階級革命的「拱門」（great arch）隱喻，以高聳堅固磚石結構空間，建築時間等時空意象，將英國國家形構視為經濟轉型、政治擴張與建構，歷經數世紀形成的國家與特殊政治社會中的人民[27]，而他們以「文化革命」討論英國國家形構，相當重要的觸媒則是來自毛澤東[28]。

早在 3、40 年代，毛澤東與黨內或親中共知識分子即展開一連串的「新中國」與「新文化」論述，尤其集中在抗戰時期延安出版的《中國文化》季刊。毛澤東、郭沫若、茅盾、洛甫（張聞天）、艾思奇等人都持續提出「新文化」的本質、新文化運動的任務，同時對文化的「民間形式」與「民族形式」關係展開論戰。毛澤東在《中國文化》創刊號上發表的〈新民主

---

27 Philip Corrigan and Derek Sayer, *The Great Arch: English State Formation as Cultural Revolution*, p.11; William Roseberry, Hegemony and the Language of Contention in *Everyday forms of State Formation: Revolution and the Negotiation of rule in Modern Mexico* (Durbam and London: Duke University Press, 1994), pp. 355-366.

28 所謂的「文化革命」不是「文化大革命」，而是中共建國前即展開的文化論述。Daniel Nugent and Ana Maria Alonso, "Multiple Selective Tradition in Agrarian Reform and Agrarian Struggle: Popular Culture Formation in the Ejido of Namiqupa, Chihuahua," in Gilbert M. Joseph and Daniel Nugent, eds., *Everyday Forms of State Formation: Revolution and the Negotiation of Rule in Modern Mexico*, p. 210.

主義的政治與新民主主義的文化〉（後更名〈新民主主義論〉），
雖然是以抗日戰爭期間民族主義的大帽子，「民主統一戰線」脈
絡的宣言，但其中「新中國」、「新文化」，以革命史觀詮釋中
國歷史分期，直到今日仍然是中共對於相關問題最具代表性的論
述[29]。

　　站在與國民黨爭奪政權的立場，中共必須建構「新」中國論
述，以及將中共建黨前與建黨後的中國劃分為「舊民主主義」、
「新民主主義」二個階段，以共產黨為「新民主主義」下的
「新中國」代表，如此才足以在政治上取代辛亥革命後，完成
推翻帝制歷史任務的中華民國政權正當性。革命時期毛澤東即相
當清楚將「新中國」當作「面具」，以及透過徹底摧毀「封建文
化」，建構「新文化」的過程來建立「新中國」。

　　中共所謂的「新中國」，迄今不變的論述可以歸納為：共產
黨領導、代表「多數工農群眾」利益，有別於「封建帝制」，
或是辛亥到五四運動以前，由「資產階級領導的舊民主主義」的
中華民國。「新中國」與「新文化」的「新」，是相對於「政
治上受壓迫，經濟上受剝奪」的「舊」中國，以及「被舊中國
統治因而愚昧落後」的「舊」文化。

　　新、舊文化是以五四運動為分期。五四運動雖然被中共視
為「徹底地反對封建文化的運動」，其間提倡的「新道德」與
「新文學」也值得肯定，但五四所謂的「平民」被中共認為僅
僅局限於「城市小資產階級和資產階級的知識分子」。而中共雖

---

29 毛澤東，〈新民主主義的政治與新民主主義的文化〉，《中國文化》，
　　創刊號（1940）：2-24。

然將五四「新文化」視為革命運動和實踐的基礎，不同的是強調
「無產階級領導的人民大眾的反帝反封建的文化」，因此亟力強
調「新文化」是屬於更為廣泛的「人民的」和「大眾的」。

毛澤東將「新文化」定義為具有民族的、科學的、大眾的
三個特點。除了民族的「新文化」是以反帝國主義立場，在建
立「中國自己的文化形式」基礎上，實踐馬克思主義外。科學
的、大眾的定義都與代表「大多數」的「人民」或群眾有關。
科學的「新文化」，主要是「反對一切封建思想和迷信思想」，
尤其是「唯心主義」和「宗教教義」，同時要「科學的清理中國
古代文化發展過程」。需要清除的是代表「古代封建階級腐朽的
東西」，要發揚的是「多少帶有民主性和革命性」，代表大多數
被統治者的「古代優秀人民的文化」。

「新文化」的建構是一回事，實際傳遞又是另外一回事。因
為既要求「新」，又要兼具多數和通俗的革命文化產生相當的矛
盾，主要涉及文化的普及與提高，而這個問題又涉及五四以後的
民族文化論戰。

大體來說，五四反傳統主義除了試圖打倒魯迅在〈狂人日
記〉隱射為封建禮教的「地主舊帳簿」，更將農村為主體的「民
間文化」視為糟粕。因此，對於諸如顧頡剛、王守真、趙紀彬
以民間文化作為民族形式「中心源泉」的「舊瓶新酒」說，自
然引來強烈的批判[30]。茅盾、郭沫若等學者認為，此說為五四新

---

30 1930年代，以顧頡剛為主，試圖透過民間文化與通俗讀物作為教育民眾、
　喚醒抗日民族主義的宣傳利器，引起文化形式通俗化與大眾化論戰。所
　謂「舊瓶裝新酒」一詞，最早出現在1936年，由顧頡剛屬名，實為王守
　真所撰，刊載於《民眾週報》，卷1，期5的〈為什麼要把新酒裝在舊瓶

文化潮流之「復古」或「倒退」，徹底反對將「舊的」、「封建的」民間文化視為民族文化中心源泉。

　　雖然在開展文化的民族形式立場上，茅盾強烈反對向林冰將「宣傳教育的通俗化工作與屬於文藝創造的民族形式的建立混為一談」，但在實際宣傳所面對中國當時教育普遍低落的現實，卻不得不「遷就民眾低下的文化水準」，民間文化仍舊是不可或缺的有效媒介[31]。如中共延安時期，陝北秦腔之類的地方戲曲即為相當有效的宣傳工具，文化幹部還是採取「舊形式新內容」的演出方式，中共也正是藉此獲取政治動員能量。相較之下，新形式宣傳似乎難以達到同樣效果，如西方舞台劇形式上演的化妝劇，雖然採取農民容易接受、與時事相關、淺顯易懂的形式與內容，但一成不變的角色扮演，久而久之也令人感到乏味[32]。

　　毛澤東定義大眾的新文化所指的「大眾」，事實上有雙重意

裡〉。其中以向林冰為筆名的趙紀彬並非「舊瓶新酒」最早提出者，但卻發表多篇有關「舊瓶新酒」意義與價值的文章，或許因此被郭沫若、茅盾等視為「舊瓶新酒」說的主要發言人。相關歷史背景與論述見劉龍心，〈通俗讀物編刊社與戰時歷史書寫（1933-1940）〉，《中央研究院近代史研究所集刊》64（2009）：87-136。有關「舊瓶新酒」的詳細討論亦可見 Chang-tai Hung, *War and Popular Culture: Resistance in Modern China*, 1937-1945 (Berkeley: University of California Press, 1994), pp.187-220.

31 茅盾，〈舊形式、民間形式，與民族形式〉，《中國文化》2.1（1940）：5。

32 艾思奇，〈抗戰中的陝甘寧邊區文化運動：二十九年一月六日在邊區文協第一次代表大會上的講話〉，《中國文化》2.1（1940）：24。化妝劇早在 1929 年 12 月，毛澤東的〈古田會議決議〉文中出現，從艾思奇的描繪看來，所謂化妝劇是由三、五位演員，分別扮演國民黨與共產黨軍、政人員，以及日軍與農民形象。

義。一方面是指「多數」（the mass），亦即以革命史觀塑造出相對於「封建統治」階級，高達百分之九十以上「工農勞苦群眾」，另一方面的實際意義則是指「通俗」（popular）。絕大多數「勞苦大眾」連識字都有問題，更遑論對其解釋什麼是馬克思主義，什麼是「唯心」或「唯物」思想。因此，還必須要區分「共產主義的思想體系」與「社會制度的宣傳」，分別「抽象行動綱領」與「社會實踐」。

總體而言，就是要區分「訓練幹部的共產主義的理論與方法」和「整個國民文化的新民主主義」。在傳遞「新中國」、「新文化」抽象論述過程中，必須將幹部教育和大眾宣傳區分開來[33]。幹部對理論的認識必須提高，但在群眾宣傳方面，必須要轉換形式，「文字要改革，語言也要接近民眾」，重點是普及。

中共論述的文化，包括為政治、經濟服務的觀念型態，以及被稱為文藝的傳統文化表現形式。在「觀念型態」的文化概念下，「封建思想」必須完全剷除，但在群眾宣傳的實際工作上，至少在文革以前，毛澤東還是傾向「舊瓶新酒」的作法，提倡蒐集和研究農民工藝與藝術，各種與農民日常生活緊密連結的民間文化，以「民間藝術」形式出現。將民間文學、戲曲、民歌、小調、說書等，民眾「喜聞樂見」的「文藝」作為動員群眾，轉換抽象革命理論、建構「新中國」與「新文化」的宣傳工具[34]。如洪長泰以「政治文化」，探討中共政治地景的象徵，

---

33 毛澤東，〈延安文藝工作會議上的講話（1942）〉，竹內實編，《毛澤東集》，頁 849-880。

34 毛澤東，〈延安文藝工作會議上的講話（1942）〉，竹內實編，《毛澤東集》，頁 849-880。

以及民間藝人如何被共產黨改造成宣傳工具，利用民間傳統藝術如版畫、剪紙、秧歌、節日宣揚革命，說明中共在尋求群眾動員方式中，制訂了以普及代替提高文化水平的新路線[35]。

　　事實上，如果就運用通俗文化進行宣傳活動而言，早在 1929 年，毛澤東的「中國共產黨紅軍第四軍第九次代表大會決議」，亦即「古田會議決議」就賦予紅軍作戰以外，還必須擔負「擴大政治影響爭取廣大群眾」的重要任務。強調紅軍要特別注意宣傳內容，要因時、因對象、因地制宜，關鍵是不要使用超出民眾日常用語的文字和詞句，要求宣傳標語的用字與用詞必須讓老百姓看懂[36]。詳細列舉如花鼓戲、黑板報等用之於紅軍政治訓練的教育活動，也幾乎涵蓋了革命到建國以後，全國各地普遍施行的宣傳方式。1930 年代，中共閩西、贛南建立中華蘇維埃時期，更大量運用地方戲曲、小調、歌謠進行革命宣傳[37]。

　　1934 年，中華蘇維埃割據政權在國軍圍剿下，自贛南轉往陝甘寧，展開所謂的「二萬五千里長征」。毛澤東將「長征」定位為「宣言書」、「宣傳隊」、「播種機」[38]，宣稱跨越數省的「長征」非但不是政治軍事的挫敗，反倒是宣傳工作上的大勝利，使

35　洪長泰，《新文化史與中國政治》（台北：一方出版公司，2003），頁112-143。

36　毛澤東，〈中國共產黨紅軍第四軍第九次代表大會決議（古田會議決議）〉，竹內實編，《毛澤東集》，頁 78-117。

37　Ellen R. Judd, "Revolutionary Drama and Song in Jianxi Soviet," *Modern China* 9.1 (1983): 127-160.

38　毛澤東，〈論反對日本帝國主義的策略（1935）〉，竹內實編，《毛澤東集》，頁 137-162。

得底層民眾更了解紅軍與中國共產黨。毛澤東詮釋的「長征」只能視為另一種宣傳，不見得對底層社會帶來實際或廣大的宣傳效果。但毛澤東定義的「長征」卻被號稱「新長征」，文化大革命初期進行大串連的革命師生化為行動綱領。

1966 到 1967 年，全國各地無數的「革命師生」透過長途跋涉，深入農村「向工農群眾學習」，同時也如同一群群的「宣傳隊」，在鄉野傳遞革命「新文化」。大串連實際進行時間雖然不到二年，但卻有如毛澤東形容，「長征」是「中國歷史上的第一次」──「新長征」同樣是第一次因為個人崇拜，以學生為主體的全國性、大規模將國家「新文化」帶入底層社會的運動。

30 年代到文革以前，中共在宣傳和利用傳統文化層面上屬於實用主義者。例如在革命到建國後的土改過程中，雖然極力剷除宗族勢力與「封建迷信」的民間信仰，但明令禁止拆毀宗祠、寺廟、教堂。革命期間要求紅軍不要動不動拔祖先牌位、拆宗祠，主要是擔心激起民怨，建國之後的主要著眼點是這些建築可以作為黨或地方政府機關處所。對於傳統文化的外顯形式，亦即中共所謂的「民間藝術」也是如此。革命到文革以前，「文藝」一直被當作國家形構的宣傳工具，主要保留各類民間藝術形式，例如山歌曲調、戲曲主要結構，大量運用傳統樂器，但在表現內容上則主要是為了宣傳革命「新文化」與傳遞政策。

文化大革命的背景是歷史學者相當關切的主題，背後也有中共中央領導權力鬥爭的政治背景。姑且不論毛澤東個人或整場悲劇背後錯綜複雜的因素，文化大革命十年在中共國家形構過程的意義，主要是全力打倒、清除過去被用來作為宣傳工具，亦即傳統文化的「文藝」。打倒「舊」傳統之餘，也不斷鍛造「新」的通俗文化，「新」的革命傳統，徹底把國家形構過程的革命

文化取代所有日常生活的通俗或大眾文化。

　　中共也知道要完全清除所謂的「封建傳統」確實有困難，例如部分地區香燭紙錢等「迷信用品」是在文革時期才強烈禁止販售，至於農曆春節或清明等傳統節日，更不可能依賴國家機器強制取消。文革期間改造類似傳統的方式是將其「革命化」，不能強制禁止春節，因此鼓勵民眾要過革命化的春節，清明禁止祭墓、焚香燒紙，但還是利用清明的民俗意義，從中央到地方在清明舉辦緬懷革命烈士的盛大儀式[39]。

　　暫且不論中共建國以來，由於人為因素導致的各類悲劇，或是毛澤東的歷史定位。中共國家形構連結的文化論述、強調文化是屬於「全國百分之九十人民」的「大眾」，以及區分宣傳與實踐、共產主義的理論方法與整個國民文化，確實是相當成功的文化建構模式。從中共成功建立政權，以及各項政策由中央迅速宣達到農村，也說明了中共革命時期確實有效掌握了通俗或大眾文化，並成功的運用在各種宣傳策略，進而迅速打入基層。

　　無論中共革命時期的「新中國」論述，或建國到文革期間的土改、反右等一連串政治運動事實上都是建立革命「新文化」的過程。將革命文化變成全國一致，具有普遍性的大眾文化，也要讓民眾重新認識中國歷史，重新認識生存空間的過去與現在。更重要的是在這個過程中，強調「新文化」建構出來的「新社會」與「舊社會」高度反差，不斷透過鬥爭大會與各類「文娛

---

39 年節的「革命化」早在文革以前就以經展開，如上海教育出版社編，1962年出版的《農村應用文》即蒐錄、編纂各類「革命化」春聯，希望民眾運用。該書流通甚為廣泛，1965年時已歷經九次印刷，印量為一百多萬份。

活動」將這個對比圖像深入民間，藉此呈現出「新中國」的真實感。

改革開放後雖然取消了階級，但是中共顯然不僅沒有放棄，反而在各種活動進行過程中，透過精緻細膩的展演，持續加強發揚革命傳統。事實上，所謂的革命更早在中共建國初期就已經成為傳統。1951 年，毛澤東為「中央人民政府南方革命根據地訪問團」南下訪問革命老區時，就題了「發揚革命傳統，爭取更大光榮」這句話。2011 年，為慶祝中共建黨九十週年，北京中國國家博物館舉辦的「中央蘇區革命傳統主題展」，同樣以此為展覽主題。

中共雖然迄今並未放棄持續宣揚已經喊了半個多世紀的革命傳統，但在不同歷史階段、不同脈絡下，所謂的革命傳統也有不同意涵。建國到文革結束前，官方意識型態的「大眾的新文化」轉換為大眾文化的印記，以階級鬥爭史觀重新詮釋中國歷史的鑿痕，星火象徵所塑造的建國「史詩」以及革命傳統，如「新瓶舊酒」，出現在改革開放後，貌似自主、民間的大眾文化領域及地方歷史書寫當中，而革命的神聖性卻在不同場域，產生了不同形貌的質變。

大眾文化與地方歷史

中共延安時期定義為「大眾的」新文化不等於大眾文化，而是毛澤東以階級鬥爭理論，將文化強制劃分為代表少數統治階層的「封建文化」，以及代表多數「勞動人民」的民間文化。前者是必須推翻的對象，而後者則是必須經過篩選、加以發揚，代表「勞動人民」，大眾的、科學的革命文化。所謂的大眾文化不完全相對於官方的「民間文化」，亦即 Stuart Hall 定義為，非

自主、非統治者束縛，或統治者視野下的小傳統，而是彼此鬥爭、辯證關係下產生的文化[40]。

國家形構是永遠的進行式，而中共文革結束前的重點工作，主要是逐步將馬列共產主義、階級鬥爭為基礎，國家虛偽意識的「大眾的新文化」徹底轉化為大眾文化，將革命塑造為「新傳統」，重新以階級鬥爭、進化史觀詮釋中國歷史，將紛雜多樣的地方歷史轉化為革命史的過程。在「新」、「舊」進化論的革命史觀框架，中共建國以前的中國歷史都成為不同階段的階級鬥爭史，而各個地方史也成為一幕幕的「工農抗暴史」。這個過程是中共建構「新中國」真實性的關鍵，更是過去著重以政治理論、社會控制，與國家／社會框架探討中共政權建設以外，中共統治得以完成的重要基礎。

改革開放後，中共「大眾的新文化」與逐漸復興的宗族與民間信仰等大眾文化在彼此辯證關係中被生產與詮釋。除了民間藝術、戲曲、地方民俗活動以外，傳統文化「復興」現象最突出，以及受到最多關注的就是以往中共打擊最烈的宗族與民間信仰。當然，被視為復興的種種「傳統」，有相當程度上是發明或是如蕭鳳霞所謂，中國民間信仰或各種傳統在改革開放後的發展不能完全視為文化復興，而是「（中國）傳統在馬克思主義國家權力影響下的新詮釋」[41]。

---

40 Stuart Hall, "Notes on Deconstructing 'The Popular'," Raphael Samuel ed., *People's History and Socialist Theory* (London: Routledge and Kegan Paul, 1981), p. 233.

41 Helen F. Siu, *Agents and Victims in South China: Accomplices in Rural Revolution* (New Haven: Yale University Press, 1989), p.11.

　　事實上，從國家／文化脈絡而言，傳統的恢復或蕭鳳霞所謂「新詮釋」，相當程度也是階段性的國家形構。80 年代開始，「黃帝陵」就被《人民日報》大力宣傳為炎黃子孫的祭祖聖地[42]。各個姓氏透過舉辦活動，鼓勵海外華人尋根祭祖，各級政府也透過各種不同的管道，支持各類宗族活動，使得沉寂許久的修族譜、建宗祠、大規模祭祖的民間組織逐漸恢復。

　　表面上民間自發性的活動背後，事實上還是可以發現國家的陰影。中共藉由這套傳統香火觀念，凝聚全球華人向心力，從各個姓氏的尋根問祖，到虛擬的中華民族「人文共祖」最大公約數，建構涵蓋面更廣、更抽象的「新中國」。大眾文化或所謂傳統，只不過再度成為中共現階段的國家形構工具。對大眾或所謂民間而言，「新中國」與革命「新文化」在日常生活實踐也產生了與建國到文革，「不斷革命」階段以外，值得深入探究的新詮釋。

　　討論這些新詮釋的重點，首先需要認識人類學和部分歷史學者已經脫離了討論國家本質，或國家能否成為研究客體，關鍵在於國家這個觀念如何被人民認識、想像與實踐[43]。值得注意的是，

42　〈炎黃子孫敬祖聖地：黃帝陵〉，《人民日報》，1984 年 9 月 1 日。

43　人類學界從 Radcliffe-Brown 呼籲放棄「國家」觀念，以及 Clifford Geertz 等詮釋或象徵人類學對國家觀念的討論回顧，以及人類學對國家研究典範轉移來自包括葛蘭西（Gramsci）的文化霸權，傅柯（Facault）以權力討論知識實踐，薩伊德（Said）重新思考當代世界權力與政治的東方主義等理論刺激，在前述 Philip Abram 的文章，以及 Christian Krohn-Hansen and Knut G. Nustad, "Introduction." *State Formation: Anthropological Perspectives*(London: Ann Arbor, 2005), pp. 3-26. 有相當清晰的論述。

少數政治學者也開始重新思考取代行為論，支配國家、政府研究的新制度論，批判以往長期欠缺從底層研究國家，強調從傳統探討統治實踐，將國家視為根植於公共領域，個體透過創造、行動所賦予的社會建構意義。從文化實踐意義上討論國家，呈現出因為根植於不同公共領域、不同信仰實踐的多樣性[44]。

從研究對象和方法而言，反思根基論、「把國家帶進來」，或是新制度論，將國家視為文化實踐的政治學論述和當前以國家／文化觀點探討國家的歷史學、人類學者並無太大差別。但政治學者嘗試進行的新範例也說明了從傳統、社會底層和長期歷史發展探討國家形構，從傳統理念探討國家統治，從象徵層面討論國家的日常生活實踐已經成為人文社會學科的共同焦點。

如 Timothy Mitchell 認為，將國家區分為意識或物質層面都無法增進我們理解國家，必須進入歷史脈絡，觀察日常行政瑣事（mundane）與國家的關連，以及這些抽象表徵如何在生活展演[45]，或是如 Akhil Gupta 從官僚體系的生活實踐，探討公共文化的國家建構與人民想像的國家[46]。這些研究都涉及權力多重形式及

---

44 Mark Bevir and R.A.W. Rhodes, *The State as Cultural Practice*, pp. 1-22. 該書二位政治學者自 2003 年起即試圖從透過詮釋學和人類學者 Clifford Geertz 的 thick description，藉由探討英國各階層行政官員細微的、例行性行政事務描寫，探討國家與政治的日常生活實踐。

45 Timothy Mitchell, "Society, Economy, and the State Effect" In George Steinmetz., ed., *State/Culture: State-Formation after the Cultural Turn*, p. 76.

46 Akhil Gupta, "Blurred Boundaries: The Discourse of Corruption, the Culture of Polities, and the Imagined State," In Aradhana Sharma and Akhil Gupta eds., *The Anthropology of the State: A Reader* (Malden: Blackwell

其日常生活效力，焦點是人們如何了解國家，這種了解又因為身處不同區域，與不同國家代理人接觸而產生各色各樣差異，最後則是國家如何展演自身。

　　除了反思歐洲中心、功能或結構論的國家研究傳統，由於歐洲殖民勢力與被殖民世界文化碰撞的歷史背景與現況，也促使學術界嘗試將國家形構觀點帶入拉丁美洲、東南亞、非洲被殖民國家。由於這些新興國家 19 至 20 世紀陸續獨立以來，不斷發生武裝政變，政權更迭頻仍，極端不穩定的後殖民發展，傳統社會文化與西方政治制度的交會等特殊性，為微觀政治探討國家如何在村落、學校、日常生活中被想像，以及國家形構與大眾文化研究提供相當豐富生動的例證[47]。

　　以往被殖民地區的國家研究，除了延續 James C. Scott 討論被支配團體（subordinate group）如何面對國家權力，從大眾視野探討社會行動者在日常生活、社會網絡如何認識國家，進而想像、表達或展演；也同時關注新政權透過各種象徵與文本使其呈現具體樣貌，建構權威和統治權力的合法性，也就是 Corrigan 強調，將焦點放在統治如何完成，取代過去關注由「誰」統治的

Publishing, 2006), pp. 211-242.

47　Thomas B. Hansen and Finn Stepputat, "Introduction," State *of Imagination: Ethnographic Explorations of the Post colonial State* (Durham: Duke University, 2001), pp. 1-38; Aradhana Sharma and Akhil Gupta, "Introduction: Rethinking Theories of the State in an Age of Globalization," *The Anthropology of the State: A Reader* (Oxford: Blackwell Publishing, 2006), pp. 1-41.

問題[48]。 Gilbert M. Joseph 與 Daniel Nugent 等跨領域學者更嘗試結合國家形構與大眾文化，討論墨西哥歷經多次革命，政權交替過程中，統治者透過各種方式宣稱革命推翻舊政權的正當性，以及被統治者在新政權下的回應[49]。

如同近代中國國族賴以凝聚、建構及想像背後的歷史與神話[50]，國家政權正當性展演的效力除了來自大眾文化，更重要的還必須透過歷史敘事強化真實感，亦即 Ana Maria Alonso 以真實的效力論述國家歷史紀年（historical chronologies）連接多樣性的個人、地方及區域歷史，將其轉化為單一的國族時間，而日常生活經驗則歸類為國族事件，藉由轉化和展演強化國族團結。國族過去的再現需要以地方和區域歷史為素材，各類分歧多樣的地方歷史就如未加工的事實（raw facts），根據國家霸權食譜烹煮，為官方歷史服務[51]。

---

48 Philip Corrigan, "State Formation," in *Everyday Forms of State Formation: Revolution and the Negotiation of Rule in Modern Mexico*, p. xvii.

49 Gilbert M. Joseph and Daniel Nugent, "Popular Culture and State Formation in Revolutionary Mexico" in *Everyday forms of State Formation: Revolution and the Negotiation of rule in Modern Mexico*, pp. 3-23. 理論脈絡亦可見 James C. Scott 在該書頁 vii-xvi 的序言。

50 近代中國國族建構的討論見沈松僑，〈我以我血薦軒轅：黃帝神話與晚清的國族建構〉，《台灣社會研究季刊》28（1997）：1-77，以及〈振大漢之天聲：民族英雄系譜與晚清國族想像〉，《中央研究院近代史研究所集刊》33（2000）：81-158。這二篇文章對國族理論有相當清晰的討論，以及清末知識分子如何在論述與權力交織過程中，以黃帝為符號，或是民族英雄論述，建構中國國族想像。

51 Ana Maria Alonso, "The Effects of Truth: Re-Presentations of the Past

　　然而，如 Alonso 同時描繪農民私下傳遞的歌謠，諷刺、抵抗新政權及腦滿腸肥的統治者，反映出統治者宣稱為人民推翻被稱為壓迫者舊政權的正當性也不見得如此輕易被人民接受。這類抵抗，或被支配者的表述即 James C. Scott 所謂的隱藏文本（hidden transcripts），一種流傳於被支配團體之間，檯面下（offstage）的論述，在日常生活中對支配團體公開文本（public transcripts）的抗拒。這類表述以「隱藏」形式出現，主要是官方對公民言論的壓抑，因此傳遞隱藏文本的行動通常不是暴亂或反叛，而是透過 Scott 所謂「弱者的武器」，以間接、非公開的表達，或是採取消極抵抗。Scott 相信，透過探討隱藏文本和公開文本之間的權力關係，可以實際了解抗拒支配的方式[52]。

　　Rubie Watson 等人類學和歷史學者，曾共同探討中國、東歐、外蒙等過去或現在的共產主義集權國家，1980 年以來的非官方歷史，亦即人民對國家歷史的挑戰[53]。從這些討論可以發現，隱藏文本以各種不同的方式呈現。例如，從中國農村知識分子的自

---

and the Imagining of Community" *Journal of Historical Sociology* 1.1 (1988): 40-44. 有關博物館中的國家與地方歷史拉扯以及地方歷史在這個過程中被馴服的過程另見 Kathleen Adama, "Nationalizing the Local and Localizing the Nation Ceremonials, Monumental Displays and National Memory-Making in Upland Sulawesi, Indonesia," *Museum Anthropology* 210 (1997): 113-130.

52 James C. Scott, *Domination and the Art of Resistance: Hidden Transcripts* (New Haven: Yale University Press, 1990); *Weapons of the Weak: Everyday Forms of Peasant Resistance* (New Haven: Yale University Press, 1986).

53 Rubie Watson, ed., *Memory, History, and Opposition Under State Socialism* (Santa Fe: School of American Research Press, 1994).

傳、被控制的戲曲、喪禮等儀式展演，觀察民眾如何在文本、記憶和記憶儀式（commemoration）中，對抗官方歷史論述，以及表達國家、政府對於暴力犧牲者顯現出的刻意失憶的不滿。

　　人類學及歷史學者一直相當重視這類抵抗，尤其關注集權政治或共產主義國家的人民如何呈現這類隱藏文本。然而，以國家／社會二元框架，著重社會抵抗的學者，似乎都忽略了，即使 James C. Scott 也相當關注反抗以外，國家文化植入（rooted）大眾文化的過程[54]。更重要的是，「新中國」形構過程所建構的「新文化」與大眾文化在不同政治脈絡交織的社會情境，與透過被殖民背景所討論的國家形構與大眾文化有相當大的差異。因此更需要透過不同歷史發展過程了解對抗以外，中共「新文化」根植大眾文化的過程，彼此攀附與鑲嵌的關係。更重要的是，改革開放之後，「新中國」與革命神聖性的延續反而必須依賴香火象徵，而我們也得以從這個面向看到多重領域與多形貌的國家。

攀附與鑲嵌

　　共產或集權國家對意識形態和歷史論述的嚴密掌控是無庸置疑的事實，這些國家的「過去」也經常隨著不同時空背景而變。所謂的大眾對政權正當性展演、權力的操弄，以及經過加工，與國家歷史紀年連結的地方歷史，確實感到無能為力或不自覺接受。但無可否認上述 Watsons 等人提出非官方、不被認可，甚至抵抗的論述，正不斷透過不同形式散布，持續在被支配

---

54 James C. Scott, "Introduction" in Gilbert M. Joseph and Daniel Nugent eds., *Everyday forms of State Formation: Revolution and the Negotiation of rule in Modern Mexico*, pp. vii-xvi.

團體之間流傳。

　　長久以來，大量學術論文期刊或是大眾媒體，已經對中共高度集權專制本質，以及無所不在的國家權力或暴力進行過深刻描繪；但在另一方面，即使被馬克思形容為「馬鈴薯」的農民在政治壓力下也不是毫無作為。例如，過去無論集權主義、多元主義或國家／社會模式的討論都相當關注中共黨政體系的生產隊、生產大隊幹部在傳統關係網絡，以及維護自身權益的社會壓力和生存考量下，如何與國家政策「暗中較勁」的現象[55]。

　　透過媒體或是北京、上海，甚至無遠弗屆的網路，隨處可見無以計數，以各類形式反抗、調侃、戲謔中共統治或其政權正當性，已經公開化的隱藏文本。西方觀察家更經常從國家／地方二元對立框架，運用 James C. Scott 的理論，以對抗、衝突角度探討這類反抗性質的異議言論，不斷將西方民主主義、人權觀念帶入中國社會研究，強調非官方、底層群眾藉由私下傳遞、笑謔言詞抵抗中共政權及官方建構的歷史，同時以歐洲歷史經驗討論中國經濟自由化之後，未來應該朝向政治民主化的軌跡發展。

　　1989 年的六四天安門事件後，部分學者原先的樂觀預期徹底幻滅，從而對中國社會將隨著經濟自由化，帶動政治朝向民主化發展的預測產生觀望。但更有不少學者從接連不斷的地方抗爭事

---

55 相關理論可參閱 Jean C. Oi, *State and Peasant in Contemporary China* (Berkely: University of California Press, 1989)，實證與案例研究可參閱黃宗智，《長江三角洲小農家庭與鄉村發展》（香港：牛津大學出版社，1994）。我個人在《當代鳳陽花鼓的村落：一個華北農村的人類學研究》（台北：唐山出版社，2003），亦曾回顧相關研究，以及從淮河北岸的村落變遷探討過類似問題。

件，堅信越來越開放的社會經濟環境將使人民自主意識增強，促使市民社會的出現，進而對中共政治改革帶來更大壓力。支持或反對中共政權無關道德，站在他者立場，更完全沒有必要加以歌頌或讚揚，但因循冷戰思維，著重國家／社會的對立似乎也無法清晰準確的描繪當代中國社會發展歷程。更關鍵的是，確實存在著的「公開」或「隱藏」形式抵抗，究竟是抵制共產黨？抵制中共中央或地方政府？還是抵制共產黨的「新中國」？

政黨與國家絕對無法劃上等號，中共也絕對不等於中國，但中共始終沒有停止形構「新中國」，以及自身為這個國家的象徵更是無庸置疑的事實。為了與今日的中國劃上等號，中共必須不斷往上連結「新中國」的創立過程，宣揚革命建國歷史；更要往下連結，宣揚代表「大多數」底層群眾對中共政權的支持。例如，在表面上屬於大眾娛樂性質的電視、電影情節中，植入中共革命背景，以及作為反襯「腐敗的民國」形象。中央到地方領導人不斷為當前革命聖地加持，每年舉行調查與考掘新的革命遺址活動，大力推廣紅色旅遊，都是連結「新中國」、不斷植入革命傳統的手段。

惟有維繫「集體虛偽呈現」的「新中國」才能夠鞏固與延續中共手中掌握的政權。因此革命建國相當重要的星火表徵，也終將是中共過去到未來無法割捨，且必須緊抱的「傳統」。

既然在文革結束前，中共整個國家形構相當於將革命「新文化」大眾化與通俗化的過程，而其中的星火象徵又是中共至今持續緊抱的傳統，我們似乎有必要進一步思考中共建國以來，地方或區域如何在接連不斷的政治運動風雨裡，重新認識自我生存的空間與過去，以及改革開放後，在官方重新詮釋過去的過程裡，再次認識「新中國」，又是如何在社會經濟急遽變遷的發展中，

詮釋至今仍被官方強調的革命神聖性象徵。

更值得注意的是，改革開放三十年後的今日，外界很容易被中國亮麗的經濟發展，與已開發國家無異，甚至更絢爛的城市景觀與社會變遷面貌迷惑，而忽略了1940年代，毛澤東在延安時期的「新文化」表述至今仍是中共官方緊握的「傳統」。從鄧小平到當前中共中央持續強調的「中國特色的社會主義」就是「新文化」當中民族的定義，反「封建迷信」的「科學的新文化」更是基本教義派黨員知識分子迄今不移的觀念，而強調「大眾的新文化」更是中共必須持續推動的虛偽意識型態。

當代中國城市角落及廣大農村，不難發現除了隨處可見，已經公開化，抵抗的隱藏文本，更存在著非官方、不被統治階層認可，刻意攀附共產革命神聖性，或是將毛澤東神格化，將革命聖地「宗教化」等等，被《人民日報》及各類官方媒體批判為「庸俗化」的論述。來自日常生活，社會底層的革命神聖性象徵文本雖然非抵抗性質，但卻被官方媒體強烈抨擊，因此不能形諸文字，必須依賴口耳相傳、心領神會。

已經被「庸俗化」的革命象徵與文本，不僅存在於相對中共官方或馬克思正統教義派以外，可歸類為草根、通俗、大眾領域，甚至在各層級幹部之間也廣泛流傳。這些存在於模糊、朦朧、多義的灰色地帶，不以抵抗為訴求，但必須「隱藏」的文本，反而成為可以被地方幹部操弄，支持中共政權的無形力量，這個灰色地帶也正是星火與香火、革命與傳統相互攀附、連結、鑲嵌及各自產生變化的場域。

中國社會日常生活的國族想像與國族的社會實踐以往極少引起注意。沈松僑以1930年代中國救亡圖存的國族建構脈絡下，分析常民生活敘事是相當少見的例子。他透過敘事說明 Michael

Billig 的平庸的國族主義（banal nationalism）概念，亦即國族觀念如何在不知不覺的情況下滲透到日常生活，影響人群對自我、社會與世界的理解[56]。王明珂則是從時代與人群邊緣，帝制中國到民國社會情境（context）的儀式與文本變遷的微觀社會研究，討論近代國族情境結構變遷與相應文本結構變遷問題[57]。

上述研究具有相當的開創性，同時值得借鑑，尤其在中共建黨、建國以來不斷形塑「新中國」與共產革命意象過程中，社會底層如何感知、轉換或理解這些抽象觀念，以及這些觀念的日常生活實踐等問題，仍有相當大的討論空間，更是不容忽視且必須深入的重要問題。

無論透過日常生活、國族邊緣，或星火、香火相互連結，彼此攀附的討論都必須跳脫北京、上海，西方媒體、政治菁英視野，或國家／社會對立框架，從歷史脈絡觀察日常行政瑣事與國家的關連，國家抽象表徵如何在生活展演[58]，以及從行政體系的生

---

56 沈松僑，〈中國的一日，一日的中國：1930 年代的日常生活敘事與國族想像〉，《新史學》20.1（2009）：1-59。

57 情境與文本相應變遷的例子如正史、方志、族譜都是循著某些社會情境結構，分別由中原帝國、郡縣與宗族的情境結構內化而成，生存在社會情境與情境結構中的人群，書寫時自然會依賴文本結構寫出合宜的、可以被同一社會情境中的其他人接受的文本。另一方面，文本雖然或多或少依循社會習性（habitus）與文類，但社會情境的變遷，例如新觀念、新事物的引進，事件或個人情感也會導致文本結構的改變。詳見王明珂，〈國族邊緣、邊界與變遷：兩個近代中國邊疆民族考察的例子〉，《新史學》21.3（2010）：1-54。

58 Timothy Mitchell, "Society, Economy, and the State Effect" In George Steinmetz., ed., *State/Culture: State-Formation after the Cultural Turn*, p. 76.

活實踐，探討公共文化的國家建構與人民想像的國家[59]。問題的關鍵不是星火與香火在不同階段的彼此置換或取代，而是象徵革命神聖性之星火的日常生活實踐意義，星火與香火連結、轉換的過程，以及社會底層、菁英、國家代理人在這個過程扮演的角色。

四、從「聖地」探訪「新村」

本書將透過大眾文化與地方歷史視野，探討閩西上杭縣古田鎮 50 年代迄今的發展過程，同時從歷史發展脈絡，以微觀層面探討星火與香火連結與彼此攀附的過程。在中共統治下，1950 到 1980 年代的中國社會都歷經幾乎一致的軌跡，當然不能否認各地仍有差異性，例如土改過程的土地分配、階級劃分標準都存有政策與具體落實之間的差異，但整體而言都無一例外的經歷了國家推動的各種政治運動。從這個角度來說，古田如同中國其他成千上萬名不見經傳的鄉鎮，同樣經歷與呈現了中共「新中國」、「新文化」建構過程。然而，古田卻有著可以讓我們清楚探討上述問題，從「新村」到「革命聖地」的特殊經歷。

我個人首度接觸古田是在 2007 年 8 月，當時為了執行中央研究院「歷史視野中的中國地方社會比較研究」主題計畫，首次展開福建之行，重點是蒐集上杭縣檔案和進行田野調查，探討原以為 1930 年代確確實實存在於上杭縣古田、蛟洋地區，在傅柏翠領導下，推動土地革命、社會改革，試圖實踐高度理想化，有

---

59 Akhil Gupta, "Blurred Boundaries: The Discourse of Corruption, the Culture of Polities, and the Imagined State," In Aradhana Sharma and Akhil Gupta eds., *The Anthropology of the State: A Reader*, pp. 211-242.

如烏托邦式的「新村社會」。

只不過實際進入古田、蛟洋之後，才發現所謂的「新村」似乎僅僅存在於傅柏翠個人的理想，以及這個地區經歷革命世代民眾的想像，傅柏翠領導下的古蛟具體社會樣貌也幾乎完全從人們的記憶中消逝。首度閩西行，就是在宣揚革命傳統的古田會議舊址群包圍下，在旗幟鮮明的革命氛圍中，探訪虛無飄渺的「新村」，但卻了解到這個目前被視為「共產黨員麥加」的革命聖地背後，相當有意思的「歷史」。

除了在閩西本地，傅柏翠絕對稱不上赫赫有名的人物，但他的一生確實充滿傳奇色彩與爭議。傅氏出生蛟洋擁地百餘畝的家庭，曾赴日學習法律，返國後在上杭擔任律師。1927年響應中共福建省委號召，在古田、蛟洋地區領導農民暴動，均分土地及生產工具，嘗試成立「共家團」，組織村鄉集體合作、互助共享，要將這個地區改造成有如1920年代初期，日本無政府主義武者小路實篤提倡的「新村」社會。由於傅柏翠與閩西共產黨領導人自蛟洋暴動後，陸續發生多次衝突，導致1931年與紅軍在古田爆發武裝對抗，最終與閩西共產黨決裂。

紅軍離開閩西之後，傅柏翠積極奉國民黨正朔，但上杭縣國民黨黨部卻始終不承認古蛟區的合法性。正是由於民國時期地方政治的特殊性，直到中共建國前，古蛟地區都維持類似「半獨立」的特殊狀態。雖然30至50年代古蛟地區實際發展與「新村理想」差距頗大，但在抗日戰爭與國共內戰的混亂動盪時局中，這個區域卻始終維持社會穩定，經濟自給自足，堪稱同時期閩西農村少見的異數。

1949年5月，包括傅柏翠在內的閩西重要領導人簽署集體聲明，宣告成立行動委員會，再度投入即將正式建國的中共政權。

因此中國共產黨政權建立初期，仍承認傅柏翠及其領導的地方領袖為起義人員，他們控制的古蛟區也屬於「蘇維埃區」，在全國土改過程中並未劃分階級，還維持數年的土地革命「成果」。

但在雷厲風行的鎮壓反革命風潮中，傅柏翠過去反革命事蹟逐漸被凸顯，以往依附傅柏翠勢力，得以雄霸一方的地方頭面人物也從光榮的起義人員，淪為萬惡不赦的反革命分子，絕大多數在 1952 年遭逮捕，並處以極刑。自此之後，古蛟從「蘇維埃土地革命地區」，轉變為打擊階級敵人不力，政治上的「落後鄉」。為了糾正土改期間未劃分階級的政治錯誤，1954 到 1956 年又經歷少見且激烈的解決土改遺留問題、土改補課政治運動。

土改補課期間，古蛟地區群眾被迫接受土改小組成員以階級描述的地方過去，必須在各個動員場合陳述古蛟階級剝削嚴重的「歷史」，是長期受到傅柏翠「蠱惑」的區域，重新以國家強加的全國性土改政治宣傳認識地方。他們必須遺忘古蛟地區早在 30 年代即將土地劃歸鄉有，並實施平均土地分配制度，相較閩西其他地區，古蛟即使未能達成傅柏翠的「新村」理想，卻長期維持社會穩定，經濟自給自足的事實。沒有地主的記憶，自土改補課後被掩蓋在強制性的階級劃分之下，短暫的「大鳴大放」階段，確實有古田鎮民在上杭縣城貼上「古田、蛟洋沒有地主」大字報，但是當這些鎮民事後全數被打成右派後，古蛟的歷史再度被深深掩埋，成為相當敏感的政治禁忌。

中共建國到文革結束，接連不斷的政治運動過程中，福建省以下的各級地方政府，以及古田會議紀念館人員多次藉由座談會、訪談，重構毛澤東與紅四軍在閩西的活動過程，以及古田會議召開場景，透過民眾片片段段的回憶，書寫「領袖與革命的光輝形象」，也迫使民眾無形中不斷回憶中共革命建國的片段。除

了古田會議舊址，地方刻意保留或修復共產黨重要領導人物在古蛟附近活動、居住的房舍。這些革命活動空間在 2006 年併入古田會址，以「古田會議舊址群」為名，共同列入第六批「全國重點文物保護單位」，成為擴大宣傳的革命紀念地景，同時被包裝為紅色旅遊套裝行程。

如果從結合休閒與教育的紅色旅遊宣傳看來，以古田會址為中心，被稱為革命聖地的小鎮或許確實具有會址入口牆面，「全國愛國主義教育基地」金色牌匾所昭告的功能。除此之外，會址內毛澤東辦公室，以及革命事蹟以外的「神話」，導遊口中活靈活現的「聖跡」，更對遊客帶來無可抗拒的吸引力。

會址外的草坪上，四處可見販售「毛主席平安車掛」吊飾、「主席像章」等商品的小販，成群旅客步出「愛國主義教育基地」，感受革命「神聖性」之後，經常可以在小販「步步高升」、「平安發財」的祝福聲中，滿懷朝聖進香之後，「帶福還家」的心情歸去。各級地方幹部以及宗族成員更不斷以各種不同媒介，多樣化形式，將地方傳統或是聖地的靈驗鑲嵌在民族主義及革命神聖性論述之中，以及攀附革命地景，凸顯宗族、地方「輝煌」的過去。

國家毫無疑問具有建立及展演神聖歷史、空間的霸權，但現在越來越清楚，所謂的霸權不是毫無限制。無論歷史或過去，以及神聖性論述都受到文化規範（norms）制約，不是可以無限塑造的象徵來源[60]。這不表示文化傳統決定歷史與過去，而是這些

---

60 Arjun Appadurai, "The Past as a Sacred Resource," *Man* 16 (1981): 201-219.

論述都有一個內在文化框架。同樣的，建構革命神聖性論述的方式也不是「革命」字面意義所表達的完全捨棄傳統。中國共產革命關鍵論述是推翻舊傳統，進入馬列主義終極目標的共產新社會，但很少有革命是完全打破傳統而能達到目標[61]。

改革開放後的傳統復興有相當程度藉助經濟驅力，各個革命聖地的紅色之旅除了強烈的政治支撐力，同樣具有不可或缺的經濟因素。如果以「文化搭台經濟唱戲」解釋紅色旅遊的興盛，或許我們可以進一步思考，為什麼「革命文化」搭的台可以創造經濟效應，以及表面上屬於建國「史詩」的革命文化如何成為地方或區域的傳統？為什麼這些被操弄的「傳統」對吸引觀光客和商業發展是有效的？而革命傳統與民間信仰、宗族又是如何從互斥到共存，甚至步入共融？

從古田 30 至 50 年代的社會發展，可以發現所謂的「新村」與共產黨宣傳的革命聖地存在著相當大的落差，但隨著古田成為共產黨員「麥加」的同時，傅柏翠與他的「新村」又逐漸從深埋著的檔案堆裡走出。相對中共革命史及組織史而言，大量有關傅柏翠與「新村」的「民間」論述可以視為與「官方」論述的對抗。然而，本書將從宗族活動與地方歷史書寫，分析看似「對抗」行動的社會文化意義，以及國家形構相當重要的革命傳統與大眾文化象徵彼此攀附、鑲嵌的過程。

古田 1930 至 1950 年間相當特殊的歷史背景，以及小鎮村道旁，已經成為「國家重點文物保護單位」，被稱為共產黨員「麥加」的古田會址在中共國家形構不同階段，以及對於不同能動者

---

61 洪長泰，《新文化史與中國政治》，頁 151-177、261-297。

的象徵意義轉換，讓我們可以從微觀社會層面討論近代中國的國家形構與大眾文化關係。更重要的是，50年代以來的古田會址整建維修以及展演計畫檔案資料，呈現出中共傳遞革命星火的重要過程，透過中共地方檔案、文史資料、古田三個宗族從民國初年至改革開放後陸續編修的族譜和宗族組織恢復過程，以及當地蒐集的田野資料，也清晰反映出國家形構下的社會情境變遷與文本變遷樣貌。

在整個中國近代史脈絡中，傅柏翠即便被稱為一方之霸的閩西王，充其量也僅僅是偏據福建一隅的社會菁英，無論如何也無法列入具有舉足輕重地位的「大人物」之流，要不是因為革命遺址，今日的古田也勢必如同中國其他名不見經傳的鄉鎮。正是因為傅柏翠和生活在這個「小地方」的「小人物」讓我們得以從微觀面向，探討如何從底層認識共產革命和「新中國」等問題，不僅可以從「聖地」思考未成形即行殞落的「新村」在近代中國的意義，以及不同階段的地方歷史詮釋；更可以探討50年代迄今中共政權的國家形構，以及這個過程中的大眾文化與地方歷史書寫，進而與當代國家研究對話。

第二章

汀巖山坳小鎮

在衛星圖上，整個福建省除了東南沿岸的狹長平原，閩西、閩北絕大多數為綿延不絕的綠色山丘，群山之間散落大小不等、灰白色小山坳才是經過開發，地勢較為平緩的聚落。如果從廈門西北，直線距離約130公里的龍巖，中共建國後的閩西主要地級市一路往西，灰白色的聚落區塊依序為龍巖的大池、小池，上杭的古田、郭車、蛟洋、白沙，再往西行至汀江畔則是上杭縣治所在。古田會議舊址所在的古田鎮雖緊鄰龍巖，但行政區劃卻屬上杭所轄，而清代到民國時期，上杭都屬閩西政治、文化中心的汀州府[1]。因此古田正是位於清代汀州府與龍巖直隸州交界，也是閩南方言群、閩西客家方言群交會地區的山坳小鎮。

這個小鎮北有玳瑁山，西南橫亙彩眉嶺，二山最高峰都高達1800公尺。2008年12月，廈門至成都的廈蓉高速公路龍（巖）－長（汀）段正式通車，龍巖至古田的模坑交流道僅需二、三十分鐘，至此接縣道往東北行，約十五分鐘即可抵達古田鎮中心。車行在寬闊平整，群山環繞的高速公路上，除了約略感受上下起伏的坡度，似乎不易察覺蜿蜒的山勢。但古田至上杭縣城迄今既無國道，更無高速公路連結，必須先由縣道，接一小段319國道至蛟洋，然後由此轉至沿山而建，崎嶇起伏的省道，大約要一個多小時才能進入上杭城區，交通反而不便。

廈蓉高速公路使得古田對外交通邁入前所未有的新紀元，也是歷經徒步挑擔翻越山頭，往返龍巖大池墟市的老人們難以想像的景況。如果從龍巖經漳龍高速往東約二個多小時的車程，更

1　汀屬八縣包括現今三明市的寧化、清流、歸化（1933年改為明溪），龍巖市所轄的長汀、上杭、武平、連城、永定。

可連結到福建沿海經濟最發達的城市－廈門 。高速公路通車前，
龍巖至古田必須經由 319 國道至蘇家坡，再轉入小縣道才能進入
古田鎮中心，車程需要一小時 。如果在蘇家坡持續沿著國道往連
城方向前進則可抵達蛟洋 。 2007 年 8 月，我首度進入閩西的時
候，廈蓉高速龍長段尚未通車，就是經 319 國道從龍巖到蛟洋 。

　　當日下午從蛟洋往古田時，並未循原路，而是取道蛟洋、古
田之間，據傳是 1930 年代國民政府部隊圍剿閩西共軍所開的山
徑 。這個說法雖無文字材料證實，但可信度頗高，因為國軍部隊
當時由漳州、龍巖開往長汀圍剿共軍的時候還無路可通，部隊是
一面行軍一面開路，才得以前進[2]。山路兩旁林鬱蔥蔥，可明顯感
受蜿蜒起伏的山勢，狹窄處甚至二車相會都有困難 。 路旁有座三
面牆，似廟又似亭，看來有些年代的小建築內留有石碑，碑文記
載了 50 年代重新整修道路的艱難，也銘刻了為築路而犧牲的工
作人員姓名，最後說明，山道修建完成將為「解放台灣」發揮
積極作用 。 如果傳聞不假，這條山區小徑應該是國共前後「合
作」下的產物，只不過國軍是鑿路剿匪，而共軍則是整修用以解
放台灣 。 經過迂迴盤旋，大約三十分鐘的旅途，終於在日暮時分
抵達古田 。

　　第二天清晨，在高出山街百餘級階梯的古田會議紀念館廣
場上，經由地方人士的指引，隔著街道、農田、新舊雜陳的房
舍，首度俯瞰一公里外的古田會議舊址 。 如果不是會址後方，當
地稱為社下山的小山包上立著搪瓷燒製、豔紅色，每個字都有 3

2　乃平，〈十五年前中共在閩贛邊區〉，《社會》1.11（1949）：8。收錄於《民
　　國珍稀短刊斷刊》「福建」卷十（北京：全國圖書館文獻縮微複製中心），
　　頁 4814。

公尺見方的「古田會議永放光芒」，可能很難發現會址所在。如果沒有會址周遭平整的草地、院牆外刻意保留的農田，以及紀念館到會址之間，在夏日陽光下顯得格外刺眼的水泥路面襯托，這棟房舍也不過類似閩西、贛南鄉野隨處可見，毫不起眼的宗祠建築。遠方青翠交疊的山巒，反倒更能吸引遊人目光。然而，古田會議紀念館、招待所以及周邊地景，都緊密圍繞著這座宗祠，山街附近的其他革命遺址，也在「會議光芒」照耀下，顯得耀眼和突出。

古田會址原為廖氏宗祠，建於道光戊申（1848），廖氏族人在民國六年曾將原本癸山兼子方位的大門改為子山兼癸[3]。廖氏族譜未明言為何修改座向，不過可以想見，若非風水，似乎也沒有更好的解釋。宗祠正門內、外緣各刻有對聯，內緣二側是「萬福攸同祥綿世彩，源泉有本派衍義溪」，對聯頭二字點出宗祠名為「萬源」，整體詞義反映出追本溯源，子孫繁衍的理想，這也是宗祠之所以存在的基本社會意義。外緣的「學術仿西歐開弟子新智識，文章宗北郭振先生舊家風」，顯然是民國改建大門新修的文字。說明這座宗祠除了祭祀活動，還兼具教育子弟的功能，反映出廖氏族人對西洋新知的渴望，同時又希望維繫中國傳統文人著重的道德文章。呈現淺綠字樣的對聯不知是否經過修舊如舊的重新整理，因為《廖氏族譜》祠塋圖志所載宗祠名為「萬原」，而非現在祠聯與官方宣傳資料的「萬源」。

大門橫額「北郭風清」和外側對聯「文章宗北郭」的「北

3　廖道南等，《古田武威廖氏東興堂族譜》，石印本，民國九年。

郭」二字，是指東漢時被稱為北郭先生的廖扶[4]。廖扶或許是廖氏在三皇五帝以外，能夠從正史發現年代較遠，且因道德文章受推崇，清高不出仕，造福桑梓，頗符合傳統文人形象的遠祖。但北郭先生除了專精經典外，主要是因其「尤明天文、讖緯，風角、推步之術」被列入《後漢書・方士列傳》，而傳統方術也正與上聯所期盼，希望開啟廖氏子孫西洋新智識的理想衝突。這種渴望西學新知，卻又不自覺被根深柢固的傳統所纏繞，也正是20世紀初期中國社會文化寫照。

廖氏宗族或整個古田所理解的西學及新智識暫且不論，但從「學術仿西歐」看來，僻處閩西群山之間的古田，雖然交通不便，也絕非閉塞之地。鄉人出洋者雖然罕見，但在外省市任官、求學、經商者卻不乏其人，也使得古田與鄰近大城市不至產生隔膜，所謂的西學與新知也得以透過在城謀食者傳入。尤其清末以來的廖氏，不僅人數、財力都較周遭的賴姓、謝姓，還有現在被視為畲族的藍姓鎮民高出許多，更因為共產黨勢力進入以前，廖氏族人憑藉在外地為官、經商的宗族仕紳控制地方勢力，以致於其他姓氏難以與其抗衡。

今日的古田已經被規劃為福建省紅色旅遊中心，步雲梅花山的原始森林通常是旅遊行程終點，而古田會址則是必經之處。會址大門邊的對聯通常是導遊或解說員介紹會址的起點，但無論是抱持著緬懷革命歷史，或順道一遊的旅客應該都不會對廖氏宗族的來歷感興趣，這更不是導覽的重點。關鍵是，無論遊客在行

4　范曄，《新校本後漢書・列傳・卷八十二上・方術列傳第七十二上》（台北：鼎文書局，1983），頁 2719-2720。

前是否了解古田或閩西，經過導遊解說以及圖片、說明文字介紹古田會議期間中共重要領導人居室、紅軍幹部簡介，以及共軍在閩西的軍事活動，至少能夠明白古田會議確立「黨指揮槍」的意義，了解閩西在共產革命過程的地位。出入會址道路兩旁，強調客家地方特色的餐館、特產店，也讓遊客在相當短的時間內就感受到，除了紅色的革命背景，古田還是座擁有客家傳統特色的小鎮。

以藍靛布衫為基調的客家傳統、以紅色旅遊為特色的革命傳統，在政治與經濟共構的調色盤上，形成緊緊相連的兩大色塊，學術界、地方文史、中共黨史工作者的畫筆，有意無意的渲染、撥動著深藍色，標記為客家社會文化特殊性的色塊，往革命的紅色區塊移動，而反方向的移動也同時進行。色塊之間經過移動，產生渲染的學術意義見仁見智，但值得反思的重點是形成整個調色盤的背景因素為何？以及學術界、地方文史、黨史工作者的筆觸。我將從古田山街三大宗族的分布，墟場、民間信仰、書院等人群地域組織、古田及鄰鄉的空間關係為起點，進而探討閩西共產革命「蘇區」與客家意象的形成。最後，同時也是不可忽略的重點，是透過地方社群自身的視野，亦即從民國初年古田三大宗族先後編修，完全不見客家特質的族譜，探討世代之交的古田鎮民如何描繪吾土吾民。

地圖一　福建行政區與上杭縣鄉鎮地圖

一、山街的宗族與地域組織

古田是一個面積 227 平方公里，下有 21 個行政村的鎮級單位[5]，鎮政府設在八甲村，距西南方的上杭縣城約 45 公里，北接連城，南鄰龍巖市的新羅區，東北及西南各為本縣步雲、蛟洋二鄉。從方志資料看來，古田這個地名至少在明代就已經出現，而清代的古田里包括賴坊、鮮水塘、小吳地、塘下、蛟洋、郭車、東乾、陳坊、荸園、塔裏等十個鄉村[6]，除了塘下、蛟洋、東乾、陳坊自民國之後歸屬蛟洋，其餘仍屬古田鎮[7]。

總面積超過二個新竹市，僅比台北市小 50 平方公里的古田並不算是「小鎮」，但因 80％的土地屬於山林，鎮內可供居住、耕種的土地相當有限。除了山街，其他地區的人口與耕地都相當分散。所謂山街是指人口最稠密的古田中心地帶，北起八甲南至文元村，長約 3 公里，平均海拔 690 公尺，地勢較平緩筆直的古田大道。這條由東北向西南傾斜的鄉道原來就是商業活動集中

5　行政村包括：蘇家坡、下郭車、上郭車、模坑、文元、榮屋、五龍、溪背、吳地、新生、赤康、荸園、石筍、洋稠、大源、八甲、竹嶺、外洋、上洋、賴坊、金湖。2012 年，古田、蛟洋、步雲、溪口四個鄉鎮劃歸龍巖市轄下新成立的古蛟區，但本書行文涉及的當代古田還是以 2008 至 2010 年田野調查期間的行政區劃為準。

6　蔣廷銓纂修，《上杭縣志（康熙二十六年〔1687〕十二卷刻本）》，收錄於《清代孤本方志選》（北京：線裝書局，2001），頁 141。

7　民國至中共大集體時期，中國縣級以下地區變更頻仍。大體來說，今日的古田、蛟洋從清代同為古田里，到民國分為二個區，在 1929 到 1950 年合為古蛟區，直到 1950 年後分為不同的行政單位。

地，出入古田必經之路，也是附近鄉鎮民眾赴古田墟的要道。

　　緊鄰山街周遭，以古田墟為中心的廖氏宗族占有最佳地理位置，聚居範圍從張姓的竹嶺村為界，往西南延伸到賴坊北界的山街二側，鎮政府、古田會址、古田會議紀念館、古田中學都集中在此，是全鎮最重要的行政、商業中心。從賴坊到文元，靠近龍巖的山街另一側是賴姓聚落，而再居次的謝姓人家，則是與賴姓隔著山街，聚集在榮屋村。除了廖、賴、張、謝以及人數極少的藍姓人家聚居在山街西南盡頭的元士甲，古田其他姓氏都星散在山街以外的地區。

　　如同華南其他地區普遍存在各類超越宗族的地域組織，古田山街在1930年代以前，是一個以報恩寺為核心，連結周遭廖氏、賴氏、謝氏和人數極少的鄧氏、藍氏宗族的區域。報恩寺是明萬曆二年賴貴義募建，崇禎二年僧人慶元重修的古寺[8]，寺內供奉三寶、閻羅、二佛、三大祖師神佛像數十尊[9]。每年四、五月間輪流迎二佛祖，以及地方人士稱為「按神」的三大祖師。全古田分為六個單位，每個單位隔六年主辦一次祭祀活動。輪流的順序分別是，八甲、九甲每逢寅、申年輪值，五甲及黃龍口值卯、酉年，榮（榕）屋及赤水坑值辰、戌年，橫山下及元世甲值巳、亥年，賴坊下塘值子、午年，上塘及鄧家坊值丑、未年。

　　以上村落中，八甲、九甲、五甲及黃龍口都是廖姓，賴坊

8　蔣廷銓纂修，《上杭縣志（康熙二十六年〔1687〕十二卷刻本）》，收錄於《清代孤本方志選》，頁186。

9　廖道南等，《古田武威廖氏東興堂族譜》，石印本，民國九年。

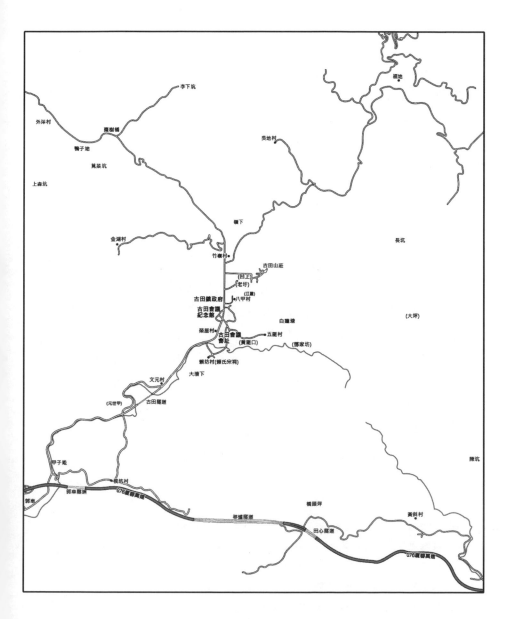

地圖二 古田聚落圖

下塘、上塘為賴姓，榮（榕）屋是謝姓，赤水坑張姓和馬姓，橫（文）山下是賴姓、元世甲是藍姓，鄧家坊是八、九甲之間的小聚落，道光年間還有鄧姓人家居住，但民國以來則全為廖姓居住。這個迎神建醮輪值單位打破了宗族界限，而是以地域關連性及自然村人口規模決定共同輪值順序。輪值的村落必須在前一年春月迎神到鄉，輪祀人家於值年元旦開臺演戲，初四、初五建醮一日兩夜，初六迎佛出遊六方，也就是上述輪值建醮的六個單位後送佛回寺。

　　以報恩寺為中心所形成祭祀圈是古田山街最基本的跨宗族地域組織，而墟場和書院則連結到範圍更廣的地域群體。從道光八年和道光十年，古田居民合建墟場、成翹書院所立的「富碑誌」、「成翹文」碑刻的捐款者姓名可以發現，參與墟場和書院修建的社會組織遠比報恩寺建醮範圍大得多，北從現屬步雲鄉的上福，南到古田、蛟洋交界的郭車，但完全不包括蛟洋的村落[10]。「富碑誌」、「成翹文」立碑時間僅相距一年，因此捐款者姓名重複者相當多，且大多是以小房族的某公而非個人名義捐款。以「富碑誌」來說，捐款者共計175位，姓名可辨識者有167位。其中以張姓47位居首，其次是廖姓44位，再次是賴姓34位，三大姓之外的捐款者除了鄒姓的18位，其他姓氏都少於10位[11]。

10　「富碑誌」、「成翹文」石碑都是在八甲村發現，前者傾倒於古田老墟道路旁，後者原橫倒於廖氏永惇堂入口水溝前，充作出入祠堂踏腳石，現已移入永惇堂內。賴馨在1927年手抄《賴氏族譜》中，曾根據「成翹文」碑，記錄古田27個小聚落和17個姓氏的分布。

11　其餘捐款者及總額如下：熊姓8人9元，藍姓6人6元，游姓5人14元，嚴姓5人32元，謝姓4人26元，馬姓3人30元，鄧姓4人29元，范

賴氏宗族重修的報恩寺

　　以捐款人數而言，廖姓和張姓幾乎不相上下，甚至張姓還稍
稍高於廖姓，但實際情況卻非如此。因為古田張姓分布除了以竹
嶺較為集中，其他如大吳地、小吳地、赤水坑、上福都是張姓
與其他姓氏混居的村落。居住地相當分散的張姓宗族也沒有如廖
姓和賴姓宗族各有其開基祖，而是同姓不同支系有個別的古田開
基祖。從個人名義的捐款者來說，張姓有 12 位，廖姓有 7 位，
賴姓有 5 位，鄒姓有 4 位，依序占各姓氏捐款總人數的 25%、

姓 1 人 12 元，羅姓 1 人 1 元。

16%、15%、22%。

這個數字顯示出，每4位張姓捐款人中，即有一位是以個人名義捐款，而廖、賴則是每6至7人中，才有一位個人名義的捐款人。個人名義的捐款無法與大小房族名義的捐款相提並論，前者代表的是個人，而後者則是代表房族。從捐款總額而言，捐款最多的是廖姓201元，其次是張姓147元、賴姓96元、鄒姓80元。由此大致反映出，從人口和財富來說，至少在道光年間，廖、賴、張三個姓氏就已經成為古田最主要的宗族。

富碑志反映出古田墟場是古田幾個姓氏合資興建，廖氏雖然是最大的宗族，但對墟場並沒有完全的主控權。只因墟場位置一直都在廖氏地界內，使得廖氏長久以來占有地利之便。此外，如果誠如《廖氏族譜》記載，古田墟曾經是廖氏的基業，但至少在道光年間建設古田墟的時候，廖氏雖然勢力最大，捐輸款項最高，整個古田墟還是完全不同於蛟洋墟場由傅氏掌控，或是閩西其他地區如連城四保的墟場掌握在個別宗族手裡。

古田廖姓合族所建的社下墟早於古田墟，但社下墟期僅每年除夕前有二日墟市，沿革已無人知曉，故老相傳墟場的傳說「甚為不經」，因此未收錄至族譜。只知未有墟場的時候，貨物集散地在古田賴坊賴氏宗祠所在的待鳳口諸地，但年銷品物不齊，所以又增設社下墟。古田墟是廖氏七世祖文旻公的基址，開闢之初有墟廠120間，旺生、九生、曹福公各得40間，每月四、九逢墟。現存古田八甲村，乾隆二十二年（1757）「嚴禁花子以靖地方碑」顯示出，位於汀巖交界的山街，至少在乾隆年間就已經是「四處通衢」的交通要道，也因為墟場發達，吸引外鄉乞丐與遊民擁入謀食。為了維持商業秩序，避免外地莠民擾亂地方，以

乾隆二十二年（1757）「嚴禁花子以靖地方碑」

致於必須立碑告示「嚴禁一切遊民教化（叫花），不許入鄉 」[12]。

　　至少存在二、三百年的墟場，至今仍然繼續維持，墟期也依舊，而墟場位置雖然因主要道路的開闢而屢屢遷移，但範圍都不出凹上、八甲，廖氏宗族地界內。清末匪亂後貿易寥落，民國初年恢復繁榮景象，只不過經商者卻以龍巖、連城為多，整個市場都掌握在外縣人士手中。《廖氏族譜》對於這個現象僅用了一

---

12 此通石碑是 2008 年 8 月田野調查期間參與廖氏祭祖活動時發現，當時被棄置在廖氏永悼堂右側空地，來歷無人能識，但石碑被棄置的位置正是過去上杭往來連城的鄉道，也是古田墟場舊址。目前石碑已經被廖氏族人移至宗祠內妥為保存。

句「術家謂為形勢使然」加以解釋。

1941年，福建私立協和大學農業經濟學系委託省合作事業管理局，轉各縣合作指導員辦事處，全面調查福建墟市情況，統計全省墟場的分布與規模。這項調查指出，福建墟市集中在閩西北各縣，數量最多者為上杭，其次是永定[13]，墟市除了交換物資和商情，省屬農政機關，如田地經徵處、土地陳報處、合作辦事處、貿易公司分處也會利用墟市徵收稅捐、收購農產品。地方政府也利用墟期，召開保甲長會議，合作辦事處趁墟期集訓，學校機關利用墟期進行愛國宣傳。1940年，上杭墟市規模最大的是汀江沿岸峰市鎮，其次就是古田鎮[14]。在319國道通車前，古田鎮有新巖公路經過，是上杭、連城、龍巖往來的交通孔道，古田也成為三地物資交流的重要場所。

古田墟有店家八十戶，每逢墟期有五千人規模，交易大宗包括糧食、紙、茶、豬、牛、羊，參與的村落包括郭車、雲田、大吳地。古田鎮民除本地墟市外，還與墟期分別是5、10日和1、6日的蛟洋和豐年橋墟市往來，但這兩個墟市當時只有鄉道經過，規模不及古田的一半。蛟洋墟有二千人的規模，交易以紙、茶、糧食為大宗，豐年橋的規模更小，只有五百餘人，交易物品與蛟洋墟相同。距離古田最近，規模最大的是龍巖大池墟。大池墟期是2、7日，當地因為有汀龍公路經過，因此是規模相當大的米麥集散地，交易物品除米糧外，還包括桐油、筍乾

---

13 翁紹耳，《福建省墟市調查報告》（紹武：私立協和大學農學院農業經濟系，1941），頁3。

14 峰市鎮在福建墟市調查的1940年劃入永定縣，因此該鎮的基本資料同時被收錄在上杭和永定二縣。

以及對山區而言相當奢侈的海產[15]。

　　福建墟市調查統計，大池墟有戶數一千，但參與墟期的商販僅有一千人，相較於古田墟有商戶八十，卻有五千人趕墟的規模來說，似乎有明顯錯誤。但是從這份報告不難了解，大池是汀巖交界最大的墟市，而居次的古田則扮演相當重要的中介角色，上杭東半部的重要物資和各類奢侈品都是經由古田轉運到附近的城鎮村落，而古田鄰近地區的米糧、竹紙也是經古田銷往外地。

　　清代古田、蛟洋雖然同屬古田里，1930到1950年代也同屬古蛟鄉，但從市場和地域組織來說，卻是可以劃分為二個各有墟場的社會單位，彼此主要是透過婚姻交換而產生緊密連結。古田與蛟洋之間有山丘阻隔，如果不是越過山頭，往來都必須繞道郭車，三地的位置略呈倒三角形，古田在東北，蛟洋在西北，而郭車則位於二者南方。古田、蛟洋、郭車的語言自成體系，當地稱之為古蛟話，自認屬於客語的一支，但能夠溝通的區域僅有上杭的步雲、白沙，連城的新泉、芷溪。相較於古田和蛟洋各為獨立的社會單位，步雲與古田的社會、經濟關係顯得更為密切，除了通婚關係，步雲也相當依賴古田墟場，將生產的紙張銷往外地，以及從古田墟得到民生必需物資。僻處群山之間的步雲，也成為古田鎮民在清末以來，匪患、戰亂期間的避禍棲身之地。

　　古田東北山區的步雲，原名貼長，屬長汀所轄。民國二十七年《上杭縣志》刻印完稿時，貼長尚未劃入上杭，因此還在民國二十八年增補附錄〈續疆域志〉，說明上杭、龍巖、長汀、連城四縣合勘貼長邊界的過程。〈續疆域志〉稱，貼長原隸長

---

15 翁紹耳，《福建省墟市調查報告》，頁33-35。

汀，自何時劃自何縣均無可考，僅《連城縣志》載，汀屬八邑中，長汀為首縣，各邑例有貼長，以資挹注首縣歲入。民國《上杭縣志》編者對這個說法頗不以為然，因為此處昔為叢莽之地，荒棄不治，原有的 17 個村落中，有高達 11 個村落總戶數少於 20 戶，各縣視為甌脫，是絕無收入之地，更何貼長之有。

　　萬山之中的步雲，東界龍巖距縣城 90 里，西南界上杭距縣城 150 里，西北界連城距縣城 120 里，與長汀縣境全無聯絡，距縣城 280 里，「實為一飛地，確為政治力量所不及」，「法治難及，固無待言」[16]。四縣合勘後，考量貼長與龍巖、連城兩縣因語言阻隔及交通梗阻，統治自非匪易，更重要的是貼長「與巖民不能相洽」，因此不考慮歸併。貼長東南與古田相接，二地風俗、語言相同。在經濟上，貼長因為山多田少，「一年之耕僅足三月」，因此相當依賴一年之耕有三年之食的古田供應糧食，而貨物交換，鄉內所需米鹽，更需依賴古田墟場。從貼長與古田的緊密聯繫來看，兩地合併似乎相當自然，最後未能合併的主要因素是，上杭縣考量到「古田現仍採用計口授田、山林公有制度，貼長民眾未必贊同」，才將貼長改名步雲，劃歸上杭第三區管轄。

　　所謂的古田採「計口授田、山林公有制度」就是指傅柏翠領導下的古蛟土地政策，「貼長」民眾不同意併入古田，也說明了這個土地制度始終沒有推展至步雲，否則以古田和步雲緊密的聯繫，二者的合併似乎是順理成章之事。但當時古蛟鄉的電話網最遠可以達步雲與古田交界的上福村，也說明古蛟和步雲之間互

---

16 丘復，《上杭縣志（民國二十七年）》（龍巖：上杭縣地方志編纂委員會重印，2004），頁 1145-1149。

動頻繁。上福有二個自然村，上村是游姓，下村是張姓。其中下村的張子波與古田賴氏宗族交好，30年代以後掌握古田的武裝勢力，是傅柏翠領導古蛟地區時的重要領導人物。此後張子波與古田賴氏結合，得以與廖氏宗族抗衡，藉由張子波的助力，傅柏翠的勢力也遠及行政上未正式合併的步雲叢山之中。

二、蘇區與客家意象

從 William Skinner 的宏觀區域理論角度來看，閩、粵、贛三省交界的整片山地、丘陵都位於東南沿海、長江中游、嶺南三個宏觀區域之間，正介於福州、南昌、廣州都市核心的邊緣腹地。因此，閩、粵、贛在行政體系上雖分屬三省，但接壤處因自然生態，以及政治軍事緊密關連，經常被並而稱之，而當代這個區域除了被強調的客家色彩，更是共產革命時期的重要根據地。

1927年8月1日的南昌暴動，被中共標誌為建軍之嚆矢，具備以武力對抗國民黨政權的關鍵。南昌暴動後，中共主力大致在閩西與贛南之間流竄[17]，1931年在贛南瑞金成立「中華蘇維埃共和國」政府，1934年因國軍圍剿，共軍又由閩贛流竄至陝甘寧，展開黨史所謂的「長征」之路，此後閩西、贛南除了零散的游擊隊、赤衛隊以及地下組織，全區大體上還是由國民黨掌握。中共主力盤據贛南、閩西交界時間雖然不長，但在中共革命史卻

---

17 今日的閩西主要指福建龍巖所轄的長汀、上杭、武平、連城、永定，但20-30年代中共主要活動地區還包括目前三明市所轄的寧化、清流、歸化（1933年改為明溪）。

具有武裝部隊初步形成，最早建立農村割據政權、進行土地革命等關鍵意義，這些根據地即所謂的「蘇區」，或是相對國民黨統治「白區」以外的「紅區」。

贛南、閩西曾經是中共建國前的行政、軍事重要據點，後者雖然不是「中華蘇維埃」或「中央蘇區」的核心，但在中共實際活動與宣傳中，都被視為「中央蘇區的重要組成部分」，在中共革命史、地方黨史、文史資料中具有特殊的歷史地位。1980年代起，閩西、贛南地方政府不斷藉由各類活動的展演，形塑出具有地方特質的客家傳統文化，而革命老區和客家傳統聚落也因此成為二省相當重要，且足以凸顯區域特殊性的地方意象。

客家研究是當代中國客家研究熱潮下興起，對客語方言群、少數民族傳統的討論，以及1980年代以來逐漸形成的「客家學」框架下，對客家民俗、信仰、社會組織、經濟活動的探討[18]。在傳統客家社會研究脈絡下出版的閩西資料著重客家民俗與傳統，利用相當細緻的地方資料凸顯客家地區的特殊性[19]。各地客

---

18 莊英章，〈試論客家學的建構：族群互動、認同與文化實作〉，《廣西民族學報》24.4（2002）：40-43。

19 學術界對中國大陸客家社會有系統與規模的探討始於1992年，楊彥杰與勞格文結合了歷史學與人類學等不同領域與學科的學者，在閩粵贛客家地區進行田野調查，由香港國際客家協會與法國遠東學院聯合陸續出版系列的「客家傳統社會叢書」。其中與閩西相關的包括：楊彥杰著，《閩西客家宗族社會研究》（1996）；楊彥杰主編，《閩西的城鄉廟會與村落文化》（1997）、《汀州府的宗族廟會與經濟》（1998）、《閩西北的民俗宗教與社會》（2000）、《長汀縣的宗族、經濟與民俗》（2002）；劉大可，《閩西武北的村落文化》（2002）；張鴻祥，《長汀城關傳統社會研究》（2003）；譚偉倫與曾漢祥主編，《連州的傳統經濟、宗教

家研究社群與客家聚集區的地方政府，透過學術、招商、尋根各種活動，使得地方客家意識增強。更重要的是中共官方藉由客家凝聚海外客家華人的向心力，閩、粵、贛也在政策、經濟的驅動下，爭取客家祖源地的正統性。

在探討客家社會文化特質，以及客家人「傳統」性格的過程中，革命傳統與客家傳統的關係也成為重點。蘇維埃地區集中在客家聚落，革命時期的中共重要領導人及軍事將領的客家身分被刻意凸顯[20]，或是從自然及社會生態，以及客家與土著衝突的脈絡，探討湖南、江西交界，井岡山共產革命根據地的形成與發展[21]。這些視野與方向大多與二、三十年來的客家研究有關。

從當代客家研究成果可以發現，作為一個方言群（dialect group）而言，客家如同其他區域方言群一樣有其社會文化特殊性。但從目前兩岸三地的客家熱來說，似乎遠超過方言群的探討。革命傳統與客家傳統的關係似乎不僅僅是各種學術社群、地方社團內部的討論，更深植地方社會的其他層面，尤其是藉由紅色旅遊強調生態、革命、文化的綜合性功能，客家與革命傳統的結合體也融入各類宣傳文本中。

與民俗》（2005）。

20 Mary S. Erbaugh, "The Secret History of the Hakkas: The Chinese Revolution as a Hakka Enterprise," *The China Quarterly*132(1992), pp. 937-968. 這些領導人包括鄧小平、朱德、陳毅、葉劍英、胡耀邦、郭沫若等。又如松本一男，《客家人的力量》（台北：國際村文庫，1996），也介紹包括中共重要領導人，以及如李光耀、李登輝等著名人物或是商業鉅子，說明客家對華人世界的影響力，將大客家主義發揮到了極致。

21 Stephen C. Averill, *Revolution in the Highlands: China's Jinggangshan Base Area* (Lanham, Md.: Rowman & Littlefield Publishers, 2006).

　　政治層面的革命意象建構自然是來自國家，而客家社會文化傳統的宣傳機制同樣來自政治。1950 年代，在中共階級鬥爭史觀論述下，明清方志中閩贛邊區地險民悍、暴動頻仍被詮釋為階級剝削導致的農民起義，1980 年代地方黨史在這個基礎上，同樣強調農民對共產革命的支持，不同的是加入客家社會文化背景描繪閩贛邊區。由於閩贛邊區群山環繞的生態，再加上匪患、民訟、暴動，以及被描繪為頑悍的人群，造成行政管理相當大的困擾，也被民國以前統治政權視為難治之地。尤其是汀嚴交界的廣大山嶺成為反對勢力藉以盤據的根據地、弱勢族群得以依存的空間、民眾在動盪時期的棲身之所。這個區域所以成為相較於周邊閩南、廣府方言群而言，較居弱勢的客家方言群聚集區，日後的共產革命根據地，都與邊區自然生態有關[22]。

　　中共革命史論述閩贛交界邊區能夠順利動員底層農民的主流論點最終都歸結到山多田少，土地高度集中，再加上地主嚴酷的剝削，導致農民無法生存，進而支持共產革命。社會經濟史學者傅衣凌曾統計 15 至 17 世紀，閩、贛交界每二年就發生一起農民暴動，其中又以每年都有暴動事件的上杭居首，說明邊區土地分配極度不均，佃農負擔沈重，地主、佃農衝突的情況由來已久，這些都是導致農民暴動頻頻發生的主要原因[23]。用土地制度和剝削

22　如梁肇廷就以 William Skinner 的觀點，凸顯客家的聚集區域與生態因素相關。參見 Sow-theng Leon, *Migration and Ethnicity in Chinese History: Hakka, Pengmin and Their Neighbors* (Stanford: Stanford University Press, 1997).

23　傅衣凌，〈明末清初閩贛比鄰地區的社會經濟與租佃關係〉，收於氏著《明清社會經濟史論文集》（北京：人民出版社，1982），頁 339-340。同樣

解釋農民暴動，是絕大多數中國大陸歷史學者的觀點，也是共產革命正當性與宣傳理論的基礎。在這個基礎上，歷代的暴亂、民變，方志記載的匪患、民訟都被視為農民起義，被詮釋為封建地主對農民剝削激起的反抗運動，具有對抗「封建勢力」的正當性 [24]。

　　有學者認為，傅衣凌等歷史學者以階級鬥爭詮釋閩贛主佃之爭太過狹隘，而以地域團體的土客之爭加以反駁。這個論點指出，宋代客籍人士大量湧入閩西，引發社會矛盾，最後形成土著、客家二大陣營，結果是客家征服土著，在文化上二者結合一體。到了明代，閩西基本上已經沒有土客之爭，而是以階級為基礎的地主、佃農之爭 [25]。因此，原本企圖反駁以階級鬥爭解釋閩西地主、佃農衝突的論述，最後又將問題帶回到階級鬥爭的原點，只不過在論述過程中拉長歷史的縱深，加入明代以前的閩贛土客鬥爭因素。

　　中共長久以來強調全國 80％土地集中在 20％地主手上，其他 80％人民僅分配到剩餘 20％土地，土地分配極為不均。針對官方對中國土地問題單純化、政治化宣傳，有極少數中國近代史

的觀點亦可見傅衣凌，《明史新編》（台北：昭明出版社，1999），頁507-601。

24 類似說法自 1980 年代孔永松、林天乙，《閩贛路千里：紅軍轉戰閩贛與創建閩西根據地的鬥爭》（上海：人民出版社，1982）的著作開始。到了近幾年開始有了「系統性」的論述，強調生態、民性與革命精神的結合，如黃宏、林仁芳主編，《古田精神》（北京：人民出版社，2007），頁 4-8。

25 劉永華，〈宋元以來閩西社會的土客之爭與佃農鬥爭〉，《中國社會經濟史研究》2（1993）：36-40。

學者試圖以中國東南，包括閩西在內的土地統計數字提出不同觀點。黃道炫以國民政府及中共土地改革前後的土地調查資料，說明這個區域，尤其是閩西主要以自耕農為主，並不存在少數人擁有絕大多數土地，以及大多數農民為無地或少地的狀況。他進一步說明，1920年代的閩、贛蘇區農民暴動事件主因並非土地占有不平衡，而是外在大環境的政治、經濟環境導致農民日益貧困，再加上共產黨成功的鼓動農民抗爭意識，同時以政治、軍事力量支持農民抗爭行動，關鍵還是在於共產黨深入基層，及其組織動員、宣傳能力，試圖擺脫中共對土地問題的主流觀點[26]。

少數學者的觀點不可能扭轉中共長久以來，以壓迫／抵抗詮釋革命正當性，以及將部分地區的土地分配不均套用在全國範圍的宣傳，這類宣傳迄今未曾停止，也成為全中國普遍的認識。在官方宣傳下，閩西群眾因為「受盡了帝國主義、封建主義反動統治的殘酷壓迫，受盡了封建地主、高利貸者的野蠻剝削」，因此堅定支持共產革命，志願加入長征的道路[27]。1928到1949年之間，閩西14.6萬人口一直保留20餘萬畝土地革命果實，是「全國絕無僅有的奇蹟」，是「紅旗不倒」的「全國著名革命老區」[28]。

---

26 黃道炫，〈1920-1940年代中國東南地區的土地占有：兼談地主、農民與土地革命〉，《一九二○年代的中國》（北京：社會科學文獻出版社，2005），頁266-284；黃道炫，《張力與限界：中央蘇區的革命》（北京：社會科學文獻出版社，2011），頁24-40。

27 林仁芳、傅如通、符維建，《走進龍巖叢書：紅色閩西》（北京：中央文獻出版社，2007），頁5、198-203。

28 黃宏、林仁芳主編，《古田精神》，頁21-22。

　　正因為閩西是共產黨「長征」的起點，參與「長征」的閩西子弟眾多，號稱有 20 萬人投入紅軍，中共建國後有相當多的將領出自閩西，上杭才溪更號稱在 1950 年代初期即出了「九軍十八師」：九位軍長、十八位師長。閩西三大暴動，更被用來強調農民受剝削，以及共產黨發動農民抵抗地主的革命行動。諸如「閩西人民鬧革命，民歌開路打頭行」，強調客家「傳統」民歌在革命過程中，傳遞革命理想的角色[29]，宣揚客家勞動人民對閩西風情還有獨具特色的「紅色風情」，結合舞蹈、客家山歌，在傳統中宣傳革命理念[30]。

　　1980 年代以來，台灣因為客家方言群意識高漲，興起大規模客家運動；中國大陸在吸引外資與宗族組織逐漸恢復的情況下，客家意識也大為提高，而所謂的客家也逐漸成為獨立的研究主題，進而擴及西方學術界。

　　Mary Erbaugh 強調中共「土地革命」（1927-1934）期間，包括廣東海陸豐在內，9 個「蘇區」有 7 個位於客家地區，並指出當代學術界忽略中共許多領導人的客家背景，以及諸如勤勞、好鬥的客家特質，甚至客家話在革命戰場上都因為「神秘難解」，成為相當重要的秘密溝通工具[31]。James Polachek 從 James

---

29　上杭民歌編輯小組，〈序歌〉，《上杭民歌》（福州：福建人民出版社，1973），頁 3。

30　林仁芳、傅如通、符維建，《走進龍巖叢書：風情閩西》，頁 5、198-203。

31　Mary S. Erbaugh, "The Secret History of the Hakkas: The Chinese Revolution as a Hakka Enterprise," *The China Quarterly* 132 (1992), pp. 937-968.

Scott 分析鄉民社會的道義經濟（moral economy）理論，分析「土地革命」期間，閩西、贛南客家與土地革命的關係，討論客家社會分配正義，客家鄉民對宗族內部特權身分團體的抗拒機制，以及傳統的反抗性格，種種背景都使得毛澤東的土地革命理想在當地得到了轉介和具體化[32]，藉此論證毛澤東的土地革命理想與客家傳統社會文化的契合性。

Mary Erbaugh 以中共地方《文史資料》為基礎，帶著誇張式言語建構的客家特質，以及這些特質當中的革命精神，事實上創造出另一種神話。所謂《文史資料》是由中共中央，到省、市、縣政協出版，相當特殊的文類，主要內容是「撰稿人寫述親身經歷，親見和親身經歷的近現代史上的重要歷史事件和歷史人物」，被官方定位為「具有可靠資料性，彌補文獻、檔案的不足」[33]。除了包括「老幹部」、或可以稱之為地方文史工作者書寫的地方人物傳記、風土民情的各級政協文史資料室出版，冠上地名的《文史資料》，其他性質與風格類似的傳記、自傳，以及從個人觀點論述地方歷史的材料[34]，或是涉入較多的個人回憶過程，

---

32 James M. Polachek, "The Moral Economy of the Kiangsi Soviet (1928-1934)," *The Journal of Asian Studies* 42.4 (1983), pp. 805-829.

33 中國人民政治協商會議全國委員會文史資料研究委員彙編，《文史資料選輯》，第一輯（北京，中央文史出版社，1986）。根據本書「重刊說明」，中央《文史資料》的編輯出版，導因於周恩來在政協第三屆全國委員會第一次全體大會後招待60歲以上委員的講話，周鼓勵委員書寫親身經歷，以教育「未曾經歷舊社會苦難的青年」。中央《文史資料選輯》自1960年始刊，到1984年已經出版了一百輯。

34 蔣伯英，《鄧子恢傳》（北京：人民出版社，1996）；蔣伯英，《鄧子恢與中國農村變革》（福州：福建人民出版社，2004）；古田會議紀念

著重文學式描述與想像的著作似乎也屬於類似範疇[35]。

　　不容否認，各類文史資料作者以回憶或親身經歷描繪的地方事件與社會文化傳統確實具有參考價值，但是以這類材料為基礎，論述客家與共產革命，很容易又陷入以革命史觀詮釋地方歷史，或是地方傳統攀附革命系譜的窠臼。

　　中共 1927 至 1934 年的革命根據地確實集中在閩西、贛南客家區域。然而，究竟何謂「客家傳統」？這些傳統與鄰近閩南、廣府方言群的社會文化，甚至整個中國農民對於土地分配正義觀念是否存在明顯差異有待商榷，而據此探究客家社會文化與中共土地革命的關係似乎欠缺實證基礎。由中共建國前的根據地組成可以明顯看出，除了如海陸豐位於一省境內，極少數、小範圍、短暫的根據地外，其餘重要的根據地都位於數省交界的山區。倘若中共革命與客家有任何關連，主要還是在於客家聚集區原本就位於 William Skinner 所界定，遠離宏觀區域核心城市的邊緣腹地。

　　貧瘠的山區，嚴苛的生活條件，邊緣腹地成為相較於廣府、

館編，《閩西革命史文獻資料（1-8）》；章振乾，《閩西農村調查日記：1945 年 4 月-7 月》（福州：中國政協福建省委員會編，1996）；《上杭文史資料（1982- ）》（政協福建省上杭文史資料委員會文史資料編輯室編）；傅柏翠，〈土地革命時期上杭北四區農民武裝鬥爭〉，《福建文史資料》，第 7 輯（福州：中國政協福建省委員會編，1985）。

35 尤其是 姚鼎生，《曲折前半生：傅柏翠傳》（北京：中央黨史出版社，1995）；陳賽文、黃寧、傅柴生，《傅柏翠》（北京：中國人事出版社，1995）；傅柴生，《軍魂：古田會議記實》（北京：解放軍文藝出版社，2004）、《冬韵新曲》（北京：作家出版社，2003）、《古田會議論文集》（北京：解放軍出版社，2006）。

閩南及其他強勢方言群而言，較居弱勢的客家方言群棲身之所。同樣的生態環境所導致的政治控制力量薄弱，自明清以來也成為反抗勢力的大本營。也正是因為行政、經濟、生態環境，明清以來的閩西、贛南也不斷被描繪、被建構為帝國的「邊緣」。

三、文學地景建構的邊緣

從方志記載可以發現，閩西行政建置自明清以來經過幾次調整，調整的主因都是由於生態所導致的行政管理困難。成化元年，地處沙縣、寧化、清流之交的地區因「民梗難治」，而新置歸化縣。上杭縣南方五個里，也因「地險民悍，去縣絕遠，草寇屢起」，於成化十四年另置永定縣[36]，歸化、永定的地名也顯示出明帝國對於這個難治之地的期待。比鄰上杭，原為漳州府轄下的龍巖縣也因為地處偏僻，「介在漳、泉、巖、汀之間，而幅員最廣，頗稱難治……鄰邑繡壤相錯，田賦不清，里民視同秦越，官司呼應不靈，又距汀漳遼遠，化不下逮。」[37]在雍正三年升縣為直隸州。

龍巖地區不僅「田賦不清」，名籍也相當混亂，如廖氏宗族從龍巖黃畬遷至古田時仍隸龍巖，且錢糧未斷，可應州縣科考，但廖氏全族卻完全不知何時脫離龍巖，獨隸上杭古一圖八甲[38]。由

36 曾曰瑛、李紱，《汀州府志（乾隆十七年修，同治六年刊本）》（台北：成文出版社，1967），頁 38-39。

37 張廷球、徐銑纂修，《龍巖州志（乾隆三年）》（龍巖市地方志編纂委員會整理，福州：福建地圖出版社，1987），頁 35-36。

38 廖道南，《古田武威廖氏東興堂族譜》，石印本，民國九年。

於叢山阻隔的生態環境，直到現代化的交通建設完成以前，無論統治政權如何調整行政區劃，都無法根本解決行政體系鞭長莫及的困擾。直到民國二、三〇年代的地方官員在報告中仍強調，上杭縣「民性強悍，地方治安素感棘手」[39]，除了緊鄰縣城的區域稍感安逸，其餘地區甚至數十里不見人煙，山區匪患嚴重[40]。

明清統治階層及士大夫等局外人（outsider）都將閩贛邊區的「匪寇」滋擾，地方動亂，歸結於民風強悍，以及山林險密。如「（閩贛）山寇數十年一作，及剿有數十年之安。惟三圖（上杭）百餘年無秋冬間不嘯聚，屢撲而不馴服，其山林險密尤異他區，鄰省山寇共推之為主耳。」[41] 又如明末江右學派儒者，官至南京吏部尚書羅欽順（1465-1547）所謂：「若閩、若惠、若潮、若汀、漳諸郡，衣冠文物與中州等，惟是萬山蟠結，溪峒深阻，其風氣鬱而不暢。故其人所稟，頗多頑悍之質，然非必為惡也。不幸時有一二傑黠者出乎其間，訹之蠱之，驅之脅之，乃相與結黨橫行，以逞其豺狼之毒。」[42]

匪患和農民暴動在本質上似乎相當不同，但以中央王朝立場

---

39 陳述祖，〈福建省上杭縣概況〉（1945年10月），古田會議紀念館資料室：6-0030。

40 韓涵，〈福建省第六區行政督察專員出巡報告書〉，中華民國二十七年八月。

41 郭造卿，〈閩中分處郡縣議〉。引自顧炎武，《天下郡國利病書‧卷九十六‧福建六》（光緒二十七年，二林齋藏版），頁12。

42 羅欽順，〈贛府修復長沙營記〉。引自白潢、查慎行等修纂，《西江志‧卷一六六（康熙五十九年刊本）》（台北：成文出版社，1989），頁3027。

修撰的方志中，無論發自於外或肇因於內的動亂，向來都被視為「寇警」。《上杭縣志》記載：「杭固巖邑，開治之後，寇警屢告。顧自外至者十之三、四，自內起者十之六、七。外寇之來可藉師武臣力，若在內之寇，其根滋蔓，其燄潛伏。芟除而撲滅之實非易事。」[43]「巖邑」意指上杭為險邑，所謂「在內之寇」應該可以理解為地方農民暴動。這些「內寇」因為涉及範圍廣且與基層社會關連緊密，因此在現代國家建立以前，都非地方行政體系所能有效控制。

從羅欽順描述「（汀州等地）衣冠文物與中州等」看來，這個地區在明末士大夫的眼中，還僅僅是衣冠文物與中原類似的化外之地；又因為世居「萬山蟠結，溪洞深阻」的生態環境，導致民眾「頑悍之質」。雖然生態不一定能決定人群的稟性，但是從各種方志資料反映出，在鄰近城市居民的眼中，這個區域的人群是與城裡「福佬」漢人有極大差別的少數族群。乾隆《龍巖州志》卷十二《雜記志‧畬客》載：

> 畬客即瑤人，巖屬俱呼為畬客。……蓋楚粵為盛，而閩中山溪高深處間有之。在（龍）巖者惟藍、雷二姓。在（漳）平、寧（洋）者，有藍、雷、鍾三姓。隨山種插，去瘠就腴，編荻架茅為居。善射獵，以毒藥塗弩矢，中獸立斃。貿易商賈，刻木大小短長為驗，其酋魁亦有辨華文者。山中自稱狗王後，各畫其像，犬首人身，歲時祝祭。族處喜仇殺，或侵負之，一人

---

43 蔣廷銓纂修，《上杭縣志（康熙二十六年）》，頁35。

訟，則眾人同；一山訟，則眾山訟。[44]

　　瑤、畬，或所謂畬客的記載相當普遍，散見在閩、粵等地的方志資料中。而不同方志記載的畬客，除地名外，其餘內容幾乎都是一字不漏傳抄。前引畬客記載幾乎完全抄錄自顧炎武《天下郡國利病書》卷十九《福建六》、郭造卿的〈防閩山寇議〉，而此文又完全抄自萬曆《漳州府志》。如果再往上追溯，還可以發現最初的文本來自廣東地區，嘉靖年的《惠州府志》，以及隆慶年的《潮陽縣志》[45]。地方志書援引前代、前朝，或是鄰近地域的方志相當常見。透過比較不同文本，也不難追溯各項敘事來源。但重點倒不是文本的源頭，或方志資料的謬誤，而是方志撰寫者，以及本地人（insiders）和外地人（outsiders）透過方志得到什麼樣的地方意象或想像。尤其絕大多數的方志都是由地方最高行政首長領銜，由官學生執筆，使得方志具有詮釋地方的權威。因此，方志不僅僅純然描繪地方，也同時是形塑地方意象的重要文本。

　　汀巖交界的古田周邊地區直到今日都是附近城市居民眼中相當特殊的區域，這種特殊性一方面來自地理上相對隔絕，另一方面也因地方人士使用的「古蛟話」方言無法與外界溝通。除了語言、生態以外，還有部分較為隱諱，較難察覺的心理因素，亦即明、清至民國《上杭縣志》不斷記載的金蠱案，反映出城裡

44 張廷球、徐銑纂修，《龍巖州志（乾隆三年）》，頁314。

45 郭志超，〈清理資料來源是鑒別舊志所載的重要方法：以明代閩西南設「撫瑤土司」說辨正為例〉，《中國地方志》3（2000）：61-63。

人對古田、蛟洋、白沙的恐懼。

最早見於方志的金蠶案發生在明萬曆三十一年（1603），起因是福建上杭縣民曾蓮峰、廖永祥疑似染毒相繼而亡。如果僅為中毒身故，無論誤食或遭害都非屬罕見，應無收錄於方志的必要。但地方官員到場驗屍的時候，只見現場飛舞著漫天黑蟲而啟人疑竇，更牽扯出令人聞之色變的蠱毒之患，而被載入康熙、乾隆至民國時期，不同版本的《汀州府志》、《上杭縣志》。命案罪魁禍首最後直指同縣的賴子俊、廖高滿翁婿二人，他們被控對受害者施以金蠶之術。方志詳細記載：習其術者必須在每年端午收集數百毒蟲，封於瓦罐內，用茶葉、楓香飼養，至第二年開罐。經過一年的相互咬弒後，罐中通常僅存一蟲，即為金蠶。金蠶養成後，飼主可伺機置金蠶糞於飲食，供過往商旅食用，凡誤食者將因腹痛如絞而死。亡者的魂魄從此供飼主驅使，而飼主也得以因此致富[46]。

以上敘事分別載於康熙、民國《上杭縣志》，而乾隆《汀州府志》有更為詳細的記載，同時另增萬曆四十六年，歸化縣另一起更為驚悚，涉案人數更多的案例，並於文末註明「舊志」[47]。根據李紱在乾隆《汀州府志》序文說明修志過程可以發現，所謂

---

46 曾曰瑛、李紱，《汀州府志（乾隆十七年修，同治六年刊本）》，頁651-652。蔣廷銓纂修，《上杭縣志（康熙二十六年）》，頁909-910。又張廷球、徐銑纂修，《龍巖州志（乾隆三年）》亦載「巖俗多蠱訟」，詳述金蠶蠱毒的飼養及解毒法，頁312-313。

47 曾曰瑛、李紱，《汀州府志（乾隆十七年修，同治六年刊本）》，頁652。

「舊志」是指崇禎十年（1637）的版本[48]，而康熙《上杭縣志》有關金蠶案的敘述也是根據同一版本，只不過刪去與上杭無關的案例，另說明賴子俊、廖高滿雖因金蠶案伏法，但金蠶之術仍未斷絕。順治十四年（1657），上杭巡道紹芳還逮捕了數名被認為施金蠶之術的群眾，又在古田、白沙等地立碑，使往來商旅防戒。

賴子俊、廖高滿或許曾受到嚴酷的刑罰和拷問，不得不以聽聞中的金蠶蠱毒交代自己「犯行」。三百多年後，供狀又被一字不漏的抄錄於民國二十七年編修的《上杭縣志》中。甚至到1930年代，古蛟鄉建會還因反迷信，槍斃了堅持金蠶確有其事，散播金蠶為患，「妖言惑眾」的民眾[49]。1950年代，蛟洋婦人還因為被檢舉飼養金蠶，而遭縣警察局逮捕，區政府行文縣政府表達抗議，但抗議的重點並非縣政府助長迷信，而是逮捕行動事前事後都未知會區政府[50]。似乎間接承認婦人飼養金蠶為「犯罪事實」，以及逮捕的合法性，只是過程出了問題。

事實上，金蠶之說不僅存在於上杭，還遍及汀屬八縣，甚至西南、華南廣大地區[51]。更重要的是，如同上文所述，直到20世

---

48 李紱，〈重修汀州府志序〉，《汀州府志》，頁6。序文成於乾隆十五年。

49 中共古蛟區委幹部檔案，〈袁永珍自傳〉（1954年4月8日），上杭縣檔案館：98-1-6。

50 蛟洋區公所，〈張潤姑飼養金蠶案〉（1952年3月16日），上杭縣檔案館：87-1-15。

51 有關金蠶之術流傳區域不只閩西，如《本草綱目‧卷四十二》記載：「金蠶始于蜀中，近及湖、廣，閩、粵浸多。狀如蠶，金色，日食蜀錦四寸。南人畜之，取其糞置飲食中以毒人，人即死也。」

紀中葉，絕大多數官員或百姓都深信不移，相關案件也形成正式文件收存在檔案館，甚至今日上述地區群眾對於金蠶依舊言之鑿鑿。但究竟事實真相為何，仍眾說紛紜，不明就裡。那些被指控掌握金蠶之術，最終處以極刑或遭逮捕後行蹤不明的「罪犯」，似乎如同 Rene Girard 所謂的「代罪羔羊」，也就是社群將不明的真實災難，嫁禍到無辜者的身上，而「毒藥」這個說法只不過增加了物質和「科學」的邏輯[52]。

　　金蠶之說遍及汀屬八縣，汀州府巡道紹芳唯獨選擇勒石古田、白砂，想必是因為這二個密邇的鄉里為傳說中金蠶蠱毒為患最烈的區域，同時也說明該地即非通衢要地，至少也是交通孔道。勒石的功能既然為了示警，自然要求醒目，要眾所共見。閩西的古田、白砂周遭山巒起伏，路險且阻，在現代化交通建設深入以前，即使無金蠶之說也足以令往來商旅心生畏懼，再加上令人聞之色變，繪聲繪影的金蠶之說，更加深此地的神秘，汀州府立碑示警相當於以官方立場昭告及確認當地隱藏的危險。四散瀰漫的家鬼傳言，藉由官方名義的碑石銘刻，轉印在當地府城、縣城民眾與商旅心中，更導致他們對古田、白砂心理上的隔膜。

　　涉及集體暴力和巫術的金蠶案確實是一個有趣的話題，但更有意思的是這起案件如何被書寫。相較於《汀州府志‧叢談》中，大部分欠缺具體人名或時間的單一事件，這起金蠶案是篇幅最多的一則，且詳盡交代時間、人物、地點、經過以及延續性，如晚修的方志中還增添類似案件的發展。正因為這種詳細的

---

52 Rene Girard, 馮壽農譯，《替罪羊》（北京：東方出版社，2002），頁 20。

描述，以致於無論我們如何看待金蠶，至少在方志的描述中，整起事件呈現出相當真實的效果。

地理學者 Mike Crang 認為，文學不僅是社會的產物，也是社會的媒介，文學以及媒體在塑造人群的地理想像、創造地理空間上，更扮演核心的角色。Crang 所謂的文學（literature）相當廣泛，例如官方文書、方志、學術作品，甚至廣告、傳單都屬文學的範疇。在塑造地理空間及人群的地理想像方面，文學不會因為主觀性而有缺陷；相反的，正是這種主觀性表達了地方與空間的社會意義。大多數人都是透過媒體認識自己生存以外的區域，在實地接觸不熟悉的空間以前，對該空間也有一定的想像。換言之，再現（representation）多半先行於事實。在這個意義上，文學不純然是對區域或地方的描述，也同時在進行地理空間的觀念建構。地理學和文學都是有關地方與空間的思考，兩者都有表意作用（signification），也就是在社會媒介中賦予地方意義的過程。我們應當將文學地景（literary landscape）視為文學與地景的組合，而不是把文學當作映照或扭曲外在世界的透鏡[53]。

另一方面，Crang 也認為，地景可作為一種被人群與時代的意識型態與信仰塑造的文本，文本也會回過頭來塑造人群與時代的意識型態。這些文本塑造了作者覺得能夠說，或是驅使要去說的事物，還有述說的方式，每篇文本都會訴諸其他文本，而任何個別敘述都會與其他文本互動。

二、三百年來的方志以及局外人將客家與瑤、畬等而視之，

---

53 Mike Crang, 王志弘、余家玲、方淑惠譯，《文化地理學》（*Cultural Geography*）（台北：巨流出版公司，2003），頁 57-76。

以及客家聚落有如化外之地的負面描繪延續到 20 世紀，也直接導致近代強烈客家意識的形成，尤其是廣府與客家的激烈衝突。1920 年，上海商務印書公司出版了 *Geography of the World* 一書，作者為當時擔任蘇州桃塢中學教員 R. D. Wolcott。在有關廣東的條目中，Wolcott 形容廣東山區有許多野蠻的部落和落後的人民，並以客家和畬族為例。事實上，Wolcott 對於粵地客家的形容並非原創，或出自調查觀察的心得，因為類似的描述，早在 19 世紀就出現在威爾斯傳教士 Timothy Richard 撰寫的 *Comprehensive Geography of the Chinese Empire*。

如果以現代學術眼光苛責 Timothy Richard 以及 Wolcott 對客家的「詆毀」似乎有欠公允，因為他們對「客家」的敘述和認識，完全來自方志所描述的瑤、畬，或所謂畬客。如果連中國本土方志都是相互援引，透過不同時期、不同地區的方志描述地方，似乎很難要求西方人士對中國各個區域及人群有正確的理解。問題在於，中國當時最權威的上海商務印書館出版 Wolcott 的著作，其中詆毀客家的內容，引來旅居上海客籍人士及學生群情激憤，發出強烈抗議與反彈。這些旅滬客籍人士組織客系大同會，並於 1921 年 1 月召開研討會，商討如何應付商務印書館。強大的輿論壓力下，商務印書館不得不公開道歉，同時通知購書的學校更正錯誤，銷毀庫存書籍。此後有潮洲周書甫創辦《大同日報》，試圖藉由大眾傳播工具促進外界對客家文化的認識，以及增強客家內部的團結，香港在此同時也成立崇正協會，成為海外客家總部[54]。

---

54 羅香林，《客家研究導論》（廣州：興寧希山書藏，1933），頁 29；

　　近代客家研究，或是理論性駁斥其他方言群對客家的詆毀，始於羅香林系統性的建立客家源自中原論述，並描繪五次南遷路線，強調客家無論在血統或文化都傳承了中原正統。90年代以來，客家研究達到高峰，除了漢族南遷論，也有學者將客家視為以百越與漢族後裔融合的南方文化[55]，或主張客家乃北方漢族與南方民族互為主體的新文化[56]。勞格文（John Lagerwey）認為客家是帶有明顯畬、瑤文化遺跡的漢族[57]。陳支平分析大量福建族譜，發現部分客家與福佬擁有相同祖先，而某些福佬系的祖譜也反映出，這些宗族事實上是經過福佬化而成為「福佬客」[58]。除了陳支平以族譜資料提出「誰是客家人」的質疑，N. Constable也以認同為核心概念，提出類似問題[59]。重點是他們都指出「客家」並

Sow-theng Leon, *Migration and Ethnicity in Chinese History: Hakka, Pengmin and Their Neighbors*, p. 87.

55 房學嘉，《客家源流探奧》（台北：武陵出版社，1996），頁27-29、59-60、205。

56 蔣炳釗，〈試論客家的形成及其與畬族的關係〉，收入莊英章、潘英海合編，《臺灣與福建社會文化研究論文集（二）》（台北：中央研究院民族學研究所，1995），頁285-298。謝重光，《客家源流新探》（台北：武陵出版社，1999[1995]）。謝重光，《客家形成發展史綱》（廣州：華南理工大學，2001），頁1-6。

57 勞格文，〈序〉，《梅州地區的廟會與宗族，房學嘉編》（香港：國際客家學會），頁i-xxiv。

58 陳支平，《客家源流新論：誰是客家人》（台北：臺原文化出版社，1998）。

59 Nicole Constable, "Introduction: What does it mean to be Hakka?" *Guest People: Hakka Identity in China and Abroad*. Nicole Constable, ed., pp. 3-35.

沒有明確的範疇，而何謂客家迄今仍然是懸而未決的問題。

今日上杭被視為「純」客家縣，四處可見強調客家風味的小吃店、特產店，無論走到哪裡，都可以聽見「客家人就是純樸、好客」的自我描述。所有的地方特色，例如語言、飲食、習俗都歸結到客家傳統。客家意識逐漸興起的同時，非客家的少數族裔也被刻意強調。上杭盧豐鄉與古田蘇家坡村的藍、雷、鍾三姓在 1987 年「恢復」為畬族，讓原本已經消失的畬族意象重新進入記憶中。

事實上，上杭宗族聚落的社會文化與本縣其他地區並無明顯區別，僅有方志描述藍、雷、鍾三姓為識別畬族的唯一依據。由於中共中央對少數民族的種種優惠政策，這些姓氏的上杭縣民也樂於接受將現實生活中早已消失的畬族標籤，加註在自己的身分欄內。但在 1980 年以前，沒有人會意識到，或刻意強調自己的客家身分，方志描述的畬族特質更完全在記憶或日常生活中消失。

盧豐和蘇家坡改為畬族行政鄉及村時，地方政府舉辦了盛大的儀式，2008 年又在蘇家坡革命遺址，閩西特委機構樹槐堂左廂房另闢一室，成立閩西畬族陳列館。但陳列館內除了想像的畬族服飾，部分為塑膠製作的弓箭、弩、標等獵具，以及在村中徵集、蒐購，與其他地區毫無差別的農具標本外，絕大多數都是圖片展示。整幅牆面的農民扶犁耕種照片，如果沒有文字說明或許沒有人能夠知道這是「畬族」耕種的場景，完全無法發現足以展現　族的文化遺留，反而是現在被視為「純漢族」的古田山街族譜中還記載與方志「畬客」相關的內容。

步雲上福村和古田竹廈的《閩杭張氏宗譜》在卷首錄有古田張氏開基祖東屏先生五郎公開基事三則，目的是從各種傳說考證五郎公原居地。其中有五郎公原居大圻背說，主要的證據是因

《閩杭張氏宗譜》裡的古田開基祖張五郎公

為：「五郎出獵帶有獵神，曰盤王神。祀於岡頭甲之石厂，歷傳
至今，馨香不絕。藉非居此，何以獵神祀此……故老聞之鄉諺
曰：『大坵背，黃獐狗。』夫獐，山獸也，狗獵獸也。吾祖出
獵必帶獵犬以驅山獸，鄉人借（藉）此詬余。」[60]

　　張氏宗族當時完全沒有意識到這段記載與方志「（畬客）善
射獵……山中自稱狗王後，各畫其像，犬首人身，歲時祝祭」
的敘述不謀而合。如果說張氏以外的古田鄉民以「大坵背，黃

---

60 張炤謙等，《閩杭張氏宗譜》，石印本，民國八年。

獐狗」描述張氏先祖的狩獵生活，並不算是族譜所謂「鄉人借
（藉）此誚余」，因為從語意來說絲毫沒有譏笑的意味。這個
鄉諺之所以被張氏族人認為是外人有意的嘲諷，有可能導因於五
郎祭祀狗形的盤王神，也或許是鄉人稱居住在大坵背一帶，祭祀
盤王神的居民為黃獐狗。

　　無論如何，張氏族譜中對鄉人的嘲諷不僅沒有反駁，反而以
「大坵背，黃獐狗」作為五郎公開基大坵背的佐證，也承認祭
祀盤王神的事實，但無論張氏族人或其他古田鄉民，至少在民國
時期都沒有客家及畬的族群意識。對張氏族人來說，他們敘述張
五郎的最終目的是要說明五郎公成為社神的經過，但這個說明卻
非張氏族人執筆，而是在族譜中錄有王嘉樹署名的〈五郎論〉。
這篇文章先說明張五郎原居連城張家營，至上杭古田出獵時，因
見當地土曠人稀而定居於此。五郎生平事蹟不可考，族譜記載五
郎死後葬在水尾，里中人立為社神，春祈秋報不絕。立論的關鍵
是，張五郎生前僅為獵戶，為何死後奉為社神？文章的作者分別
引志書、上古典籍加以說明：

> 陸龜蒙謂閩粵間好事鬼。古田屬閩，此殆古田從俗也。
> 予竊思之，俗雖好事鬼，必擇有德之鬼，而後奉牲焉、
> 奉盛焉、奉酒醴焉，否則有用之物不奉無用之鬼也。
> 郎社神於古田，郎若無所以德之，古田即無社神必虛其
> 位，以俟諸將來。事鬼雖好，急於事鬼而不擇鬼以事，
> 則未之前聞，予於是知郎有以使然矣。郎獵者也，獵
> 亦曰狩，狩獸也。詩箋言，獵乃搏獸也，獵亦曰畋，
> 畋田也，則爾雅為田除害之義。郎而獵也，郎搏獸
> 也，郎為田除害也，搏獸以除田害德何如之。家於古

田，古田之戴其德者必深，故死後猶血食之，非好事鬼
也，郎之德使然也。或又曰搏獸以除田害，里中人宜
德之……故獵者雖多，立為社神者惟郎。噫，天下事
分理欲不分彼此，豈獨此獵者哉。

　　除了「陸龜蒙謂閩粵間好事鬼」，族譜又引《汀州府志》、
《上杭縣志》「汀俗夙尚鬼」的記載，但無論事鬼或尚鬼都絕非
正面的描述。〈五郎論〉以古田事鬼是具有延續性，不得不為的
地方傳統習俗，但事鬼也要擇鬼而事，祭祀張五郎並非好事鬼，
而是感念張五郎為田除害之德。
　　古田《閩杭張氏宗譜》有關張五郎的傳說是最接近方志描述
的畬客，卻也是古田山街三大姓氏族譜中唯一繪製祖先畫像，最

《閩杭張氏宗譜》刻印身著清代官服祖先像

接近想像中的「漢人」族譜樣貌。他們根據祖先生存的年代，分別為其工筆描繪明、清衣冠，明代的祖先畫像頭帶官巾，作儒者打扮，而清代畫像則是一律著官服。張氏族人並未聲稱這些畫像即為祖先肖像，在族譜像贊稱：「（先人）圖之於譜，雖神情不能畢肖，而口吻大約如斯……衣冠整飭，瞻視尊嚴，亦能使後世子孫以為吾先人蓋如是者。」明白表示繪製祖先圖像的重點，是提供後世子孫對於先祖的想像，而這種想像也使得張氏族人在未接觸畬客記載以前，完全脫離非漢族記憶。

廖氏、賴氏族譜沒有開基祖的神話或傳說事蹟，但族譜記載的祖先遷徙過程似乎也很難脫離先祖與畬族的地緣，甚至血緣關係。這二個姓氏族譜記載的開基祖都是從龍巖黃畬遷至古田，原地名的畬字在當代似乎被刻意隱藏，而以「黃斜」取代。因為黃畬留有廖氏、賴氏多座祖墳，每年陰曆八月都會組織掃墓活動。福建省內廖氏子孫共同承認的入閩始祖花公墓就是在盧豐畬族鄉，廖氏海內外宗親 2006 年向盧豐畬族鄉農民購得花公墓地產權，在 2007 年修建完成嶄新的「花公陵園」[61]。

四、吾土吾民

如同前述 Crang 的觀點，從方志到中共建國後的革命宣傳，

---

61 武威廖氏花公陵園修建委員會編，〈武威廖氏花公陵園修建紀念冊〉（2007）。

民國九年的《武威廖氏東興堂族譜》書影（左）及內頁（右）

以及近代地方文史資料書寫的客家，都不僅僅是描述區域或地方，也同時在進行地理空間的觀念建構。古田山街三大宗族民國時期的族譜也同樣進行地方與宗族的描繪，其中最早的是上述民國八年《閩杭張氏宗譜》，其次是民國九年的《武威廖氏東興堂族譜》。賴氏宗族雖然也幾乎在同時蒐集整理編譜資料，出省尋根問祖，最後卻因「時局動盪」未能付梓，僅留有民國十六年手抄的《賴氏家譜》傳世。

　　山街三大宗族編修族譜最重要的目的是追本溯源、敬宗收族，試圖整理分散在各房支的草譜，再參照不同地區同姓族譜，整理祖先遷徙路徑。此外，他們也同時藉由方志記載了解鄉土，模仿方志體例，以方志為標準化藍本描繪地方。透過族譜書寫，

形成定著化的、有關宗族自我以及地方社會的歷史記憶。這些族譜在中共建國後被刻意或不經意的保存下來，直到 1980 年代後期才從一些老宅屋樑、牆洞或其他不見天日的地方重新面世。族譜也成為宗族認識我群和地方相當重要的歷史記憶，改革開放以後恢復傳統的基礎。

古田廖、賴、張三姓族譜都沒有明確指出宗族聚居古田的確切時間，但他們都不約而同的在民國初年開始強調宗族歷史，追溯祖先遷徙路徑，而探究宗族來源有絕大部分是參照外地同姓氏族譜。如張氏參照了江西寧都譜，廖氏在寧都譜外，同時參照了郭坊譜、廣東譜，最終卻對入閩以前之世系，甚至郡望之由莫衷一是，「遍查譜牒亦不得其詳」。賴氏手抄本族譜並未正式印製，僅有賴馨在族譜稱，有鑑於各房散抄的族譜因年代久遠，字跡難辨，赴山東、河南各地尋訪[62]。如同其他的客家族譜，寧都是客系人士敘述宗族南遷的重要根據地，張氏及廖氏族譜都記載先祖曾遷徙至寧都，而賴氏甚至在寧都有建祠，是為寧都開基祖。

參照同一姓氏外地族譜的結果，使得每個姓氏都有相當雷同的遷徙路徑，以及追認到共同的始祖，但是對地域宗族來說，更重要的還是確認開基祖。上福、竹下的張氏宗族共認張五郎公為開基祖，開基確切地點迄今雖無定論，但五郎公派下的張氏子孫對其世系及分布範圍都有形成相當清楚的共識。五郎公生有三子，長子四旭公移居上福禾葉潭，次子祖森公、三子滿緣公居大圻背，有裡屋、外屋之別。原本是輪流分祭，到了嘉慶庚申才合建嶺廈（下）惇序堂，各大房聯合祭祀。光緒戊戌二月，旭

---

62 賴馨，〈抄錄賴氏家譜緣起〉，手抄本，民國十七年。

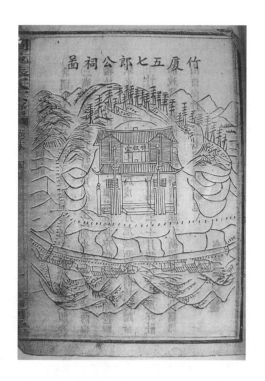

竹廈張氏五七郎公祠

緣兩房將舊祠南遷到竹廈（下），成為五七郎公新祠。因此，五郎公派下子孫的分布範圍包括古田竹下，和目前已經劃為步雲鄉的上福村，但古田其他村落的張氏居民與竹嶺、上福並非同一個祭祀單位。

　　賴氏從寧都開基祖傳至四世為標公，遷往上杭坪埔。標公以下十傳至四郎公，上杭縣城的賴氏宗祠以四郎公為始祖，是為分派祖。分派祖傳至二世為五郎公，生子九人，排行第二的七郎公遷居龍巖黃畬，再傳十世，有丙二郎、均智、均義同徙於古田賴坊鄉。丙二郎公有得華、得茂二子。得華生三子，仲謙建基橫

塘背，仲旻建基內樓，仲慶建基外樓。得茂公生二子，仲受建基上山下，仲信建基下山下。均智公建基前祠，均義公建基中祠與梅樹下。乾隆五十二年（1787），仲旻、仲慶、均智、均義派下裔孫合建總祠於賴坊待鳳口，名為致愛堂，又稱千金屋，神主奉第四世祖念二郎公為始祖，仲旻、仲慶、均智、均義同列為開基祖。

廖氏和張氏宗族民國時期幾乎同時編修的族譜反映出新觀念對於迷信與傳統的不同詮釋。作為古田第一大姓的廖氏宗族對於世系描述顯得相對簡略，原因是刻意省略「涉及不經」的傳說，如張氏族譜描述五郎公「倒插松樹」以及祭祀犬首人身的盤王，應該是廖氏在期待「西學」能開子弟「新智識」之下「不經傳說」。因此，對於「源流之說，郡分之由」或許刻意刪除了傳說部分，至於源流難以考證的「未敢論定」內容，則有待後世博學者考其實。

雖然廖氏在族譜並無描述古田開基祖事蹟，但自清末開始，合族即以上杭、龍巖等地的廖氏族譜為依據，以汀州府及龍巖州共推的花公，亦即實蕃公為廖氏入閩始祖。據傳花公以降的四代先祖都居無定所，直到五世祖伯六郎公才由龍巖黃畬遷到古田定居。最早奠基的是七世祖文旻公，後裔聚居五甲、八甲、九甲、十甲，而黃龍口屬文卿公，其餘的文顯、文德、文政公派下後裔極少，更無產業可言。《廖氏東興堂族譜》是伯六郎遷古田歷經二十餘代之後的第一本族譜，所以冠上東興堂，主要因為編修者為十四世祖以達公派下子孫。以達、以通公屬九生公派下，聚居在八甲。族譜的倡修者為道南、拔元父子。道南字正隆，號幼程，光緒丁未監生，是古蛟著名仕紳，曾任小學校長，是廖氏二十四代裔孫。拔元字從善，號仁哉，曾在北洋政

府燕江軍營擔任文職工作。

道南等人在廖氏族譜序中均提及，伯六郎肇基以來二十餘代，六、七百年間尚未有譜，到編譜的時候還有「故老可諮，殘篇可考」，殘篇指的是各房手邊保存的「草譜」。由於其他房支對於族譜編修意見歧異，以致編修過程並不順利。道南之子拔元在民國八年7月自燕江軍營返家，因「痛世風之不古、譜系之不明」，遵父命蒐集各房之私乘，經過月餘時間完成初稿。道南父子又邀各房長老開會，眾人對修譜一事有相當大的共識。問題主要出在訂立合約階段，據拔元在序中所稱，「當時間有愚昧者流，心中皆華屋良田，已不知祖德宗功為何物，尊祖敬宗為何事，安知有所謂譜，又安知有所謂修譜，竟散播謠言意圖破壞，以致經費問題又多掣肘」。這段痛責鄉里族人的語句，公開刊刻在以凝聚宗族、合族為尚的族譜似乎不尋常，也顯示出古田廖氏全族數百年來都沒有合族的認同，房派之間的傾軋十分嚴重。

族譜最後雖然由東興堂獨力完成，但開局編修前，以達公派下的編纂人員又祭古田開基祠堂永清堂，以及八甲開基祠堂永惇堂，同時在族譜中蒐錄東興堂以外，所有廖氏宗族其他七個宗祠位置及圖像，以達公上推至入閩始祖實蕃公的所有廖氏祖先也完全收錄族譜中。然而，道南還是感到相當遺憾，並表示「譜以普及為貴，今不聯合族而獨自修一房，得不貽譏不普乎」。畢竟這部族譜僅代表東興堂，而非古田廖氏的族譜。拔元提出的說法是，「予非不樂合族同修也，各房長老困於財力，不我贊同，不得以而自為計耳」。

廖氏族譜〈祠塋圖志〉除了以簡單文字說明位於福州、汀州府、龍巖縣、上杭縣的古田境外宗祠，另以圖像文字列出古田鎮內的萬原祠、清水祠、疇衍祠、永惇祠、繼可祠、東興祠、明

德祠、壇馨祠八座宗祠[63]。從萬原祠列於〈祠塋圖志〉之首，不
難發現這座宗祠對廖氏族人的重要性。事實上，廖氏最早修建的
宗祠為清水堂，而非萬原祠。清水堂創建年代不詳，只知在明
嘉靖年間遭回祿，此後屢毀屢建，直到東興堂族譜編修完成時，
仍未完成修復工作。清水堂並非供奉開基祖伯六郎公，而是伯六
郎公的孫輩，第七世祖文旻公，以及文旻公支派下的九世祖九生
公、曹福公，也就是八甲、九甲範圍內的廖氏裔孫。

　　廖氏在民國以前最晚修築的萬原祠原本是旺生公、九生公、
曹福公、石崇公、志一公五大房後裔所建，在建成二年後，
始將入閩始祖實蕃公奉祀祠內，但卻非主祀，僅為配享。編修
《東興堂族譜》的以達公派下是古田廖氏財力、勢力最大的房
派，除了奉祀十五世至十七世祖的明德堂，和二十二至二十三世
祖的壇馨祠以外，永惇祠、繼可祠、東興祠都有供奉以達公神
主，後二個祠堂是獨祀，萬原祠、清水祠、疇衍祠則供奉以達
公直系上二世的九生公。直到 1949 年前，廖氏宗族的領導人物
都是以達公派下子孫。

　　相較於賴氏宗族在乾隆年間就已經推念二郎公為始祖，連結
所有古田賴氏宗親，廖氏東興堂族譜的編修過程反映出房派的分
歧，直到相當晚近才在萬原祠供奉可以凝聚所有古田廖氏，以及
擴及汀州府、龍巖州廖氏的實蕃公。除了廖氏宗族以外，所有
古田耆老對山街廖氏和賴氏宗族經常以「先有千金屋，再有萬
原祠」加以形容。千金屋是指位於賴坊待鳳口的賴氏宗祠致愛

63　清水、永惇、繼可為明代就已經存在的祠堂，壇馨堂為民國初年興建，
　　其餘則是清代建成的祠堂。

堂，萬原祠當然就是位於黃龍口的廖氏宗祠。根據古田鎮民的理解，這句話是形容廖氏與賴氏的競爭，也就是賴氏先以千金之資興建了總祠之後，廖氏為了互別苗頭也以萬字為首興建宗祠。但這個解釋卻無法說明財力雄厚的廖氏宗族為何在千金屋建成六十年後，才興建萬原祠。

從廖氏原本要舉族合編族譜到以達公派下不得不獨力完成的修譜曲折過程，以及文旻公以下的九生公、以達公掌握廖氏絕大多數土地的現象不難發現，廖氏直到19世紀中葉都是五甲、八甲、九甲、十甲的文旻公派下獨大，但卻沒有可以凝聚全古田廖氏的宗祠，所謂的開基清水堂也並未奉祀開基祖。萬原祠所在的黃龍口並非文旻公基業，應該是文旻公派下的旺生公、九生公、曹福公裔孫，與黃龍口的石崇公、志一公派下商議合力興建。建祠目的並非供奉入閩始祖實蕃公，而是為了要連結古田甚至福建全省廖氏宗親，才將奉實蕃公神主陪祀祠內。因此，萬原祠對古田廖氏最大的意義，主要是自開基以來，第一座可以凝聚廖氏全族的宗祠。正因如此，民國上杭縣志，以及日後中共檔案中，都以「廖氏總祠」指稱萬原祠。

廖、賴、張三姓修譜時間接近，更不約而同的在族譜中繪製鄉圖，同時敘述古田風俗、物產及社會狀況。張氏宗族雖然免不了「以名人作之祖」，第一幅祖先圖像是張留侯，亦即漢代張良像，但對於自己生存的土地卻有「務實」的描述：「吾鄉僻處山阪，自非可與通都大邑，代產英豪，簪纓祈濟，朱紫盈門者比。然孔子曰：『十室之邑必有忠信。』吾儕又豈可以地僻而自棄哉。」也根據元汀州府志《汀之風俗》，「君子質直好義而恬淡，小人愿愨少文而安于勤勞」自況。至於前人因「萬山蟠結，溪洞深阻」的生態環境，而認為居民「頗多頑悍之質」，

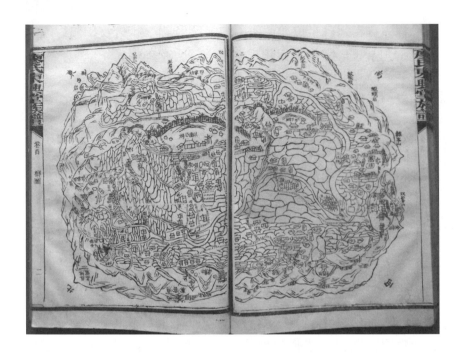

廖氏族譜以東興堂爲中心繪製鄉圖

則有另一番解釋：「吾鄉後嶂端嚴則出入渾厚，前峯聳拔則出入峭直。士重藏修間出瑰奇之品，女安素樸亦知廉恥之風。比戶凡民皆務本力農紀，少為商逐末者。雖文物遜於大邦，亦見守法良民也。」族人雖世居山區，但物產皆可滿足日常生活所需，「冬穤可以釀美酒，山茶可以解煩渴，麻枲可以績布縷，古杉可以制棺槨，大竹可以利器用」。展現出山居恬淡，怡然自得的風貌。

　　相較於張氏著重形容而非敘述，「務實」的描述鄉土，以及賴氏族譜在鄉圖後，僅僅以百餘字簡單描述地方交通與物產，民國九年付梓的《廖氏東興堂族譜》對地方風土民情鉅細靡遺的

描述就顯得更接近方志風格。《廖氏東興堂族譜》不僅是廖氏以達公派下，同時也是古田廖氏刊刻的第一部族譜，除了明昭穆、辨世系，詳列嘗田、祠宇、祖墳，追溯宗族世系關係外，還仿方志體例刻印鄉圖。廖氏族譜鄉圖的中心是供奉以達公的東興祠，再向四周延伸，勾勒古田山街周遭所有聚落，以及邊緣的山地。重視的是地理相對位置，而非距離遠近。

　　如果以鄉圖涵蓋的範圍來說，東興堂應該是中央偏北的位置，但因為強調東興堂的中心位置，可以明顯發現北半部放大了很多，而南半部則明顯受到擠壓。鄉圖之後的內容包括位置、氣候、四界、山脈、溪流、地勢、物產、語言、風俗、沿革、災異、古田十景、寺廟祭祀等條目，敘述詳細豐富。至於廖氏族譜為何要詳明鄉土概況，在族譜中有簡短的說明：「蓋聞嵩生嶽降，秀靈實孕於山川，楚尾吳頭，交通永資夫道路。況陵谷滄桑之變易，建置何常，剛柔燥濕之不同，土宜自判，凡此紛繁之跡象均歸土之範圍志地理。」由此可以發現廖氏宗族試圖以自我的觀點描繪鄉土，結合鄉土與宗族歷史，企圖以宗族力量編寫以往僅有官方得以編修的地方志。

　　廖氏族譜書寫的「吾鄉」，首先從禹貢志、汀杭通志敘述上杭星野，又以現代的經緯標示古田所在位置，也模仿方志慣例，列出古田至上杭、汀州、福州的里程。以上三個城市分別為古田直屬的縣、府、省城，但纂寫族譜時，州、府行政建制已經取消，因此標示古田與汀州的距離僅僅是清帝國地理行政位階的記憶延續。在生態方面，敘述山脈走向及各山支脈與宗祠的關係，而境內溪流水淺，船運不至，要遠至七、八十里外始得通行小舟。全境地勢險要，唯一較為平坦的區域呈現東北高，西南低的走向，主要是廖、賴、謝三姓的居住範圍。境內不僅舟楫不

通，道路崎嶇，交通十分不便，「彩眉嶺、走馬嶺各計長約十
里，極少人煙，奸宄出沒，搶劫時聞，商旅患之」。

　　張氏族譜和廖氏族譜各以不同的方式描寫地景，張氏以〈上
福山水形勝紀〉描繪自然生態景觀，以〈上福古蹟紀〉敘述
樓、寺、古墓遺址，重大事件的發生地，而廖氏則是以詩意的
「古田十景」描述地方。名勝古蹟或所謂的某地八景、十景是
方志資料的重要組成部分。表面上，方志對於景物的描寫似乎僅
僅是文人的消遣與休閒，但林開世以《宜蘭廳志》為例，說明
八景的建立意味著階級和空間分類意識，八景詩進一步將未開化
的山水轉化為可欣賞與掌握的風景[64]。古田十景位於人群集中的主
要聚落內包括蓮塘晚鐘、三汲垂虹、奎閣望月三景，而筆架插
雲、金谷瀑布、金巖殘雪、高寨晚霞、夾溪垂釣、半嶺人家、
古哉牧笛七景，都是遠離古田主要聚落，大多數為人跡罕至的山
區，古田十景所附的十景詩描繪的內容也遠離鎮民日常生活。

　　廖氏族譜描繪古田在整個閩西地區似乎有如一個相對隔絕，
完全可以自給自足的人間天堂。小鎮因為地屬山區，夏季雖熱，
夜晚還需覆被，霜降之後經常會有霜雪，境內植被濃密，水淺
溪清，雖偶有旱災水患，但影響不大。隔絕的意義除了交通以
外，還包括可溝通範圍極小，被稱為古蛟話的方言，通行範圍只
包括本縣的蛟洋、白沙、郭車，還有連城的新泉、芷溪、長汀
的貼長。鎮民大多以務農為主，經商者很少，物產以米穀為大
宗，貼長、連城等地還仰賴古田供應的糧食，如果不是運至外

---

64 林開世，〈風景的形成與文明的建立〉，《台灣人類學刊》1.2（2003）：
　　1-38。

地，古田「一年耕而有三年之食」。如此豐富的糧產，在長期缺糧的閩西地區可稱得上異數[65]，也使得古田在戰亂期間，與外世隔絕的時候還能夠自給自足，不需外界支援。輸出品以米、茶、紙為大宗，輸入以油、鹽、布、豆為多。古田雖然地處偏僻，但東向的彩眉嶺至西北凹頭的走馬嶺之間的白蓮塘、凹上等處均為往來汀州、漳州、龍巖孔道，也因此帶動古田墟場的昌盛。

廖氏族譜稱，古田民俗淳厚，有儉樸之風，強調鄉中十餘姓雜處，而好若朱陳，從無械鬥之事。尤其是廖、賴、張山街三大姓，彼此通婚頻繁，親戚都住在左近，因此有「廖、賴、張不過夜」的說法，形容三個姓氏交織為姻親網絡，因為居住範圍集中，參與對方的婚喪喜慶當日即可往返。但從無械鬥僅能說沒有表面上的衝突，並不表示宗族彼此完全沒有競爭關係，而社會群體的競爭有時並非想像中或表面觀察到的那麼單純。例如，族譜描述的四界，主要是指以達公後裔居住的八、九甲範圍，但四界不僅僅是標示位置，另一個重要的意義是確立以達公派下所擁有的土地範圍。

在四界的描述中，曾論及凹上到竹嶺之間的廖氏與張氏的「未定界」。張氏應該曾經宣稱擁有「未定界」的所有權，因此廖氏特別在族譜中說明，這個區域因為廖姓與張姓雜處，彼此世代聯姻，關係密切。因此廖氏前輩「為恤姻睦鄰起見，息爭退讓容或有之，迨無張家稱係由彼康公向我廖家買去此處，況彼無明約統據」。族譜最後還是自行訂出一條可以接受的界線，至於

---

65 清代閩西是長期缺糧的區域，長汀、上杭、永定需要輸入糧食，連城可以自給。見王業鍵，〈十八世紀福建的糧食供需與糧價分析〉，陳春聲譯，《中國社會經濟史研究》2（1987）：69-85。

劃界之後還有一處狹小的「未定界」則是「通融置之」。

　　除了與張姓的地界糾紛，廖姓與賴姓地界也有紛擾。古田十景的三汲垂虹所在地是廖氏與賴氏地界之間小溪上的三汲橋，除了將其視為古田十景之一，廖氏口耳相傳此橋原為風水上的「絆馬索」。廖氏與賴氏也是婚姻交換單位，因為廖氏宗族曾經有人將宗族地界內的田地作為陪嫁，贈與嫁到賴氏宗族的女兒。對廖氏宗族來說，這麼一來賴氏的勢力就越過廖氏地界，廖氏的比喻是「就像卒子過了河」，因此搭建三汲橋，作為風水上阻擋的象徵。廖氏並未強調自己是最早進入古田的宗族，因為早在廖氏以前，就有江姓、伍姓、曾姓、黃姓、李姓在古田定居。只不過到了嘉靖年，廖氏清水堂建成後，這些姓氏逐漸式微，古田山街北境全為廖氏地域。

　　廖氏族譜並未仿方志編大事記，但有災異一欄。族譜所以記載災異，其目的是「覘一鄉之氣運也」。災異的敘述起自嘉靖年間外寇騷擾到民國成立，描繪政權更迭的亂象，以及自然災害、匪患，如土匪張恩選及太平天國洪秀全餘黨陪林王花旗林天將率萬人由白沙擁入，古田民眾紛紛逃往貼長山區避禍，經此浩劫後祖墳被掘，宗祠、土樓都遭到焚燬，木主也被棄置溝壑之中。戰事之後瘟疫大起，鄉人死傷不計其數。宣統年間，古田出現形似獅或似熊的怪獸白晝食人，山街附近村落多人遇害，廖氏族譜解釋此乃「國之將亡必有妖孽」，直至革命軍起，其禍乃平。民國七年正月大地震，廖氏永東樓震毀，是年五穀不豐，干戈四起，民無寧日。

　　廖氏族譜記載的「吾族」和山街歷史下限至民國七年。原訂每逢庚申、庚寅年，亦即每三十年必須重修的族譜，也因為時局動盪，整整中斷了八十年。再度修譜的時候，萬原祠建築依

舊保存，甚至狀況比起民國時期還要好，只不過在刻意維持，以及不斷修舊如舊保存下，宗祠早已失去建築空間原本的意涵。以往嚴禁進入，宗祠後方被稱為社下山的風水山頭上，豎立起「古田會議永放光芒」八個猩紅大字，成為古田鎮的地標，對外界宣告這裡就是輝煌的古田會議召開地點。會址空間、古田地標在1990年代以後又化為另一種認同的象徵，成為廖氏宣揚宗族榮耀的標誌。

第三章

1929 紅旗乍到

　　1929 年，歲次己巳。根據古田山街輪值奉祀報恩寺二佛、三大祖師的順序，這年當由山街西南角，橫山下的賴姓與元世甲藍姓宗族主其事。他們依往例在前一年，亦即戊辰年就從榮屋、赤水坑迎佛到鄉，籌辦第二年，也就是己巳春月的建醮活動。這一年建醮規模應該不大，因為橫山下和舊稱牛屎岬的元世甲是古田較小的聚落，尤其後者僅二十來戶，但照例該有的演戲和巡境六鄉活動想必也絲毫不敢馬虎。當時誰都無法預料，這年的迎神竟然為持續數百年，山街唯一超越宗族的祭祀活動劃上句點。

　　就在二佛、三大祖師巡境不久，紅軍突如其來的進入古田，隨即發動農民暴動，成立古田革命委員會，也就是古田鎮民所謂「第一次解放」的日子。廟宇神像、祠堂神主、香爐都在暴動中被摧毀，如果沒有紅軍「打土豪、分田地」的宣傳，當時古田的樣貌似乎與《廖氏東興堂族譜》形容土匪，或太平天國入鄉「焚祠宇、土樓」的景象相去不遠，更是宗族、信仰活動的大災難。12 月底，紅軍第四軍在廖氏宗祠召開第九次代表大會，面對宗祠左側的戲臺成為紅軍司令臺，臺前原本足以容納數百觀眾的廣場則成為紅軍閱兵場，原本僅屬於廖氏宗族神聖空間的萬原祠也首次成為革命公共空間。

　　早在外力干預地方信仰，大約就在萬原祠大門改座向，希望子弟學習西方新智識前後，古田鎮民就應該感受到傳統與新思想的衝突。《廖氏東興堂族譜》在開宗明義的凡例就強調「神為鄉中保障，宮、寺、壇理宜悉載，以昭誠敬」，極力推崇民間信仰的禳災捍患之功「自古已崇隆報之」，因為「神道原堪設教」，更需重視廟壇之祀，接著也詳載地方信仰的分布與儀式。但在敘述地方信仰之後，卻突然冒出「誰云迷信無褌」這句話看來，在西學新知逐漸深入小鎮後，當地反迷信、反傳統的「進

步」思想已經蔚為風氣，更挑戰著維繫數百年之久的民間信仰活動。廖氏在族譜中駁斥古田部分人士視民間信仰為迷信、無益的言論，正是站在維護傳統的立場，與極端反傳統新風氣抗衡。

古田鎮民對這個結果應該早有心理準備，因為紅軍進入古田之前的四、五年間，甚至早自民國肇建以來，紛擾局勢一直未曾停歇。縣裡有北洋軍閥、國民革命軍多次衝突，也爆發幾次學潮與農民暴動，但這些紛擾對於遠離縣城的古田來說，除了心理上的恐慌，對日常生活倒沒有太大影響。1927 年 8 月初，滲透國軍的中共成員策動南昌暴動，或所謂「八一南昌起義」失敗，中共部隊從贛南開往長汀途中取道上杭，或許稍稍引起古田騷動。這個騷動的餘震持續到年底，距離古田一山之隔的蛟洋在共產黨員策動下，發起農民運動，成立黨支部、擴展黨組織，提出減租、減息、退租口號。更大的震撼發生在第二年 8 月，傅柏翠領導蛟洋農民暴動，與蛟洋一山之隔的古田至此已經完全無法置身事外，一步步捲入近代的巨大變革。

紅軍 1929 年 5 月 20 日攻入古田，隨即集結整編，第二天就開往龍巖。半年後，再度開入古田短暫駐紮，並於 12 月底召開了紅四軍代表大會，翌年初又轉而北上。整體來說，停留的時間不長。1930 到 1949 年，古蛟成為國共衝突下，非國亦非共的灰色地帶，實際控制古田、蛟洋的是地方菁英傅柏翠及其在古田的賴氏、張氏代理人。在反傳統思想濃厚的傅柏翠領導下，持續進行土地與社會改革運動，宗族擁有的蒸嘗、學田也分配到個人手裡，山林、池塘及其他土地則是歸每個村子的款產委員會管理。另一方面推廣新式教育，同時查禁傳統私塾、改革婚喪風俗，極力破除迷信，禁止信仰活動，試圖徹底改變社會風氣，古蛟地區籠罩在濃厚的反傳統氛圍中。

無論如何，古田、蛟洋不是自然成為獨立狀態，而是國共勢力無法顧及，地方政府也無力管轄，在動盪的大環境中夾縫求生，也使得具有強烈反傳統思想的地方菁英有機會推動新村理想。雖然這個理想的實踐程度令人懷疑，但至少就整個閩西來說，古蛟地區的土地分配制度及社會面貌還是獨樹一幟，並未因紅軍退出而受到影響。

一、地方菁英的回憶

由於傅柏翠個人政治立場搖擺，1931 到 1949 年間的古田、蛟洋顯得相當尷尬。1980 年代以前，傅柏翠在中共革命史脈絡中是較具爭議，地方人士避而不談的人物，直到現在的古蛟地區群眾對這位閩西菁英仍然抱持土豪和地方保護者兩極化的看法。在中共上杭縣組織史地圖中，古蛟地區既非國民黨統治的「白區」，也不是紅色蘇維埃區，而是以特殊標記，標注此地為「傅柏翠占領區」[1]，1991 年的《福建革命史》敘述，傅柏翠領導的古蛟地區在 1928 年就已經「實際上形成了初期割據的局面」[2]。這個割據的論點也成為福建省境內講述革命史、中華民國史專業的部分學者一貫立場，迄今還是將 30 到 40 年代的傅柏翠視為擁兵自重，雄霸一方的軍閥。

因為傅柏翠的爭議色彩，以及他所領導的古蛟地區歷史發展

---

1 中共上杭縣委組織部等，《中國共產黨福建省上杭縣組織史資料（1926年 12 月 -1987 年 12 月）》（廈門：廈門大學出版社，1989）。

2 蔣伯英主編，《福建革命史（上）》（福州，福建人民出版社，1991），頁 239-240。

完全不符合中共革命史、土改宣傳的意識形態，以致於這個時期的古蛟歷史材料相當有限。傅柏翠的自述1980年代後才公開，外界得以細細談論這位閩西菁英的歷史則更遲，但傅氏辭世二年後的1995年即有二本傳記資料幾乎同時面市[3]。這些傳記都是根據中共官方的訪談與傳記作者的親身訪問，更有相當大的篇幅是充滿想像情節，近乎身歷其境，以文學式全知全能的筆法，描繪傅柏翠與他者的對白。儘管如此，二本傳記之一的《曲折前半生：傅柏翠傳》，是由中共中央黨史出版社出版，由此不難發現，傅柏翠在黨史中已經占有一席之地，傅氏的一生也有了蓋棺論定的官方說法。

除了傅柏翠傳記，史學界主要都是從上層政治著眼，探討傅柏翠與民國時期的古蛟地區變革。學界先後有陳耀煌、邱松慶撰文探討閩西革命時期的傅柏翠與土地革命，山本真從宗族與地方控制，探討傅柏翠帶動的土地改革，陳永發探討傅柏翠的新村思想，以及從檔案分析古蛟地區1949年以後的社會變革[4]。上述歷史學者運用相當翔實的史料與檔案，詳細探討傅柏翠個人生命歷程，中國近代農村建設與改革的不同路線，以及中共政權成立

3　陳賽文、黃寧、傅柒生，《傅柏翠》；姚鼎生，《曲折前半生：傅柏翠傳》。

4　陳耀煌，〈菁英與群眾：北伐前後閩西地區的國共合作與農民暴動〉，《新史學》14.1（2003）；陳永發，〈「新村」夢碎：閩西古蛟四十年（1929-1962）〉，陳永發編，《明清帝國及其近現代轉型》（台北：允晨出版公司，2011），頁435-508。山本真，〈革命と福建地域社會：上杭縣蛟洋區の地域のエリート傅柏翠に著目して〉，《史學》（三田史學會編）4（2007）：33-44。

之後，特別是 1950 年代的古蛟樣貌。然而，由於資料缺乏與限制，我們很難從這些著作具體掌握國共鬥爭時期，傅柏翠領導下的古蛟社會。

事實上，早在 1954 年，傅柏翠即在福建省委組織部的要求下撰寫閩西革命回憶[5]，這個文本極有可能就是傅柏翠署名，在福建文史、黨史資料發表的上杭革命鬥爭原始材料，更是所有傅柏翠傳記或是研究的基礎。或許是政治環境使然，傅柏翠絲毫未提及 1931 到 1949 年之間的古蛟地區樣貌，以及他推動的各項政策，訪談回憶著重個人生平，早期革命經歷，重點是為自己日後「脫離革命路線」提出辯白，以及在國共對峙期間，古蛟地區如何暗中接濟中共物資，以及將贛南共產黨占領區的鎢礦運送至外界，籌措共軍軍費。

傅柏翠撰寫回憶錄的 1950 到 1960 年代，正是土改補課等政治運動如火如荼期間，遠在福州的傅柏翠雖然生命安全無虞，但勢必不斷聽聞以往手下主要幹部，以及親友慘遭殺害，或受到嚴酷迫害的情事，精神壓力之大不難想像。因此，這段期間書寫的回憶，在相當程度上，類似為自己開脫曾經被描述得極為不堪，被視為中共叛徒的自白。試圖說明以往與共軍的衝突並非出於自願，而是情勢所迫，不斷刻意凸顯自己與中共重要領導人會晤經過、參與紅軍活動過程，強調自己「白皮紅心」暗助中共。

1969 到 1980 年，文革至改革開放初期，中共各級機關多次

5　舊省民監，〈訪問傅柏翠記錄〉（陳一琴、洪仁富、翁仁發整理，1969年 9 月 12、13、16 日）。

訪問傅柏翠[6]，內容著重紅軍第一次入閩，到傅柏翠於1931年以後與中共的軍事衝突，也就是傅柏翠自謂「脫離革命」為止。訪問記錄雖然僅能看到傅柏翠的表述，但整體而言卻反映出強烈的問題取向，以及與談者限制或設定的回憶框架。傅柏翠是否嘗試在訪談過程中，如同書寫回憶錄時的一澆胸中塊壘，為自我之所以「脫離革命」隊伍提出辯護不得而知。至少從目前所見，限制回憶範圍的訪談記錄，有泰半是調查訪問者希望藉由傅柏翠口述，探訪毛澤東等中共領導人、紅四軍部隊在閩西活動的細節，以及傅柏翠實際上並未參與的古田會議前的準備工作。

部分訪問整理稿標題，直截了當訂為〈訪問傅柏翠記錄〉，某些稿件則是另加與內容無關的標題。例如，1979年的訪問稿名為〈南昌起義到古田會議〉，但訪問者的重點是要傅柏翠回憶朱德在閩西活動狀況，以及傅柏翠眼中的朱德。在回憶毛澤東重返紅四軍，到朱德、劉安恭攻打東江過程的稿件中，又突然插入一段傅柏翠肯定毛澤東的〈采桑子‧重陽〉確實是在上杭城臨江樓養病時期的著作，據此證實毛澤東在1929年重陽節在上杭縣城，而非一度被傳言的蘇家坡。

無論傅柏翠的個人回憶，或訪談資料雖然較少論及古蛟地區

6　這批資料包括：舊省民監，〈訪問傅柏翠記錄〉（陳一琴、洪仁富、翁仁發整理，1969年9月12、13、16日）；〈傅柏翠同志談閩西革命鬥爭的一些情況〉；〈訪問傅柏翠整理材料〉（邱林忠整理，1976年6月3-9日紀錄）；古田會議紀念館整理，〈省政協常委傅柏翠先生談閩西革命鬥爭情況〉（1978年8月17、18日）、〈上杭初期革命鬥爭情況〉（無年代）；〈南昌起義到古田會議〉（石家莊高級步校黨史教研室翻印，1979年7月12、13、14日）；〈回憶紅軍與國民黨19路軍的關係〉、〈毛主席紅四軍進入閩西活動的經過〉，以上無年代、訪問者。

的社會文化樣貌，但對共產勢力如何進入古蛟地區，以及當地
如何在國共鬥爭期間維持獨立，都成為書寫傅柏翠傳記的基本資
料。尤其 1954 年充滿自我辯護的回憶錄字裡行間，稍稍反映了
這位閩西菁英的心路歷程，以及後來被不斷誇大，傅柏翠與毛澤
東「深厚的情誼」。

五四青年的「新村夢」

傅柏翠（1896-1993），原名秀中，以字行[7]，自號「漁道
人」[8]。福建省上杭縣古田里蛟洋鄉人，出生地主家庭。1910 赴日
留學，1917 年東京法政大學法律系畢業，在日本曾加入中華革命
黨。1918 年得到北洋政府頒發的律師資格，翌年與友人在上杭
縣城組織「法學社」，為農民打官司、寫狀書。

五四運動時期，傅柏翠旅居北京，經龍巖友人林堯安的介
紹，接觸左派《新青年》、《嚮導》雜誌[9]。由於局勢兀隉，外
有軍閥、內有閩西土匪騷亂，曾企圖避居江浙，後因父母阻攔
無法成行。避居江浙不成，又試圖效法武者小路實篤的新村思
想，計畫與「一、二十人到梅花十八洞一帶去搞個理想中的『新
村』」，但最終卻未能成行[10]。

7　傅柏翠的回憶錄中，從未提及自己原名，但民國《上杭縣志》有傅柏翠
　　簡介，參閱丘復，《上杭縣志（民國二十七年）》（龍巖上杭縣地方志
　　編纂委員會 2004 年重印，上冊），頁 470。

8　《古蛟詩選》，手抄本。

9　〈訪問傅柏翠記錄整理材料〉（1976 年 6 月 3-9 日）；〈南昌起義到古
　　田會議：訪問傅柏翠記錄〉（1979 年 7 月 12-14 日）。

10　福建省博物館整理，〈傅柏翠同志談閩西早期革命鬥爭的一些情況〉。

　　傅柏翠自述接觸日本新村（atarashikimura）思想，是來自周作人在 1919 年《新青年》雜誌發表的〈日本新村〉，這篇文章簡介新村運動，以及摘譯了武者小路實篤的《新村的生活》、《新村的說明》等著作[11]。周作人描述新村思想的形成基礎，是源於武者小路實篤於 1910 年在東京創辦的《白樺》雜誌，逐漸由文學上的自然主義，具體落實到生活上理想主義的實踐。武者小路不僅撰文宣揚理想，也曾實際號召人群在日向的兒湯郡石河內購地，實踐新村理想，又在東京發行《新村》月刊，持續宣傳理念。

　　周作人引介的日本新村與民國初年梁漱溟、晏陽初的鄉村運動，農村社會學者楊開道推廣的新村在名稱上似乎類似或相同，但實質上卻有相當大的分野。梁漱溟等關懷的是農村基礎教育，而楊開道則是以西方經驗，提出集體拓荒墾殖的技術與方式，這些都是實質上發展與建設農村的運動與理論[12]。日本的新村社會與其說是運動或理論，倒不如說是理想生活態度的推廣，強調自然、平等，不存在尊卑貴賤階級以及統治暴力，所有人都要各盡所能，親耕力做，彼此互助合作。周作人對新村評價相當高，他認為夢想烏托邦社會者雖然不少，但未曾有人著手實踐，因此「極願多為介紹」，但周氏的文章主要是「勉力多引原文」，讓讀者看出新村的真相。傅柏翠對新村的理解似乎僅止於周作人翻譯的短文，但日後有關傅柏翠的傳記資料及古蛟區的介紹，都對

梅花山十八洞現屬上杭縣步雲鄉。

11　周作人，〈日本的新村〉，《新青年》6.3（1919）：266-277。

12　楊開道，《新村建設》（上海：世界書局，1930）。

傅氏的理想新村頗多著墨，也肯定他進行的社會改革，只不過這些作品描述的社會改革似乎都與新村無關。

傅柏翠在訪談記錄中提及自己受到周作人〈日本的新村〉啟發，企圖在他領導的古蛟地區實踐新村理想，將這個地區帶向集體勞動，共同發展、互助合作的道路。他曾經嘗試結合幾個家庭共耕共食，實踐上述理想，囿於時局動盪，以及社會文化傳統限制，卻始終未能達成新村提倡協力的共同生活。更與發展共同精神、自由精神的理想，以及「盡了對於人類的義務，卻又完全發展自己個性……各盡所能，各取所需」的烏托邦生活相去甚遠。

1929 年，傅柏翠提出「公田」口號，但如何具體實現並沒有進一步說明，1930 年的閩西共產黨聯席會上，又提出接近新村集體勞動和互助合作理想的「共家」主張。傅柏翠認為，「共家」的基礎出自農民的良心，「農民看窮苦老弱者太苦自然會贊成共家」，還批判「共產黨對人性太悲觀了，人始終是有良心的，良心可以用來打破物質的支配。」[13] 雖然傅柏翠隨即發現自己的發言大為不妥，也容易被解讀為反社會主義的唯心論調，隨後又以共產黨員的立場聲明「共產黨員當然相信唯物說」，但良心可以打破物質支配的想法既然已經脫口而出，附帶的聲明更顯得欲掩彌彰。共家主張不僅違背中共六大的土地政策決議，也成為閩西特委批判傅柏翠走上唯心論錯誤道路的鐵證[14]。

---

13 〈中共閩西特委給傅柏翠的信〉（1930 年 4 月 27 日），古田會議紀念館資料室：1-0557。

14 1927 年中共六大的土地政策就是要推翻地主政權，建立農民代表會議，地主、寺廟、祠堂、教堂的土地歸農民會，消滅土地私有權，土地為社

　　人類的良心似乎並沒有如傅柏翠的預期可以打破物質支配，良心更不敵私心，就如閩西特委預言「共家後農民會發生偷懶的毛病，以後必然會再分家，而且會破壞生產」，因此強調自發、互助合作的「共家」主張也難以實現。為了維持古蛟社會的穩定，看來確實有必要的各項行政干預與措施不得不強加在社會各個層面。到了古蛟鄉建設委員會時代，反而在三年計畫綱要中，大力推廣國民黨的新生活運動，接受國家統治機器制訂一套強力滲透日常生活，形塑個體、社會「標準化」的各類生活準則[15]。

　　古蛟鄉三年計畫綱要或許僅僅是傅柏翠向上杭縣國民黨部輸誠的表面文章，但傅柏翠從信仰新村理想，加入中共到提倡「共家」，之後又與中共決裂，轉而信仰三民主義，耄耋之年又不斷申請恢復中共黨籍，卻不被接受，最終只得以重新入黨的歷程看來，傅氏的生命經歷不僅是形式使然，更如其自我批判，始終為不切實際的理想主義者。

革命激情歲月

　　傅柏翠從企圖到江浙或梅花山避亂的獨善其身思想，轉變為積極入世、參與政治活動始於1925年，在上杭鼓動學生對抗北洋軍閥駐上杭旅長曹萬順，以及抵制上杭中學校長、地方著名仕紳丘嘉謨。1926年，上杭的國民黨左派力量漸強，並邀傅柏翠以其在日本曾加入中華革命黨的身分，重新登記為國民黨員，擔

會共同財產。

15　上杭古蛟鄉村建設委員會，〈上杭古蛟鄉村建設委員會三年計畫綱要〉（1942），上杭縣檔案館：98-1-1。

任縣黨委秘書兼代常委。1927 年,國民黨展開清黨,上杭左派國民黨員也受到波及。6、7 月間,中共福建省委羅明赴閩西,告知傅柏翠已經被國民黨政府通緝,以堅定傅柏翠正式投入共黨的決心,傅柏翠從此與福建省共產黨取得聯繫。8 月,中共所謂的「八一南昌起義」部隊由贛南開往長汀途中,傅柏翠在上杭負責接應任務,同時被告知由中共福建省委吸收入黨。因為在上杭公開接應紅軍部隊,使得傅柏翠政治立場透明化,無法繼續留在縣城,即按省委指示回到家鄉蛟洋,發動農民運動,成立黨支部、擴展黨組織,提出減租、減息、退租的口號。

1927 年冬,蛟洋中共黨組織和農會確立工作目標是發動土地革命,準備武裝鬥爭,提出「二五減租」口號,向地主索回當年繳交地租的二至三成,之後又實行分田政策。傅柏翠是農會領導人之一,本身也是蛟洋地主,他率先退租、辦平糶、查存糧。蛟洋和附近鄉村地主被迫效法,也紛紛建立農民協會,而白砂的國民黨官員生怕當地農民受古蛟影響,也試圖實施「二五減租」政策,緩和農民情緒。但傅柏翠認為這種方式不可能成功,理由是:「如果共產黨到那邊,農民可以分到田地,誰還願意去『二五減租』?萬一共產黨失敗了,地主也不可能讓農民減租。」[16] 1928 年 3 月,中共上杭縣委成立北四區區委,在蛟洋二十幾個鄉村進行農民運動。

駐防當地的福建第二混成旅郭鳳鳴與上杭縣知事翁贊平先對北四區農會施加政治壓力,5 月郭鳳鳴部即展開軍事鎮壓,而共產黨人林一株、藍為仁、鄧子恢在此同時也先後到上杭指導工

---

16 章振乾,《閩西農村調查日記,1945 年 4 月-7 月》,頁 104。

作。傅柏翠與鄧子恢日後多次衝突，也始於這段時間彼此對發動農民暴動的立場分歧。鄧主張盡可能發動農民暴動，傅則認為暴動不要過於零散，而是要有序列、有計畫。1928年，傅柏翠領導蛟洋暴動前後，不時與駐上杭的郭鳳鳴民團發生衝突。由於武裝力量較弱，傅柏翠與中共領導人持續在永定、上杭、龍巖邊區活動，採取游擊戰術襲擊民團。

1929年初，傅柏翠等擊敗駐紮古田的郭鳳鳴民團，古田、蛟洋一帶完全由傅柏翠掌握。此時永定、上杭附近地方武力曾接觸傅柏翠，願意聽其指揮，但傅柏翠認為，這幾股勢力「帶土匪習氣」而予以拒絕，但地方上不少遊兵散勇卻打著傅柏翠旗幟在地方上劫掠富室。鄧子恢為此以龍巖特派員名義致函傅柏翠制止，又進一步要求傅柏翠解散部隊，而傅柏翠以革命需要武裝，若解散部隊將會被消滅為由而拒絕。

除了鄧子恢外，閩西特委郭伯屏也對傅柏翠有相當大的意見，甚至向中共中央提出報告，指稱傅柏翠是「第三黨人」，要求對傅柏翠處以留黨察看的處分。羅明事後將這些情況轉達給傅柏翠，又透露鄧子恢認為傅柏翠是站在地主立場。1929年5月，紅四軍二度入閩，鄧子恢又前後矛盾的要求傅柏翠擴大武裝。當紅四軍進攻龍巖的時候，傅柏翠奉命在蛟洋組織部隊，準備成立五十九團。20日，古田成立革命委員會，組織農民暴動。傅柏翠的五十九團，在5至6月參與了攻打龍巖的戰鬥，6月中旬與其他武裝農民結合，擴編為紅四軍第四縱隊，由傅柏翠擔任司令。

6月下旬，紅四軍攻占龍巖，在翁家花園進行整編。傅柏翠不同意第四縱隊劃歸地方建制，堅持編入紅四軍系統，反對強弱混合編制，甚至因此提出辭職以為要脅，以致於被批判為「有軍

閥作風」、「農民意識」強烈。在朱德的支持下,第四縱隊仍暫歸入紅四軍。9月攻占上杭縣城後,紅軍主力開往廣東攻打東江,四縱隊留守上杭,傅柏翠改任黨代表,原縱隊司令職務改由胡少海擔任。傅柏翠與胡少海在管教士兵的態度產生相當大的分歧與爭執,傅柏翠不主張體罰,被胡少海批判為「農民意識」;而傅柏翠則批判胡少海以體罰的管教方式為「軍閥意識」,彼此交互指責。

上杭被紅軍占奪僅有月餘,到了10月又再度被國民黨部隊奪回。傅柏翠認為,上杭既已失守,緊鄰龍巖、長汀的古田、蛟洋赤色根據地將成腹背受敵之勢,因此提出先回古蛟準備。但鄧子恢不同意傅柏翠返回蛟洋的計畫,傅、鄧二人又展開激烈的爭辯,毛澤東居間調停,最後同意傅柏翠的意見。傅柏翠自10月下旬到12月古田會議前,都在蛟洋進行地方工作,成立「消費合作社」、「信用合作社」、「生產合作社」。

紅軍攻打東江失利,11月間由梅縣退回閩西,此時閩北、閩南、廣東都有國民黨強大的剿匪部隊,只有往寧化、清流、歸化方向前進。毛澤東等重要領導人當時駐紮古田,準備召開紅四軍第九次代表大會,但傅柏翠卻未參加。根據傅柏翠自己的說法,因為會議召開前二日已經在古田與毛澤東見面,再加上天候嚴寒,自備禦寒衣物不足,因此決定在會前返回蛟洋。傅柏翠回憶錄列出的拒絕到會理由看來相當微不足道,也十分牽強,最重要的因素還是傅柏翠長期以來和閩西共產黨領導的嫌隙所致。

會議結束後,毛澤東要求傅柏翠隨部隊出發,也告知傅柏翠若不願意帶兵,可以擔任紅四軍準備成立的社會調查委員會主任。傅柏翠表示,希望在家鄉推動「社會主義新農村實驗」,組織「共同生產、共同消費生活的農村共產團」,若有外敵來犯,

將和群眾一齊打游擊。最後仍選擇留在蛟洋，沒有隨毛澤東的紅四軍部隊前進。

1930年春，中共閩西特委機關移往龍巖，再度要求傅柏翠至特委機關工作。傅柏翠以「過不慣城市生活，要在家搞集體耕種」為由，拒絕特委安排的工作。特委、省委派人至傅柏翠處，不允許傅柏翠在古蛟推動集體耕種，認為傅柏翠的方式實際上是「共家」，並揚言「有言共家者殺」，雙方分歧相當大，也埋下傅柏翠與閩西共產黨幹部決裂的陰影。3月下旬，傅柏翠未應特委要求參與閩西蘇維埃代表大會，卻在未出席會議的情況下當選為委員，又被委以閩西蘇維埃政府財政經濟隊長職務。傅柏翠自認對籌款經驗不足，以及在土地、商業稅收意見與特委看法不一為由，再三推辭，拒不受命。

決裂與對抗

短短數年內，傅柏翠幾乎與所有閩西共產黨重要領導人不斷發生摩擦，在關鍵時刻總是因毛澤東和朱德等人的調解，得以緩解劍拔弩張的態勢。至於傅柏翠幾度消極的抗拒任命，閩西中共領導人也無法採取妥善的因應。導致徹底決裂的關鍵，主要是傅柏翠拒不接受閩西蘇維埃政府任命之後，特委林一株告知傅柏翠既不從命，應該繳交隨身槍械。此舉令傅柏翠大為光火，而去信向鄧子恢抱怨，未料鄧子恢不僅不理會傅柏翠的申訴，反而回函駁斥，還將來往信函公開發送閩西各地，使得傅柏翠與閩西特委的衝突完全公開化。

傅柏翠的原始信件稱，古蛟地區僅有三八式步槍、六五式步槍各一支，八八式步槍二支，以及傅氏自行購置，幾乎寸步不離，用以防身的駁殼槍二支，「除非把我（傅柏翠）殺了，才

會與他（駁殼槍）分離」，拒絕上繳槍械態度十分堅決強硬[17]。古蛟地區武裝是否真的如此薄弱？傅柏翠是否藉此隱藏實力尚且不論，但傅柏翠在其 1950 年代的回憶錄卻再三強調，閩西特委要求繳械，以及將信函公開是導致傅氏與閩西及福建中共領導人決裂的關鍵。從閩西特委的回函不難發現，拒絕繳械不過是閩西特委批判傅柏翠的導火線，關鍵因素是傅柏翠的政治路線和組織路線背離中共主張。但傅柏翠在回憶錄中卻對閩西特委拒絕繳械以外的批判隻字未提，既未提出辯解，也不承認自己的錯誤。

閩西特委批判傅柏翠的政治路線失當，主要是犯了機會主義的錯誤。因為傅柏翠在 1928 年蛟洋暴動時，不接受上杭縣委指示，採取殺土豪劣紳、焚燬田契、借據等激烈手段展開暴動。特委認為，正是因此導致蛟洋暴動失敗。指責傅柏翠所以極力維護地主的性命和財產，是站在投機的立場，為共產勢力一旦無法維持的時候，還能夠投靠國民黨或地方勢力。傅柏翠被批判為機會主義的另一個重點是他亟力反對擴大紅軍四縱隊，理由僅僅是為了避免目標太大，成為國民黨，或所謂鄰近反動勢力攻擊的目標。

就當時中共策略而言，閩西特委痛責傅柏翠政治路線或組織路線的錯誤也非無的放矢。傅柏翠確實不斷自陳，關懷的重點是鄉土，而擁槍自重的理由也是保護耕牛和穀物，不願意擴大自己領導的紅軍則是擔心蛟洋成為被攻擊目標，至於整個共產革命局勢的發展，對傅氏而言似乎是次要的問題。站在中共土地政策和

---

17 傅柏翠，〈傅柏翠給中共閩西特委的信〉（1930），古田會議紀念館資料室：1-0557。

擴展革命勢力的立場而言，閩西特委批判傅柏翠心繫蛟洋家鄉，完全不以革命大局為重，確是實情。他將「共家」視為「共產」，只重視農民的土地分配，而完全忽略共產黨所強調的階級剝削問題，反映出傅柏翠對馬列社會主義或中國共產主義的認識也如同他所認知的新村，完全出於自己的解讀，雖然不斷追求「進步」思想，但仍認識有限。

1930 年 6 月以後，四縱隊劃歸地方建制，幾次戰役連連失利，部隊先後改編為二十一軍以及新十二軍，而此時的傅柏翠在部隊已沒有任何職位，但特委仍將閩西群眾動員不力的責任加諸傅柏翠身上。部隊返回閩西後，省委、特委又要求傅柏翠出來工作，但傅柏翠都予以拒絕。中共中央為了要傅柏翠復出，甚至還將與傅柏翠素有嫌隙的鄧子恢調離閩西，由張鼎丞出任閩西蘇維埃主席，又透過特委轉達，希望傅柏翠到上海的中共中央工作，但傅柏翠仍加婉拒。由於傅柏翠與郭伯屏、鄧子恢、林一株的激烈衝突，以及屢次不接受共產黨的徵召參與工作，導致傅柏翠與閩西共產黨最終的決裂與武裝衝突。

1930 年 12 月，閩粵贛邊省黨員代表大會在上杭蘇家坡召開，準備成立閩粵贛邊省省委，閩西則劃歸邊省管轄，而傅柏翠仍未到會。代表大會上，閩西特委秘書長兼蘇維埃政府秘書長林一株提議，傅柏翠屢次不服從命令，應開除黨籍。其他與會者也以傅柏翠控制古蛟地區等罪狀，提出「清黨」的建議。1931 年元月，傅柏翠正式收到開除黨籍通知書，接著特委又撤銷上杭北四區蘇維埃政府，取消黨組織。二個月之後，閩西爆發「肅清社會民主黨事件」，在虎崗槍殺大批莫須有的「社會民主黨」分子。

為了進一步打擊傅柏翠，閩西蘇維埃政府與閩西肅反委員會

指稱，傅柏翠為社會民主黨首腦，蛟洋地區為社民黨巢穴。肅反委員會主任林一株率新十二軍及赤衛隊二千餘人攻打蛟洋，傅柏翠等人先行逃散，之後又結合古田賴子炘武力，最終與林一株所率部隊在古田爆發武裝衝突，從此走上傅柏翠自己所謂「偏離革命的道路」。

二、夾縫求生

傅柏翠與共黨林一株部隊在 1931 年農曆正月 29 日發生激烈戰鬥。事實上，早在衝突前夕，傅柏翠就與賴子炘──1929 年暴動後擔任革命委員會主席，古田主要領導人召開黨團員大會，發表「反動言論」。會議中，傅柏翠再次重申反對閩西特委集中槍枝和擴大紅軍的指示。賴子炘則強調黨團發生尖銳的衝突，「黨內混入許多社黨和 AB 黨，上級進行清洗，錯殺很多人」，反過頭來指控林一株為「社會民主黨」。同時表示，紅軍主力已轉移到江西，閩西境內共軍武裝薄弱，領導人腐敗，國民黨已經取得絕對的優勢，保護鄉村「實行『土地、婚姻、和平』三大原則」的唯一方法，就是加強自身武裝自衛能力[18]。

導致大批閩西中共黨員慘死的社會民主黨事件，自始至終都是場荒謬劇。傅柏翠的死對頭，中共建國後曾任國務院副總理的鄧子恢在 1961 年受訪時也指出，閩西根本不存在所謂社會民

---

18 張子君、廖修、官道崇談話記錄，〈土地革命時期上杭古田共青團組織的建立及其活動情況〉（1960 年 3 月 31 日），古田會議紀念館資料室：5-4-0124。

主黨。將整起事件的矛頭指向被冠以「混進黨內的地主階級分子」林一株頭上，指責林一株藉著當時黨內左傾路線，竊取閩西「肅社黨」大權，大肆殺害工農革命幹部。閩西蘇維埃政府被迫撤出龍巖之後，又有成批共黨幹部在虎崗被害，甚至鄧子恢、張鼎丞也一度被懷疑是「社黨」而瀕臨絕境。危急關頭，鄧子恢向毛澤東匯報，毛也支持除去林一株，最後由郭滴人假藉開會名義通知林一株，趁其不備而謮除[19]。事後省委著手調查社會民主黨事件，發現整起事件純屬子虛烏有，隨即撤銷肅反委員會，為冠上「社黨」罪狀的幹部平反，但整起事件已經造成數千閩西中共黨員幹部命喪同志的槍口[20]。

肅清社會民主黨事件雖然落幕，但傅柏翠公然叛黨、與鄧子恢的對立，與林一株衝突所導致的嫌隙卻未隨之弭平，古蛟地區反而更形孤立。閩西蘇維埃政府不斷透過宣傳，竭盡所能醜化傅柏翠，更將其視為亟欲清除的對象。杭武縣蘇區出版的《反白色恐怖專刊》中，指責傅柏翠取消北四區蘇維埃政權、工農赤衛隊、少先隊，組織了保護地主仕紳的反革命團體——農民聯合會，以及反動武裝——保安隊。形容傅柏翠在暴動時期，「假我們（共產黨）的革命招牌來幹牠（此為原文）反革命的勾當，種下社會民主黨的種子，牠做了一個呱呱叫的社會民主黨閩西特委書記，他散佈了好多徒子徒孫到蘇維埃區域裡面來活動。」[21]

---

19 謝耀承，〈古田會議紀念館籌備前後的一段回憶（1960-1970）〉，古田會議紀念館資料室：2-0247。

20 龍巖地區地方志編纂委員會編，《龍巖地區志》（上海：人民出版社，1992），頁 26。

21 友人，〈傅柏翠欺騙和威脅底下的北四區群眾〉，《杭武縣蘇反白色恐

　　由於 1930 年中共中央秘書長李立三推動激進的「立三路線」，閩西也開始推動「打富農運動」，社會一片亂象。古蛟地區生活較好，甚至僅僅是吃得起豬肉，街上賣花生的小販也被視為富農。再加上強迫手段擴大紅軍情事不斷發生，另有「工人黨」組織趁亂打擊農會幹部，導致閩西社會一片混亂[22]。此時傅柏翠大力維持古蛟社會秩序，不以強迫手段擴大紅軍，也成為宣傳刊物中指稱「欺騙北四區民眾的手段」，甚至指控傅柏翠活埋五、六十位不願進攻蘇區的群眾，殺害北五區主席以及其他三位幹部[23]。

　　脫離共黨後的傅柏翠並未如中共宣傳的如此不堪，在沒有紅軍為奧援的情況下，仍舊以「維持分田制度，採用更公平的辦法」為號召，提出廢除債務，不許地主打擊報復和保證婚姻自由安定人心。1932 年共產黨打下漳州，傅柏翠眼見情勢不利，帶領數人離開福建，取道永定經閩北，暫居浙江溫州。國民黨此時也刻意拉攏，希望傅柏翠擔任龍巖縣長。傅柏翠起初不願就任，之後在國民黨福建省主席方聲濤同意維持分田制度、婚姻自由，不許地主乘機報復的條件下，回到龍巖。龍巖、漳州地主自然不樂見個人土地被均分，因而群起反對傅柏翠，及其推行的分田制度，社會輿論沸沸揚揚，甚至傳到南京國民黨政府。

　　傅柏翠先到南京與陳立夫見面，回程時取道福州又見了何應

怖運動周特刊》（1931 年 4 月 18 日），古田會議紀念館資料室：01-0468。

22 福建省博物館記錄整理，〈傅柏翠同志談閩西早期鬥爭的一些情況〉。

23 中共永定二區區委，〈反對社會民主黨的決議〉（1931 年 5 月 3 日），古田會議紀念館資料室：01-0468。

欽，在何應欽的介紹下，會晤了一二八事變後，由上海調至福建剿匪的十九路軍軍長蔡廷鍇。因為這次會晤，十九路軍抵達龍巖邊境後，蔡廷鍇主動與傅柏翠接觸，並請求協助，接納傅柏翠所提，已經重新分配的田地應該維持原狀，禁止地主報復的意見，藉以打破國民黨部隊與農民的隔膜。十九路軍正式進駐龍巖後，成立閩西善後委員會，蔡廷鍇為主任委員，同時邀傅柏翠出任委員，計畫在閩西實施計口授田政策。傅柏翠的武裝歸入十九路軍，成為自衛隊。閩西善後委員會是實際執行分田工作的單位，起初分田範圍僅有龍巖，後來改稱閩西善後處，掌管長汀、寧化、清流、歸化、連城、武平、上杭、永定汀屬八縣，再加上龍巖、漳平、寧洋，共計十一個縣被納入閩西善後處的分田區。

　　原為剿共南下的蔡廷鍇，立場逐漸轉為連共，十九路軍與共軍各派代表接觸，傅柏翠自述，此時成為蔡廷鍇與中共的聯絡橋樑。雙方以華家亭為界，彼此約定互不侵犯，傅柏翠及十九路軍還供應當時在贛南共軍的食鹽等物資，協助運出贛南鎢礦，解決蘇區的財源問題[24]。1933 年 11 月，蔡廷鍇在福建成立中華共和國人民革命政府，宣告福建獨立，此即近代史所謂的「閩變」，但隨即在 1934 年 2 月被國民政府派兵平定，閩西完全由國民政府掌握。閩西善後局計畫實施的計口授田也隨著十九路軍潰敗而難以全面實施，勉強維持的範圍也限於龍巖、上杭、永定一小部分鄉鎮[25]。

24　有關紅軍和國民黨十九路軍如何達成互不侵犯協議的紀錄，傅柏翠在 1980 年的回憶資料有詳細披露。傅柏翠，〈回憶紅軍與國民黨十九路軍關係：訪問傅柏翠記錄〉（1980 年 4 月 1 日）。

25　章振乾，《閩西農村調查日記，1945 年 4 月-7 月》，頁 98。

　　無論共產黨或之後的十九路軍都以村為單位實施計口授田。共產黨軍隊到達時，向農民宣傳「打土豪、分田地」，村內共產黨分子出面鼓動，開農民大會，宣布自己的宗旨和主張，要人民起來打倒土劣，劃分田地，將富農財產充公，並處以相當重的罰款。分田工作授權土地委員會辦理，具體實施細節則交由農事經驗豐富且公正的老農進行，大體上以原耕地為標準，抽多補少，抽好補壞，不是土地全部打散後重新分配。原則上，地主不分配土地，富農分配較差的田地，肥沃的土地優先分配給貧農、雇農、赤衛隊員。

　　傅柏翠之所以對推行計口授田抱持樂觀態度，是因先前共產黨占領區有紅軍部隊或赤衛隊為後盾，接下來的土地改革，也有蔡廷鍇、蔣光鼐等福建省軍政當局，還有十九路軍部隊武力支持。縣長都由手握兵權的師長兼任，政令無商量或折扣的餘地，最後是取得農民合作，建立農會組織。1934 至 1937 年是中共所謂「三年游擊戰爭」，此期間中共游擊隊並未在古蛟地區出沒，傅柏翠所忌憚的反而是國民黨。因為傅柏翠的分田主張得罪許多地主，這些地主紛紛向福建國民黨當局反映。傅柏翠相當清楚，如果沒有共產黨，自己不可能維持古蛟地區的局面，而國民黨也需要傅柏翠合作，以維持地方秩序，鞏固政權，因此不至於採取任何行動。即便如此，1935 至 1936 年之間，傅柏翠還是無法承受壓力，暫避香港。1937 年西安事變後，蔡廷鍇建議傅柏翠在蛟洋組織六個連的抗日武裝，與中共方面達成取消敵對狀態、共同抗日、雙方遵守秘密等協議。

　　1931 年，中共撤銷古蛟地區所屬的上杭北四區蘇維埃政府，古蛟區行政組織更名為自治委員會，1934 年改為農村教育社，希望從教育著手建設農村，1937 年又改稱地方協會，1942 再改

名為福建省上杭縣古蛟鄉鄉村建設委員會。傅柏翠自己出任主任
委員，行政權由鄉公所負責，但歸專責建設事宜的鄉建會管轄，
鄉長則是由鄉建會執行部主任兼任。鄉建會是古蛟行政的核心機
構，下設執行部及計畫、考核兩個委員會。執行部以下則設有
5 股，分司管、教、養、衛及總務；計畫委員會下設文化、經
濟、衛生、保安 4 組；考核委員會下設考核、審計 2 組[26]。

　　傅柏翠雖然脫離中國共產黨，但他領導的古蛟地區直到抗
戰結束都未被國民黨上杭縣黨部接納。外界始終懷疑傅柏翠的
立場親共，以及古蛟地區延續共產黨的土地制度，質疑傅柏翠
「招兵買馬，圖謀不軌」，土地政策「仍是共產黨的辦法」，也
傳言「古蛟仍是共產黨地區」。國民黨人攻擊傅柏翠是「白皮紅
心」，表面上支持國民黨，但實際是擁護共產黨，而中共黨人則
完全將傅柏翠視為大叛徒。與其說古蛟地區是「不共不國」，倒
不如說古蛟地區是國共勢力衝突下，勉強維持的地區，行政事務
完全獨立，也無從請示。

　　古蛟區之所以遭受無情的攻訐，主要是因為古蛟與連城芷
溪、豐圖各鄉接壤的土地大多為連城地主所有，推動土地改革，
分配土地階段，無論地權是屬外鄉或本鄉地主所有，凡古蛟境內
的土地一律均分。共產黨占據期間，地主畏於形勢，紛紛走避外
鄉，即使留鄉地主也不得不接受分地措施。但共產黨退去之後，
連城地主勢力恢復，不斷要求收回土地，但因土地的歸屬權不明
確，連城的地主多半也拿不出地契，地權爭端無法解決。

---

26 上杭古蛟鄉村建設委員會，〈上杭古蛟鄉村建設委員會組織章程〉（中
　　華民國三十一年十月），上杭縣檔案館：98-1-1。

　　為了使現行制度合法化，傅柏翠 1941 年曾企圖將古蛟鄉村建設委員會冠上三民主義名義，並呈報縣政府，但國民黨縣黨部書記長王永滋提出堅決反對，理由是傅柏翠的古蛟區與三民主義全無相似之處。事實上，單以平均地權、耕者有其田而言，古蛟地區即完全實踐了三民主義的理想。古蛟鄉建會幹部認為，王永滋本人就是連城芷溪地主，他也明白如果正式核准古蛟為三民主義鄉村，現行制度將會固定化、合法化，連城地主再也收不回土地。因此，土地分配及各類建設工作之所以遭受外界的懷疑、破壞且飽受壓力，泰半來自王永滋等有權勢的地主不斷造謠洩憤，散布古蛟是「共產黨區域」[27]。

　　古蛟鄉村建設委員會雖然在組織名稱上無法正式冠以三民主義，但在組織章程第二條，還是明訂委員會的設立是根據「國父三民主義、建國大綱、建國方略、地方自治開始實行法等遺教，以及總裁對地方自治、鄉村建設等之訓示，抗戰建國綱領、縣各級組織綱要、地方自治實施方案、國民經濟建設運動實施事項、新生活運動須知」，以及福建省政府有關地方自治法，為古蛟地區尋求各項制度的法令依據[28]。

　　為了宣示反共決心，赤誠擁護國民政府，古蛟鄉建會明訂每年農曆正月二十九日，傅柏翠與紅軍十二軍在古田引爆軍事衝突

27 章振乾，《閩西農村調查日記，1945 年 4 月-7 月》，頁 93-94、102-104、167-170。上杭縣第七區土改工作隊，〈上杭縣第七區土改工作總結報告〉（1951 年 4 月 3 日），上杭縣檔案館：87-1-9-1。在土改報告中，稱國民黨上杭縣黨部書記長王永滋為黃永滋。

28 上杭古蛟鄉村建設委員會，〈上杭古蛟鄉村建設委員會組織章程〉（中華民國三十一年十月），上杭縣檔案館：98-1-1。

的日子為反共紀念日，全鄉在當天舉辦一連串的農工學術競藝、
國術體育競賽、文藝展覽。同時計畫興建抗敵將士紀念塔，紀
念古田戰役中為抵抗共軍而犧牲的自衛隊員，蛟洋及古田計畫分
別興建華洋、雲田中正公園，園內預備設置中正亭，展現對國
民政府及蔣中正的效忠[29]。然而，這連串措施卻顯得枉然與徒勞無
功，絲毫無法為古蛟地區帶來行政上的實質利益，或是國民黨地
方政府的認可。

　　古蛟周遭許多鄉鎮在紅軍北上之後，地主又返鄉取得原有土
地，恢復既有業佃關係。但古蛟地區土地制度仍舊維持平均分
配，並開辦種種社會福利制度，對鄰近地區的地主帶來壓力，以
致於如王永滋之類的地主不斷暗中造謠生事。為了不引起注意，
傅柏翠盡可能避免宣揚古蛟經驗，各種宣傳不僅無益，往往成為
拖累古蛟的關鍵，甚至常常告訴農民，若有人問及古蛟情況時，
可以告知業佃關係已經恢復，希望能減少壓力[30]。雖然傅柏翠希望
盡量減少外界關注，但古蛟經驗在抗日戰爭期間，已經引起輿論
與學術界的重視。如福建省研究院社會科學研究所，戰時組織閩
西農村經濟調查團，透過實地訪查，了解閩西土地制度特殊性，
比較各處土地與社會情況，而古蛟即為調查團訪視的重點。

　　調查團在 1945 年 4 月 7 日從當時福建省府所在地永安出發，
到了連城、龍巖、上杭等地進行調查，同年 7 月 3 日結束[31]。調

---

29 上杭古蛟鄉村建設委員會，〈上杭古蛟鄉村建設委員會三年計畫綱要〉
　　（中華民國三十一年十月），上杭縣檔案館：98-1-1。

30 章振乾，《閩西農村調查日記，1945 年 4 月-7 月》，頁 102-103。

31 章振乾，〈我們怎樣調查閩西的土地改革區〉，《閩西農村調查日記，
　　1945 年 4 月-7 月》，頁 205。

查計畫指出，閩西是福建省土地問題最複雜的地區，當地土地變革和調查當時的現況，幾乎涵蓋中國近代土地擁有制的所有類型。僅龍巖、上杭兩縣而言，1929 年經歷中共土地革命後的分田辦法，大體可說是土地國有制改革的實例；接著 1932 年國民黨十九路軍閩西善後委員會在龍巖部分地區實施「生授死歸」的計口受田，上杭一部分鄉村人民自願實施的土地權集中鄉政府，成為公有制土地改革的實例[32]。

調查團在上杭調查三個鄉鎮，將其視為 1930 年代以後的土地制度典型。其中古蛟地區為土地改革後發展較為高級的代表型；白砂為土地改革後缺乏領導，致使發展陷於自生自滅的停滯狀態；茶境則為土地改革後，地主勢力回復地區，是在地主勢力支配下，企圖達成土地改革的代表型。而地主勢力於分田後完全恢復舊觀的類型，將另從連城所屬鄉鎮，以及上杭的蘭溪、星聚、新鄉、太拔等地進行調查[33]。

調查團看到群山萬嶺之間的古蛟，民風樸素，教育普及，讀書人都能耕種，也必須耕種，沒有特殊階級。因為交通和生產關係，商業不發達，娛樂消遣設施甚為缺乏。調查團敘述古蛟某戶人家門聯「有水有山門巷、半耕半讀人家」，認為頗符合實際情況。相較之下，龍巖所見「商賈樂於市，耕者有其田」門聯則反映出當地商業發達，尤其城內囤積家特多，戰時物價飛漲，所得利益也相當可觀，而附城農民雖然分到田地，但負擔甚重，

---

32 福建省研究院社會科學研究所，〈福建省研究院社會科學研究所農村經濟調查計畫之一：閩西土地改革實況調查綱要〉（1945），福建省檔案館：36-13-3458。

33 章振乾，《閩西農村調查日記，1945 年 4 月-7 月》，頁 85。

實際得不到好處。古蛟全鄉各保乃至較大的鄉村均設有電話網，最遠可達現在的步雲鄉治所在地上福村[34]，且有專人傳遞消息，如遞步哨等。因此，古蛟鄉村雖在群山之間，內部消息並不隔膜。但全鄉沒有收音機，送到古蛟的報紙也是好幾日以前的「新聞」，鄉內再根據過期報紙編印內部油印壁報[35]。

古蛟鄉建委員會「具有蓬勃的生氣」，所有措施異於當時盛行的形式主義，都不是空泛的宣傳而是為了地方建設。各級幹部大多認真負責，人民也習慣監督鄉政人員。但是古蛟的情形也不是處處令人滿意，古蛟書報社負責人告知調查團成員，整個古蛟鄉雖然政治清明，公務人員無任何非分收入，但行政人員待遇太低，事務又煩，以致鄉長一職無人有意願出任。抗戰以前，人民除了溫飽，生活堪稱富庶，抗日戰爭爆發以後，農產品價格遠低於其他物價，尤其以木材無法出口，傳統的造紙產業不敷成本，地方經濟漸感枯竭，但民眾基本生計完全可以維持。鄉行政領導人員經過長期處理鄉政，又全然得不到外界認可，甚至飽受攻擊而逐漸鬆懈，有些人自認思想落伍而引退，更基層的保甲長雖實心任事，但缺乏現代化政府的文書作業等行政能力。

傅柏翠對閩西農村經濟調查團抱怨，「政府法令限制了我們的進步，我們為了避免人家說話，也不能不力求適應於法令，這是問題所在」。政府的限制大多來自傅柏翠個人與中共千絲萬縷的複雜關係，這也導致傅柏翠產生避免麻煩和自責的心態：「我個人邇來對農民也太不負責任了。現在學術界對吾人的注意，

---

34 丘復，《上杭縣志（民國二十七年）》，頁 1145。

35 章振乾，《閩西農村調查日記，1945 年 4 月 -7 月》，頁 83-87。

這本來是件好事。但在吾人實欲盡量避免，借省麻煩。因為去年第三戰區顧祝同司令長官還問劉建緒主席：『傅柏翠是否為共產黨？』」上杭縣田糧處副處長修煥璜認為，傅柏翠及古蛟鄉幹部，主持鄉政建設都有卓越的成績，土地制度也較其他地區進步，但上杭縣政府對古蛟採取不聞不問的態度，土地制度又無法取得法令依據，處境越來越困難。

古蛟的孤立狀態得以維持，傅柏翠確實扮演相當重要的角色，群山環繞、相對隔絕的自然環境也發揮不小的助力，但在外界強大壓力下，眾人對古蛟特殊制度究竟能維持多久，都抱持悲觀的態度。閩西農村經濟調查團到訪上杭時，古蛟鄉幹部懇請團員向省府請命，將白砂、古蛟、茶境三鄉劃為地政實驗縣或實驗鄉，在組織方面予以合理調整，使其不受周邊地區政治影響。調查團雖然也看到了古蛟地區發展的窘迫，但他們顯然沒有，似乎也無力解決。調查團回到永安不到半年，對日抗戰即告結束，省府遷回福州，更無暇顧及偏遠的古蛟地區。

除了孤立無援，以及鄉建會、鄉政府幹部的培育問題，古田、蛟洋二地居民的衝突，以及古田宗族的矛盾也對古蛟區發展帶來不利的影響。從古田、蛟洋二地的衝突來說，鄉建會、鄉公所、古蛟中學等政治、教育機構都設在傅柏翠的家鄉蛟洋，使得蛟洋儼然成為古蛟鄉重心，反觀古田則成為古蛟的邊陲。古田居民對此十分不平，尤其古田保甲長和古田籍的古蛟中學生反應更是激烈。或許古蛟鄉行政與教育中心的設置有交通等複雜因素的考量，但是對古田居民而言，這些行政設置完全出自傅柏翠偏祖蛟洋的私心。

古田居民的觀點，傅柏翠應該了然於胸，甚至希望補救。傅柏翠雖然擔任古蛟鄉建會主任委員，但古蛟鄉長則是由古田廖

氏出任，而副鄉長則是委以蛟洋傅氏，這不能說不是出於地域政治平衡的考量。古蛟陷入國共鬥爭的夾縫求生階段，到中共建國前夕，傅柏翠並未住在自己的家鄉，而是長期定居古田與蛟洋之間，幾乎等距的下郭車，或許也是希望藉此擺脫外界對於自己偏袒故鄉的印象，讓自己站在更為超然公正的立場。

因為傅柏翠的鄉貫，不論傅氏提出何種理由應該都徒勞無功，也無法令古田民眾去除傅氏既然為蛟洋人，自然不免對蛟洋存有私心的想當然耳看法，這也造成古田與蛟洋迄今對傅柏翠功過的二極化。古田居民不願多談傅柏翠，或認定傅柏翠是導致古田在土改結束後，又被迫接受殘酷的土改補課運動的元凶，而蛟洋雖然也同樣經歷土改補課，但蛟洋民眾始終認為傅柏翠是保鄉衛民的人物。事實上，古田內部對傅柏翠的觀點也呈現極端，如最大的廖氏宗族始終對傅柏翠不存絲毫敬意，而賴氏與張氏宗族大體對傅柏翠抱持感念或肯定，歸根結柢還是由於古田三大宗族彼此競爭所致。

三、社會控制的基礎

傅柏翠曾赴日留學，又有與國民黨、共產黨軍政人士往來的背景，確實是古蛟地區具有相當實力的菁英，也被視為維繫古蛟的關鍵，但他以蛟洋人士，如何能將勢力深入古田，似乎無法單純以菁英身分加以解釋。古蛟地區在 30 到 40 年代的特殊性當然有共軍入閩、國共長期鬥爭以及對日抗戰等，來自外部大環境的結構因素。土地與社會改革也有賴於各種武裝勢力的支持，如早先的紅軍部隊以武裝暴動進行土地革命，接下來有十九路軍蔡廷鍇、蔣光鼐支持，十九路軍勢力所及的縣長都由師長兼任，得以

掃除地方傳統勢力，推動計口授田。然而，在共產黨土地革命時期，上杭境內大部分土地已經均分，但在共產黨和十九路軍勢力退出之後，為何只有古蛟及白砂二鄉得以保持，其他地區的土地又回復舊觀？關鍵問題還是在於紅軍進入以前，各地區土地擁有形態的不同。

　　如上杭白砂雖然名為國有土地實驗鄉，被視為與古蛟地區同樣在 30 到 40 年代維持分田的地區，然而在土地實驗鄉的外表下，白砂內部的土地糾紛卻未曾停止。主要原因是白砂土地以往有六成掌握在袁姓個人地主手中，另外的四成則為宗族所有，全鄉大致上可以分成 8 個地主村莊和 12 個佃農村莊。共產黨在此地進行土地革命時，地主紛紛走避，但紅軍退去之後，又回鄉要求歸還土地。土地革命時是以村莊為單位進行分配，因為佃農村莊地多人少，地主村莊則是地少人多，若依村土地均分，以往地主分得的土地反而比佃農少。因此地主要脅如不重新分配土地，則將根據業權將土地收回，地主村莊與佃農村莊各自聯合，彼此對抗，時有衝突，幾乎要爆發無法收拾的械鬥。但無論地主或佃農都支持土地國有，只不過佃農著眼點是防止地主收回土地，而地主則是為了報復佃農，使其亦無土地所有權。當白砂鄉轉報縣、省政府希望實施土地國有政策時，因為人均耕地僅為 1.3 畝，不符合人均土地至少要 2 畝之規定，因此僅能成為實驗鄉。

　　龍巖白沙鎮的例子可以說明業佃關係完全恢復的大多數地區。白沙境內可以分為上下二段，上段鎮公所附近有三個保，居民多為雜姓佃農，而下段為捷步，幾乎全為詹姓地主，他們不僅擁有絕大多數土地，且青壯年人口亦高出上段甚多。雖然白沙也經歷過共產黨的土地革命和十九路軍的計口授田階段，但在十九路軍退去之後，佃農還需向地主繳納一成的地租，1942 年提

高為四成，1945 年更漲為五成，同時還要負擔田賦。地主在沒有外界壓力下，「只管收租，對於改良農業生產毫不注意」，甚至指試圖改良農業與土地制度者為共產黨。再加上白沙的攤派以人口為準，而不考慮每戶的土地面積與收入，因此上段佃農的負擔反而較下段詹姓地主高出許多[36]。

古蛟地區在共軍北上和十九路軍退去之後完全不同於上杭白砂或龍巖白沙，並未產生嚴重的土地糾紛，或是恢復以往的業佃關係。以中共目前的宣傳來說，這是因為閩西廣大人民維持土地革命的成果，但從許許多多類似龍巖白沙的例子看來，這個「成果」的範圍似乎被渲染擴大許多。

傅柏翠 1927 年在家鄉蛟洋推動二五減租，建立農民協會，或許可以說他是憑藉農民對其率先拿出家庭田產，由衷而生的個人信仰，但傅柏翠也坦承，農會執行委員會的實際管理成員主要是由房族領袖擔任，這些因素似乎可以說明傅柏翠何以能掌握蛟洋[37]。只不過為了廣大農民生計，甘願奉獻自家田產的作法，雖然使得傅柏翠具有成為道德領袖的條件，但道德領袖的地位也如同他的菁英身分，亦無法說明傅柏翠何以控制蛟洋以外的古田地區，畢竟無論傅柏翠率先貢獻多少土地，對古田農民而言完全沒有實質意義。

最後一項強有力的因素則是用武力解釋傅柏翠對古蛟地區的控制。但軍事力量卻無法解釋共軍退出閩西，國民黨十九路軍

---

36 章振乾，《閩西農村調查日記，1945 年 4 月-7 月》，頁 56-57。

37 趙亦松，〈關於上杭工作概況報告〉（1928 年 7 月 9 日），《福建文件》3，頁 136-137。

發動閩變，後被國民政府弭平的 1931 至 1934 年間，蛟洋僅有 5
桿步槍，2 支駁殼槍[38]，外部原本支持傅柏翠的軍事勢力也呈現真
空，尤其 1935 至 1936 年傅柏翠甚至還遠赴香港避禍。因此，
古田的社會秩序及土地制度的維持似乎無法單純以傅柏翠個人因
素或武力控制加以解釋，必須透過宗族、墟場，以及古田與鄰近
區域的地域關係等社會因素加以分析，其中的關鍵主要是傅柏翠
善於運用古田三大宗族的經濟、政治勢力不均衡，而古田居弱勢
的宗族也企圖連結外部勢力與強勢宗族抗衡。

　　傅柏翠沒有採取共產黨的階級鬥爭方式控制社會，而是用共
產黨批判，以「宗派主義」，運用宗族勢力不均衡，達到土地改
革或革命，以及社會控制的目標[39]。從另個角度而言，傅柏翠利用
了地方權力的槓桿控制古田，較居弱勢的賴姓與張姓宗族同樣利
用了傅柏翠，藉以制衡最大的廖氏宗族，進而擴大影響，爭奪地
方資源。

　　古田的社會結構與蛟洋大不相同，蛟洋是一個以傅姓占壓倒
性多數的地區，1938 年的時候，共計七百戶，而同一時期的古田
廖氏有六百戶，賴氏有四百戶，謝姓約百餘戶，大小吳地與上福
合計的張氏戶數則與賴氏不相上下[40]。這些宗族土地涇渭分明，每
一個村落都完全屬於宗族以下的小房族，因此古田並不存在所謂
的地主村或佃農村，絕大多數土地都掌握在宗族手中。無論是共

---

38 傅柏翠，〈傅柏翠給中共閩西特委的信〉（1930），古田會議紀念館資
　　料室：1-0557。

39 上杭縣第七區土改工作隊，〈上杭縣第七區土改工作總結報告〉（1951
　　年 4 月 3 日），上杭縣檔案館：87-1-9-1。

40 丘復，《上杭縣志（民國二十七年）》，頁 179、182、183-184。

產黨的土地革命，十九路軍的計口授田，或是古蛟鄉建會時代，古田和蛟洋都是以保為單位進行土地分配。

　　因此，古田除了與連城交界，部分土地為連城地主所有的區域外，山街廖、賴、張、謝宗族分地後，土地所有權只是從宗族所有轉移到鄉公有，而實際耕種者還是同一宗族派下，原本就耕種這些土地的農民，不至於發生地主村及佃農村之間的業佃土地糾紛。當然，每個保的人均耕地不可能相同，分地過程中也並未針對這個差異進行調整，還是採取每一個保原有耕地與人口數平均計算，也自然會產生不公平的現象。採各保依人口均分土地的結果，每口可得 2-3 畝地，維持溫飽完全沒有困難。山街附近村落也因此不至於發生上述地主村與佃農村的激烈衝突。傅柏翠一貫的立場是認為古蛟地區沒有地主，剝削也不嚴重，「北四區人民不是為的土地革命而暴動，而是為的共產主義」[41]，古蛟地區群眾再三強調的沒有地主，實際意義是反映土地集中在宗族，而非個人地主手中。

　　紅軍到達以前，廖氏是古田人口最多，最具經濟實力的宗族，也掌握了古田的武裝與經濟大權，民團和會計都操縱在廖氏宗族手上。廖氏族譜記載可以稱為營業的包括三類。首先是嘗田，主要是供祭祀之用，多寡必載入譜內，庶可垂之久遠，以杜典賣之弊。其次是山場，凡屬界至必載譜內，以免爭端。第三類是供弟子求學的學田，資儒以給膏伙（火），多寡悉登譜內。另一個更重要，收入更可觀的產業就是墟場。古田墟是文旻公之

41　傅柏翠，〈傅柏翠給中共閩西特委的信〉（1930），古田會議紀念館資料室：1-0557。

基業，開闢之初有地方人稱為墟廠的店鋪 120 間，旺生、九生、曹福公各得 40 間。

廖氏所有產業並無詳細資料，單就以達公派下的產業就包括「名目繁多不及備載」的雜項嘗，以及以達公祭墓嘗、三公祭墓嘗、以達公繼志社、以達公繼述社、以達公達孝社、以達公冬祭嘗、以達公達古社、以達公完糧嘗、上林公祭祀嘗、東應公祭祀嘗、錫香公祭祀嘗。還包括文旻公派下，五甲、七甲、八甲、九甲共有山場以外，以達公及上林公獨立的山場。為了資助子弟求學、應考尚有以達公油燈嘗、以達公貼考嘗等學田。以上嘗業、學田共計土地近 70 筆，店鋪 23 間，而這些僅是廖氏以達公派下嘗業，並不包括廖氏其他房派的產業。

賴氏與張氏的宗族產業無法與廖氏相提並論，村莊土地大多是掌握在該宗族個人，或是更小的房派手中，也沒有作為族產的古田墟店鋪。甚至賴氏宗族在興建賴坊待鳳口合族的賴氏宗祠時，土地還是購自余姓人士，而現在成為革命遺址之一，位於賴坊的協成店，則是民國初年白砂傅姓商人向賴氏購地起建。這二個例子顯示出，賴氏遷居至古田之後，有相當長的一段時間並沒有村落完整的土地所有權，以及宗族控制土地權力的薄弱。賴氏族譜登載的嘗業名為五郎公祀田，位於龍巖黃畬五郎公墓地附近，共計地塊三處，皆遠離古田境內，不利族人耕種，因此長期租與龍巖農民，部分田租與看管祖墳費用相抵，其餘則為祭祀之用。相距五郎公墓地不遠的七郎公墓地附近另有店鋪數間，但所在位置遠離通都大邑或墟場、集鎮，店租有限。張氏族譜登載的族產則更少，僅僅在五郎公考妣墓地周邊有小面積田地。

1930 年代初到古蛟鄉建會時期，山街宗族的嘗業、學田、山場及森林、池塘等非農地，依規定是屬公有，即古蛟鄉建會所

有，但在依人口均分土地的大原則下，土地的分配權還是下放到村落。而古田山街的村落都是各個宗族不同房派組成的同姓村，因此宗族領袖還是擁有相當大的控制權。山場、森林並未隨耕地分配，鄉建會設有款產委員會，主要功能就是管理非農用，但面積是農地數十倍的土地。根據古蛟鄉建設管理委員會三年計畫綱要，山林管理事務歸併款產管理委員會管理，「各村山林歸公管理者，照舊由村款產管理委員會直接管理，其收益亦歸村有」之規定[42]，族譜所列的山場仍舊是歸村所有。

換句話說，無論耕地或山場依然是由房族領袖管理。這個模式如同傅柏翠在土地革命階段邀集宗族領袖擔任農會執行委員會，雖然被閩西特委等幹部批判為利用宗派，但卻是維持地方穩定，結合地方勢力相當有效的方式。在 1930 至 1940 年代地方產業的管理似乎僅詳列土地，但有關墟場未見特殊規定，似乎還是掌握在宗族與私人手上。

廖氏宗族擁有的廣大山場並不全然具有經濟效益，有部分山場因為具有「護衛祖祠，以蔭後裔」的風水意義，以致於完全無法利用。如嘉慶丁巳（1797）文旻公房裔同立合約，嚴禁族人或外人入後龍山場伐木，甚至撿拾枯枝樹葉亦為不許，以免傷及龍脈[43]。但未涉及風水、龍脈的山地或坡地則可用以種竹、採收竹筍以及製造竹紙，具有經濟價值。因此，廖氏一方面擁有廣大的山場，同時也有墟場的店面，在 1929 年的土地革命之後依然具

---

42 上杭古蛟鄉村建設委員會，〈上杭古蛟鄉村建設委員會三年計畫綱要〉（民國三十一年十月），上杭縣檔案館：98-1-1。

43 此約附於《古田武威廖氏東興堂族譜》，清水祠圖址後。

有相當的經濟實力。

廖氏運用經濟實力，除清代科考正途出身外，全族另有靠納捐取得功名的監生 84 位，這些社會地位也非山街其他宗族可比擬。賴氏宗族所謂的「賴不進京」，主要是表達出相對於廖氏宗族而言，古田賴氏自清代到民國欠缺擔任行政職務，可以為宗族依賴的宗親。而廖氏族譜稱，鄉中十餘姓雜處，而好若朱陳，從無械鬥之事，但山街宗族之所以沒有械鬥的另一個原因也可以說是廖氏一族完全掌握地方的武裝和經濟，以致於其他的宗族完全無法與之抗衡。紅軍進入古田以前，廖氏與國民黨地方政權關係密切，掌握地方行政的正式權力，共產黨在北五區的區委書記也仍舊是廖氏族人。但古蛟區在國共勢力夾縫求生到古蛟鄉建會階段，地方控制權力逐漸轉移到賴氏宗族手中，賴氏與上福的張氏宗族勢力結合之後，廖氏政治地位也逐漸式微。

紅軍初入古田即成立革命委員會，首任革委會主席為賴子炘，傅柏翠與共黨決裂後，賴子炘仍與傅柏翠合作，是傅柏翠在古田最重要的代理人。傅柏翠的另一位代理人為張子波，傅柏翠擔任福建省保安十一團團長期間，張子波任其副手，是古蛟鄉掌握軍權的第二號人物。張子波是步雲鄉上福下村人，因為與賴坊的賴欽安（1908-1955）交好，長期住在賴坊廖氏宗祠旁的協成店左側，部隊則固定駐紮在三明。

保安第十一團是古蛟區治安的基本武力，這個部隊原為古蛟鄉常備鄉兵隊伍，全團幹部及士兵均為古蛟本鄉人，經常維持600 至 1000 人。古蛟鄉壯丁均有保衛家鄉服兵役的義務，服役期為三年，應徵入伍滿半年後，回鄉耕種半年，然後再行入伍，連續三次後即為期滿，退伍擔任糾察工作。因為鄉兵也維持治安，鄉公所不設警衛，大半警隊均在邊境任警戒之責。古蛟的

兵差，大都由古田的賴坊、竹嶺、八甲、吳地四個保的人民包辦，十八到五十歲的男子每年要服兵差，倘若家庭富裕，兵差可以找人代理，每期至少需支付八百元。或許因為張子波身為副團長，竹嶺又為張氏聚落，因此以上四個保中，尤其以竹嶺青年的兵役負擔最重，這也使得古田民眾對古田、蛟洋兵役分配不均產生怨言。

1935 年左右，據傳賴子炘勾結步雲土匪，企圖將古田獨立於古蛟區，傅柏翠下令賴欽安撲殺，之後賴欽安取代賴子炘，成為古田第一號人物。賴子炘與賴欽安雖同住賴坊，卻屬不同房支，子炘是上塘仲慶公房，譜名為禧林，欽安譜名燦明，屬下塘均義公房。賴欽安撲殺賴子炘前，雙方早有嫌隙，而導致彼此嚴重衝突的起因是賴子炘家中放養的一群鴨子吃了欽安田地裡的稻穀，鄰人見狀將鴨子盡數逮往欽安家。欽安不願生事，要求鄰人將鴨子送回，未料子炘之妻不僅未言謝，反而語帶要脅的要鄰人殺了鴨子。鄰人告知欽安此事，欽安甚感憤怒，並與鄰人宰食鴨群。

紅軍 1929 年入古田，賴子炘即擔任該區革委會主任、赤衛隊長，直到 1931 年傅柏翠與林一株的衝突過程中，賴欽安仍舊領導古田武裝，地方權力應該無人能及。然而，這起流傳廣泛，貌似鄉野雜談，看來有些微不足道的事件卻反映出，欽安和子炘的地方勢力在伯仲之間。雖說賴欽安撲殺賴子炘是奉傅柏翠之命，但二人長期的恩怨，或許也是子炘遭撲殺的重要原因。子炘在步雲山區喪命後，欽安不僅接收子炘的勢力，同時擔任古蛟鄉建會丁役主任，負責鄉兵徵調工作。

除了廖氏以外，其他姓氏對賴欽安的評價頗高，有說他綽號「閻王」，執法甚明，但有時也過於殘酷。例如，當時有一種刑罰是穿「樹襪」，將樹幹鑿成雙筒，僅容兩足穿入，使人無法

動彈 。 但是誰都不了解，賴欽安的權力來自何處 。 廖氏對賴欽安相當怨恨，因為古蛟區 1949 年宣布「 起義 」之後，賴欽安也發出成立雲田支部的電文，同時以開會為名，誘殺了四名廖氏宗親 。 對共產黨來說，賴欽安是肅清古田的國民黨勢力，但是對廖氏族人而言，這個舉動是藉由政權異幟之際剷除宿敵，藉此顯示效忠共產黨政權 。 更重要的是，此舉反映出賴氏與廖氏長期以來無以復加的積怨 。

無論賴子炘或繼任者賴欽安，傅柏翠統治時期，賴氏結合步雲張氏的力量，已然成為古田勢力最龐大的集團，足以壓倒古田最大的廖氏宗族 。 古田原有的墟場是在靠近目前古田山莊的凹上，到了道光年間即搬遷到現在八甲村 。 民國以後，墟場店面已經不完全由古田居民獨占，經商者以龍巖、 連城為多，整個市場都掌握在外縣人士手中 [44]。

1940 年代，古田墟市有店家八十戶，每次都有五千人的規模，外地參與墟期的居民來自郭車、 雲田、 大吳地 [45]。 八十戶店家中，僅廖氏以達公就占有二十戶，而廖氏以外宗族擁有的店鋪似乎寥寥無幾 。 就墟場的貿易形式而言，除了固定的店鋪以外，每逢墟期街道旁的不固定商攤對居民來說更為重要，而墟場位於廖氏宗族的居住範圍內，廖氏宗族自然有地利之便 。 商攤既然不固定，依習慣是早到者可以先設攤位，並非廖氏宗族有獨占權 。 因為八甲村廖氏占了地利之便，難免有人企圖從中牟利，少部分強勢的廖氏宗族開始在墟場亂收攤費，甚至隨意將先行擺攤的其

他姓氏攤位推倒，引起眾人不滿。

　　1930 年末，正好是以達公派下的廖江南回鄉奔母喪期間，八甲廖氏在古田墟場的所作所為，逐漸令其他宗族難以忍受，衝突相當激烈。因為時間點正好與廖江南母喪的盛大喪禮時間一致，附近賴氏及張氏宗族即傳出廖氏宗族是憑藉廖江南的職位，在鄉里仗勢欺人。廖江南當時是廖氏宗族在政府部門任職職務最高的成員，他在 1918 年取得法官考試及格後，遠赴吉林，歷任審判廳民事、刑事廳推事、代理審判長，1920 年轉任濱江審判廳推事[46]。其後又擔任閩候分庭長，泰安、濟寧法院推事，江西高等法院民刑庭長，河口分縣長等職[47]。這些職務雖然不低，但也沒有到顯赫的程度，而廖江南回鄉奔喪與廖氏族人強制收取攤費，欺壓外姓更沒有必然的關係。但古田墟場的紛擾擴大確實是在廖江南為其母親舉辦盛大喪禮期間，弔唁賓客冠蓋雲集，也成為其他宗族口實。

　　墟場糾紛不時發生，即便賴氏、張氏已經掌握古田的軍事與政治權力也無法解決，而古蛟鄉政府似乎也無法涉入。1944 年，以賴欽安和張子波為首的張、賴姓氏宗族決意在竹嶺另設新墟場，1946 年動工興建，翌年完工。竹嶺位於古田墟北方不到二公里處，是張氏宗族的村落，張五郎公派下聯合祭祀的惇序堂即建於此地。竹嶺墟籌備階段，賴氏及張氏宗族就開始廣為宣傳，為了爭奪古田墟的生意，竹嶺墟期訂於每月逢三、八趕墟，

---

46 廖江南，〈族譜序〉，廖道南等編修，《古田武威廖氏東興堂族譜》，石印本，民國九年。

47 丘復，《上杭縣志（民國二十七年）》，頁 475。

刻意提早古田墟期一天。

竹嶺墟開始運作不到一個月，古田墟就被迫停止，因為所有姓氏聯合抵制，不許赴古田墟，而附近地區商販趕了竹嶺墟之後也不可能第二日再到古田趕墟。對山街廖氏以外的其他宗族而言，竹嶺墟可以完全取代古田墟，滿足日常交易所需，生活不受影響。廖氏宗族卻嚴格約束宗族成員不得赴竹嶺墟，有些房族揚言將沒收赴竹嶺墟的廖氏子弟土地，希望維持古田墟的局面。但僅僅憑藉廖氏族人不足以支持古田墟場，不僅出售貨物產生困難，甚至連日常用品都難以取得。最明顯的例子是生鮮肉類的供給，甚至有廖氏族人避開大道，涉溪到竹嶺墟買豬肉。長此以往，廖氏族長再也無法約束子弟，只得任由宗親自行前往。

賴氏與張氏結合對抗廖氏的行動，廖氏不可能全無反擊，但環顧四境似乎也無有力之奧援可用來抗衡賴氏與張氏。廖氏唯一可以進行的是將墟場危機告知廖江南，因此具傳廖江南已經在南京準備一車的槍枝，藉以對抗賴氏與張氏。以致於古蛟民眾至今仍言之鑿鑿的說，「若不是解放，老早就打起來了」。廖氏對賴氏的不滿不難想像，因為賴氏長期仰賴傅柏翠勢力，也使得廖氏對傅柏翠的怨懟之心與日遽增。

從廖氏以取消土地耕作權力懲罰私下至竹嶺墟的族人來看，古田的土地制度在 40 年代中期似乎發生了很大的問題，或許土地最終所有權歸古蛟鄉建會的原則不變，但每個村落或是宗族房支的土地分配及利用權則逐漸擴大。換言之，宗族及房派領袖還是擁有部分土地控制權力，而古蛟鄉建會在賦予各村獨立運用土地的權力之後，也無法進行干預。30 年代末至中共政權建立期間，傅柏翠無論從個人心境或現實環境而言，充其量僅扮演著精神領袖角色，傅氏對古田的紛擾似乎沒有太大的興趣，不僅不介

張氏與賴氏為對抗廖氏興建的竹嶺墟商鋪，現已廢棄

入，更不過問，所有行政權力都交由他在古田的代理人——賴欽安和張子波手中。

四、土地與社會改革

傅柏翠在不同時期的回憶及訪談過程都曾多次自述，希望能在步雲山區或浙江實踐新村理想，卻都因故未能實現，土地革命初期也曾在自己的家鄉蛟洋，推行「共同生活，共同工作」的「共家」理想。具體作法是將關係比較密切、相處融洽，同時富有理想和嘗試精神的幾個家庭，依其自願將田地合併耕種，在

生活上共炊共食 。 表面看來 ，共家理想相當單純 ，但在實踐層面上卻處處窒礙 。 來自不同家庭的婦女完全無法在生活上分工 ，家戶與家戶之間各有其慣常的生活模式 ，而農民也沒有如傅柏翠所期待的都能發揮良心 、 互利共享 ，反而在共同生活中 ，更突顯出重視短利 、 近利 、 私利的性格 。

現代化機具和農業技術的不足 ，再加上閩西大部分為山田和梯田的生態 ，都不利於大規模耕作 ，集體農場也無法推行 。 不僅共家理想難以實現 ，農村社會化在此情況同樣也為空言 ，最終的目標僅求維持耕者有其田 。 但以人均分配土地也產生很大的問題 ，不僅新生嬰兒的家庭必須分配土地 ，甚至因收養 、 過繼 ，或買嬰兒新增人口的家庭都要求分配土地 ，長期在外的村民回鄉之後 ，更爭取應有的田地 。 若置之不理則怨恨和造謠紛至沓來 ，若逐一分配則所有田地都會變成細小地塊 ，而導致糧產不敷使用[48]。

閩西農村經濟調查團當時深入農村 ，動用大量地方教師 、 學生協助填寫問卷 、 調查表格 ，調查團的重點是希望透過挨家挨戶的訪談 ，徹底了解閩西農民的生活狀況 ，當然還要分析閩西各個鄉鎮 、 村落的土地擁有形態 。 但是當調查團探訪古蛟土地所有權的問題時 ，鄉長及古蛟鄉受訪幹部均無法論斷古蛟的土地擁有究竟是屬何種類型 。 事實上 ，閩西經濟調查團希望了解的土地擁有型態 ，或中共建國後的土改調查的核心主要還是在於地租問題 。

古蛟地區以往大多為中共所謂的宗族地主 ，農民所繳地租多寡不一 。 根據閩西農村調查小組統計 ，多者按虛租額七成繳納 ，而虛租額等於總收穫量之 80％ 。 例如 ，一丘田可收 10 擔

---

48 章振乾，《閩西農村調查日記，1945 年 4 月-7 月》，頁 100-101。

穀，應繳虛租即為 8 擔，實際則繳納 5 擔 60 斤，亦即收穫量之半數[49]。若以中共建國後的統計資料顯示，耕種宗族土地之租額為15-40%，耕種個人地主的土地租額高達五成，可能也高達七、八成[50]。閩西農村調查小組發現，坡地梯田產量雖然不高，但佃租大約僅需收穫量之四成，在土地革命以前，農民反而願意承種坡地，因為每年收穫量有大部分為自己所得，僅需將家庭剩餘勞力投入生產，收益不見得較一般土地少。

　　民國至中共建國後調查的地租數額所以呈現極大差異，主要在於古田境內畝產量相距甚大，以及租額的多寡因承租者為本族或外族人有所不同。站在照顧族人的立場，租額自然不得過高，但承租給外姓人士，則沒有這種考量。以現在古田中學，舊名席草塌附近，古田畝產最高的土地為例，40 年代每畝產量在 600 斤以上，但山田則僅有百來斤。席草塌是廖氏以達公雜項嘗產業，耕作者全年收穫 40%歸公嘗，60%歸自己所有。以達公派下大約有三千多畝土地，一千餘人，人均 3 畝地。倘若以每戶五口，平均每畝產量 400 斤計算，每戶年總產量有 6000 斤，扣除公嘗的 2400 斤，尚餘 3600 斤。以當時人均所需口糧每年 500 斤計算，理論上每戶每年尚有 1100 斤餘糧，而宗族嘗會每年的收入更高達 48000 斤，扣除完糧嘗必須繳交的賦稅，剩餘依然足以支應宗族祭祀、弟子進學之用。

---

49 章振乾，《閩西農村調查日記，1945 年 4 月-7 月》，頁 88。

50 土改小組，〈上杭縣第十三區古田鄉土改遺留問題情況調查報告〉（1954年 4 月），上杭縣檔案館：98-1-27。閩西度量衡相當混亂，大體而言，1石等於 10 斗，1 斗等於 10 升或 15 斤。一擔等於 120 斤或 8 斗。而斗這個單位有時又稱為桶。

閩西經濟調查團報告指出，傅柏翠統治下的古蛟區田賦每畝四斗，60 市斤。若此說屬實，以當時平均畝產 400 斤之標準，農民賦稅僅為收入之 15%，這個負擔確實比起以往耕種宗族土地還要輕許多。然而，從當地畝產量差異懸殊的情況而言，田賦徵收標準不可能以擁有土地面積為標準，由此可見，閩西經濟調查團似乎未能確實掌握古蛟區複雜的土地分配，與賦稅徵收的具體操作模式。可以肯定的是，古田的農業平均收入方面確實如廖氏所謂「一年之耕而有三年之食」，30 年代的古蛟鄉賦稅更較以往輕得多，也確實朝向耕者有其田的理想進行土地分配。

古蛟地區自 1931 年脫離共產黨後開始分田，直到 1936 年採取每年重新分配土地，幾乎全年所有行政力量都投入分田工作，成為最為繁重行政作業。因為農民都不確定來年是否仍舊耕種同一地塊，私心驅使下，只顧眼前收益，全然不顧維持地力，以致於土地生產力日漸衰退。再加上每個人都希望分到肥沃的土地，致使原有的山田及劣等土地無人看顧，荒地逐年增加。

眼見每年分配土地帶來行政與農活的困擾，古蛟鄉在 1936 至 1941 年之間僅根據「抽多補少」調整一次土地。所謂「抽多補少」是根據這五年之間的出生死亡人口調配土地，將家戶人口減少應收回的土地，撥給新增人口的家戶耕種。由於分田牽涉層面廣，1941 年起即停止田地的經常調整，除非同一家戶的全部或大部分成員死亡，否則田地不再變動。耕作權固定之後，農民不再以竭澤而漁的方式利用土地，也如往常般的維護地力。鄉政府進而鼓勵開墾荒地，三年免納租稅，三年後的賦稅僅為產量之 5% 至 8%，使得農民有意願開闢山坡荒地，農業生產力大幅提高。多出的稅收充作地方自治、教育、自衛與其他建設事業經費，地

方收入增加後，農民攤派負擔也同時減輕，生活更有保障[51]。

土地分配以村為單位，而村與村之間的耕地面積原本就有差異，當然無法達到人均土地分配的絕對公平。就同一個村子來說，田地分配同樣不能達到公平，主要原因是技術問題。所謂分田不是土地面積的平均分配，而是確定每人每年得到大致等同的收成，收穫量的多寡則必須仰賴農民經驗。分田的步驟首先要確定農地面積，其次要以甲、乙、丙、丁、戊五個等次分出農地的優劣。農民的平均土地係以第三等為標準，若分配到優等，產量較高的田地，在面積上自然減少，分配到較劣等的土地，面積則相應增加。

總而言之，農地的分配係以產量為主，並非耕種面積的一致。農地無法平均的另一個因素是政策性，首先是為了讓以往大地主的生活過得去，留給他們的多是良田，數量也多一些。過去與紅軍衝突過程中陣亡或受傷的農民本人或家屬也盡量分配優等的土地。最後則是在土地分配之後，因為生死婚嫁等人口變動，造成田地分配相對不均。

1941年最後一次大規模分配土地後，除非是土地持有人死亡，年老或殘疾入住古蛟鄉辦的社會福利機構，或是拋荒土地者外，原則上永耕不變動。在正常狀況下，允許土地使用權人出租或出典，但無權賣斷，因為土地的終極權力還是歸古蛟鄉所有。耕地以外的森林、池塘，用以植樹、種茶、竹的坡地，及秋收後用來放養鴨子的秋田水面租金均歸於鄉村公有。

古蛟鄉建會將土地劃為鄉公有之後，又賦予農民對於土地的

---

51 章振乾，《閩西農村調查日記，1945年4月-7月》，頁84-86。

出租或出典處分權相當重要，更是造成表面上土地私有化的關
鍵。所謂「典」是中國民間傳統習慣，也是法治史特殊的不動
產擔保物權，主要形態是業主（出典人）將田宅交給銀主（典
權人），在一定年限內支配使用，而業主可以無息享用典價銀，
待期滿後，出典人將借款還清，田宅仍歸業主所有[52]。

出典事實上類似長期出租，與出租最大的不同在於，出租者
依租約規定，每年支付田租，但出典則是數年甚至數十年的長期
承租，典價金一次支付。出典與絕賣在性質上雖有極大的差異，
但依地方慣例，典期不可能太短，十年以上更是常見，尤其是
出典期間的典權人，亦即土地實際使用者，擁有完全的土地使用
權，甚至可以再行出租土地。出租或出典使得古蛟農民對土地有
絕對的使用權，個別的土地集中現象，成為中共建國後，階級劃
分的主要依據。

古田土改補課過程中被劃為地主、富農的家庭，都是因為典
租高於家庭原有勞動力能耕種，必須另行雇工耕種的土地，而被
劃為地主、富農或債利生活者。各類土改及土改補課檔案中，
並未區分典和絕賣，一律稱為購買田皮剝削群眾。在說明地主買
田皮，貧雇農賣田皮的說明中，舉了「貧農張家森出賣田皮十二
擔穀給地主張週菊，為期二年」的例子[53]，足以說明這類田皮產權

---

52 張富美，〈清代典買田宅律令之演變與台灣不動產交易的找價問題〉，
  刊於陳秋坤、許雪姬編，《台灣歷史上的土地問題》（台北：中央研究
  院台灣史研究所籌備處，1992），頁 20。

53 上杭縣古田區，〈上杭縣古田區幹部擴大會議中關於檢舉揭發控訴傅柏
  翠叛徒和地主封建勢力罪惡行為的初步整理〉（1955 年 11 月 30 日），
  上杭縣檔案館。

的異動是屬出典而非絕賣，但地方幹部卻一律將其視為剝削。而一般出典的土地似乎不多，如賴振祥購買田皮 7 筆，合計收入 32 擔，平均每筆為 4 至 5 擔穀，還不到一人份的土地，由於這 7 筆土地占家庭所有土地的三分之二，又雇工耕作，因此被劃為債利生活者[54]。個人的土地可以出租或出典，每個村子自死亡、殘疾人口收回之土地，依法沒收的公有土地也可以由村土地管理機構出租或出典，這也成為宗族領袖可以操控的經濟來源，控制宗族成員的工具。

土地革命到古蛟鄉建會時期，雖然表面上奪走了宗族財產，卻沒有完全打破宗族勢力，類似情況也發生在社會改造方面。古蛟區社會改造的基本軸線圍繞在地方領導者傅柏翠的反傳統思想，1930 年代初期，打破迷信、改良社會習俗，確實雷厲風行了一陣子，但持續時間、影響層面卻與日遞減。傅柏翠身為當時整個閩西鳳毛麟角的人物，也如同民初激進、尋求科學與進步的知識分子，心心念念要打破對自身而言代表落後的傳統。從傅氏的種種作為看來，他雖然激進但不贊同暴力，雖然留學東洋接受新式法律教育，但仍緊縛於傳統的人情、義理。經歷 20 年代末、30 年代初的革命激情後，以然無異於傳統鄉紳，積極參與古蛟詩社，與地方文人詩酬應答，平日以釣翁自居，盡情享受山水泉源之樂[55]。

由於強烈理想主義驅使，讓他始終相信農民的良心可為農村

---

54 上杭縣第十三區古田鄉人民政府，〈賴振祥債利生活者材料〉（1955 年 10 月 3 日），上杭縣檔案館：98-1-27。

55 古蛟詩社成員包括古田蛟洋及鄰近鄉鎮文人，規模不小。目前有手抄本的《古蛟詩選》傳世，其中有傅柏翠自撰，以及友人酬答詩數首收錄其中。

帶來共存共榮，無須以暴力手段打擊地主，即可達成土地革命目標。矛盾的是，作為他心目中代表「進步」思想的共產主義信徒，他又必須堅定信仰唯物主義，當現實生活上的唯心與唯物之爭難以排解時，他也不得不偏向唯物主義的一方，甚至因此導致殺戮。如上杭苦竹地方的袁永珍，即強烈指控傅柏翠因其父親袁榮深只因「堅持唯心思想」，而被傅柏翠殺害。

袁永珍在黨員自傳指控傅柏翠的案件發生在 1929 年。當時有位同鄉名為袁盛興者加入傅柏翠的部隊，依蘇維埃政府規定，家中有男子入伍期間，村莊必須派遣三位農民助耕，而袁榮深即是派往袁盛興家耕種的農民之一。在助耕期間，袁榮深某日返家感到身體不適，懷疑是袁盛興之父「袁啟居的金蠱（叫家鬼）毒病的」，且四處張揚。金蠱或家鬼並非無藥可治，古蛟幾乎每個村子都能買到祖傳秘方的「家鬼藥」。但閩西民間更相信，欲解金蠱毒害，必須私下至施金蠱之毒者家中，刮下門板、碗櫥之類的碎屑，或是取其餐具，甚至中毒症狀較重者，還需刮下覆蓋茅坑木板之類穢物的碎屑熬湯飲用方可解毒。袁永珍的母親張玉蘭根據習俗，私下到了袁盛興家中拿了筷子和火爐子泥煎湯，袁榮深服用後，病情立即好轉痊癒。袁榮深一家因此更堅信袁啟居確有飼養金蠱。

事後袁榮深告訴赤衛隊員遭到家鬼毒害染病的情節，四名赤衛隊員赴袁啟居家中，綁了袁啟居的配偶，亦即袁盛興的母親白月娥，且在袁啟居宅內大肆搜索，起出香爐一隻、菩薩像一尊，被赤衛隊員充作袁啟居、白月娥飼養家鬼的證據。被指控飼養家鬼的袁啟居、袁盛興父子大為震怒，至傅柏翠處狀告袁榮深。傅柏翠堅決不相信金蠱之類的傳言，因此指派袁榮深以及四名赤衛隊員的不是，但袁榮深等人卻「堅持以唯心主義的思想，頑

強的說袁啟居有金蠶」。或許是袁榮深等人的強硬態度惹惱傅柏翠，傅柏翠即以袁榮深企圖以金蠶邪說，蠱惑群眾，欺壓良民，下令槍斃袁榮深等人[56]。

自從 1931 年傅柏翠公然叛黨後，中共地方組織對傅柏翠無情的批判和污衊幾乎可以用車載斗量形容。有些完全是無的放矢，有些形容雖稍嫌誇大，但整體內容卻也是有所本，而上述金蠶案應該不是空穴來風。因為從同一卷宗的黨員自傳看來，此類自傳的重點是強調身家清白、思想正確，最後則要加上曾經犯過的錯誤，進行自我批判。袁永珍在交代背景的時候，用了相當大的篇幅說明金蠶案，主要目的並非批判傅柏翠，而是要說明父親早逝，家中經濟困難，證明自己的貧農身分。閱讀這類自傳的幹部大多為本鄉本土出身，似乎也不容許太過偏離事實的內容。更何況袁永珍在批判傅柏翠的同時，也反而說明了自己的父親犯了相信金蠶「唯心主義」的錯誤。

這宗應該有所本的金蠶案或許是最後一樁涉及人命的同類大案，差別在於，明清地方官員毫無例外的將被控飼養金蠶者處以極刑，而傅柏翠槍斃的卻是堅信金蠶確有其事的民眾。事實上，相信金蠶者絕對不只袁榮深等人，一直到今日仍有許多古田、蛟洋民眾對金蠶或家鬼抱持寧可信其有的態度，甚至強調堅決反對「唯心主義」，口口聲聲不相信金蠶的黨員幹部，仍然視接觸疑似飼養金蠶者為畏途。更諷刺的是，傅柏翠的下郭車老宅斜對面，迄今仍住著被懷疑飼養「家鬼」的人家，曾經叱吒風雲的

---

56 袁永珍，〈我的情況自述〉（1955 年 7 月 14 日），中共古蛟區委幹部自傳，上杭縣檔案館：98-1-6。

「閩西王」舊居，除村中耆老，不見得人人能識，但平日門戶緊閉，貌不驚人的「家鬼」木屋，甚至婦孺皆知。

從袁永珍自傳看來，袁啟居家中的香爐與神像勢必是存放於隱密之處，否則不需要經過粗暴的搜索行動再「起出」或「發現」，而赤衛隊員將香爐、神像當作飼養金蠶的證據，似乎也說明了香爐、神像等家庭常見的民間信仰用品已經成為被查禁的迷信物品。強烈破除迷信運動已經深入到家庭，以致於民間信仰活動必須暗地進行。一般家庭尚且如此，當然更遑論古田山街跨宗族，大規模的報恩寺建醮活動。

紅軍進入古田以後，報恩寺以及所有廟宇的神像、香爐都被搗毀，山街所有宗祠的祖先牌位都被棄置，但在 40 年以後的古蛟鄉建會時代，這些民間信仰又逐漸復甦。古田山街跨宗族，大規模的報恩寺建醮活動雖然再也沒有舉辦，但二佛、三大祖師像卻被重新供奉，只不過改立在三汲橋的橋樓內。地方豪族，如廖道南為其母舉辦排場奢華的喪禮，大規模建墓也非古蛟鄉政府所能干預。古田山街集中在每年農曆八月的敬祖祭墓活動，更非個人力量所能阻擋。

傅柏翠不會天真的以為，信仰與觀念能夠依賴強制力量一夕之間改變。因此，土地革命到古蛟鄉建會時代，除了以強制手段，訂定各項罰則，禁止各類陋俗，也同時透過教育改造社會。教育改革的第一步是禁止「子曰店」，也就是教授中國傳統啟蒙教材，經典典籍的傳統私塾。這些私塾原本遍布每一個村莊，由各姓房族的力量支持。如果以強制力量禁絕，古蛟鄉政府也無力為其創辦新式小學，將導致大部分兒童失去受教育機會。鄉政府最後採取折衷的辦法，允許這些私塾繼續存在，但規定使用新教材，禁止傳授中國傳統的啟蒙課本。古田規模最大，建

於道光年間的成翹書院改為中心小學，有一百多名學生、六名教員，分成六個班級，並附有成人識字班。廖氏宗族在萬原祠辦的和聲小學規模不及中心小學的一半，曾在紅軍進入古田後，短暫改名為曙光小學，在 1930 年代初又恢復原名。

古蛟地區為了鼓勵進學，只要是古蛟籍學生入大學，每年發給折合白米 100 斗的獎學金，高中生也有數十斗。屆齡男子只要是入學者即可免服兵差，即使不是古蛟人，甚至超過入學年齡，只要是入古蛟地區的學校也可享受同等待遇。例如，文都鄉的丘官華在1941年將屆十八歲的兵役年齡，丘父為了避免官華兵役，將其送入蛟洋小學，從四年級開始讀起。1944 畢業，眼見國民黨部隊四處抓丁抓役，又繼續就讀蛟洋初中[57]。這所學校又稱為古蛟中學，是全鄉最高學府，設有初級農業班，培養農村幹部，另有各級小學十餘所。

有些社會改革禁令，例如結婚喪葬禁止宴客，不許大規模造墓，提倡婚姻自由，禁止納妾、買賣婚姻、童養媳婚俗雖然立意良善，但完全不符合社會實際狀況，因此形同具文。如報恩寺之類的建醮活動，即使不是行政干預也因為在時局動盪，或是山街宗族之間的爭鬥而難以進行。但是宗族或家庭的祭祀卻是行政手段無法絕禁的活動，即使是在文革十年之間，古田邊上的磨坑仍持續製造香燭，以供附近民眾祭墓之用。在傅柏翠傳記，以及古蛟民眾津津樂道，執行最徹底的禁令是禁賭和禁止燒山伐木。尤其後者現在被解讀為傅柏翠維護生態的進步思想，但就如同廖

---

57 丘官華，〈丘官華自傳〉（1956 年 1 月），中共古蛟區委幹部自傳，上杭縣檔案館：98-1-50。

氏族譜所說的山場、森林對宗族來說原本就不是可以實際運用的資源，重點在於風水上的意義。

　　這些改革事項，如婚姻、禁賭、婚喪習俗雖然到中共建國十餘年後仍然持續進行，但卻成為土地改革以外，古蛟地區民眾心目中社會相當進步的記憶。然而，進步的記憶不等於社會改革的具體成效。尤其到了 40 年代以後，社會改革發展的動力似乎已至強弩之末，反而不及國共夾擊，孤立無援壓力下的向心力。在土地方面，過去的土地鄉公有逐漸成為實質上的農民私有，國民黨勢力也企圖深入，例如強制將農民識字的機構改組成中山民校，解除古蛟區的武裝部隊，原本用來維護治安，足以控制二、三縣的六、七百桿槍枝也被國民黨地方政權接收。古蛟的「子曰店」和童養媳逐漸恢復，各種迷信風俗、大規模造墓、賭博都逐漸死灰復燃。外在大環境的壓力，以及內部「積習」難以撼動，使得傅柏翠對改革理想與實際的落差感到心灰意冷，並對閩西農村經濟調查團成員大嘆社會進步有限[58]。

---

58 章振乾，《閩西農村調查日記，1945 年 4 月-7 月》，頁 103。

第四章

「新中國」與「新歷史」

　　1949 年 5 月 25 日，福建省第七區前後任行政督察專員李漢沖、練惕生，上杭、武平、龍巖、永定縣長等國民黨地方官員，再加上古蛟鄉建會幹部，共計 29 位閩西地方頭面人物齊聚古田下郭車，在靠近黃氏宗祠追孝堂不遠的傅柏翠宅內，以「人民解放軍閩西義勇軍行動委員會」為名，共同簽署「起義」文件，正式宣告支持中共政權[1]。這天就是古蛟群眾記憶中「第二次解放」的日子，距「第一次解放」幾乎整整二十年，而古蛟地區也至此終結夾縫求生狀態。

　　二十年來，國民黨上杭縣黨部政府始終不承認古蛟鄉的合法性，但因無力控制，只得莫可奈何。此地經過紅軍短暫占領，卻能在沒有業佃衝突的狀況下，維持人均分配土地，也是少見的特殊經歷。古田所以能和蛟洋連成一氣，主要是山街賴姓與張姓結合傅柏翠勢力與廖姓宗族抗衡。在日本接受新式教育，企圖徹底改革社會的傅柏翠非但沒有消滅宗族勢力，反而利用宗族彼此矛盾，以及宗族作為控產單位的功能施行土地改革。以往宗族控制絕大多數土地雖然名為鄉有，但宗族領袖仍掌握實際的土地分配權，山場、林地使用權更是下放到以村為單位的款產管理委員。因此，傅柏翠時期的古蛟地區看似經歷銳意革新，實際上並未改變中共革命時期就亟欲打破和推翻的傳統宗族結構。

　　中共建國初期除了必須壓制政治上的「反動勢力」，也逐步打擊地方社會以往賴以凝聚，以及維持穩定的宗族，同時在取締「反動會道門」的政策下，強力摧毀民間信仰組織，以壁壘森嚴的階級，分化社會原有結構，打破血緣及地緣關係，再以黨支

1　人民解放軍閩西義勇軍行動委員會，〈全銜通知〉（義政山字第二十號）（1949 年 5 月 25 日），上杭縣檔案館：3-1-1。

部取代傳統的村落行政與決策組織。中共建國後全面劃分階級是從 1951 年的土改開始，人民頭上的階級成分帽子從此一扣就是三十年。閩西大致以自耕農為主，古蛟地區 30 年代以來又維持人均分配土地，耕地重新分配的空間有限，加上傅柏翠等閩西領導人 1949 年宣佈「起義」，全國展開土地改革時，古蛟被歸類為「蘇維埃土地保留區」，只是進行小規模調整，並未如同其他地區發動大規模的土改運動和劃分階級。

古蛟地區沒有階級的「錯誤」很快就被糾正，彌補的具體政策是從 1954-1956 年進行全面劃分階級的土改補課或民主補課運動，因為毛澤東「擴大打擊層面」的指示，古蛟地區在土改補課期間不僅劃出可觀的地主、富農、債利生活者等剝削階級，也重新「發現」大批反革命分子，使得古蛟從光榮的蘇維埃區淪為「劃分階級不徹底」的落後鄉。由於古蛟以往的土地、財富相對平均，階級劃分著重生活條件的差異，各級幹部在鬥爭大會上迫使群眾回憶二十多年前農村生活點滴，尤其是地主、富農與貧雇農之間的反差，同時在共產革命、推動階級政策的立場，重新詮釋地方過去。

無論以往傅柏翠領導下的古蛟地區是否符合新村理想，至少土地終極所有權已經歸為鄉建會，而宗族雖然保留山林及部分土地分配權，至少每戶都分配到足以維生的農地。古蛟鄉推動的各項社會福利，開辦學校推展新式教育、婚姻改革，嚴禁煙賭、迷信，也一度為地方帶來新氣象。這些都是古蛟民眾引以為榮，也試圖對土改小組幹部說明的社會進步情況。但中共中央眼中全國應劃階級，古蛟卻未劃階級的關鍵錯誤，卻足以抹煞所有進步的過去。土改補課期間，這些記憶被迫遺忘，地方歷史也被國家代理人透過階級透鏡賦予不同的詮釋。

一、國家代理人與階級透鏡

中共建國之後相當短暫的時間內，上杭地方政府也曾利用宗族之間的矛盾鞏固政權，但最終完全消滅了宗族勢力，除了自然村的支部書記，古田全區的主要幹部，領導核心完全沒有宗族領袖插足的空間。透過這個過程，國家權力得以迅速、直接支配地方，無論是哪一個層級的地方幹部自然是執行國家意志而非宗族意志，在人民眼中他們代表的就是國家。

這種由中央直接穿透到村落的黨政組織是國民政府以前的行政官僚體系難以達成，或未曾企圖達成的目標。尤其是隨著土地改革，國家權力深入到自然村，以往農民與國家之間依賴仕紳為中介的社會結構，轉變為最底層的鄉民社區必須直接面對國家[2]。黨政系統下達的政策與運動也同時與區、鄉、鎮的各項組織、宣傳、生產工作緊密結合。地方權力從承平時期的仕紳、商人，到戰爭時期的惡霸，再到共產黨幹部手中，鄉村社會、經濟、親屬、政治關係的空間縮小，以致於50年代以後鄉村社區完全細胞化（cellularized），鄉民社會急遽成為一個個細胞單元，這些單元限定鄉民的社會、經濟實體，也使得他們更容易受到國家干預而受到傷害[3]。

值得注意的是，國家代理人與國家幹部範疇不完全一致。國

2　黃宗智，《長江三角洲小農家庭與鄉村發展》（北京：中華書局，1992），頁171-177。

3　Hellen F. Siu, *Agents and Victims in South China: Accomplices in Rural Revolution*, pp. 3-6.

家幹部是領取政府工資的官員，在集體化時期是公社層級以上的幹部，亦即改革開放後的鄉鎮級幹部。相當於村級的大隊，以及再往下細分的生產隊幹部則是領取集體工分，而非政府工資，不是正式行政體系內的幹部，但大隊黨支部領導卻是傳遞黨國意識型態最基層的中介者，對底層農民來說，支部書記同樣是黨國體系下正式的國家代理人。此外，因土改等政治運動需要，臨時成立的辦公室或工作組、工作隊，雖然並非地方行政或黨組織體系的固定成員，但他們依據國家政策，下鄉推動工作，將黨國意識型態帶入基層，也可以納入國家代理人的範疇。

區、鄉、公社層級的國家幹部為了因應上級單位要求，必須持續掌握民情、推動工作、驗收成果，對地方社會進行鉅細靡遺的描述，他們上呈到縣的文書報告在檔案館都形成獨立卷宗。古田從 1951 年的土改調查工作之後，又歷經 1954、1955 年處理土改遺留問題，以及 1956 年的土改補課等連續的政治運動，這些政策的執行者除了地方正式黨政人員，還包括負責調查的單位——改造落後鄉辦公室，以及冠以各類政治運動名稱的工作組、工作隊等外來幹部。這些幹部書寫的調查報告與其他公文類檔案相當不同。最明顯的是，除了統計數據、報表，以及用平鋪直敘的語句說明地方情況外，經常出現「直接」引述群眾話語，用大量形容詞描述事件或「歷史」，以及群眾「內心」感受。

利用引號，強調忠實轉述群眾話語，似乎是中共地方幹部上呈給省縣領導，甚至省、市、大行政區上報中央相當常見的書寫方式。暫且不論這些話語是否為民眾在調查當下的真實表達，僅僅就幹部在報告中以相當口語，甚至極力在書面呈現方言特色，轉述「民眾心聲」，似乎已經營造出身歷其境的臨場感，凸顯群

眾「直接的表達」，也使得報告呈現相當真實的效力。尤其是以「總結報告」、「調查報告」為題的檔案，相當重視社會、階級的描述，以及人與人、人與地的關係，強調個人和社會過去，報告內容也成為區分「敵我」與「階級」的基礎。

這些報告除了要說明調查當下的工作進度，更有相當篇幅回顧地方過去，藉此呈現社會今昔對比，因此我們可以在報告中看到二種地方「歷史」，或是地方的過去。一種是報告書寫的當下，但在今天已經成為過去的歷史。例如，報告記錄著調查當時的社會統計資料，以及政策推動情形，對今日的讀者來說，這些已經成為地方的過去。另一種歷史則是撰寫者在報告當下書寫的過去，回顧1949年以前的地方社會結構以及政治勢力的變遷。

從古田的土改相關檔案可以發現，因為調查時間點的不同，這二種「歷史」有可能出現截然不同的詮釋，但在敘述模式上卻又顯現出極為類似的風格。任何人都可以從不同立場，或是透過訪談，進而質疑報告的真實性。但在判別真偽之外，更重要的問題應該是探討這類檔案文本呈現出來的意義，也就是在執行政策的脈絡下，這類檔案呈現出本地或外來幹部如何描述地方，如何以心目中的國家視野書寫地方社會，再以這些敘述作為區劃人群、階級的依據。因此，有必要先了解這類文件形成的歷史脈絡、生產方式，以及撰寫者如何在報告中表達出他們所認為「真實」的地方過去，藉此討論「新中國」形構過程中，各類能動者如何書寫地方的「新歷史」。

黃宗智曾經探討土改和文革時期的階級鬥爭中，因為表達性建構（representational construct）與客觀實體（objective reality）

脫離，而強烈影響共產黨的選擇和行動[4]。土改過程的表達性建構與客觀事實脫離，主要反映在共產黨強調傳統中國土地制度的宏觀結構分析對微觀社會的有效性，將中國歷史上土地分配不均的普遍問題，套用在中國所有村落。因此，全國都要劃出階級敵人，同時要組織與發動群眾展開階級鬥爭。這種馬列主義，階級、唯物層面意義的鬥爭，被轉化為村莊中善與惡的戲劇化鬥爭，而具有象徵－道德的意義。對許多不存在地主的村落裡，這種階級的話語也控制了象徵領域，一直到文革時達到高潮。

在各個生活層面充斥階級話語的文革時期，以及土改過程中原本就不存在地主、富農的村落，表達性建構與客觀實體的分離是毫無疑問的事實。例如，為了上級任務要求，即使是再貧困的村落都必須劃出一定比例的地主、富農；即使是職工早已數度篩選汰換，城市每個單位還是被要求劃出一定比例的右派。甚至完全無法找到符合政策規定的地主、富農或右派分子的事實，也必須建構出符合事實的證據。這種強制性，依比例原則而非客觀事實劃分階級的方式，在土改、鎮壓反革命、反右、文革過程確實是全中國相當普遍的現象。

然而，黃宗智似乎認為，表達的主體（agency）是在有意識的情況下進行表達，是國家代理人在表達過程中，刻意曲解、捏造而脫離客觀事實。表達主體刻意曲解的建構式表達觀點似乎高估了幹部，也低估了群眾，從古田的土改調查相關檔案可以發現，階級劃分雖然不一定符合客觀事實，但國家代理人在劃分階

4　Philip C.C. Huang, "Rural Class Struggle in the Chinese Revolution: Representational and Objective Realities from the Land Reform and Culture Revolution," *Modern China* 12.1 (1995): 111.

級的時候，不見得是有意識的脫離事實，而是戴著階級意識的透鏡找尋階級「敵人」，他們也相信階級存在本身就是「客觀」的事實。

50年代古田的土改與土改補課相關報告反映出，對群眾「說理」是幹部執行鬥爭大會相當重要，也是相當關鍵的環節，無論從何處找「理」，或是「說理」的不同方式與邏輯，至少都顯示出幹部不能在沒有群眾基礎下，僅憑藉個人意志劃分階級，他們也沒有為所欲為的權力。這些幹部一方面必須配合政策挖掘階級敵人，另一方面也必須依據黨的意志，從貧下中農的生活回憶中擷取符合時勢，能夠說服群眾、「客觀」的階級鬥爭話語。對基層社會的國家代理人來說，描述階級成分的話語主要來自群眾「回憶、對比、訴苦」，藉此尋找符合區劃階級所需的「選擇性」表達，而不是建構式表達。

無論建構式表達或選擇性表達，國家代理人話語及經過擷取的群眾意見與回憶，都具體化為文字，呈現在各類報告，縣級政府根據形成檔案的單位不同而分類、儲存，成為官方正式的全宗文件。這些透過官方生產及儲存的檔案是歷史學者進行歷史編纂、書寫歷史相當基本且關鍵的素材，尤其是研究中華人民共和國的近代史學者，更難脫離原始檔案，或透過原始檔案編輯、纂寫的各類資料彙編與研究著作。部分人類學者的中國民族誌，也經常從這類二手史料，以千篇一律的方式描繪1980年代以前的共產中國，但大多僅僅是「交代歷史」，而忽略或未曾試圖呈現在強大黨國體制統治下，各地還是存在雖然細微，卻值得進一步深思與分析的差異。

無論如何，多數人文社會學者都以「利用為綱」的態度面對檔案，對檔案的文本分析取向似乎沒有太大興趣。黨史或中國近

代史研究學者採取「利用為綱」的態度似乎無可厚非。因為這些研究探討的對象集中在大區域、大事件、大人物的歷史，著重於政治、軍事、經濟問題。運用的檔案多半是由中央直接發布，或是縣級以上地方政府根據中央政策，擬定實施辦法或直接傳遞到下層地方政府的文件。這些文件反映黨國的絕對權力，歷史學者需要靈敏的「嗅覺」，從中探討上層政治的絞揉，或是人物、事件的因果關係以及關連性。

然而，縣級以上的地方政府檔案完全無法反映國家權力穿透基層社會後，鄉鎮或村落如何具體落實政策，個人、地方社會的權力消長，以及地方社會對國家權力的因應。對人類學或從事地方史、社會史研究的歷史學者而言，必須在大歷史勾勒的架構下，將焦點放在個人、村落、鄉鎮等基層社會上報到縣級單位的檔案。相較於中央、省，以及地（市）級檔案，許多基層單位形成的文件似乎是不像檔案的檔案，但卻反映出國家權力的直接滲透，以及共產中國成立之初如何透過組織和宣傳鞏固地方政權，進而形構「新中國」，有效率的推動政策及各種運動，並將革命的神聖性傳遞到基層。國家權力直接滲透地方主要透過基層黨政機構的國家代理人，而基層國家代理人也成為檔案的主要蒐集者與生產者。

相較於歷史學界，人類學利用檔案進行研究並不常見，直到1950 年才開始注意檔案資料，不過人類學者還關注到歷史學者較為忽略，檔案文字記錄以外的知識生產權力關係，包括上下垂直的統治權力，不同知識生產者彼此的權力關係，以及檔案資料形成的背景。更重要的是，人類學界檔案研究的先驅倡導以面對人

類學田野筆記（field notes）的態度閱讀檔案和歷史材料[5]。

1980 年以來，這種方法及面對檔案的態度廣泛運用在印度與中南美洲等被殖民地的研究[6]，人類學和歷史學者在這股潮流中，都強烈反映出檔案文件是一種知識生產領域，充滿互為文本（intertextuality）、多義（polysemia）和矛盾的陳述。檔案文件的生產都經過文本化（entextualization），也就是一種建構文本新形式權威，達成實踐的轉換（transformation）過程[7]。

歷史學者 Nicholas Dirk 的印度殖民史研究經驗，及其對檔案民族誌與民族誌檔案的探討，讓我們對殖民檔案的形成，以及檔案對統治政權的意義提供一些新視野[8]。Dirk 雖然是歷史學出身，但面對檔案的態度受到他的老師，同樣從事南亞殖民研究的人類學者 Bernard Cohn 很大的影響，他們都將歷史學者與檔案館的關係類比為人類學者與田野地的關係。Dirk 認為，檔案不是

5　Bernard S. Cohn, *An Anthropologist Among the Historians and Other Essays*, p. 2.

6　重要研究包括，Natalie Z. Davis, "The Possibilities of the Past," *Journal of Interdisciplinary History* 7.2 (1988): 267-275; Natalie Z. Davis, *The Hollow Crown: Ethnohistory of an Indian Kingdom*; Thomas Abercrombia, *Pathways of Memory and Power: Ethnography and History among An Andean People*.

7　Brian Keith Axel, "Introduction: Historical Anthropology and Its Vicissitudes," in Brian Keith Axel ed., *From the Margins: Historical Anthropology and Its Futurs*, pp. 9-17.

8　Nicholas Dirks, " Annals of the Archive: Ethnographic Notes on the Sources of History," in Brian Keith Axel ed., *From the Margins: Historical Anthropology and Its Futurs*, pp. 47-65.

如歷史學者在史學研究上所預設無意識蒐集的資料，而是國家歷史利益下的產物，反映出國家強制對思想和範疇的分類。

此外，Dirk 也指出，檔案形成過程中，由於生產者或蒐集者的差異，對檔案文本的影響，同樣是值得思考的問題。例如，印度 Mackenzie 檔案呈現出早期殖民征服過程，協助蒐集資料的土著助理都有其個人或地方的利益[9]，但類似 Mackenzie 之類的殖民化檔案，卻在無需媒介的情況下進入前殖民晚期的歷史心性和文類。雖然如此，Brian Axel 和 Dirk 等人並不認為檔案資料本身是虛構（fiction）的產物，而是一種指涉殖民實踐產生「真實」異類形式效果的符號，檔案資料並非儲存過去事實，而是透過複雜過程建構的論述，達成類似書寫事實的目標，存在於過去的一種外在對話[10]。

以經濟剝削為目的，著重稅收及土地管理的殖民政府檔案有其特殊性，人類學者透過南亞、中南美洲的殖民檔案研究，當然不能隨意套用在不同地區或政治實體，中共政權的國家代理人更不能類比為殖民官員。但是就維持黨國利益和歷史正當性的角度來說，歷史與人類學者的殖民檔案研究與分析提供我們面對檔案的新視野，同時也提醒我們，必須思考檔案形成過程，以及這個過程中隱含的權力關係。無論是統治者對被統治者的政治權力，

9　如同 19 世紀初期的許多蘇格蘭人一樣，Colin Mackenzie 也遠赴印度殖民地謀生，他先是進入部隊服務，之後又被任命為調查員。在印度殖民地任職期間，Mackenzie 雇用且訓練許多當地助理，協助蒐集當地的資料和實物，以及測繪地圖。

10　Brian Keith Axel ed, *From the Margins: Historical Anthropology and Its Futures.*

或是不同階層的團體及個人之間的競爭，尤其是 50 至 70 年代土改、反右、文革等特殊歷史脈絡下形成的檔案。

　　目前以政治方式解決「歷史問題」的國家似乎不多；除了行政需要而產生的檔案文件外，在政治運動脈絡下，經過建構文本新形式權威的「文本化」過程所產生的檔案文件也有限。從古田土改到土改補課過程可以發現，檔案生產者背景相當複雜多樣，有來自全國各地，擔任土改工作隊成員的外來幹部、其他鄉鎮幹部，也有古蛟鄉本地幹部。本地幹部又有原古蛟鄉建會成員「起義」後擔任中共幹部，到被貧下中農幹部取代的過程。表面上這些不同背景的國家代理人都應該代表黨和國家意志，維護黨國利益，但在 1952 年以前，地方和宗族、鄉黨利益還是會左右國家代理人詮釋地方過去的方向。他們根據國家政策大原則所詮釋的地方過去，成為古蛟 50 至 80 年間敘述社會結構的標準化藍本，對生活狀況的描述也成為判斷階級的依據。

二、從土改調查到土改補課

　　簡稱為土改的土地改革並不是中共建國後才推動的新政策，紅軍自「解放戰爭」時期，即在占領的「解放區」內進行劃分階級，沒收地主田產和分配土地，也根據不同地區的土地關係特質進行策略性調整[11]，但全國性的劃分階級，重新分配土地是在 1950 年 6 月正式頒布〈中華人民共和國土地改革法〉之後才全

11　中共建國以前的土地改革相關資料都收錄於中央檔案館編，《解放戰爭時期土地改革文件選編（1945-1966）》（北京：中央黨校出版社，1981）。

面實施。〈土地改革法〉全文重點是土地與建築的分配與管理原則，但在具體實施上，土改法明令各省人民政府針對區域特殊情況，訂出因地制宜的「實施辦法」，呈報大行政區核准，並送政務院備案。

　　早在土改法正式頒行以前，由於福建省境國民黨勢力等「匪情」嚴重，省委書記張鼎丞及福建各級幹部在 1950 年代初期，即決定配合「剿匪」、「鎮反」，提前進行土改，同時以龍巖、永定、上杭三地為試點[12]。隨後福建省人民政府擬定三項處理原則。首先是中共革命時期到建國以前，經共軍統治，持續維持土地分配制度的「蘇維埃土地革命果實地區」應繼續保持；其次是經過蘇維埃時期的土地革命，但紅軍北上後「封建土地恢復地區」視為新區；第三個要點是基本承認「解放後在中華人民共和國土地改革法頒布之前農民自發分配土地」地區的產權分配。蘇維埃地區的農民土地所有權必須依共同綱領第 27 條加以保護，進行必要調整確立地權，同時保護農民在蘇維埃時期取得之財產，沒收反動分子土地，徵收族田、廟產、教會田等公地[13]。

　　1951 年土改調查階段，古蛟即依福建省土改實施辦法之規定，被認定為龍巖專區轄下，經歷紅軍領導土地革命，且延續土地分配制度直至共和國建立的「蘇維埃土地革命果實地區」，因此並未實施大規模的土地調整或重新分配。主要以原耕地為基

12　伍洪祥，《伍洪祥回憶錄》（北京：中央黨史出版社，2004），頁 414-419。

13　〈福建省人民政府關於龍巖專區經過土地革命地區有關土地改革若干實施辦法規定〉，福建省檔案館：101-5-571。本檔案為經過多次塗改的發文前手稿，年代不詳，應該是成文於 1950-1951 年間。

礎，採取「抽多補少，抽肥補瘦」方式，也就是重新丈量原本分配的土地，調查每戶實際人口，抽出多餘土地轉撥土地不足的農戶，以及調整畝產差距過大的地塊，但大部分土地維持不動，也沒有劃分階級[14]。土地調整的大原則相當類似古蛟鄉建會在1941年最後一次調整土地的方式，最大的差異則是依規定抽換了「反動分子」、「反動會道門」首領的土地。至於古田山場、公有地原計畫分配至個人手中，但農民除了竹林之類可以短期見到經濟效益的區塊外，對於林地並無興趣，因此仍舊歸村集體所有。

到了1954年，福建省開始對土改未劃分階級的「錯誤」，及土改遺留問題展開調查，再度清查蘇維埃時期農民土地擁有狀態。土改遺留問題包括「黑地」，也就是非農地開墾為農地後，卻沒有正式登錄在地方稅籍資料的土地，以及全省土地面積單位混亂，未能完全依畝為單位進行分配。但這些是土改階段全國普遍面臨的技術性問題，最關鍵的還是階級劃分問題[15]。

1955年，龍巖地委致省委信函提及：「我區龍巖、上杭兩縣基本保持土地地區，由於土改未劃階級是錯誤的。經張老、鄧老和省委指示，必須進行處理。龍巖處理土地問題將於七月底、八月初結束；上杭地區尚未開始進行，擬到五十六（1956）年三月進行處理」，地委在信末也要求省方撥款，以支應土改工作隊

---

14 上杭縣第七區土改工作隊，〈上杭縣第七區土改工作總結報告〉（1951年4月3日），上杭縣檔案館：87-1-9-1。

15 〈中共龍巖地委關於蘇維埃時期分配的土地基本上保留在農民手中地區的土地改革問題的報告〉（1954年3月19日）；〈福建省委關於頒發土地證的指示〉（1954年4月2日），福建省檔案館：101-1113-2.1。

經費[16]。可能是省委對地委預定實施土改補課的時間點並不滿意，因此在龍巖地委原訂計畫前半年的 1955 年 9 月，上杭縣就組織 10 名幹部，分別在古田、雲田展開工作，直到 11 月 5 日結束調查工作[17]。

中國當時也有少數、零散，類似古田土地改革不徹底，或是並未以暴力流血手段打擊地主的「和平土改」地區，這些未劃階級的區域在土改結束後幾乎都成為需要土改補課，重劃階級的「落後鄉」。「土改補課」又名「民主補課」，重點是加強群眾階級意識，繼續打擊土改過程被忽略，或打擊不夠的「敵人」，補充發動群眾[18]。因此土改補課可以視為土地改革的延續，需要實施補課的「落後鄉」較中國其他地區的土改工作時間拉長許多，牽連層面也更廣。古田經過 1951 年 1 月至 3 月全國性的土改調查後，隨即在 10 月就開始進行土改檢查，處理土改遺留問題，1955 年 5 月成立「上杭古蛟地區處理土改遺留問題臨時工作委員會」，開始進行改造落後鄉工作，針對保留土地革命果實地區進行民主革命補課[19]，整個過程直到 1966 年才大致塵埃落定。

1950 年全國土改工作開展之初，為了順利推動工作，中共組

---

16 〈中共龍巖地委致省委函〉（手寫書信，1955 年 7 月 16 日），福建省檔案館：101-5-785。函件中張老指張鼎臣，鄧老是指鄧子恢。

17 中共古田區委會，〈中共古田區委關於古田地區土改補課及生產合作〉（1956 年 2 月 9 日），上杭縣檔案館：98-1-21。

18 引自〈中共中央批復浙江省委關於執行「中共中央關於改造落後鄉工作的指示」的意見〉（1955 年 3 月 9 日）

19 上杭縣志編纂委員會，《上杭縣志》（福州：福建人民出版社，1993），頁 35。

織相當規模的土改工作隊，分配到各地農村。其中除了志願參加者，還包括接受短期訓練的大批知識青年。為了避免傳統鄉黨觀念或人情因素干擾工作，中共特別依賴從華東、華北招募，派往南方各省的幹部[20]。

早在福建「解放」前，福建省委書記張鼎丞即責成伍洪祥在上海招募知識青年，組織「南下服務團」，隨十軍團進占福建，解決幹部嚴重短缺的問題。50至51年，龍巖全區幹部共計3,260人，其中以「南下服務團」為主，被稱為「新幹部」成員即高達2,250人[21]。毛澤東相當滿意福建發動龐大群眾參加鎮反，以及支持省委派遣工作組下鄉巡視工作，認為這是值得重視，與其他地區仿效的經驗[22]。古田土改與同時進行的鎮反，自然也少不了這些具有積極作為，招募自上海知識青年為骨幹的工作組成員。

1951年上杭具體落實中央土改政策階段，第七區由上杭縣組織部長，原籍盧豐鄉的藍漢華領導「上杭縣第七區土改工作隊」負責土改調查工作。工作隊成員原有50人，包括縣級幹部5人，區幹部13人，村幹部12人，群眾幹部20人，因為「地區遼闊，村落星散」，又增加群眾幹部3人。工作隊領導對村幹和群幹素質有相當大的意見，也對基層幹部執行政策的能力產生疑問，認為這些幹部雖然有高度熱誠，囿於教育程度，對政策的理

---

20 陳永發，《中國共產革命七十年》，頁593-594。

21 其他包括以南下幹部及福建地下黨成員為主的560名「老幹部」，以及國民政府「留用人員」450人。伍洪祥，《伍洪祥回憶錄》，頁435。

22 毛澤東，〈毛主席對福建公安廳關於鎮壓反革命工作報告的批示〉（1951年4月7日），摘自川西黨委，〈毛主席對鎮壓反革命的批示和指示〉（1951年5月1日）。

解有限。報告中有所謂「幹部來自各方」，但並未指出幹部來源與職務，只有提及個別幹部工作表現時，透露出受表揚或遭批判者姓名。外來幹部似乎以縣級或區級幹部為主，村幹部和群眾幹部應當是以古蛟附近較為積極，且成分較好的群眾擔任。

第七區包括10個相當於鄉鎮的「行政村」及102個自然村，主要範圍涵蓋現在的古田、蛟洋、步雲，是全縣當時12個區當中最大的行政區，因此每位土改調查的基層村幹部和群眾幹部必須負責8到9個自然村。整體調查期間雖然長達三個月，但因人員不足和村落星散，幹部能夠停留在同一個村子的時間相當有限，也難以長期深入。以致於有些土改幹部在自己生長的村落進行調查，未能遵守相當重要的迴避原則，更有些未曾接受訓練，從未參與土改學習的幹部加入工作行列[23]。報告並未明確交代調查方式與過程，但是從內容大致可以了解，工作隊成員是二人一組，以自然村為單位，輪流進行調查，區和縣級幹部則是視狀況到村裡進行檢查。

土改工作之後陸續進行的解決土改遺留問題、土改補課也都是屬於類似模式，但調查者主要是臨時編制的處理落後鄉辦公室所轄工作組，以及土改後又重新劃定，範圍比第七區小得多的古田鄉政府或黨支部。上杭所轄區、鄉、鎮級基層單位自1949到1966年文革以前，經歷多次實質或名稱上的調整，變動頻繁而且複雜。在這個過程中，古田曾隸屬古蛟區、第七區，1952年11月全縣調整為十三個區，原屬第七區所轄的古田片成立第十三區

---

23 上杭縣第七區土改工作隊，〈上杭縣第七區土改工作總結報告〉（1951年4月3日），上杭縣檔案館：87-1-9-1。

（古田區）[24]，1960年成立古田公社[25]。因此在50至60年間，涵蓋古田的行政區域共計有古蛟區、第七區、古田區、古田鄉不同名稱，而1953年施行大鄉制度的時候，古田、步雲交界處獨立劃為雲田鎮，原屬古田的八甲和溪背二個廖氏自然村被短暫劃入該鎮範圍。由於行政區劃的變動，古田土改調查與土改補課實際執行者分屬不同行政單位，調查報告也散見在不同的全宗檔案。

　　1954年以後的古田土改遺留問題調查存有多份檔案，其中最詳細的是二份以「上杭縣第十三區古田鄉土改遺留問題情況調查報告」為題，編號也完全相同的檔案。其中一份檔案的原標題為「上杭縣第十三區古田鄉調查報告」，但在標題中的「古田鄉」三字之後，又插入「土改遺留問題」字樣。另一個版本則是加蓋「中共上杭縣委會」章戳，以「上杭縣第十三區古田鄉土改遺留問題情況調查報告」為題的檔案。經過比對不難發現，第一個版本是比第七區小得多的古田鄉政府上呈至縣裡的檔案，第二個版本是上杭縣委會以第一個版本為基礎，將雜亂的敘述歸納整理，根據階級政策，以較為準確精鍊的文字加以改寫，極有可能是縣級幹部依據古田鄉上呈的調查，修改為上報地委文件的原稿。

　　這二個版本雖然都標示1954年4月，實際上卻有先後關係，以及行政等級的差異。經過調查和實際執行土改遺留問題後，形成「上杭縣古田鄉土改保留地區處理土改遺留問題工作總結」，

---

24 上杭縣志編纂委員會，《上杭縣志》，頁33。

25 中共上杭縣委組織部等，《中國共產黨福建省上杭縣組織史資料（1926年12月-1987年12月）》，頁172-202。

報告成文日期是 1955 年 11 月 8 日。這是唯一描述調查過程的檔案。檔案顯示出，處理土改遺留問題工作從 1955 年 9 月 3 日至 11 月 5 日，工作組成員在這段時間除了每月逢四、九日的古田墟期向區委口頭報告外，沒有執行書面匯報制度，因此「在工作中不能及時爭取領導了解情況，進行指導工作，致在執行具體政策上出了一些偏差」。到底執行政策出了哪些偏差，報告中語焉不詳，但影響土改工作的關鍵至少有本地幹部與外來幹部彼此爭鬥，以及基層幹部素質低落導致政策認識有限等二大問題。

總結報告檢討鄉幹部和工作組「缺乏整體觀念，各自為政」，反映出本地幹部和外來幹部微妙的對立關係。上杭縣長張昭娣甚至攻擊外來幹部，「不懂得本地話，不了解地方情況，與群眾沒有感情，聽不到群眾真心話」，「污衊外來幹部『以勝利者姿態，享毛主席的福』」[26]。因此不難發現土改和土改補課過程中，本地幹部和外來幹部不僅「各自為政」，衝突也相當激烈。

外來幹部不懂古蛟話，事實上古蛟群眾也不見得完全理解外來幹部南腔北調的方言，以致於溝通困難且無法準確傳達政策[27]。第七區區委檢討春節文娛活動特別提出，在農村宣傳必須用方言，否則宣傳效果不大，例如在古田演出貫徹婚姻法的戲劇「苗青青」時，觀眾普遍反映聽不懂劇中普通話對白[28]。由於語言溝通

---

26 中共龍巖地委，〈關於張昭娣同志的錯誤事實和檢查交待情況的報告〉（1960 年 5 月 27 日），上杭縣檔案館：15-2-243。

27 上杭縣第七區土改工作隊，〈上杭縣第七區土改工作總結報告〉（1951 年 4 月 3 日），上杭縣檔案館：87-1-9-1。

28 上杭縣第十三區委，〈上杭縣第十三屆春節文娛活動基本總結〉（1954 年 2 月 21 日）。

問題，外來幹部不得不仰賴地方人士提供協助，更需藉助本地更基層的幹部了解地方情況。

從古蛟宣布「起義」到1951年的土改期間，地方幹部還是以過去的保甲長或古蛟鄉建會幹部為主力，原古蛟鄉建會執行部主任，兼古蛟鄉長廖廣淵在土改期間出任相當於鄉鎮層級，大行政村的古田村長，他以豐富的行政經驗協助執行土改工作，是報告中唯一受到表揚的地方幹部。廖廣淵等人在土改時期還是屬於起義人員，因此他們可以協助土改工作隊執行土改，而土改工作隊也是以這批古蛟鄉原幹部的描述認識古蛟，再根據這些描述進行土地重新分配。

以往廖氏與賴氏、張氏宗族之間的紛擾，在土改時期提升和轉換為國民黨與共產黨的鬥爭，賴氏及其他姓氏受到的影響較小，被概括為國民黨派的廖氏，除了廖廣淵以外，都受到相當大的衝擊。例如，1950年鎮壓反革命期間，原傅柏翠時期古蛟鄉建會工作人員多為中共新政權「留用人員」，並未遭受波及。直到1951年底，陸續進行縣級、區級「清理『中層』、『內層』工作」，以內部整風方式，對黨政機關人員進行政治、社會審查[29]。1952年之後，古田過去曾擔任保甲長，以及古蛟鄉建會幹部的工作經歷都註記為「偽職」，原先被安排進入共產黨人民政府服務，或是參加土改的幹部都遭到「清洗」、撤職。

古田實際領導人賴欽安在傅柏翠等人正式宣布「閩西起義」後，隨即發出電文響應，成立行動委員會雲田分會，自己擔任主

---

29 伍洪祥，《伍洪祥回憶錄》，頁435-437。

任[30]。土改時期賴氏被抽離古田，赴上杭縣政府擔任財政科長，這個職務在級別上雖等同鄉鎮長，但調職原因相當明顯，主要是使其無法掌握地方。接下來職務不斷調降，1952年在科員任內撤職，被依惡霸地主、反革命罪遭逮捕，1956年死於獄中。

地方原有行政人員汰換後，取而代之的基層國家代理人幾乎都是沒有行政經驗，粗通文墨，甚至無法以通順文字表達的貧農或中農。1952年底，行政區由大區分劃為小區，小區下屬的自然村又提升為鄉級地方政府，導致地方幹部員額需求大幅增加，明顯造成具備行政能力幹部員額嚴重不足的窘境。再加上這些基層的區、鄉政府必須直接面對縣級單位，更突顯出基層幹部的素質與能力低下問題。1955年經過改造落後鄉工作組調整地方組織工作後，古田鄉的13位人民委員會新任委員中，有11位是貧農，另外2位是中農，鄉長和3位副鄉長則全為貧農出身[31]。

根據貧富劃分的階級和教育程度有明顯關連，有能力接受教育者還是以地主、富農居多，而貧、雇農階級有能力接受教育者則相當有限。古田當時某位貧農因為階級成分好，在入黨的同時被任命為鄉長，諸如此類未接受教育或粗通文墨的地方幹部對行政工作似乎感到力不從心，上呈到區、縣的書面報告完全仰賴既有形式，有關地方的基本描述也僅能依據1951年的土改報告照本宣科。1952年以後的各項報告資料都經過多次抄錄修改才形

---

30 賴欽安，〈成立雲田支會電文〉（1949年6月2日），上杭縣檔案館：
  3-1-3。

31 中共古田鄉黨支部、改造落後鄉工作組，〈上杭縣古田鄉土改保留地區
  處理土改遺留問題工作總結報告〉（1955年11月8日），上杭縣檔案館：
  98-1-27。

成正式文件，也必然經過彙整、謄錄的過程。報告中經常出現
地名、人名上的別字或錯字，或許是負責彙整和謄錄的外來幹部
對地方情況沒有確切的掌握，也可能是調查者本身或受訪者的教
育程度有限。此外，這些現象也反映出古田鄉基層幹部素質的變
化，以及地方政治勢力消長。

　　土改補課階段，古田 1929 至 1949 年傅柏翠領導期間的「歷
史遺留問題」成為相當嚴重的政治問題。站在國家代理人的立
場，要重新劃分階級首先要說明土改過程的錯誤，包括為何利用
宗族鬥爭，致使土改「走上彎路」？為何未能「發現」古田在
傅柏翠領導下是充滿剝削和被剝削，以及日常生活中天差地別的
貧富負差距？說明這些問題的關鍵必須以政治重新描述古田的社
會關係，同時以政治解釋古田的「歷史遺留問題」。

三、政治化的歷史問題

　　1950 年代中共統治視野下，某些地區存在沒有劃分階級的
「土改遺留問題」是相當大的政治問題，以致於張鼎丞、鄧子
恢和福建省委等中央和地方領導人都下達必須進行處理的特別指
示 [32]。這個政治問題涉及層面相當廣泛，包括縣級以上地方領導
者個人企圖與彼此鬥爭，更觸及中共建國初期的地方控制複雜問
題。土改結束後，中共進一步要求「落後鄉」必須進行「土改

---

32 〈中共龍巖地委致省委函〉（手寫書信，1955 年 7 月 16 日），福建省檔
　　案館：101-5-785。

補課」，持續打擊敵人，尤其要注意錯劃、漏劃的階級敵人[33]。

在這個脈絡下，古田的歷史問題成為政治問題，而政治問題又影響國家代理人敘述古田地區的「歷史遺留問題」，調查及處理政治和歷史問題的基礎，則是必須重新詮釋人群與社會關係。雖然中央指示改造落後鄉的「打擊面必須縮小」、「必須適可而止」，由於古田複雜的歷史問題，使得同一批「階級敵人」在土改調查、處理土改遺留問題，和土改補課過程中持續受到打擊，涉及的範圍越來越廣，牽連的人數也越來越多。

古田、蛟洋地區土改的「歷史遺留問題」主要與過去的地方領導者傅柏翠有關。傅柏翠是蛟洋人士，在國共鬥爭期間，因為傅氏的個人勢力，以及在國共雙方的拉鋸下，使得古蛟地區一度處在「不共不國」，類似獨立狀態。傅氏在這個過程中，個人政治立場似乎一直搖擺不定，他曾與毛澤東交好，領導農民暴動，又多次參與紅軍軍事活動，最終卻因為「自保」，在 1931 年與閩西紅軍展開衝突，事件過後即「脫離革命隊伍」[34]。而所謂的「脫離革命隊伍」應該是傅柏翠在接受改造時期，較為含蓄的說詞。因為傅氏所領導的古蛟地方勢力在中共建國初期被視為起義人員，再加上該地早在建國前即按人口分配土地，古蛟地區才會在土改時期被認定為「蘇維埃土地革命果實地區」，土改過程中僅小幅度調整人地關係，主要工作是確定地權。

---

33 引自中共浙江省委辦公廳編，〈中共中央批復浙江省委關於執行「中共中央關於改造落後鄉工作的指示」的意見〉（1955 年 3 月 9 日），《中央關於劃分農村階級成分的補充規定》（1964 年 10 月）。

34 福建省博物館記錄整理，〈傅柏翠同志談閩西早期革命鬥爭的一些情況〉（手抄稿）。

在所有調查報告檔案中，我們可以發現一個描述古田1949年以前的社會結構敘事「藍本」，也就是〈上杭縣第七區土改工作總結報告〉。這份萬餘字的報告是古蛟地區土改工作的第一份資料，報告簽註日期為1951年4月30日，實施調查的時間應該是元月至3月，亦即中央頒布土改法半年之後。由於古田、蛟洋在進行調查時屬於「蘇維埃土地革命果實地區」，因此這份報告雖然名為土改工作總結，但對土地具體調整方式著墨不多，主要著重政治、經濟情況的描述，鎮壓反革命過程，以及檢討土改幹部在工作中所犯的錯誤。

報告反映出土改與鎮壓反革命運動在該區是同時進行，而鎮反工作的重點是劃清敵我，不是劃分階級。中共建國初期，為了維繫地方政權的穩固，從地方到中共最高領導人似乎都將鎮壓反革命視為指標性工作，但執行鎮壓程序似乎不是根據反革命分子實際人數，而是先決定該處決的反革命者總數。

福建省委書記張鼎丞上呈中央的報告指出，「準備在今年（1951）春耕土改結束前殺一萬人，至現在止已殺二千餘」。毛澤東相當支持張鼎丞鎮壓反革命的強硬手段，認為「這種堅決處置是完全必要的」[35]，因為「福建有些地方情況特殊，反動派多，處決的比例較大，這是可以理解的」[36]。但當時的古蛟地區不僅不

---

35 毛澤東，〈中央對福建省委「繼續貫徹鎮壓反革命的計畫報告」的批示〉（1951年1月28日），摘自川西黨委，〈翻印毛主席黨中央關於鎮壓反革命問題給各地的指示〉（1951年2月7日）。

36 毛澤東，〈毛主席對福建公安廳關於鎮壓反革命工作報告的批示〉（1951年4月7日），摘自川西黨委，〈毛主席對鎮壓反革命的批示和指示〉（1951年5月1日）。

是「情況特殊，反動派多」的地區，反而被劃為蘇維埃區，因此衝擊不大。

〈土改工作總結報告〉敘述的政治情況重點為傅柏翠、國民黨、共產黨幾股政治勢力的衝突和鬥爭，以及「反動會道門」組織的活動。在 1951 年福建省嚴苛的鎮反過程中，並未將傅柏翠及相關人等視為鎮壓對象，描述傅柏翠自 1928 年領導的蛟洋暴動和土地革命情況僅僅寥寥數筆，未提及傅柏翠與紅軍的軍事衝突。以往的古蛟鄉社會建設以及鄉建會三年計畫章程的反共宣傳活動，建立「反共烈士紀念祠」等具體「反革命」行為直到 1953 年才被提出，並公開批判 [37]，但在 1951 年的土改階段並未當作傅柏翠反革命的證據。對傅氏個人也沒有任何正、反面的評價，反而表揚該區人民「在維護勝利的果實下，經過了廿餘年來漫長的殘酷鬥爭，造成了堅強的團結力量」。

換句話說，1950 年代的土改初期，工作隊賦予古田相當高的評價，這個評價主要因為福建省當時將古蛟劃為「蘇維埃土地革命果實地區」，而工作隊認識的古田幾乎都來自擔任地方幹部的古蛟鄉建會成員描述當地土地平均擁有，以及推動社會改革「進步」的記憶。所謂二十餘年來的殘酷鬥爭，指的是紅軍初入古田到「解放」期間，但「殘酷鬥爭」的描述僅僅是土改工作隊將土地分配嚴重失衡所導致的業佃衝突──中共普遍的宣傳套用在古蛟。工作隊成員應該沒有太多的時間實際深入古田，因此並未剖析以往「堅強的團結力量」並非建立在業佃衝突，進而促使貧雇農團結一致對抗地主剝削，而是來自長久以來維繫中國地方

---

37 中共上杭第七區委會，〈傅柏翠的政治材料〉（1953 年 9 月 6 日）。

社會傳統的宗族，以及地方菁英扮演的角色。

傳統地方組織賴以維繫的團結力量是中共統治初期最不樂見的社會型態，因為中共向來是透過階級鬥爭、分劃人群鞏固地方政權基礎。但古田的例子反映出，中共政權建立初期，曾將宗族的衝突轉換為國共鬥爭的縮影，先完全消滅被視為國民黨派的宗族，接著則是打擊倚賴傅柏翠的宗族勢力。傅柏翠及其古田地方代理人，因此從建國初期的起義人員，到1952年被劃為鎮反對象。以宗族組織為基礎的「堅強團結力量」也成為國家強行摧毀的首要目標，傳統的社會關係則是被階級關係取代，國家代理人也必須在新政策的脈絡下重新詮釋地方過去，包括向群眾說明「起義人員」為何成為「反革命分子」。

雖然第七區範圍極廣，但從土改報告強調鎮壓反革命的內容可以發現，「反革命分子」和惡霸大多集中在古田山街，包括賴、廖、張三個主要宗族人士，而遭到鎮壓或追捕的「偽國民黨團」、「反動會道門」又以廖姓人士為主。其中廖涵清曾任國民黨福建省黨部調查室主任，廖仁壽曾任鹽務局課長，雖然長期不在古田，卻被認定以國民黨古田區黨部名義橫行鄉里[38]，廖肇藩雖然長期在漳州報社工作，停留在古田的時間也不多，但因信仰一貫道，且嘗試在古田發展宗教組織，而被劃為反動會道門首腦。

這個現象主要反映土改調查階段古田宗族勢力的消長。從目前古田社會結構可以了解，人數最多、勢力最龐大的就是廖姓宗

---

38 〈有關偵察特務、特嫌、逃兵名冊審查筆錄〉（1952年3月），上杭縣檔案館。

族，其次是賴姓，而另外兩個較大的張姓、謝姓宗族無論在人數和財力都無法與廖姓、賴姓宗族抗衡。廖姓與賴姓一方面彼此通婚頻繁，另一方面也因為經濟利益時有衝突發生。廖姓宗族自清代以來透過科舉和納捐取得功名，在國民黨時期，出現過省級法院院長等地方官員，而賴姓宗族成員則長久以來缺乏政治奧援，當地賴姓有所謂「賴不進京」的說法，指的就是這種情況。

在國共鬥爭時期，賴姓主要依賴傅柏翠的地方聲望與廖姓競爭。但廖姓宗族成員也並非完全被排除在傅柏翠的勢力範圍外，1940年代的古蛟鄉建設委員會執行部主任兼古蛟鄉鄉長就是由廖姓宗族成員擔任[39]。只不過土改報告採取截然劃分的方式敘述古田社會結構，強調廖姓宗族與國民黨的關係，並將其冠以「國民黨派」的帽子，而賴姓宗族則歸為傅柏翠政治勢力，稱之為「古蛟派」。廖姓宗族一方面代表必須摧毀的國民黨勢力，另一方面也是必須剷除的地方封建勢力代表。但過去依賴傅柏翠的賴姓宗族成員在中共建國初期被認定為起義人員，有部分還被安排到縣政府工作，或擔任地方幹部。

從1954年的各類「土改遺留問題」報告可以得知，地方政府是在土改結束後才「發現」土改未劃分階級的錯誤，而古田、蛟洋地區與傅柏翠相關的重要人士都在1952年6月分別依反革命罪嫌遭到逮捕。1954年以後的報告中，甚至傅柏翠也成了「叛變分子」，古田從原本的「蘇維埃土地革命果實地區」變成「恢復封建勢力的統治」地區。原本被視為與廖氏「國民黨派」抗衡的賴氏古蛟派，或在土改時期受到表揚的幹部，不是被

---

39 章振乾，《閩西農村調查日記，1945年4月-7月》，頁82。

捕就是撤除職務。處理土改遺留問題，必須劃分階級有上層政治因素的考量，但是古田鄉和處理落後鄉辦公室工作組在落實政策的時候，就必須依據政治風向，重新描述社會關係，解釋土改過程未劃階級的錯誤。

1951年的土改工作總結報告強調區分敵我，原本廖姓與賴姓、張姓的宗族衝突被解釋為廖姓反革命行動，但在處理土改遺留問題時則被詮釋為封建勢力的宗族鬥爭，將廖氏宗族劃為「國民黨派」，賴氏和張氏則代表傅柏翠勢力的「古蛟派」。為了解釋土改工作的「錯誤」，「土改遺留問題調查報告」陳述「土改時曾採取利用古蛟派打擊國民黨派的作法，結果使古蛟派趁機抬頭報復，包庇本派使工作走了彎路」。事實上，這是為了對土改以前將「古蛟派」視為起義人員，但之後又將其視為反革命分子的上層政治決策，以「地方觀點」加以詮釋。古田的地方宗族長久以來都是利用外來力量鞏固自我，與其說國家利用宗族力量，倒不如說是宗族成員利用國家或地方政治勢力鞏固房族。直到1952年以後，再也沒有所謂地方勢力，完全由共產黨幹部取代。

1950年土改工作正式推動之後，中國絕大多數地區都已經劃分了階級，農村各項政策的制訂與執行都必須依據家庭成分。因此，從古田地方幹部的立場來說，這個未劃階級的地區要「貫徹工作時按照農村工作路線與政策，往往很模糊空洞」，「一直沒有階級，這是一個（土改）遺留下來的最大問題」，劃分階級「是該鄉很必要的問題」[40]。但在實際執行劃分階級任務時，卻又

---

40 〈上杭縣第十三區古田鄉情況調查報告〉（1954年4月4日），上杭縣

顯得困難重重。因為古田地區「無論是在土地占有剝削形式與勞動上都存在多方面的複雜情況，既不同於其他新區，又不似解放初期進行土改時好搞，具體劃分上仍是有問題的。」[41]

　　具體劃分階級產生困難的關鍵因素是社會財富相對平均。傅柏翠領導土地革命後，古蛟地區土地無論是最初的每年調整，到後來的三至五年調整一次，基本上已經按照人口均分土地。由於土地不均所造成的貧富懸殊現象在這個地區並不明顯，甚至完全沒有土地集中在個人的問題。1951 年的第七區土改調查報告也描述，該區「群眾對土地調整是富有經驗的，這是該區土改的有利條件」。其他地區土改劃分階級強調的借貸、剝削情況，土改總結報告著墨不多，土改工作隊甚至更明確指出借貸、剝削情況並不嚴重。1954 年的〈古田鄉調查報告〉指出群眾的階級認識模糊，階級覺悟低的關鍵，正是因為財富相對平均，並無嚴重的借貸、剝削現象。

　　土改調查報告的描述正與傅柏翠 1930 年 3 月，在中共北四區聯席會議討論「共家」問題時，強調北四區沒有地主，農民受到剝削很少的強烈主張類似。傅柏翠甚至當場表示：「群眾不是為了土地革命而暴動，主要是為了共產主義。」事實上，古蛟地區農民不是為了土地，自動自發的起而暴動，當時究竟有多少農民真正了解共產主義也令人存疑。站在中共的立場，甚至傅柏翠也不懂土地革命的意義，正如閩西特委反駁傅柏翠：「土地的剝削不僅地租一項，還包括高利貸、捐稅與商業資本。北四區

　　檔案館：98-1-27。

41　〈古田鄉情況調查報告〉（1954 年 4 月），上杭縣檔案館：98-1-27。

群眾地租剝削就說很少,但捐稅、高利貸、商業資本的剝削,與土豪劣紳的欺騙,絕不會比別處減少。」[42]

階級劃分的時間點是幹部面對的第二個問題。第一份〈古田鄉情況調查報告〉根據土地政策提出的意見是,「以解放前三年為主,並對革命前後為參考,這樣可以避免混亂,波動面較小」[43]。但古田鄉和工作組提出的意見顯然沒有被具有決策權的「處理土改遺留問題臨時工作委員會」採納。因為古田地區在「解放」前二十年已經進行過土地分配,如果僅以「解放」前三年為基準,階級界線將相當模糊。因此1956年劃分家庭階級成分的參考點是以1929年,尚未平均分地前為基準,而實際評定的階級幾乎都是根據1929年的成分往上提升一級,例如中農劃為富農,富農劃為地主[44]。

「處理土改遺留問題臨時工作委員會」訂定的1929年基準線似乎僅僅是原則,因為古田絕大多數土地屬宗族,符合政策的個人地主屈指可數,因此在實際執行層面上並沒有完全依據這個決定辦理。在敘述1929年富農、地主、債利剝削者的生活大多是

---

42 〈中共閩西特委給傅柏翠的信〉(1930年4月27日),古田會議紀念館資料室:1-0557。

43 〈古田鄉情況調查報告〉(1954年4月),上杭縣檔案館:98-1-27。

44 階級劃分的具體意見出現在1956年的「古田區__鄉處理土改遺留問題賠罰款意見表」、「古田區__鄉處理土改遺留問題倒算意見表」、「上杭縣__鄉處理土改遺留問題地主、富農、工商業家分戶登記表」三種表格中。以上第一及第二種表格僅名稱不同但內容一致,表格主要內容為1929年的階級成分、土改時新劃的階級成分,以及「主要犯罪事實」、「賠罰款理由及根據」,表格最下方有四格,分別是「群眾意見」、「鄉黨支部及工作組意見」、「區委意見」、「縣委最後意見」。

作為家庭成員背景交代，例如是否加入國民黨或任「偽職」，但就財產擁有和剝削程度來說，絕大多數都不符合地主或富農的條件。地主、富農「土地占有與其剝削情況」的敘述中，超出家戶耕地以外的土地大多是在古蛟鄉建會時期，典入多出家戶平均所有大約二至六倍土地。多出的土地都分屬數個出典人，典期也較常見十年以上為短，甚至僅有二年典期的例子。

事實上，檔案描述貧雇農賣田皮、地主買田皮的情況都不是土地買賣，而是類似長期出租或出典，有時出典土地的農民不僅沒有受到剝削，反而從多餘土地典租權得到利益。傅柏翠及古蛟鄉建會幹部或許沒想到，在人均分配耕地之後，又賦予農民典租土地的權力，反而在土改補課時期成為劃分階級的依據。

由於土改補課階段共產黨否定傅柏翠等人的起義人員身分，也推翻地方政權在 1929 年施行的土地革命，完全不承認 1929 到 1949 年之間，古田相對平均的土地分配制度，因此將民間常見的土地出典，甚至稱不上出典，僅為短期出租視為土地集中的剝削行為。即使如此，似乎也很難看出階級明顯差異。部分地主、富農財產欄上，不過是黃金三錢，耳環、戒指等零碎金飾若干，這些貧富「差距」似乎也很難激起眾怒。因此，不同階級的外顯差異描述上，就有必要著重生活條件：一種個人感受大於客觀事實的標準，用大量的形容與情節取代具體數字，加深階級對立。

四、「新村」社會再詮釋

農村階級劃分辦法最早是毛澤東 1933 年提出的〈怎樣分析農村階級〉、〈關於土地改革中一些問題的決定〉。但階級的具體

界定，尤其是剝削程度，自 1950 到 1960 年還陸續由中央或政務院發布新的修改規定[45]。這些規定清楚描述各類階級的劃分方式，同時舉例說明土地擁有、剝削程度與階級的關係。由於相關規定不斷修改，似乎使得地方政府在實際執行上難以適從。甚至中央1951 年發布〈關於劃分農村階級成分的補充規定（草案）〉還要特別強調：「鑑於中央和各地政府已經頒發很多土地改革法令，並已使農村工作幹部甚難掌握，如再公布這個草案，當使他們更加為難。」這個草案最後被定為「內部文件」，供中央到地方參考，由地方政府自行決定是否公布[46]。

無論階級的具體劃分方式如何補充或修訂，原則上都是依據三個標準：剝削程度、生產工具的擁有、生活條件的差異[47]。古田在處理土改遺留問題的時候，因為土地已經均分，而且在土改時又調整過一次，報告中只能強調，以往古蛟鄉建會時代雖然已經均分土地，但封建階級擁有的土地較好，產量較高，以及地主、富農的五大財產和生產工具還掌握在他們自己手裡[48]。

財產及生產工具相對來說有一個可以親眼所見的「客觀標準」，剝削程度也有一套公式，無論計算方式是否符合地區性差

---

45 〈中央人民政府政務院關於劃分農村階級成分的決定〉（1950 年 8 月 4日），福建省檔案館：101-1113-2.1。

46 〈關於劃分農村階級成分的補充規定（草案）〉（1951 年 3 月 7 日），引自中共浙江省委辦公廳翻印之《中央關於劃分農村階級成分的指示》（1964 年 10 月），頁 1。

47 Yung-fa Chen, *Making Revolution: The Communist Movement in Eastern and Central China*, pp. 130-132.

48 五大財產是指土地、房屋、耕牛、農具、糧食。

異，最終還是可以得到可供比較的百分比數據[49]。看似客觀的生產工具多寡和剝削百分比是劃分階級的依據，但卻不足以具體描述階級差異，還必須透過群眾幾十年前的生活記憶，再配合剝削細節的描述，才能夠區別地富和貧雇農生活條件的天差地別。調查報告定義的地主，除了不從事勞動，依賴雇工、債利剝削為生，另一個重點目標是以「政治上的當權派為主」，還要以生活為參考[50]，選擇性的生活記憶也因此成為劃分階級，對群眾「說理」相當重要的素材。

日常生活的階級想像

剝削和生活條件描述，主要依賴經過教育、刻意培養的「積極分子」從生活經驗「回憶、對比、訴苦」，幹部則是根據這些內容重新界定階級關係。同時要「讓地主向群眾講清他全家人的生活來源，和封建剝削的情況」。在鬥爭大會前「培養典型苦主」，加深階級仇恨的操作模式，早在土改工作隊到達每一個村落以前就已經開展過類似活動。後續進行處理土改遺留問題時，幹部與群眾對鬥爭大會的過程都不陌生，而幹部需要進行的新工作是找尋不同類型的積極分子和苦主，再開始重新「布置」大會的發言。

即使是 1929 年以前，古田山街也沒有不在地地主，70-80％的土地都掌握在中共所謂的宗族地主手中。從實際情況來說，

---

49 〈中央對富農剝削計算辦法的指示〉、〈中央對中農和富農的劃分辦法〉，福建省檔案館：101-1113-2.1。

50 〈古田鄉情況調查報告〉（1954 年 4 月），上杭縣檔案館：98-1-27。

這些宗族地主並非土地的擁有者而是保管者,負責管理各房派下的祭祀嘗、完糧嘗、貼考嘗、油燈嘗等祭祀和子弟進學所需費用。大多數生活富裕,被劃為地主的家庭經濟收入並非依賴田租而是從事工商業,例如雲田27戶地主中,有15戶兼營包括酒精、鐵器、藥行、紙業、棉布、百貨等。

古田沒有耕種同一地主土地的「佃農村」,村子裡無法舉出共同的「剝削敵人」,因此也難以鼓動群眾的同仇敵愾情緒。揭發貧富階級造成的生活差異大多是互動頻繁,經濟上有相互往來的鄰里及宗族成員。畢竟居住在不同村落的人群實在很難具體描述某家某戶,或某人詳細的生活條件。因此控訴地主「過著超人享受」的生活,或是「看不起貧雇農」的案件都是同村,亦即同宗族的小房派相互之間舉證,成為房派內部的鬥爭。

藉由生活回憶呈現的地富與貧雇農差異在報告中採取並列對比的方式,首先敘述剝削和受剝削的情況,接著描述因為剝削所產生的生活條件差異。例如,古田區雲田鎮的土改遺留問題報告中,分析了「六種剝削與被剝削形式」,「以致於出現二種經濟基礎、二種階級、二種生活富窮不均」。絕大部分地主、富農生活都是:「住樓房、玻璃窗,住宿有餘;穿的是四季要穿的四季衣,綢緞、羊毛衣,部分地主婆足不離鞋襪,戴金戒子(戒指)、金鑿(鐲)頭、手錶、袋表甚好盛行。」而貧雇農則是「穿不暖,睡不暖」,「雇農張□□說:『下雨時在家吃飯還要戴斗笠』,貧農廖□□全家五人共蓋一條棉被」[51]。

---

51 上杭縣雲田鎮人民政府、中國共產黨雲田區雲田支部、雲田鎮處理落後鄉工作組,〈上杭縣古田區雲田鎮處理土改遺留問題工作總結〉(1955年11月6日),上杭縣檔案館:99-1-35。

更誇張的是，因為許多地主經營賭場，因此過著「用皮箱、大木箱、大花床、玻璃床等超人生活，地主廖□□用酒精煮點心，地主廖□□的父親死後用石頭做棺材。」這些地主生活的描述中，除了「玻璃床」有些匪夷所思；描述地主使用「大皮箱、大木箱」，「用酒精煮點心」形容地主「超人生活」有些莫名其妙外，其他如房屋、服飾這類明顯的生活條件差距似乎不足為奇。尤其就鄉鎮級的行政單位來說，這類例子應該俯拾皆是，「地主婆足不離鞋襪」或是戴金戒指、手鐲似乎也算不上奢華生活，碎金飾及幾口皮箱更難稱得上富裕的象徵。重點是，這些敘述之外還加上描寫貧雇農生活的對照和反襯，更凸顯了報告中所謂的「二種經濟基礎、二種階級、二種生活富窮不均」，貧富的二元對立。

貧富對比描繪了不同階級的生活差距，但卻不足以挑起階級仇恨，因此必須強調貧雇農因為受到剝削而困頓潦倒，不得不行乞，甚至因而身故的事例。如貧農在鬥爭大會，出示藏了二十多年的磚頭，控訴自己就是被「偽軍官」以這塊磚頭砸得頭破血流，或是為地主做牛做馬，最後被趕出自己的屋子。日常生活的戲謔或爭執，如「地主廖□□罵貧雇農說：『穿的羊毛衣比你外衣多，穿的皮鞋比你草鞋多，養的雞比你養的豬多』」也收入報告中，作為地主嘲弄、歧視貧雇農的證據。另一方面，某些必須打倒的「政治上的當權派」也被冠上地主的帽子。例如：「地主廖□□在外任偽官二十多年，其妻亦隨其夫在外當了二十多年的太太，群眾反映：『過去是穿長袍、皮鞋、戴手錶、金戒子

（戒指）的人是講官話（普通話〔按：原文所加〕）的』。」[52]日常生活中使用普通話似乎與貧富階級無關，但卻成為階級差異的象徵。類似控訴內容在不同檔案不斷重複，也不時出現張冠李戴的現象，在同一件敘述中，出現不同的事主。

　　曾經身歷其境的古田鎮民對於這些透過生活回憶對比製造的階級仇恨，總感到荒謬可笑，未曾經歷這段歷史的後毛或後鄧世代，更是難以想像這些場景。無論這些描述的真實成分有多少，值得思考的重點是，如果幹部在劃分階級的過程中有隨心所欲的權力，為什麼需要這些生活條件的對比？為什麼上級單位再三要求幹部在鬥爭大會上的「說理」能力，甚至說理能力較差的幹部還受到批判？部分原因或許是進行土改相關運動的過程中，基層幹部不能完全憑藉個人意志在鬥爭大會上鼓動群眾。因此必須先培養苦主，再透過這些苦主和積極分子的敘述對群眾說理。

　　來自群眾生活回憶的說理素材，不見得是憑空捏造，但至少經過選擇性放大和不斷反覆的過程中凸顯階級差異，再經由天差地別的生活條件描述，製造階級仇恨。這些回憶的素材重複性相當高，在報告原件中也可以看到這些「直接」引自群眾，說明剝削和生活條件的敘述文字旁都被劃上線，而這些被劃線的內容，也反覆出現在各類宣傳材料中。

---

52 上杭縣雲田鎮人民政府、中國共產黨雲田區雲田支部、雲田鎮處理落後鄉工作組，〈上杭縣古田區雲田鎮處理土改遺留問題工作總結〉（1955年11月6日），上杭縣檔案館：99-1-35。以上為古田八甲、溪背的例子。原文中有地主和貧農的姓名，本文予以刪除。其他類似的描述主要記載於幹部對於個別「地主」和「債利生活者」的報告，以及階級劃分具體意見的三類表格中。

　　為了要「說理」和「教育群眾」，地方幹部和工作隊成員對於不同階級的剝削和被剝削情況，以及不同階級的生活條件差異有責任詳加說明，但卻有選擇報告內容的權力。如果將這類報告視為幹部隨意捏造地方情況，或許高估了幹部，也低估了群眾。以50年代的上杭縣而言，民眾對於自身權益的要求不僅未受壓抑，反而有相當多的管道可以反映與表達。

　　例如當時縣委針對人民來信來訪工作設有專責人員，固定每月彙整統計，將這些意見及有關單位批覆印製為《人民反映》，發送各單位供幹部參閱。這些反映事項小至要求發給蚊帳、找工作、疾病救助等個人問題，大至控訴基層幹部，林林總總不一而足[53]。雖然並非所有案件都得到解決，或滿足人民需要，至少信件都經由上杭縣委或專責幹部批示，更有例子顯示出，因為群眾的檢舉，使得基層幹部遭到勞改處分。

　　當然，這不表示輿論有強大到足以影響政策的程度，而是幹部對於階級的劃分必須給群眾一個「說法」。這些幹部的策略只是站在執行政策的立場，選擇性的強調，或是刻意忽略古田過去的社會現實。進入中國當時的歷史脈絡，這種對於過去的重新描述過程不足為奇，倘若在人均耕地嚴重失衡，貧富差距懸殊的地區，階級剝削與矛盾衝突應該俯拾皆是，似乎沒必要刻意強調。但是以古田這個1929年以後就沒有地主的小鎮來說，來自生活

53　上杭縣檔案館，〈關於堅決反右傾狠狠鼓幹勁實現處理人民來信來訪工作大躍進的報告〉（1959年8月27日），專區工作會議文件之三，上杭縣檔案館：33-1-164。上杭縣委辦公室，《群眾反映》（發行起迄日期不詳）。上杭縣人民委員會辦公室，〈關於檔案工作和處理人民來信工作情況報告（57）杭辦字第008號〉，上杭縣檔案館：33-1-135。

回憶的階級剝削和被剝削，以及被刻意強調的生活條件差異，在劃分階級過程中就顯得格外重要。因此，無論這些報告的背後經過哪一些刻意選擇或刪除，都是國家代理人在執行黨國意志過程中，帶著強烈意識型態呈現的基層社會樣貌。

檔案毫無疑問是所有政權進行統治和行政管理不可或缺的工具，也是維繫政權正當性、合法性，展現國家歷史神聖性的重要載體。然而，如果以古田地區土改相關檔案為例，可以發現這些檔案不一定反映出地方民眾眼中的「事實」，但也絕非憑空捏造或虛構的文本，而是在特殊社會歷史脈絡形成的特殊論述方式。中共建國以來，官方對於所謂的「歷史」，主要是將其視為宣傳工具，國家與地方的過去，也隨著發展不同階段，賦予不同的詮釋。同樣的，1951 到 1956 年的古田，經歷過與當時中國大多數地區不同的特殊轉折。在不同時期的政治氛圍下，基層國家代理人必須依據政治氛圍的不同，不斷修改地方的過去與現況，重新描述人物、事件以及社會生活，更要用黨國視野詮釋轉折過程，以及各種政策的必要性。

古田系列土改工作形成的各式各樣調查報告、總結報告、各類階級劃分表格，成為日後宣傳工作、批判傅柏翠材料、文革時期鬥爭大會上的藍本。弔詭的是，這些藍本在 1981 年開始推動平反工作時，又成為具體落實工作的依據；過去為群眾劃分階級的幹部，有部分也參與了執行平反工作會議。對於曾經參與平反工作，接觸過這些檔案的幹部或民眾來說，檔案具二種截然不同的性質。一方面，就如同上杭檔案館建館館則明訂「檔案就是歷史」，將檔案視為詳細記載過去的載體；另一方面，檔案記錄的人物及事件，卻又類似野臺上放映的電影——人物、情節分毫不差，但布幕上的影像卻隨政治風向擺盪或扭曲。這些檔案的意義

或許不在於內容是否如實描述了社會樣貌，而是基層國家代理人
如何及為何書寫他們所認為的「真實」社會樣貌。

個體擴散到集體的階級仇恨

在連續不斷的鬥爭大會中，古蛟進步的歷史逐漸被強迫遺
忘，取而代之的是對傅柏翠的控訴，對地主、富農和劃為右派古
蛟鄉建會成員邪惡形象的描寫。階級意象藉由鬥爭大會具體形塑
與展演，而階級政策也透過國家代理人在大會上加以詮釋。重複
的、儀式性的鬥爭大會不斷召開，每一次鬥爭大會和生產隊大會
都是一次記憶的強化，未曾經歷，甚至不曾出現的「過去」，階
級剝削的痛苦覆蓋了「舊時代」群眾原有的社會記憶，為「新
中國」世代塑造了全新的記憶藍本。

古田重要的鬥爭大會都在廖氏萬原祠戲臺，後來被稱為司令
臺的地點舉行。參與者至今對無數次鬥爭的具體事實大多早已遺
忘，但鬥爭過程中，誇張、戲劇性的表達方式卻令許多實地經
歷者記憶猶新，其中令人印象最深刻的是滿妹復仇例子。滿妹的
丈夫是普通農民，但其丈夫的兄長卻是傅柏翠手下極為重要的幹
部，因為兄長與另一位幹部的衝突，使得兄弟二人被衝突的另一
方所殺。在土改結束後，滿妹的殺夫仇人被劃為反革命分子，不
時由區政府的監獄押解至司令臺接受批鬥。滿妹每逢鬥爭大會都
會拿著納鞋底用的錐子，從人群中飛奔而出，一路哭喊著上司令
臺，瘋狂的用錐子攻擊這位被劃為右派的古蛟鄉建會幹部。

這種涉及人命的階級仇恨被稱為「血債」，負責主持以及維
持秩序的民兵隊長似乎認為血債必須血償，對滿妹的瘋狂行為也
置之不理，任憑她在臺上哭鬧。滿妹的心中自然充滿了仇恨，但
對參與鬥爭大會的群眾來說，類似的鬥爭場景如同做戲，一再反

覆的控訴戲詞與戲碼也強迫銘刻在每個人的心中。

　　Vera Schwarce 曾指出,早在民國初年新文化運動期間,個體表述自我痛苦已經具有獨特社會目的,毛澤東時代進一步將工人、佃農、童養媳等個人生命經歷苦痛成為公共商品(public commodity)及道德實踐[54]。Schwarce 透過文學與五四知識分子的個人表述,討論的苦難經驗不再是沒有意義或個體的包袱,而在社群生活中有指引功能,辛酸苦難也成為正向洞見的來源。更重要的是,文革「憶苦思甜」活動以前的鎮反、土改期間的鬥爭大會上,無論來是真實經驗或是透過幹部在鬥爭大會前「布置」而陳述的個體苦難,確實成為相當重要的個人資源。「訴苦」不僅是情緒的抒發,由官方鼓勵群眾回憶階級仇恨、被剝削的日常生活經驗也成為新的道德實踐。

　　在各類文娛活動、宣傳活動中,地方政府也安排「群眾喜聞樂見」的傳統戲曲、民歌、腰鼓,或是漫畫、快報、話劇宣揚政策,而階級意識更是活動企圖傳達的重點。甚至物資交流之類的經濟活動,區委也在古田中心小學演出「牛郎織女」京劇,宣傳舊社會封建地主的殘暴,壓迫窮人而引起農民對地主階級的仇恨。幹部形容那次演出的盛況:「天氣雖冷而且又下著綿毛細雨,但看的群眾仍然很多(約有一千多左右)都到結束才散去,提高群眾的階級覺悟……觀眾中有一個青年人說:『我是沒有想過鬥地主,地主對農民那麼惡毒,我過去只知道地主對農民的剝削是僅限於地租而已,再也想不到如此狠毒』,因此有些人

---

54 Vera Schwaercz, "The Pane of Sorrow: Public Use of Personal Grief," *Modern China. Daedalus* 5.1 (1996): 119-148.

甚至掉下淚來。」[55] 事實上，不僅僅是這位青年，甚至青年的父親、祖父和所有的古田鎮民都沒有想過鬥地主。地主的剝削及「惡毒」都是透過幹部的教育，以及文娛活動的戲曲曲目得知。

　　相較於特殊活動或節日宣傳展現的階級仇恨，生產大隊每個晚上會議結束必唱的「不忘階級苦」，更強迫將階級意象透過歌曲傳遞到人們的腦海，用古田傳統漢劇二胡、吊龜（京胡）伴奏，更加深歌曲企圖表達「封建社會」貧僱農的悲哀。「不忘階級苦」歌詞描述「典型地主」壓榨貧農的景況。如同「牛郎織女」中為地主放牛的牛郎，「不忘階級苦」也是透過放牛娃泣訴「爹爹病在床，地主逼他做長工累得他吐血漿。瘦得皮包骨，病得臉發黃，地主逼債地主逼債好像那活閻王，可憐我那爹爹把命喪」的血海深仇。接下來是親娘被地主搶走，而放牛娃自己則成為地主的長工，「半夜就起身，回來落日頭，地主鞭子地主鞭子抽得我鮮血流，可憐我這放牛娃向誰呼救」。最後當然是強調「不忘階級苦，牢記血淚仇」，而且要「世世代代不忘本，永遠跟黨鬧革命」。

　　「不忘階級苦」的曲調類似地方戲，而歌詞也有一個完整的故事結構，這個結構完全涵蓋了描述階級剝削的必要元素，生動描繪出地主的可惡，和貧農被剝削致死的「血債」，世世代代被剝削的殘酷，具有相當的戲劇性。因此成為生產隊大會，憶苦思甜大會的必唱歌曲，直到現在都是五、六十歲古田鎮民可以朗朗上口的歌曲。但是對絕大多數鎮民來說，這首歌曲描寫放牛娃全

---

55 上杭縣第七區委，〈上杭縣第七區第二次城鄉物資交流總結〉（1953），上杭縣檔案館：99-1-19。

家被地主剝削的慘狀，也如同檔案描述的地主、富農和貧雇農之間的差異，似乎永遠是生命當中未曾經歷，完全屬於「他者」的故事或歷史。

中共國家形構過程中，將官方建構出來的，屬於全國性的階級剝削記憶強加在古田或全國民眾的記憶之上，藉此製造階級仇恨與對立。強調「昔非今比」的宣傳不斷進行，從宣傳部新華社的巡迴圖片展，到地方政府宣傳活動的主要目的都是要「生活在社會主義的人們，經常重溫階級壓迫和階級鬥爭的歷史，可以增強階級和階級鬥爭觀念，進一步激發革命熱情和志氣」。更重要的是：「絕不能忘記過去！」[56]

在真實苦難中幻想「新村」

絕對不能忘記的「過去」是官方意識形態的過去，而不是1951年土改階段，古田地方幹部津津樂道，且對土改工作隊反映「古田沒有地主」的過去。但在土改補課之後，「古田沒有地主」以及古蛟鄉建會時代的社會生活成為無法公開表述的記憶。在古田的地方幹部極力以生活回憶劃分階級的同時，因為中央的農業政策和大躍進，使得階級鬥爭時貧雇農回憶的飢餓、乞討，在土改補課的同時竟然成為全古田鎮民往後的共同經歷。

1956年，中共宣傳部長陸定一提出「藝術上的百花齊放，學術上的百家爭鳴」，也就是所謂的「雙百方針」，這個運動被毛澤東稱之為「陽謀」，背後目的是要揪出黨內右派分子。這個

---

56 新華社展覽照片，〈絕對不能忘記過去〉（封面設計：焦煥之，1963年11月）。

「陽謀」第二年在上杭縣發酵，縣裡積極鼓勵各界發表意見，也宣示個人有堅持意見和表達意見的自由。有些古田中心小學教師和古田籍的上杭工商聯人士相信政府維護人民言論自由，鼓勵各界勇於表達意見的政策，因此在縣城裡貼大字報，公然宣稱古田沒有地主，當然也附帶介紹古蛟鄉進步的過去。不久之後，縣政府配合中央收起「言論自由」的陷阱，這些人士全部被打成右派分子。經過這次事件，鎮民全然理解，古田的過去是完全無法公開表述的禁地。

　　無論廖氏族譜的文字記載或古田鎮民口耳相傳的回憶裡，古田確實是個風水寶地，長久以來少見旱澇，飢饉荒年百年難得一見，糧作產量豐饒，「一年之耕而有三年之食」，尚有餘力將糧食輸出至附近山區。由於 1953 年到 1954 年之間的統購統銷和三定政策的影響，古田農民卻從溫飽到短缺[57]，農民對統購統銷的印象是「上面說（糧食）先繳上去，還可以買回來，但卻是一去不回」。甚至到了 1960 年大躍進結束之後，又急遽由短缺到嚴重不足，而導致飢孚遍野的慘狀。大躍進時期，古田也如同中國其他地區，四處建起高爐大煉鋼鐵，位於山地的古田自然不缺煉鋼所用材薪，除了深山林木因交通不便無法運送，鄰近山地的樹木幾乎砍伐一空，古田山街僅有古田會址後方小丘林地得以倖免。

---

57 統購統銷及三定是中共將農業納入計畫經濟的政策，重點是根據地畝定產量，再決定徵收糧食的數量，但古蛟地區由於幹部誇大餘糧戶數，以致於徵收額度過高，導致農民家庭所剩完全不敷使用。相關政策及古蛟地區當時慘況，陳永發在〈「新村」夢碎：閩西古蛟四十年（1929-1962）〉已詳加分析，在此不予贅述。陳永發編，《明清帝國及其近現代轉型》（台北：允晨出版公司，2011），頁 435-508。

1958 到 1959 年初，古田辦了大食堂，從表面看是進入社會主義的天堂，所有人都不愁飯食，肉類供給也較平日豐富，但大食堂支持不到半年就停辦。全鎮農民動員煉鋼最嚴重的結果是田地廢耕，到了 1959 年尚有少數餘糧可以餬口，1960 年春季則顆粒無存。地方幹部發動春耕，有力氣下田的農民已經寥寥無幾，而荒廢近二年的田地，土質變得相當堅實，犁地也相當困難，甚至影響到未來二、三年的收成。1960 年秋季以前，因飢餓死亡每天都在發生，起初還有餘力用薄木板棺木，最後則是用門板拖著屍體就近掩埋。

年輕輩的古田鎮民對政治強加的階級剝削記憶與「歷史」都不自覺的接受，但實際生活的飢饉、貧困和死亡的現實生活慘狀則不是意識型態所能控制。老一輩的鎮民更能體會 1950 到 1960 年代的貧困和過去普遍衣食無虞的反差，「憶苦思甜」在私底下被改為「憶甜思苦」，憶古蛟鄉建會之甜，思土改補課之苦，過去的記憶雖然越來越模糊，但卻變得越來越美好。尤其是 1940 年以前出生，曾經歷古蛟鄉建會太平安定的世代更能體會。

不同的世代在人口統計學稱之為代群（cohort），是指大約同時出生的人群，運用在社會學和社會史的時候，通常結合了歷史世代的概念，也就是某世代人群在共享的歷史時刻中鍛造群體認同。人口統計學發展出的代群分析（cohort analysis）理論，也被廣泛運用在集體記憶、性別認同、世代差異等研究。Renato Rosaldo 認為，代群分析的關鍵是探討一群個體的自我意識如何成為團體認同，在面對同樣的生命際遇時，他們呈現出與不同世代相當不同的表現。這個團體的形成受到相當程度的集體認同

形塑，建立在共享的知識、經驗和生活感[58]。古蛟鄉建會世代直到今日還是相當懷念童年或青年時期的生活，強調「古蛟沒有地主」，破除迷信、婚姻改革，以及傅柏翠的種種傳奇事蹟。

世代認同是一回事，但世代記憶或許又是另外一回事。心裡學家藉由實驗進行的記憶研究，強調同世代經驗的同質相當值得商榷，因為世代經驗也可能是來自「事後」的建構，而研究者卻過於強調同世代經驗的複述（rehealsal）[59]。例如經歷古蛟鄉建會時代的代群生活記憶完全以「古蛟沒有地主」為核心，共同創建出一個想像中的烏托邦社會。在這個社會中沒有貧富差距，年輕人也擺脫傳統「買賣婚、父母包辦婚、童養媳」的婚姻桎梏。但在現實生活中，僅僅從八甲的松蔭堂、中興堂、廖江南故居等私人住宅，和半傾倒的民居就不難發現，古田的貧富差距確實相當明顯。Arthur Wolf 在古田調查 1949 年以前的婚姻型態亦發現，在將近 50 個婚姻調查案例，僅有 3 對是完全無聘金及嫁妝，更有超過半數是屬於童養媳婚[60]，直到 1952 年，中華人民共和國婚姻法實施階段，仍不斷發生童養媳受虐，甚至致死的案例[61]。

如同國家代理人在土改補課時期詮釋的古田，經歷古蛟鄉建會的代群記憶也不一定呈現出真實樣貌，但至少反映出 50 到 60

---

58 Renato Rosaldo, *Ilogot Heathuntinf, 1883-1974: A Study in Society and History* (Stanford: Stanford University Press, 1980), p.111.

59 Jung Jin, *The Temple of Memories: History, Power, and Morality in a Chinese Village* (Stanford: Stanford University Press,1996).

60 感謝 Arthur Wolf 及莊英章教授同意使用福建婚姻調查資料。

61 〈上杭縣古蛟區「三八」婦女結工作彙報〉（1952 年 3 月 25 日）；〈上杭縣第七區貫徹婚姻法工作總結〉（1953 年 4 月 25 日）。

年代現實生活和記憶中古蛟鄉建會的生活反差和對比,透過回憶也使得同代群的鎮民稍稍得到慰藉。就統治階層而言,這種私下的「憶甜思苦」也是抵抗的形式,尤其是人民抵抗缺乏公共論述空間的集權政府或共產社會的重要模式。James Scott 將這類被支配者非公開抗拒支配者強加之歷史與記憶的表述,稱之為隱藏文本(hidden transcripts),一種流傳於被支配團體之間,檯面下(offstage)的論述,在日常生活中對支配團體的公開文本(public transcripts)的抗拒或不滿,這種抗拒通常不是暴亂或反叛,而是透過間接、非公開的表達,或是消極抵抗。例如馬來西亞農民為了抗拒機械化,創造出了「記憶經濟」神話,誇張描述傳統土地制度優點,藉此批判農業機械化帶來的負面影響[62]。

對一個擁有上千戶人口,又有中等市集的古田來說,絕對不可能沒有貧富差距,也絕對不可能沒有中共所謂的剝削,1949 年以前的生活當然更不可能處處盡如人意,但相較於土改補課時期的紛擾,統購統銷造成農村的貧困強得多,當然更不用說與大躍進時期判若雲泥的差異。回憶對比之下,傅柏翠時期的古蛟真的宛如天堂,一個記憶中的天堂,古田鎮民認知的地方歷史與官方意識形態形塑的過去可以說是南轅北轍。官方刻意壓抑古田過去的記憶,以及 50 至 60 年代生活條件與古蛟鄉建會時代的反差,導致古田與蛟洋地區集體塑造了傅柏翠時代的光榮與驕傲,這種「進步記憶」神話的主要意義,正是該地區民眾對土改補課、統購統銷,導致生活困苦不堪等政策的批判。

---

62 James C. Scott, *Domination and the Art of Resistance: Hidden Transcripts*; *Weapons of the Weak: Everyday Forms of Peasant Resistance*, pp. 178-183.

Francoise Zonabend 曾透過法國 Minot 村落研究，指出社區三個層次的歷史或記憶，其中包括從文字記載獲得，與國家相關的重大歷史事件知識，村落內部或是村落之間活動與儀式的歷史經驗，以及家庭與個人的過去經歷[63]。社區確實會因為差別的記憶機制而產生不同的歷史，然而在國家強烈打破宗族、信仰等社會記憶機制，強制植入進化史觀和階級鬥爭歷史之後，帶有強烈政治意識形態史觀不僅滲透、根植於個體與社區，甚至掩蓋了國家重大事件以外，真正屬於社區、家庭與個人的歷史。

五、狂風驟雨中的歷史布幕

古田土改調查到土改補課的系列報告、階級成分表格所記錄的地主穿著四時服裝鞋襪、居處有玻璃窗、以酒精燈煮點心，或戴金戒指、擁有數錢金飾、講普通話等描述，都是日常生活顯而易見、微不足道、枝微末節的事實。除了極為少數，有相當明確證據涉及血債、債利的案例，所謂地主、富農或被稱之為「債利剝削者」的犯行，大多奠基於此類雞零狗碎，看來平淡無奇的「證據」或指控。

當平淡無奇的日常生活，堂而皇之的成為官方文字記錄，就再也不是鄉野閒談，而具備官方檔案所顯露的效應。地方幹部透過對比貧雇農生活建構出來的階級，反映出檔案生產者——土改補課期間貧雇農出身的地方幹部對於階級、剝削，以及何謂「富

---

63 Francoise Zonabend, *The Enduring Memory: Time and History in a French Village* (Manchester: Manchester University Press, 1984).

裕」，或非日常「超人生活」的認知。今日可以輕易指出這些幹部的荒謬可笑，但在政治運動有如狂風驟雨橫掃每個村落的社會情境中，貧雇農出身的幹部毋寧是選擇了根據個人生命與日常生活經驗，夾雜著一知半解的階級政策，展現了自我認知的階級差異與剝削「事實」，而展演地方過去的螢幕，也隨著政治狂風激烈擺動，暴雨的沖刷逐漸模糊。

中國社會自土改到文革的社會情境中，以聚光燈式的刻意集中、放大詮釋事件與人物不足為奇。古田的特殊性主要在於，聚光燈的焦點從1951年的土改調查，到1954年以後的土改工作檢查的移動變幻。同樣的歷史社會背景，在不同的光點下呈現截然不同的面貌，甚至令人懷疑短短數年之間，根據同一地點生產的檔案，是否記錄著相同的對象。唯一可以確定，無論這些報告的後製背景為何，或經過哪些不同層級幹部的刻意選擇、刪除或剪裁，都是國家代理人帶著強烈意識型態描繪的社會樣貌。

透過重複展演，例行性、公開的集體回憶，形成以階級政策設定的文化範疇或心理構圖（schemata），形構出屬於封建剝削的過去，日常生活也被用來合理化當下的階級劃分。就這個意義而言，包括古蛟地區的土改與土改補課檔案，以及同一時期、不同地區，無數地方檔案的重要性並非釐清雞零狗碎的內容，以及無論真實或虛構，終歸無足輕重的敘事，而是從中探討政權構築的象徵體系如何提供行動者詮釋社會關係的概念符碼。進而分析社區事件如何在國家預設的社會情境被展演，以及國家代理人又是如何將自我生活經驗、空間、時間置放在國家強烈滲透，卻與所謂傳統完全不同的文化基模。

1960年代以來，中國研究成為西方顯學，包括政治、歷史、社會、人類學等人文社會學科，不斷嘗試透過各種間接管

道，拼貼中共政權以及集體生活中的人民樣態。1980年代以後，中國研究學者不僅可以親臨田野，也逐漸從檔案館稍稍開啟的縫隙間，窺見過去難以想像能夠觸及的檔案。對於歷史學者而言，檔案無疑是相當基本且關鍵的素材，而部分人類學者的民族誌，也經常利用源自檔案研究二手成果交代田野地的歷史背景，雖然大多數的情況僅僅是「交代」，去除這些眾所周知、簡單描述，中共建國後各地同時面臨的政治運動脈絡，也絲毫不損及民族誌的完整性。

當前中國研究面臨的問題已經不是能否接觸檔案，而是該如何面對內容細瑣如餖飣，由區鄉政府或個人上呈到縣級單位的檔案。這些材料不僅細瑣，紙張大小規格不一，部分嚴重黏疊與充滿霉味，有些手書文字更難以辨認，除去卷宗夾和檔案號，完全看不出這些資料就是所謂的「檔案」。面對有如「雞肋」的材料，往往令人不知從何著手，甚至懷疑這些材料的意義。在龐雜的檔案堆裡，更能體會歷史學者 Nicholas Dirks 描述初次進入印度殖民檔案館，從開始接觸寶貴、大量英國殖民政府歷史檔案的興奮，到正式面對過於龐雜的資料而產生焦慮的複雜情緒[64]。

人類學界利用檔案資料較史學界晚了許多，卻關注到歷史學者較為忽略，檔案文字記錄以外的知識生產權力關係，包括上下垂直的統治權力，不同知識生產者彼此的權力關係，檔案形成背景，以面對田野筆記的態度閱讀檔案和歷史材料[65]。當前從事中

---

64 Nicholas Dirks, " Annals of the Archive: Ethnographic Notes on the Sources of History," in Brian Keith Axel ed., *From the Margins: Historical Anthropology and Its Futures*, pp. 50-51.

65 Bernard S. Cohn, *An Anthropologist Among the Historians and Other*

國研究的人類學者而言，或許大多未曾嘗試踏入檔案館，而即使
進入實踐層面，也將面臨一個相當古老，見仁見智的人類學界老
問題：是否要帶著問題意識進入檔案館這個田野？如果持肯定意
見，極可能被問題框架束縛，而忽略了集中查閱的檔案外，被歸
類為看似毫不相干的全宗案卷裡，同樣存有關鍵性的記錄。抱持
否定意見者，將在沒有問題意識的指引下，迷失在檔案叢林，這
同樣是歷史學者經常面臨，且必須思考的問題。

　　此外，透過檔案進行中國研究更面臨特殊歷史背景形成的特
殊問題。眾所周知，中共建國到文革以前，國家推動的各類政策
幾乎毫無例外的深入到每一個村落。因此，縣裡有多少區鄉鎮，
原則上就有多少份敘述與表格大同小異的全宗檔案。如果僅僅關
注表面文字，將看到極為類似的描述，過於依賴這些描述重建或
詮釋地方的研究成果，將成為除了人名、地名外，整體而言並無
太大差異的鄉鎮志或村史。重點是從不同階段的國家代理人如何
重新描述、詮釋地方社會過程，探討國家權力的滲透，以及在看
似一致的社會歷史背景之外，探討日常生活中的權力、社會關係
變化的差異，及其透露出國家形貌因時、因地的不同展現。

　　改革開放前，國家的過去隨著不同階段，被賦予不同詮釋，
基層國家代理人必須根據任務需要書寫地方的過去與現況，重新
描述人物、事件以及社會生活，更要用階級鬥爭視野詮釋這個轉
折過程。報告中的人物、社會形貌也隨著政治風向的轉折不停改
變，任何人都可以因此從不同立場，或是透過訪談，進而質疑檔
案的真實性。然而，檔案文本的關鍵意義或許不在於簡單的判別

Essays, p. 2.

真偽，或爭辯內容是否如實描述了社會樣貌。更重要的問題應該是探討基層國家代理人如何及為何書寫他們所認為的「真實」，亦即各類幹部如何描述地方，如何以心目中的國家視野書寫地方社會，再以這些敘述作為區劃人群、階級的依據。因此，無論問題意識或研究重點為何，都必須在社區的過去如何被納入國家歷史的大框架中進行討論。

在國家歷史框架討論古田土改到土改補課檔案，讓我們清楚認識到國家形構過程和實踐的多重場域，透過權力論述和實踐，在地方和日常領域，探究非顯而易見的會遇[66]，呈現出來的國家多重面向（faces of state），這也是 Navaro-Yashin 詮釋公共生活（public life）為政治生產場域，日常生活也成為國家生產、再生產中心領域的主要觀點[67]。日常生活中的國族想像與社會實踐以往極少引起歷史學者的注意，從中共地方檔案也可以清楚發現，國家除了是一種想像和觀念，國家表徵也透過具體實踐進入日常生活，人們有意識、無意識的展演自我所認知，或是透過各類能動者傳遞典範的或非典範的國家觀念，同時將這個觀念具體呈現在文本、儀式、行為等社會集體行動中。

國家形構是永無止境的過程，而歷史畫面在過程中也不斷移動，相關的例子無論在任何地區都不勝枚舉，今日吹動中國歷史布幕的雖然不再是狂風驟雨，但導致布幕擺動、若隱若現的氣流仍舊持續吹拂。中共改革開放前，持續擾動歷史布幕的風暴中

---

66 Michel-Rolph Trouillot, "The Anthropology of the State in the Age of Globalization," *Current Anthropology* 42.1 (2001): 126.

67 Yael Navaro-Yashin, *Faces of the State: Secularism and Public Life in Turkey*.

心就是「不要忘記階級鬥爭」。1963年，有鑑於土改塵埃落定以後，人們對階級鬥爭觀念漸漸淡薄，以致於「幹部忘了貧農，貧農忘了階級」，尤其是未曾經歷「資本主義、封建主義剝削迫害之苦」的青年，階級鬥爭歷史教育成為中共中央極度重視的問題。回憶對比是相當有效的方法，中共中央採納東北局書記的建議，用村史、合作化史、工廠史，貧、下中農和老工人家史對青年進行教育，將村史、廠史，以及貧農、下中農和老工人的家史等「具有教育意義的典型材料寫成簡史」，「用大量具體生動史實對後代進行階級教育」[68]。

全上杭縣當時實際完成的各類階級教育簡史似乎不多，上杭縣檔案館所藏資料亦僅見跳脫不了族譜體例，卻夾雜階級鬥爭論述的《乃康村志》。此外，無論個人、家庭，甚至社區、城市已經沒有獨立論述歷史的空間。山街廖氏、張氏宗族在民國初年曾從方志了解地方，透過族譜書寫吾土與吾民，但在50至70年代的地方歷史書寫，僅剩下以階級鬥爭為背景對地方過去的詮釋。在此同時，各級黨政機構也不斷透過各類直接有效的宣傳方式，將國家和黨的歷史與建國的榮耀滲透到社會每個角落。經歷土改調查與土改補課政治風暴後，古田以往的「新村」歷史被徹底掩蓋，取而代之的是在這個「政治落後」的小鎮上，逐步鍛造革命神聖性，構築與擴張「聖地」範圍。

---

68 〈中共中央關於抓緊進行農村社會主義教育的批示〉（1963年5月10日）。

第五章

鍛造聖地

　　1954 年春節或許是古田 80 年代以前還能稍稍感受傳統節慶氣氛，尚有剩餘物資歡度的最後一個舊曆年，就在這年夏、秋二季收成時，前一年統購統銷和三定政策造成的糧食供給困難窘境逐漸浮現。主食供給都發生困難，自然沒有餘糧磨製米粄等年節應景食品，更遑論節慶所需的大量生鮮肉類。春節氣氛尚未完全消退的 3 月間，縣裡即開始進行土改遺留問題檢查，翌年 9 到 11 月，古田、雲田更成為土改補課試點，此期間頻繁進行 54 次反封建鬥爭大會，新增接近 300 戶地主、富農等階級，再加上先前土改結合反右工作被劃出的 180 名惡霸、反革命分子，已經有接近 500 個家庭受到波及[1]。密集的鬥爭使得全鎮上下人心惶惶，往後的日子裡，為了不凸顯自己生活條件，即使有難得的物質條件，或許任誰也不敢在年節盡情享樂。

　　農村經濟窘況完全沒有影響地方幹部貫徹中央政策，建立人民愛國意識，改造「封建落後」思想的決心。古田進步的過去，曾經在 1951 到 1952 年的短暫時間裡成為古田地方幹部及鎮民的驕傲，也是土改小組認可，並加以高度讚揚的歷史。但在土改補課正式展開前，古田的過去就逐漸成為曖昧、隱諱的記憶，無法公然述說的文本。正式劃分階級後，國家強制將官方建構，套用在全國的階級剝削論述完全移植、複製到古田，打破土改小組在報告中形容「地方堅實團結」的結構，藉此製造階級對立，重新詮釋古田引以為傲的歷史。地方社會賴以凝聚的親屬、

1　中共古田區委會，〈中共古田區委關於古田地區土改補課及生產合作〉（1956 年 2 月 9 日），上杭縣檔案館：98-1-21。上杭縣第七區土改工作隊，〈上杭縣第七區土改工作總結報告〉（1951 年 4 月 3 日），上杭縣檔案館：87-1-9-1。

地域組織被打散之後，各級黨政組織迅速取代傳統社會結構，成為凝聚個體、家庭到社區唯一，同時也是最高的象徵。

強烈壓抑地方記憶，促使民眾回憶生活條件差異藉此塑造階級剝削對立，並以階級意識形態重新詮釋地方過去外，縣以下的區、鄉政府，或集體化時期的公社、生產大隊黨政組織也不斷透過各類活動、戲曲、文字、圖像傳遞國家政策與中心任務。同樣在 1954 年，古田區、鄉政府著手擬定古田會議遺址維修、會場復原計畫，此後廖氏萬原祠從土改小組指稱的「廖氏總祠」，成為官方正式的古田會議舊址。福建省及龍巖專署不斷進行會址維修，1970 年代又新建陳列館、招待所，中央到地方大員、海外友黨不斷造訪，使得山坳小鎮農民對國家及革命，遠較其他地區有更多實物和空間，以及口耳相傳的想像。

不同時空背景下，國家推動的各種政策，以及賦予農民的任務縱使有不同重點，宣傳方式與手段也與時俱進，但以愛國主義教育為核心的宣傳理念，持續不斷的形塑國家記憶、建國光輝，將黨國神聖性直接帶進地方社會卻是迄今不變的主軸。國家與黨的意象也經由無孔不入的宣傳活動，以及革命遺址、革命空間的塑造，滲透到農村，並與日常生活緊密結合。

一、大眾化的革命文化

1954 年的大年初一是陽曆 2 月 3 日，古田赴外地求學、工作的學生、職工、教師早在半個多月前就陸續返鄉，期待在寒冷的山居故鄉與家人共享難得的歡聚。然而，不是每位返鄉者都能充分享受年節的閒暇，其中有 40 位教工、52 位學生被要求參與春節文娛活動排練和正式演出，其他成員還包括十三區宣傳員、民

校師生 91 人。

　　年關下的組織動員似乎並不順利，因為不久前，賴坊古田中心小學教師賴培相才因為「汗衊蘇聯老大哥」和發表不當言論，被區政府扣押在小學空屋內，眼見年關將屆卻身陷囹圄而鎮日瘋狂叫囂，嚴重影響其他教師參與文娛活動的意願。好不容易返鄉與家人團聚的教工、學生更是不願虛擲寶貴假期，以致於「對文娛宣傳產生了縮手縮腳，和不耐煩的思想」。無論是否有意願參加，當區委召集所有人員，在宣傳員會議中高舉「春節文娛活動是宣傳國家過渡時期總路線、總任務」的至高無上目標，又說明「為什麼扣押教育敗類賴培相」的理由後，再也沒有人膽敢冒著不支持政策之不諱而拒絕參與[2]。

　　春節文娛活動很明顯的刻意配合年節傳統，除夕前幾天到初二上午都沒有安排工作，畢竟幹部和群眾都迫切期待大年夜裡與家人團聚，以及利用年初一走親訪友。演出活動直到 2 月 4 日，大年初二下午，才在十三區最北的雲田墟正式開鑼。次日起，分別在古田會議舊址、下塘、蓉（榮）屋、竹嶺、吳地、上福、郭車、苧園、洋稠等地演出 15 個場次，到 2 月 14 日結束。所謂文娛活動實際上是宣傳政策，活動過程雖然穿插「民眾喜聞樂見的『搖船燈』、『舞獅』」等「民間藝術」，但這些民俗活動僅僅是小插曲，是為了「宣傳國家過渡時期總路線」吸引群眾的手段。區幹部特別指出在古田山街張氏聚落的榮屋民校演出時，先表演熱鬧的「搖船燈」，再接著演出「『陳淑英愛國賣糧』、『不賣給他』等具有教育、宣傳意義的戲，收效很大」，指示未來類

2　〈上杭縣第十三屆春節文娛活動總結〉（1954 年 2 月 21 日）。

似工作可依例進行 。

這年活動宣傳重點是「餘糧賣給國家和（農民）組織起來發展生產的好處」，也就是統購統銷和合作化政策 。配合演出的話劇有「不賣給他」、「模範夫妻賣餘糧」，這二齣戲的內容相當簡單，主要描述奸商攔路搶購糧食，經過學生宣傳隊的說服，轉而支持糧食要賣給國家，不能私下買賣的統購統銷政策 。「為大家多增產」、「兩修生產道路」、「陳淑英愛國賣糧」，同樣是宣傳增產、不私自囤積，不隨意賣糧的政治話劇 。黃梅戲改編的「苗青青」，以及新編話劇「媽媽上學」則是為了當時另一項重點政策——「貫徹婚姻法」上演的曲目 。

官方安排春節文娛不是古田首開先例的宣傳活動，當然也不是最後一次，宣傳活動更不限於節慶 。例如 1952 年宣傳重點是繼續加強抗美援朝，增加生產、例行節約，以及思想改造三大中心任務[3]，在土特產交易大會不但以民歌、漫畫、張貼快報、腰鼓話劇「提高觀眾交易熱情」，更不忘宣傳舊社會封建地主殘暴，壓迫窮人而引起農民對地主階級的仇恨[4]。農村互助組評比項目有比組織，更有比愛國活動，所謂愛國的標準包括有無訂閱《閩西日報》及《福建農民報》、貸款是否還清、有無參加儲蓄、有無參加合作社、公糧有無按時交、抗美援朝捐獻等農民對國家當前政策的配合度[5]。

---

3 上杭縣第七區委，〈今後方針任務報告〉（1952）、〈上杭縣第七區五月份綜合性工作報告〉（1952 年 10 月 6 日），上杭縣檔案館：85-1-2。

4 上杭縣第七區委，〈上杭縣第七區第二次城鄉物資交流總結〉（1953），上杭縣檔案館：99-1-19。

5 上杭縣第七區，〈上杭縣第七區五月份綜合性工作總結報告〉（1952 年

　　除了透過腰鼓歌、山歌，定期或不定期舉辦的民俗活動，基層村落也普遍設立高度組織化的農村文化站、俱樂部、業餘劇團、圖書室、讀報組、黑板報等宣傳單位，將宣傳工作深入農村角落。古蛟地區至少在 1956 年就準備全面建立有線廣播系統[6]，透過以村落為單位，延伸到家庭的擴音器，更能無時無刻，迅速有效的傳遞政策，國家的影子深入日常生活，幾乎無時不在，也無處不在。

　　1960 年代初期，農村文娛宣傳中心內容以貫徹整社運動，加強農民社會主義、愛國主義和集體主義教育，鞏固人民公社集體經濟為重點，以大隊或自然村為單位成立農村俱樂部[7]。農村文娛活動的形態轉而成為小型化、普及化，上杭縣人委會鼓勵各生產大隊以小型多樣為原則，利用因地制宜、就地取材的方式，自行編排節目，經過公社黨委審查後即可演出。在活動形式上，除發揮黑板報、大字報、土廣播原有功能外，另提出以大隊為單位，組織業餘劇團或業餘（文）工團，農閒時排演小型演唱節目，或利用文娛晚會，開展船燈、午（舞）獅、午（舞）龍燈、香燈、民歌等較為大型的演出[8]。古田所有業餘和職業漢劇團

---

10 月 6 日），上杭縣檔案館：86-1-2。

6　中共古蛟區委，〈為計畫安裝有線廣播器材準備並上報由（古宣字第 016 號）〉（1956 年 3 月 21 日），上杭縣檔案館：98-1-37。

7　上杭縣人民委員會，〈關於辦好農村俱樂部大力開展春節文娛活動的通知〉（1962 年 12 月 26 日），上杭縣檔案館：33-1-213。

8　上杭縣委，〈關於大力開展農村文娛宣傳活動，迎接 1963 年元旦，並積極做好春節文娛活動準備的通知〉（1963 年 12 月 11 日），上杭縣檔案館：33-1-213。

都組織參與了宣傳活動，甚至直到文革初期的生產隊大會上，二胡、吊龜一直都是合唱革命歌曲的主要伴奏樂器。

利用民間藝術傳達政策，並非中共建國後的創舉，而是延續1940年代毛澤東提倡，蒐集研究農民工藝和藝術的主張[9]，農村休閒娛樂活動以「民間藝術」形式出現，山歌、小調、說書等民間曲藝，都是中共動員群眾強而有力，貼近底層民眾的宣傳工具。洪長泰以說書人韓啟祥如何被改造成共產黨的宣傳工具，以及利用民間傳統藝術如版畫、剪紙、秧歌傳達革命訊息，說明中共以「普及」代替「提高」文化水平路線，尋求更有效率的動員群眾方式[10]。這個路線正是毛澤東在延安文藝工作會議上企圖傳達的重點，也延續相當長的時間。

以上杭來說，直到 1966 年春節時，舞龍舞獅等民俗活動才未出現在文告中，縣政府這一年希望各區鄉持續禁止賭博，不演鬼戲，不搞封建迷信活動外，還要求開展多種多樣、富有革命意義的文娛活動，唱革命歌曲、演革命戲劇、貼革命對聯[11]。古田漢劇不久也全面停止，各式樂器幾乎都遭焚燬。但文娛宣傳活動不僅沒有消失，反而更見頻繁，不同的是除去了「民眾喜聞樂見的民間藝術」成分，二胡、吊龜自此之後難得一見。

除了宣傳政策，地方政府動員民眾參與革命烈士紀念活動也是傳遞國家光榮歷史，紀念革命神聖的重要任務。上杭是閩西革命老區，全縣革命烈士達五千多人，龍巖地委曾統一發出規定，

9　毛澤東，〈延安文藝座談會上的講話〉，1945 年 5 月 2 日。

10　洪長泰，《新文化史與中國政治》，頁 112-143。

11　上杭縣政府，〈關於過一個革命化春節的布告〉（1966 年 1 月 11 日），上杭縣檔案館：33-3-300。

有條件的鄉村可以在鄉內興建烈士紀念碑，而經濟條件缺乏的鄉村，也可以將烈士牌位奉祀在祠堂[12]。雖然龍巖地委並未詳細說明烈士牌位是放置於本族宗祠，還是每個村莊撥出宗祠統一安置，重點是幾乎每個村落都有烈士牌位，也都舉辦過烈士牌位安置典禮，使得烈士紀念儀式深入農村基層，具有相當的普及性。上杭縣後續也興建許多革命紀念碑、亭、陵、館，主要目的就是「表達老區光榮鬥爭歷史和教育後代」[13]。

職務較高且具代表性的烈士喪葬儀式，更超越個別村落層次，由地方政府動員所屬各級黨政單位及區鄉鎮，組織群眾參與。如原籍福建，新四軍二支隊政治部主任羅化成1940年代病故江蘇溧陽，上杭縣政府於1960年代，將其骨殖遷回步雲安葬，不僅要求各單位必須積極組織人員參與遷葬儀式，且規定攜帶炮竹及二個花圈，更指示「單位大的可敲鑼打鼓前往」。1962年，縣城北門外，兵塘山上稍顯凌亂，規模有限的烈士墓開始逐步擴建，目標是建設成可舉行大型紀念儀式，平日又可供群眾瞻仰的「烈士陵園」[14]。

1950年代以來的三十年間，清代上杭縣衙原基址上修建的中共上杭縣黨部、人民政府大門正前方的革命烈士紀念碑成為縣城

---

12 龍巖地委，〈中共龍巖地委關於當前老區工作幾點補充通知〉（1955年2月10日），福建省檔案館。

13 上杭縣人民委員會辦公室，〈關於修理革命烈士紀念碑等經費的報告〉（1962年8月9日），上杭縣檔案館：33-1-200。

14 上杭縣人民委員會辦公室，〈關於羅化成、賀文選、丘熾雲等烈士的建墓經費和遷葬追悼會的報告通知〉（1962年8月9日），上杭縣檔案館：33-1-200。

內最高建築。灰黑的水泥紀念碑有著八角型底座，長四方體的主結構，頂端呈尖銳圓椎狀，椎頂聳立猩紅的五星標誌。修建紀念碑時，縣衙的花崗岩柱礎已經融入底座，石獅也移置碑前。高聳、尖銳的豔紅五星，與歷經數百年風化，古樸圓潤的石獅，在混凝土的強力黏結下，僵硬的融為一體，革命與傳統標誌也組裝於同一個空間。

2000年都市更新，規劃成立江濱公園，紀念碑曾面臨保存或拆除的爭議，而主張保存的聲浪終究蓋過徹底遺忘過去，打造全新城市地景的主張。碑頂尖銳的紅星還是頑強的鑽出周遭一片翠綠。如果站在上杭二中制高點，隔著汀江遠眺今日上杭街景，革命烈士紀念碑就有如黑白、泛黃，甚至帶有霉斑的老照片，拼貼在現代化城市景觀當中。

諸如春節文娛、有線廣播等滲透生活的宣傳，以及為了形塑國家記憶構築的地景、強加的空間暴力，都是受到高度關切的研究主題，更是傳遞國家意象的重要方式。然而，這種由上而下，可稱之為「植入式」的宣傳，雖然強烈且迅速，卻與大多數農民的日常生活經驗無關。反倒是較少受到注意，看似由下而上，或許可稱之為「啟發式」，間接傳遞黨國意象的活動，更能深入生活，效果更甚於植入式宣傳。啟發式宣傳不是冰冷教條，或空洞生硬的空間建築，而是來自日常生活，或受到情境感染，最後連當事人都誤以為真實的回憶。如個體苦難透過鬥爭大會情緒性宣洩、戲劇性展演，成為「舊社會」集體苦難，革命建國歷史也藉由類似過程，深入個體、社區的生命。

以古田而言，各級單位不斷透過訪問、座談會，要求基層民眾回憶實際參與，或目擊的各類革命建國事件，接觸紅軍領袖的片段經歷，竭盡所能的汲取，甚至誘發個體與整個社區生命、生

活中的革命記憶。例如，時局動盪下的部隊或重要領導人確切行止，一般人無法記得周全，如果革命行動的時間點，恰與歲時祭儀、社區儀式慶典，或某家戶舉行喪葬、婚姻等重要生命儀式重疊，即可透過個體與社區生命歷程，掌握革命片段的確切時間。不斷回憶受訪的結果，使得記憶越來越清楚，甚至增添原本不存在的細節。表面上來自民間，透過互動訪談而啟發、誘導的革命記憶不僅影響受訪者，也同時深入他們的家人、鄰里與社區，訪談活動本身也成為深入日常生活，卻不著痕跡的宣傳方式。

探訪群眾革命回憶的最終目的不外蒐集宣傳材料，以及編寫革命史，例如福建省人民出版社在 1953 年開始大規模徵集民眾的革命回憶，計畫在第二年出版老區人民革命鬥爭故事，「用以彰顯老區人民光榮鬥爭歷史，描繪革命英雄人物的光榮事蹟」。省政府行文各地，要求蒐集材料，內容包括整理地方小型報刊、老區人代會記錄、烈軍屬代表會及座談會記錄，以及中央訪問團蒐集的材料，然後撰寫成文。更重要的是訪問老幹部，「請他們回憶平生經歷，或提供線索，再結合工作組織力量實地採訪」。負責老區工作的幹部下鄉時也要一併蒐集地方大大小小的革命故事，如有特別值得深入採集者，要主動與文教部門聯繫，進一步採訪。地方政府必須動員與組織當地小學教員、文藝工作者進行革命故事蒐集工作。為了貫徹普及化，地方政府要求編寫時必須注意文字通俗，還要留意與主題有關的山歌、民謠[15]。

客家山歌是閩西各縣自認最具特色的農村文藝活動，如上杭

---

15 福建省老區辦公室，〈通知蒐集老區人民革命鬥爭故事由（老辦字第00588 號）〉（1953 年 11 月 17 日），上杭縣檔案館：33-1-164。

縣政府向來相當重視民歌在宣傳工作的角色。文革以前，所有政策正式推展前都會進行宣傳，而「組織群眾編寫民歌、唱民歌」，毫無例外的成為所有宣傳工作計畫重點，強調民歌是上杭人民群眾的特有風格，也是群眾「喜聞樂見」，最容易接受的媒介[16]。甚至敘述江蘇幹部到上杭檔案館，稱讚館方人員熱情服務，工作有效率的讚美詞，也以「山歌」形式呈現，似乎所有來到閩西的外地人也是人人都能唱山歌[17]。

雖然蒐集和編寫民歌是截然不同的工作，前者是忠實的記錄，後者則是創作，但是從檔案或已出版的民歌卻很難區分彼此差異，也不容易深究目前所見，涉及政治意識型態和革命內容的民歌究竟是為了上級需要而編寫，還是在中共建國前就已經廣泛流傳反地主、反國民黨，支持革命、支持中共政權的山歌。就已出版的民歌內容不難理解，即使外表為出自民間自發性藝術創作的新編民歌，也勢必會將革命、國家帶入傳統曲調中。

古田山歌的形式大致可以分為固定詞曲，以及曲調固定但歌詞是隨機發揮的山歌。大多數都是男女對唱傳遞情意，有些略帶挑逗意味的歌曲，例如古田山歌中有「一窩過了又一窩，對面

---

16 上杭縣人民委員會辦公室，〈提供檔案資料大利用，為建設社會主義革命服務」〉（1959 年 2 月 23 日），上杭縣檔案館：33-1-164。又如，上杭縣檔案館，〈苦戰一晝夜建立檔案館〉（1959 年 3 月 19 日），上杭縣檔案館：33-1-135，檔案頁首即以「民歌」開場：「話說上杭來建館，一天建成有疑論，現場會議觀看後，都說上杭勁沖天。」

17 邱大文、邱金發，〈利用為綱、花果豐碩（上杭縣人民委員會辦公室縣：關於文書檔案工作的材料〉）（1959 年 2 月 23 日，手抄複寫稿），上杭縣檔案館：33-1-164。

老妹過來坐，也有煙來也有火，也有膝蓋做凳頭」。這些山歌在
政府下鄉採集的時候，還是維持男女對唱形式，但內容已經成為
「十勸郎」、「莫念家」之類，希望情郎投身革命行列，不要因
兒女私情及家庭妨礙愛國行動[18]。50 年代《閩西日報》刊頭幾乎
每日登載山歌，如「兩樁心事告情郎」宣傳「生產節約，挑出
好穀交公糧」，以及宣傳科學種田，男女對唱的「選種山歌」[19]。
1960 年，福建人民出版社集結各類民歌，出版了《閩西歌謠》，
強調「（解放前）勞動人民當民歌為階級鬥爭武器，解放後又
成為教育，鼓動群眾進行政治、生產鬥爭的有利的工具。」[20] 但
是從收錄的歌謠中還是很難發現這些山歌完全為農民草根性的創
作。

　　土地改革以後，有鑑於「人們對階級鬥爭的觀念漸漸淡薄
了，以致於幹部忘了貧農，貧農忘了階級」，中共中央指示，農
村社會主義教育要以階級和階級鬥爭教育為中心，串連、啟發貧
下中農進行回憶對比，尤其是未曾經歷「資本主義、封建主義剝
削迫害之苦」的青年。鼓勵農民回憶革命鬥爭歷史、土地改革
歷史、集體化歷史，讓老一輩重新回憶階級壓迫的痛苦，也讓年
青人知道革命鬥爭果實來之不易。因為回憶內容「都是本地群眾
本身及家庭的真人實事，苦甜都很親切，所以這種教育很易打動
人心」，是一種「生動活潑的階級教育」，希望幹部鼓勵農民以
回憶方式進行教育。

---

18 陳少雲，〈閩西革命歌謠〉，古田會議紀念館資料室：7-0007。

19 《閩西日報》，1953 年 10 月 10 日、1954 年 4 月 7 日。

20 福建人民出版社編輯部編，《閩西歌謠》（福州：福建人民出版社，
　　1960）。

　　回憶對比是革命教育的過程，更重要的是記錄和展示，也就是宋任窮建議的書寫村史、廠史，以及貧農、下中農和老工人的家史，將「有教育意義的典型材料寫成簡史」，以革命鬥爭、階級鬥爭實物展覽進行教育[21]。這個政策確實傳達到了地方，但具體實施主要在單位而非村落，如工廠和學校都編寫繁簡不一的「廠史」、「校史」或革命鬥爭史。上杭縣原名賴坑，後更名為乃康的賴姓單姓村，即編寫了《乃康村誌》，由於村落成員都為同一宗族，所謂的《村誌》幾乎等於加入階級鬥爭的族譜。

　　清末到民國以來的古田社會發展過程中，或許沒有一段時間類似 1949 年以後，國家政治勢力與各類宣傳活動如此強烈的滲透。清代到民國時期，農民耕種宗族土地繳納地租就包括田賦，而宗族設置的「完糧嘗」也為同一目的而設。因此，除了少數仕紳和宗族領袖，絕大多數農民完全不需面對地方政府。古蛟鄉建會時期，雖然經常利用人群聚集的墟期，宣導政策，宣傳抗日、反共，計畫在步雲和蛟洋建立中正公園，以及在公園裡樹立紀念碑，紀念 1931 年與中共軍事衝突中受難的古蛟鄉兵，每年農曆正月 29 日，全區舉辦各種「反共紀念日」相關活動。然而，這些宣傳與大多數人的日常生活毫不相干，古蛟鄉建會試圖透過效忠與認同國民黨，取得政治上及政策上的合法地位，主要是夾縫生存的策略性考量。農民面對的是苦思地方政權合法地位

21　〈中共中央關於抓緊進行農村社會主義教育的批示〉（1963 年 5 月 10 日），這份批示附有宋任窮，〈關於農村社會主義教育的兩個問題的報告〉（1963 年 4 月 10 日）以及〈河南省委關於當前農村社會主義教育運動情況的報告〉（1963 年 4 月 15 日）。中共中央在文件中相當肯定宋任窮「用村史、家史、社史、廠史的方法教育青年群」。

的古蛟鄉建會成員，而非中共建國後，代表國家利益的幹部。

　　中共建國後的宣傳重點從革命理念轉為推展政策，進行思想改造工作，傳遞愛國思想。除了文宣、標語、圖像、戲曲活動外，空間、地景、建築或革命文物，也以雄壯的氣勢或被賦予的深厚歷史感展現黨國光輝。基層生產大隊、公社都建有多半用來召開大會，傳遞政策及國家理念的禮堂。古田山街全數為單姓村的社會結構中，每一個生產大隊過去都是同一房派，大隊禮堂取代原本宗祠的公共空間地位。依土改法規定，宗祠是必須徵收的建築，通常成為穀倉、大隊部，或堆積雜物的倉庫，徹底改變原有功能與空間意義。黃龍口的廖氏萬原祠在中共建國初期雖然荒廢幾年，但不久就因為這個空間曾為革命時期的重要會議召開地，及其與領導人的關連，受到中央和省的重視，經過不斷維修並賦予革命意義。

　　萬原祠的重要不在於建築本身，而是 1929 年在此召開的紅軍第四軍代表大會，以及會址周遭八甲村、賴坊村中共重要領導人曾經活動的空間。 1954 以來，中共中央、福建省、龍巖地區多次進行古田會址的維修與會場復原工作，除會址、紅四軍政治部、紅四軍司令部、協成店等革命遺址外，1972 年增建古田會議陳列館、招待所，透過轉換空間意義塑造革命地景，再經由空間地景的塑造，建構革命聖地，在山坳小鎮傳遞革命光輝。

　　1964 到 1970 年代，龍巖地區、上杭縣、古田會議紀念館發動多次大規模的座談會和下鄉訪談，徵集革命文物，重尋紅四軍足跡，從民眾的回憶書寫紅軍及其領導人，尤其是毛澤東、朱德在閩西的形象與活動。持續不斷的深入訪談，也迫使民眾不斷回憶革命過程，紅軍領袖在古田活動的蛛絲馬跡，受訪者的片段回憶也成為組織編寫閩西革命史相當重要的元素。

有關黨的創建、領導人物的活動空間、重大事件、戰役場所，都屬於紀念性革命遺址，中共中央到省、市、縣級政府都複製蘇聯紅場經驗，在大大小小的城市興建人民廣場，提供各類活動，尤其是慶典儀式所需的空間。人民在休憩、日常生活，隨時感受廣場聳立的烈士紀念碑、圖騰傳遞的國家意象，在空間與建築中緬懷國家。土改工作結束後，福建省政府即撥款修復古田會址、蛟洋文昌閣、蘇家坡樹槐堂等革命遺址，而每一次修建工程的首要工作就是宣傳，強調空間地景與革命建國的關連，特別是古田會址——座落在鄉鎮的國家級革命遺址。

二、記憶地景

如同世界其他現代國家或政權，中華人民共和國建國以來，也藉由建立新的神聖地景（geography），如韶山、井岡山、延安、瑞金等地點，連結黨及其領導人的關係[22]。這種藉由國家力量，透過圖騰、象徵[23]，以及博物館或公園等記憶地景（memoryscapes）[24]，強化或建構認同與歷史，在建築群落或空間

---

22 Susan Naquin and Chun-fang Yu, "Introduction: *Pilgrimage in China*," *Pilgrims and Sacred Sites in China*, p. 9.

23 Handelman and Shamgar-Handelman, "Shaping Time: The Choice of the National Emblem of Isreal," in E. Ohunki-Tierney ed., *Culture Through Time: Anthropological Approaches* (Stanford: Stanford University Press, 1990), pp. 193-226.

24 Sarah Nuttall and Carli Coetzee eds., *Negotiating the Past: the Making of Memory in South Africa* (Cape Town: Oxford University Press, 1998), p. vii.

建構的地景中，展現國家的過去、現在與未來的研究，也是近來
歷史學、人類學、社會學相當關注的面向[25]。國家透過地景和空間
塑造集體記憶，也為公民提供一個詮釋國家歷史經驗的框架。

　　早在中華蘇維埃臨時政府時期，中共就曾經發出文告，通令
建立紀念碑、博物館，「為無產階級服務，為革命鬥爭服務」；
以紀念碑緬懷戰爭中犧牲的赤衛軍及政府工作人員，以革命博物
館儲存和展示革命文物。1934年2月全國蘇維埃代表大會召開
前，中共中央教育部代部長徐特立及副部長沙可夫發出通告，預
計在大會召開前五日成立中央革命博物館，希望政府機關、部
隊、黨部、群眾協助蒐集革命紀念物品，供與會代表參觀[26]。

　　革命時期設置博物館、紀念碑偏重純粹的宣傳和紀念，並
沒有刻意強調地景和紀念物與領導人的關係，也缺乏集體記憶基
礎。至於博物館則是到1950年3月，才正式成立革命博物館籌
備處，即今日天安門廣場旁的中國革命博物館前身，此後各省也
紛紛仿效中央，開始籌備省級博物館。1953年，福建省決定在
福州成立「福建省博物館籌備處」，透過陳列、展覽，傳遞愛國
主義思想。籌備處要求各級人民政府調查革命事蹟，徵集革命文
獻與文物，附帶調查民主建設歷程，以及自然資源分布[27]。

---

25 Hung Wu, "Tiananmen Square: A Political History of Monument,"
　　Representations 35 (1991): 84-116.

26 中華蘇維埃共和國臨時政府文告，〈人民委員會對於赤衛軍及政府工作
　　人員勇敢參戰而受傷殘廢及死亡的撫卹問題的決議案〉，《紅色中華》
　　（1932年9月13日）。引自和平，〈我國博物館史的幾則珍貴資料〉，
　　《文物》8.9（1960）：6。

27 從福建省人民政府老根據地建設委員會、文化事業管理局聯合發出的〈為

革命遺址的形成與規範

中共中央正式規範和保護革命遺址，也就是與革命活動、人物、事件相關空間與地景的法令始於 1961 年 3 月 4 日，國務院公布首批「全國重點文物保護單位」，其中革命地景被歸入當中第一類的「革命遺址及革命紀念建築物」，直到 1996 年公布第四批「全國重點文物保護單位」才改變原有分類，取消「革命遺址及革命紀念建築物」，將其併入第五類的「近現代重要史跡及代表性建築」，文物保護單位再也看不到革命一詞[28]。

換句話說，直到 1988 年全國公布第三批重點文物保護單位以前，革命活動的建築與空間都位居首列，凌駕於石窟、寺廟等所有珍貴歷史建築之上。公布首批全國重點文物保護單位的同年11 月，國務院又頒布「文物保護管理暫行條例」，明令省、自治區、直轄市和文物較多的專區、縣、市設立文物保護管理機構，並要求各地持續調查，選擇重要文物列為該省市級或縣市級文物單位。

協助調查徵集革命文物由〉，例舉的革命文物範圍相當廣泛，只要與革命相關，包括舊民主主義革命的文獻和文物。如秘密、公開時期的報紙、雜誌、圖書、檔案、貨幣、郵票、印花、土地證、路票、糧票、攝影圖片、表冊、宣言、標語、文告、年鑑、木刻、雕像、傳記、墓表、革命先進和烈士文物、墨跡及兵器、旌旗、符號、印信、照相、衣服、日常用品，以及革命戰爭中所收繳獲的反革命文獻等均在徵集之列。上杭縣老區辦公室，〈上杭縣老區辦公室為表揚老區人民革命傳統及光榮保存了蘇維埃時期各種革命文物，發贈紀念章、毛主席相片、毛主席提詞〉（1953年 2 月 7 日），上杭縣檔案館：38-1-1。

28 1961 至 2006 年止，中共國務院公布六批「全國重點文物保護單位」，分別是 1961、1982、1988、1996、2000、2006 年。

　　第一批「革命遺址及革命紀念建築物」共計 33 項，依其代表意義大致可分為三類：第一類是太平天國反清運動、清末抵抗外侮、民國肇建，以及中共近代史分期所謂「五四新民主開展時期」的空間遺址，包括孫中山故居、陵墓在內共計有 8 處。第二類是中國共產黨領導人，以及與創黨建國相關的建築或空間，包括毛澤東出生地、共產黨建黨、革命根據地、會議召開地、抗日戰場等，共計 22 處。第三類反映革命成功，以及建國後修建的紀念碑，包括舉行建國大典的天安門，50 年代末完成的中蘇友誼紀念碑和人民英雄紀念碑等 3 處[29]。這些「革命遺址及革命紀念建築物」明顯按時間排序，從毛澤東的韶山故居，到宣告中華人民共和國成立的天安門，大略反映了整個中共革命過程。

　　從表面看，革命遺址與紀念建築物「客觀」、依時序反映出

---

29 〈國務院關於公布第一批全國重點文物保護單位的通知（1961 年 3 月 4
　　日）〉，《文物》（1961：4-5）：7-12。33 處革命遺址與建築如下：
　　毛澤東出生地韶山（1894，湖南），中國共產黨第一次全國代表大會會
　　址（1921，上海），廣州農民講習所舊址（1926），八一起義指揮部舊
　　址（1927，南昌），秋收起義文家市會師舊址（1927，湖南瀏陽），
　　海豐紅宮、紅場（1927-1928，廣東海豐），廣州公社（1927），井岡
　　山革命遺址（1927-1929，江西寧岡），古田會議會址（1929，福建上
　　杭），中山陵（1929，南京），蘆溝橋（1937，北京），平型關戰役遺
　　址（1939，河北繁峙），瑞金革命遺址（1931-1934，江西瑞金），遵義
　　會議會址（1935，貴州遵義），瀘定橋（1935，四川甘孜），延安革命
　　遺址（1937-1947，陝西延安），八路軍總司令部舊址（1938，山西武
　　鄉），新四軍軍部舊址（1938-1941，安徽涇縣），八路軍重慶辦事處舊
　　址（1938-1946，重慶紅岩村），冉莊地道戰遺址（1942，河北保定），
　　天安門（北京），魯迅墓（1956 遷葬，上海），中蘇友誼紀念碑（1957，
　　遼寧省旅大市），人民英雄紀念碑（1958，北京）。

共產革命過程，但在眾多革命活動空間中，列入國家重點文物保護單位的革命遺址與建築勢必有一個選擇過程。無論這個過程是什麼，重點是這些共產革命空間明顯連結到事件、人物關鍵性轉折，或是遺址的象徵意義。

　　以第一批全國重點文物保護單位，有關戰爭的四個遺址為例，除去眾所周知，開啟抗戰序幕的蘆溝橋外，四川瀘定橋遺址是紀念紅軍「長征」過程中，二十二名敢死隊員搶渡大渡河上的瀘定橋，得以讓中央紅軍一軍團成功過河。平型關戰役遺址主要是紀念林彪率領的八路軍 115 師在山西繁峙、靈丘交界，長城關隘成功伏擊日軍輜重部隊。這場規模不大的戰役，或所謂的「大捷」，長期被用來宣傳共軍首度參與抗日戰爭行動，打破「日軍不可戰勝的神話」[30]。冉莊地道戰遺址則是紀念「由共產黨領導」河北保定的民間抗日行動。這些戰役或戰場遺址的背景都不是國共戰爭、對日抗戰規模最大，或具關鍵影響的戰役，但卻是宣傳中的「典型」，被用來展示紅軍在戰場上以寡敵眾、不畏犧牲，帶領群眾的象徵，政治宣傳遠大於戰爭實際影響。

　　中共自 1921 年在上海召開第一屆全國代表大會正式建黨後，開始迅速擴展黨組織，動員基層民眾展開暴動、宣傳、武裝割據，建立革命根據地。第二類的 22 處遺址中，15 處與整個革命

---

30 中共宣傳的「平型關大捷」與歷史學者的討論有極大出入，甚至日本部隊番號、戰爭過程等基本問題都值得商榷，但所謂的「平型關大捷」在政治上的宣傳意義遠大於對戰局的實際影響卻是不爭的事實。中共如何操弄、宣傳該戰役的討論詳見翟志成，〈集體記憶與歷史事實：「平型關大捷」的建構與解構〉，《中央研究院近代史研究所集刊》51（2006）：131-186。

過程相關，其中有 13 處是組織活動、暴動地點，有 2 處為會議址。這 15 處遺址前身屬於寺廟、學校、宗族公共空間的，包括原為玉皇廟等三座寺廟的八路軍總司令部舊址，前身分別為番禺書院、學宮與里仁學校的廣州農民講習所、海豐紅宮、秋收起義文家市會師舊址，瑞金的中華蘇維埃共和國臨時中央政府原為謝氏宗祠，而古田會議舊址則為廖氏宗祠。

　　原為寺廟或宗祠的革命遺址與前身為私人宅邸，如盧山會議舊址；政府機關，如廣州公社；旅館，如「南昌起義」舊址相當不同，因為成為革命遺址以前，根植於地方社會的寺廟及宗族空間就已經承載了與革命分歧，甚至對立的集體記憶，是屬於信徒或宗族的神聖空間。記憶除了藉由書寫、語言、身體、儀式儲存與延續，建築或空間也毫無疑問是記憶的主要載體。David Faure 和 Nicholas Dirk 分別將中國和印度寺廟視為村落歷史儲藏空間[31]，而宗祠也同樣具有儲存宗族歷史──無論真實或建構的系譜，凝聚明確或虛擬，甚至建構的世系關係。

空間意義的轉換

　　不同的社會群體透過家屋、宗祠、寺廟等記憶空間儲存過去，這些建築和空間不僅僅是純粹的紀念地景，同時也反映了社會關係。國家統治機制可以運用暴力輕易摧毀承載記憶的建築，

---

31 David Faure, "The Lineage as a Cultural Invention: The Case of the Pearl River Delta," *Modern China* 15.1 (1986): 4-36; Nicholas Dirks, " Annals of the Archive: Ethnographic Notes on the Sources of History," in Brian Keith Axel ed., *From the Margins: Historical Anthropology and Its Futurs*, pp. 50-51.

但卻很難抹去建築空間承載的記憶。以皖北葬禮相當重要的送小廟儀式為例，過去都在村落土地廟前進行，但土地廟夷為平地後，村民仍然在原址空地圈起葦蓆，並在正中以白紙書寫「本方土地老爺之神位」，進行送小廟及出殯儀式 [32]。

　　成為革命遺址的寺廟或宗族雖然不至於遭受暴力摧毀，卻面對強制性的轉換空間意義。Pierre Nora 指出，記憶的本身歸附於地點（sites），歷史歸附於事件 [33]，每座革命遺址都連結到革命活動或事件，而保存遺址的主要目的就是為了延續事件與活動記憶。空間意義的轉換經常是國家與地方的互動過程，在這個過程中，國家與地方認同和歷史觀念的差異經常在回憶的公共紀念物與地景中相互拉扯，地方歷史與認同在過程中難以避免的被嵌入、傳遞或是馴服 [34]。

　　古田會議舊址成為第一批國家重點文物保護單位之前為廖氏萬原祠，對古田廖氏而言，萬原祠並非單純的祭祀場所，還反映了清末民初，古田廖氏積極在閩粵贛三省尋根問祖，連結本地廖氏與江西、廣東同宗的重要意義。萬原祠是古田廖氏民國以前最晚修建的宗祠，但卻是廖氏遷居古田四百多年來首座供奉一世祖實蕃公，又稱花公的宗祠。廖氏開基為清水祠，原為七世祖文旻

---

32 趙樹岡，《當代鳳陽花鼓的村落：一個華北農村的人類學研究》，頁107。

33 Pierre Nora, "Between Memory and History: *Les Lieux Mémoire*," *Representation* 26 (1989): 22.

34 Kathleen Adama, "Nationalizing the Local and Localizing the Nation Ceremonials, Monumental Displays and National Memory-Making in Upland Sulawesi, Indonesia," *Museum Anthropology* 210 (1997): 113-130.

公，九世祖九生公、曹福公的基業，但文旻公派下裔孫並不包括萬原祠所在的黃龍口石崇、志一公派下子孫。清末文旻公派下的九生、曹福公，結合石崇、志一、旺生公派下五大房，二十二世裔孫合建萬原祠，由曹福公房下的化成公擔任建祠總理，牌位的排列是依各房出資多寡，而非世系關係之遠近。

對古田廖氏而言，興建萬原祠的意義是開基四百多年後，第一座結合當地不同房派，凝聚全族的宗祠。1848年完工後，並未供奉入閩始祖實蕃公，而是過了二年才入實蕃公神主。由此可見，興建萬原祠原始目的並非為了供奉廖氏入閩始祖，而實蕃公神主入祠後也僅是陪祀，但如此卻已經足以連結福建境內，甚至閩粵贛三省廖氏宗親。至少在1929年以前，每逢農曆八月初一到初三，都會唱大戲，舉辦隆重祭祖儀式，廣東、江西，甚至浙江花公後裔都會前來祭祖。

1920年東興堂以達公派下獨力編修族譜過程中，房派之間意見紛歧相當嚴重，倡修者因未能合族共修族譜深深引以為憾，甚至編修主事者也在序言中直斥某些房派不知祖德宗功為何事。但在正式編修前，還是以馨香、牲禮分別致祭清水祠與萬原祠，前者的意義是廖氏最早修建的開基宗祠，而後者則是足以凝聚閩粵贛三省廖氏祖先祭祀之所。族譜將萬原祠放置在祠塋圖志之首，足以說明這座宗祠對廖氏全族的地位。萬原祠建造完成前後到修譜期間，以達公派下除了在鄰近的閩西地區，也出省抄錄外地廖氏族譜，民國辛酉年（1920）秋，閩粵贛三省廖氏共同舉辦二世祖妣遷葬儀式，反映出三省廖氏當時已經發展出相當龐大的同宗組織。

如同清末新政到民國以來大量宗祠改建或附設學校，萬原祠在族譜編修完成前後也在祠內設置和聲小學。因為和聲小學僅限

廖氏一族，且空間有限，僅有甲、乙、丙三個班級，規模無法
與清代古田全里所建，位於賴坊的成翹書院相比[35]。紅軍進入古田
的暴動中，萬原祠內的牌位全數被搗毀，如果現在萬原祠左廂房
牆上斗大的「保護學校」標語確實為當時宣傳員所書，暴動中的
萬原祠是因為兼具學校功能而得以倖存。據目前所有官方文件，
和聲小學在共軍進入古田後，即依共產黨少先隊隊歌「曙光在

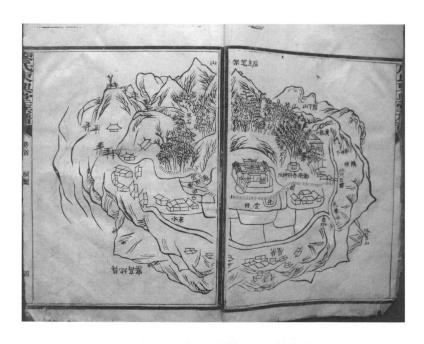

廖氏族譜繪製萬原祠圖與周邊相對位置，
萬原祠右側的都衛太將神壇即為公王神壇

前」，改名為曙光小學，但這個新校名似乎沒有維持多久，傅柏翠與閩西共產黨決裂之後又改回和聲小學，以致於民國《上杭縣志》仍以和聲小學稱之[36]。

從宗祠到革命遺址

根據第一批全國重點文物保護單位簡介與中共黨史觀點，萬原祠所以成為國家重點文物保護單位，主要是這座建築曾為1929年12月28至29日，「中國共產黨紅軍第四軍第九次代表大會」的召開地。紅軍第四軍是由毛澤東率領，以農民為主的「湖南秋收起義」部隊，以及朱德率領的「南昌起義」部隊，1927年南昌暴動失敗後，在井岡山集結成軍。1929年，紅軍撤離井岡山根據地，二度進入閩西，7月以龍巖大池、小池，上杭古田為中心的閩西根據地大致形成。

1928年，紅四軍建軍之初，毛澤東與朱德即稍有芥蒂，離開井岡山之後，紅軍內部又產生前委與軍委內部矛盾，關鍵問題就是政治領導軍事還是軍事領導政治的分歧與衝突。因為原本分別由毛澤東、朱德率領的部隊組成分子複雜，且「流寇思想」嚴重，再加上朱德與中央派遣入紅四軍的劉安恭主張以軍事為核心，設立軍委，要求掌管政治的前委不要干預太多，這個主張與毛澤東的意見相左，但軍事力量還是暫時壓過政治力量。1929年7月，毛澤東在紅四軍七大、八大的前委選舉落得下風，因此

---

36 丘復，《上杭縣志（民國二十七年）》〈學校志〉，頁362載有北五區古田廖族之和聲小學設於廖氏總祠內。

離開紅四軍，部隊指揮權完全由朱德掌握[37]。

直到陳毅於 10 月從上海帶來中央指示，要求毛澤東重返紅四軍以前的這段時間，是毛澤東生命過程中較晦暗，也幾乎是絕無僅有，與下級鬥爭處於劣勢的經歷，不僅失去黨內所有政治權力，沒有實際職務，同時又身染瘧疾，輾轉流離閩西，曾居住在上杭縣城的臨江樓與古田蘇家坡等地。12 月中旬，紅四軍進駐古田，預備召開第九次代表大會，直到翌年年初，毛澤東、朱德、林彪都分別住在古田民居。

古田會議在中共政治、軍事發展過程被視為相當關鍵的轉折，會後毛澤東重入紅四軍，擔任前委書記，凸顯他在黨內衝突中由失利到復起的個人經歷。毛澤東會議期間發表，原名為〈中國共產黨紅軍第四軍第九次代表大會決議〉，即〈古田會議決議〉，在古田撰寫，主要觀點為農村包圍城市，武裝奪取政權的〈時局估量和紅軍行動問題〉，正式出版更名為〈星星之火可以燎原〉，更被共產黨視為重要的政治軍事理論。

古田會議共計有黨代表、幹部代表、士兵代表 120 名與會者，主持人為陳毅，主要人物還包括毛澤東、朱德。毛澤東報告內容包括黨的宣傳、組織、教育，以及士兵管理等問題，批判「黨內錯誤思想」，尤其將政治、軍事視為二元的「單純軍事觀點」，以及「不承認軍事是有政治目的，軍事只是完成政治目

---

37 本節重點並非中共黨史研究，或是討論古田會議在中共革命過程的關鍵影響，僅就目前中共官方立場的古田會議進行簡略說明。古田會議的詳細脈絡可參閱傅柒生，《軍魂：古田會議記實》；黃宏、林仁芳，《古田精神（弘揚革命精神系列叢書）》。又，古田會議名稱另有一說為「中國工農紅軍第四軍第九次代表大會」，今從目前官方正式名稱。

的工具之一」主張。簡單的說，就是批判中共擁有武裝以來，黨內偏重槍桿子的問題。中共黨史論述中，這次會議奠定了黨指揮槍的基本綱領，而黃龍口萬原祠的會議舊址，八甲松蔭堂、中興堂的紅四軍政治部、司令部舊址，賴坊協成店──〈星星之火可以燎原〉寫作地，也因此連結到共產革命過程。

事實上，除了官方宣傳閩西人民支持紅軍，為共產革命犧牲奉獻的論述外，確實再找不到任何較為特殊，能連結萬原祠這個空間與古田會議這個事件的社會歷史背景。然而，這棟建築從宗祠到革命遺址，再從革命遺址到革命聖地，透過中共中央、地方政府，和一般民眾不斷的鍛造與傳遞神蹟，逐步構築官方或民間的神聖性，卻有相當清晰的脈絡可尋：先是經過 1961 年訂為全國重點文物保護單位，1989 年以來，江澤民、胡錦濤分別到訪，經過前後任最高領導人的加持，進一步提升會址地位。

革命遺址神聖化相當類似中華帝國透過政治手段毀禁淫祀，彰顯官方敕封認可的地方神明，實現民間信仰「標準化」，使國家權力和意識形態貫徹到地方的過程[38]。賦予萬原祠本身及日後成為古田會議遺址空間意義的能動者，分別從帝國晚期和民國的宗族領袖，到中共建國後的國家代理人；從最基層地方幹部自行摸索「新中國」革命神聖性展演，以及不同層級地方幹部對於構築神聖空間概念的不一致，到後來複製其他革命遺址，形成標準化

---

38 James Watson, "Standardizing the Gods: The Promotion of T'ien Hou ('Empress of Heaven) Along the South China Coast, 960-1960," in David Johnson, Andrew J. Nathan, and Evelyn S. Rawski eds., *Popular Culture in Late Imperial China*, (Berkeley: California University Press, edited by 1986), pp. 292-324.

藍本的過程。

　　革命遺址與宗祠、寺廟都是紀念地景，分別屬於支配與被支配記憶場域。前者主要來自國家權威或利益團體的建構，其特徵是壯觀、耀武揚威、強制性，帶有官方儀式的冷漠與肅穆；後者則是一個自發性的皈依和沈默朝聖者的聖堂，是一個避難場所，人們在這個聖堂中尋找具有活力的記憶核心[39]。支配與被支配記憶場域有時因為事件或是時間點不同無法截然而分，例如天安門廣場上的人民英雄紀念碑原本是國家用來緬懷為國家犧牲，受難者的支配記憶場域，但是在 1976 和 1989 年的天安門事件中，人民英雄紀念碑卻成為群眾聚集的中心，緬懷周恩來、胡耀邦，中國群眾心目中開明領導者的紀念象徵，反倒成為天安門廣場周遭支配記憶場域環繞的被支配記憶場域[40]。

　　古田會議舊址在不同意義上也兼具二種記憶場域的特徵，萬原祠被列入國家重點文物保護單位後，原來僅僅和古田廖氏宗族成員相關的宗祠成為革命聖地，代表國家光榮歷史的神聖空間。共產黨透過古田會議舊址展現革命光輝，古田、上杭地方幹部及一般民眾也在 90 年代以後，透過種種「傳奇」傳達神聖概念，分別透過不同形式的歷史記憶展演延續聖地生命。

---

39 Pierre Nora,"Between Memory and History: *Les Lieux de Memoire*," *Representations* 26 (1989): 23.

40 Hung Wu, "Tiananmen Square: A Political History of Momuments," *Representation* 35 (1991): 107.

三、革命空間的拼貼與再現

　　1951 年的土改工作中，古田會議址以「廖氏總祠」，而非日後官方正式的「古田會議舊址」名稱出現在土改報告，土改工作組以及地方幹部似乎都不明白會議正式名稱，而含混的稱之為「建黨建軍會議」。反而是萬原祠旁的木製戲臺，因為深具摧毀「封建勢力」的指標意義，受到相當關注。土改小組描述，「一九四九年革命時，古田人民在廖姓的總祠左側建造了演講台一座，嗣國民黨復僻時在偽國民黨古田區黨部的策動下，廖姓封建頭子則將此台折（拆）毀，在這次土改中在人民的壓力底下迫使折（拆）毀者於一個月內建築回去，這些證明本區封建勢力受到了一定的打擊。」[41]

　　這份報告至少有年代、地點二個明顯問題。因為無論當前中共官方的古田會議宣傳資料，或是廖氏宗族成員的說法，戲臺在 1929 年以前就已經存在，而非報告所謂 1949 年才搭建，否則古田會議期間也不可能在此舉行閱兵，以及舉辦春節聯歡晚會。至於戲臺的位置，若是依照古田和大多數華南地區以站在大門面朝外，也就是背對建築區分左右方位，戲臺應該是在宗祠的右方而非左方。戲臺位置在左或右看似無關緊要，畢竟打擊封建勢力才是土改小組的重點。但若戲臺真在左方，極有可能維持到土改時期，也不至於造成「廖姓封建頭子」百口莫辯的反革命罪狀。

---

41 上杭縣第七區土改工作隊，〈上杭縣第七區土改工作總結報告〉（1951年 4 月 3 日），上杭縣檔案館：87-1-9-1

所謂「封建勢力」頭子拆除的「演講臺」是廖氏宗族所建，原名為千年臺，紅軍入古田又改為列寧臺的戲臺，是在宗祠風水位置右側。按照風水上的說法，左方代表青龍，右方代表白虎。戲臺正對宗祠右側，勢如張開大口的白虎，直接向著萬原祠，族長們再三思考商議後認為不妥，而在 1930 年代拆除。此舉純粹是風水考量，與反革命完全無關。演講臺也好，戲臺也罷，至少這是古田會議舊址紀念群建築中最早修復的「遺址」，也成為往後具有多重功能的公共空間。

戲臺前有開闊廣場，在確立為重點文物保護單位以前，這裡是各類文娛活動的首選地點，而較具規模的鬥爭大會也毫無例外在此地召開，不斷上演文娛宣傳戲劇或批鬥戲碼。戲臺正前方的萬原祠在各項活動中反而成為沒有人注意的配角。至於會址如何受到中共中央關注，在解說員以及會址介紹資料中，都不斷引述一則「將軍的心願」。

「將軍的心願」描述 1953 年夏，解放軍 23 軍政治部主任，福建上杭籍的陳茂輝少將返鄉省親，途中「專程瞻仰心儀已久的古田會議所在地」。17 歲加入共青團，18 歲參加紅軍的陳茂輝，長期從事軍隊政治工作，對古田會議應該有相當清楚的了解，也早想「瞻仰會址，但戎馬倥傯，難遂心願」。當他終於得以踏上「心儀已久」的會址時，卻只見道路坑坑窪窪，閱兵場及舊址院內雜草叢生，幾頭水牛拴在柱上，牛糞東一堆西一堆，圍牆殘缺，檁朽瓦掀，只有當年的紅軍標語「保護學校」四個大字，透露出這個建築的革命歷史。心痛的陳茂輝回到南京後，去函政務院，要求儘快維修復原舊址。這個意見立即得到政務院重視，並批示福建省政府盡快調查核實。省、地、縣都成立了工作

組，進行會址的復原與調查研究，上報中央核定後撥專款維修[42]。

陳茂輝是否上書政務院，或是以少將軍銜、23 軍政治部主任的職務能發揮多少影響都有待討論，更何況當時尚未實施軍銜制。此外，從 1953 年 1 月發行的《文物》就已經刊載中共中央和福建省政府先後撥款二億六千萬，修建福建革命遺址與歷史古蹟消息看來[43]，若「將軍的心願」屬實，這次撥款似乎並未包括古田會址維修。無論如何，「將軍的故事」以及古田會址修建計畫檔案都明白顯示出，古田會址建築本身、閱兵臺及道路在 1954 年以前確實是殘破不堪，甚至大部分門板、窗戶都不知何時被拆除，更遑論內部陳設。這個景象說明了中共建國之初，從中央到地方確實無人有閒暇關注古田會址——這個日後神聖性、重要性不斷提升的革命遺址。

封建勢力是革命時期以及中共建國後打擊的主要目標，但根據土改法，宗祠和教堂等代表「封建勢力」的建築卻是不允許隨意拆毀，必須由地方政府徵收的財產。1950 年 6 月 14 日，人民政協全國委員會第二次會議上，劉少奇也結合土改與文物保護工作，要求地方政府進行土改工作時，如發現無人管理的名勝古蹟、歷史文物，必須留心並派人管理。

---

42 李貴海，〈將軍的心願〉，《閩西日報》，1999 年 12 月 8 日；福建省老區辦、古田會議紀念館，《相約聖地：古田會議紀念館建館四十週年紀念畫冊》（2005 年 1 月），頁 30。黃祖洪、陳志濤，〈古田會議會址維修、復原及保護管理記實〉，《閩西文史資料（第一輯）》（龍巖：福建省龍巖市委員會文史資料委員會編，1999），頁 17-18。

43 〈中央人民政府和福建省人民政府先後撥款二億六千萬元修建在福建省的革命遺址和歷史上的名勝古蹟〉，《文物》（1953 年 1 月）。

　　政務院秘書廳根據指示，在 7 月 29 日發出正式通知，要求
保護古蹟、文物、圖書、建築，同時蒐集革命文物。土改幹部
進行學習時，必須遵行政務院頒布的古蹟珍貴文物圖書及稀有生
物保護辦法，並且在學習土改法時一併要了解古文化遺址及古墓
葬之調查發掘暫行辦法、保護古文物建築辦法、徵集革命文物
令，必須將這些法令列入土改學習資料之參考文件 [44]。激烈的土
改過程中，文物保護法令僅僅是聊備一格，因為直到 1953 年以
前，古田會址並未被視為需要保護的革命歷史文物，以致於乏人
管理，出現破敗景象，直到 1958 年才委派曾任閩西特委委員、
古田蘇家坡人雷實標擔任會址管理員。

　　事實上，除了古田會議舊址外，古蛟地區當時另有蘇家坡樹
槐堂、蛟洋文昌閣革命遺址。這三處遺址中，古田會址的地位
在 1950 年代初期遠遠不及閩西中共第一屆代表大會召開地蛟洋文
昌閣，文昌閣不僅是三處遺址中最早成為福建省重點文物保護單
位，也是最早修復的遺址。早在 1952 年，福建省就撥專款 8 百
多萬元維修文昌閣 [45]，但這次撥款僅能修復塔閣的最高二層，因此
第七區政府分別在 1953 和 1957 年行文，再三要求省府撥款，解
決漏雨、土牆傾斜至幾乎崩塌的危險 [46]。或許因為會址建築在當時
未滿百年，整體結構不需太大維修，因此在 1953 年與文昌閣同
時編列的整修經費僅為 3 百多萬，尚不及前一年單單為文昌閣整

44　〈土改工作中怎樣做好保護文物古蹟〉，《文物》（1951 年 1 月）。

45　上杭縣人民政府第七區公所報告，〈上杭縣第七區革命遺址蛟洋文昌閣
　　修建費預算書〉（1953 年 1 月 24 日）。

46　上杭縣古蛟區公所，〈上杭縣古蛟區公所關於報請撥款修建革命文物蛟
　　洋文昌閣的報告〉（1957 年 11 月 6 日）。

修撥給經費之半數 。蘇家坡樹槐堂直到古田會址列為國務院重點文物保護單位後，上杭縣政府才在 1962 年行文福建省，要求列為省重點文物保護單位，但省方並未同意，僅要求上杭縣暫時將此地列為縣級文化保護單位[47]。

經過土改補課運動之後，古田從光榮的，必須維持的蘇維埃土改保留地區，墜入到政治落後鄉，上杭縣成立了改造落後鄉辦公室，積極整頓古田階級意識不明確的「政治落後情況」。地方政府及工作組成員打擊反革命，利用群眾挖掘地主的同時，區級地方政府也成立了「古田會議舊址修建委員會」，成員包括區、鄉政府各一人，九個自然村各派代表一人，擬定了「修建古田會議舊址工作初步計畫」[48]。計畫所列的首要工作是宣傳動員：宣傳革命遺址以及修建古田會議舊址的重要性，動員召集對革命遺址較清楚的群眾，蒐集革命故事和有關材料，順帶進行收集革命文物工作 。

從實際成果而言，1954 年古田區、鄉政府主要工作僅僅是修復會址結構體，並沒有動員幹部下鄉了解紅四軍在閩西活動狀況，也沒有發動蒐集革命文物 。委員會將結構體修復工作指定由古田泥水匠老蘭古與木匠謝孔邦負責，由於總經費僅有舊人民幣 3 百萬元，維修作業僅能因陋就簡 。建築所需材料都是就近取

---

47 福建省文化局，〈關於古田蘇家坡的樹槐堂列為重點文物保護單位的問題〉（1962 年 2 月 20 日），上杭縣檔案館：33-1-213。上杭縣人民委員會，〈關於蘇家坡樹槐堂與革命遺址列為我縣文物保護單位的通知〉（1962年 3 月 30 日），上杭縣檔案館：33-1-213。

48 修建古田會議址工作委員會，〈修建古田會議址工作初步計畫（手抄、油印本）〉（1954），上杭縣檔案館：98-1-4.1。

得，如石灰購自蘇家坡，瓦磚購自山街文元村，烏煙則購自凹頭鍋廠，木料、石料等昂貴建材則利用鎮裡廢棄房屋的回收舊料。委員會雖然將宣傳動員列入計畫，但是如同土改工作隊含混描述的「廖氏總祠」，當時區、鄉級政府對古田會議的意義、會議過程都不是相當清楚，直到上杭縣及龍巖地委接手第二步的重建計畫後，才開始規劃會址內部陳設。

1955 年，行政區劃重新調整後的古田屬第十三區，區公所根據上杭縣人民委員會等單位提出通盤處理古田、才溪革命遺址計畫[49]，又列了更詳細的「修建古田會址計畫」版本[50]。整個計畫除會址建築，還規劃四周道路、橋樑交通設施，以及預備在會議址前興建牌樓，但更重要的是會場，亦即會址內部陳設。規劃案的建築方位採取與土改小組相反，但卻符合古田地方習慣的方式，也就是背對正廳，面朝大門區分左右。會場設在宗祠正堂，右牆懸掛黨旗一面，旗下掛 2 尺長、1.5 尺高，炭筆繪製的馬克斯、列寧像各一幅。畫像下設 6 尺長、2 尺寬的黑板，黑板前放講臺。講臺前方放置桌面半斜，有二個桌蓋的黑色課桌 30 張，並配白條凳。

會場四周牆壁用色紙書寫標語，上廳右側第三根柱子懸掛八角形老掛鐘。因為會場陳設所需物品早在二十多年前就蕩然無存，因此全數都需重新購置。會場上廳左側牆面，計畫懸掛黑底金字，1 丈 5 尺高的「古田會議決議」木牌，下廳左右牆面各

---

49 上杭縣人民委員會、老區辦公室，〈本縣：「修建古田會址、才溪光榮亭及道路、學校等計畫」〉（1955），上杭縣檔案館：38-1-8。

50 第十三區公所，〈修建古田會址計畫〉（1955 年 3 月 17 日），上杭縣檔案館：38-1-8。

掛一幅 6 尺寬、8 尺長的油畫,畫面內容要分別描繪毛澤東於會議期間報告場景,以及會議代表在照牆內吃飯的情況。內大門懸掛五個布花燈,分別寫上「古田會議址」五個字。會議期間毛澤東的辦公室,是在面對大門左橫屋第二間,室內窗前放方一張木桌,二張單人方凳,後壁右角放便床。桌床椅凳早已不存,同樣需要另行購置。為了說明展示空間的意義,區公所計畫製作「古田會議期間毛主席辦公室」白底紅字橫木條懸掛在門框。

雖然經過 1953 年初步整理,會址建築本身應該還是殘破不堪,有待改善之處甚多,1955 年的修建計畫,還詳列門窗脫落遺失、油漆斑駁的現象,不過會場設置大致在 1955 年的復原階段已經奠定基本樣貌。這次整修計畫有二個重點,首先是企圖鉅細靡遺的重現古田會議召開場景,其次是區鄉幹部在上杭縣人委會提示下,從原本粗略整修會址建築主體結構,再加上復原會議場景細節,以及增添各種足以凸顯會址重要性的標示與陳設。

當時負責整建會址的區鄉幹部應該沒有任何圖像,或其他所謂革命遺址可供參考。遺址外觀應維持,不得變更的全國重點文物保護法規也尚未公布,區鄉幹部和龍巖專署對於如何塑造革命形象只能各憑想像。再加上沒有實物或圖片可供參考,結果是不自覺的以寺廟、宗祠,過去隨處可見的傳統信仰建築為藍本,依據根深柢固,民間信仰空間常見的神聖性元素套用在會址復原工作。如計畫搭築萬原祠原本沒有的牌樓,同時已經繪製完成類似功德坊、教義坊或節義坊等石坊牌樓的設計初稿,預備懸掛大型黑底金字的「古田會議決議」牌,以及用分別書寫「古田會議址」五個大字的燈籠顯示會址名稱。這三個規劃案,除了「古田會議決議」牌以外,其他都被龍巖專署否決。

經過區政府二度修葺,龍巖專署在 1955 年 7 到 12 月,密集

提出修改意見，要求會場布置必須樸素、莊嚴，參加工作的幹部都要熟悉古田會議歷史，要深入群眾，了解古田會議過程和與會人員情況，油畫、實物要符合歷史又富有教育意義。專署的意見可說是鉅細靡遺，甚至連原本以美術體書寫「古田會址」，都要求以楷體重新寫過，「為了表現民族風格，最好找中央領導題字」。室內除馬、恩、列、斯及毛主席、朱副主席像外[51]，還要求懸掛當時參加古田會議的林彪、陳毅、栗裕等領導人像。

區政府似乎很難達到龍巖專署的要求，參與規劃執行的工作人員，屢次對會址進行過多彩飾，欠缺對革命背景應有的了解，都使得龍巖專署及老區辦公室相當不滿，於9月再度提出強烈的批評和修改意見。要求陳設莊嚴樸素，點綴不要過於繁複，油漆不該花花綠綠。宣傳部長看到牆邊古田會議主題的油畫深感憤怒，認為「不夠嚴肅」，畫面完全是憑空想像，如紅軍所著軍裝看不出是哪個時期的紅軍制服，不僅不倫不類，更失去真實感。老區辦公室指示，油畫題材應根據古田會議與會人員敘述繪製，或是找53、54年《解放軍畫報》二幅古田會議的歷史照片加以放大，也可以請上杭縣繪製「紅軍赤衛隊攻打杭城」油畫的畫家協助繪製古田會議油畫[52]。

1955年底，地委又根據前幾次修改提出意見，主要包括決議牌不需另加五角星和藍色木牌，另要降低懸掛高度。相片懸掛位置具體規範為，毛主席像要放中間，馬、恩、列、斯維持

---

51 馬、恩、列、斯，分別指馬克斯、恩格斯、列寧、斯大林。

52 龍巖專署老區辦公室，〈關於修建古田會址意見〉（1955年9月15日，類似公文的函件），上杭縣檔案館：38-1-8。

不變，懸掛在毛相左側。原本 7 月來函即要求毛澤東相右側，另懸掛林彪、陳毅、粟裕肖像，但最新的指示則要求更改為劉少奇、周恩來、朱德、陳毅四人相片。地委見到牆柱上除十大政綱外並無其他標語，認為「政治氣氛較虛弱」，指示另外製作數塊標語。「廖氏家祠」的牌匾當時還在，具傳會議期間萬原祠已改為和聲小學，因此要製作「和聲小學」牌匾蓋在廖氏家祠牌匾上。圍牆的「毛主席萬歲」、「聽毛主席的話□□□□□」字跡已經湮滅不清，要用白漆重新畫過，側牆邊的「朱總司令萬歲」應塗掉。「毛主席辦公室」的橫額，不必加「古田會議期間」字樣，辦公室內應放置單人床，床上鋪草墊和草席。桌上要擺放墨、硯、毛筆[53]。

　　區鄉政府正為會址復原工作焦頭爛額的時候，古田鄉政府又提出比照當時普遍習慣，利用宗祠、廟宇或建築規模較大，保存情況較好的民宅作為機關辦公處所，要求將鄉政府遷入會址內，但專署批示暫緩進行[54]。蘇家坡「老革命」雷實標也對工作幹部帶來不少困擾，甚至傳到地委耳中。地委書記在 12 月的函件末尾不耐煩的指示，「18 年（按：此處係指民國）曾參加古田會議的雷實標（蛟洋、苦竹、蘇家坡人）為什麼大鬧，可通知到縣，叫他講過會議」。地委書記或許並不了解，雷實標並未實際參與古田會議。雷實標在會議期間是閩西特委委員，只不過在會議最後一天進入會場，又曾至毛澤東寢室送信，自恃對古田會議

---

53 龍巖區專員公署，〈地委劉□□關於古田會址的修建意見〉（1955 年 12 月 14 日），上杭縣檔案館：38-1-8。

54 龍巖區專員公署老區辦公室，〈批復古田會議址撥款問題〉（1955 年 12 月 16 日），上杭縣檔案館：38-1-8。

應當有一定的發言權，但區鄉政府進行會場復原工作的時候，顯然不太尊重雷實標的意見，完全由幹部自憑主張，以致於「老革命」對新幹部多有不滿。

事實上，1955 年經過改造落後鄉工作組整頓地方組織「領導班子」後，古田鄉的 13 位人民委員會新任委員中，有 11 位是貧農，另外 2 位是中農，鄉長和 3 位副鄉長則全為貧農出身[55]。他們都是過去沒有政治權力、地方聲望，未參與古田會議的貧農幹部，日常行政工作都感到力不從心，對於革命事件的意義更難有充分了解。會址整建工作正與土改補課同時進行，在政治落後鄉重建光榮的革命遺址有許多尷尬問題，也不得不考慮到階級問題。大多曾經參與古田會議的村民已經被劃為「叛變分子」或是「惡霸地主」、「封建頭子」，因此被完全排除，不列入會址整建諮詢成員。

龍巖專署應該很清楚古田土改補課，重新劃分階級的情況，因此得知毛澤東在古田會議期間居住的松蔭堂，亦即紅四軍政治部的屋主正是被土改小組稱為「封建勢力頭子」，拆除古田會址旁司令臺的廖肇藩。專署認為：「目前屋主係地主成分，1953 年時該房屋已經陳列紀念，我們意見為保持嚴肅性，避免分散起見，可於古田會址內按毛主席舊居原狀布置一間寢室紀念，原有紀念室予以撤銷。」[56] 由此可見，革命遺址的選擇還涉及階級，

---

55 中共古田鄉黨支部、改造落後鄉工作組，〈上杭縣古田鄉土改保留地區處理土改遺留問題工作總結報告〉（1955 年 11 月 8 日），上杭縣檔案館：98-1-27。

56 龍巖專署老區辦公室，〈關於修建古田會址問題兩點初步意見〉（1955 年 7 月 4 日，類似公文的函件），上杭縣檔案館：38-1-8。

是依政治氣氛與正確性而非歷史事實。自此以後到1980年代，松蔭堂從中隔為二個部分，左側為廖肇藩居住，右側則成為古田會議紀念館的員工宿舍。直到1990年代，廖肇藩脫掉地主帽子十餘年後，古田會議紀念館員工才搬離此地，2004年完成徵收，核發屋主補償金，2005年完成重建，列為省文物保護單位。

區鄉政府進行的古田會址維修與會場復原工作大致在1955年結束，此後並未進行變更，維修復原工作完全由地方幹部負責，會址與民眾也沒有太大的關連。大約從1961年開始，古田會址似乎成為附近農民的革命教育場所以及旅遊勝地。步雲鄉偏遠山區的大源村農民留有一禎斑駁的黑白照片，畫面是一家六口在古田會址內大門，後方背景是掛有「古田會議會址」的牌匾，四個兒童併坐在長板凳，他們的父母則分立兩旁。畫面中的父親著短褲、戴斗笠，母親則是穿著農村不常見，除非節慶或盛大場合才會穿上的淺色，或許是白色連身洋裝，配戴胸花，似乎是因為個人或家庭受表揚才能享受至古田會址參觀拍照的殊榮。只不過在中共上杭縣的宣傳中，大源村向來因堅決支持共產革命，甚至曾遭受國民黨「屠村」，這個光榮村落的民眾，應該料想不到有朝一日會來到落後鄉感受革命光輝。

1964年以前，古田會議舊址的規模和陳設都沒有明顯變化，而會址也只是為保存而保存，並未賦予革命神聖空間的意義，1959年上杭檔案館油印發行古田會議舊址情況介紹，但重點完全是古田會議前後背景，對於會址及會議過程只是簡單帶過[57]。周邊

---

57 上杭縣檔案館編，《上杭縣古田會議址情況介紹》（1959年1月），古田會議紀念館：雜-46。

1951 年，人民畫報上的古田會議會址（左）
60 年代，古田鎮大源村民在古田會議會址留影（右）

有雜亂的民舍，社下山旁會址前方廣場，或是被稱為紅軍閱兵場
上建起了公社禮堂，七零八落的電線桿更是無人過問。毛澤東在
古田會議期間居住的松蔭堂，原紅四軍政治部充做電廠，對面的
中興堂，原紅四軍司令部則被八甲大隊作為大隊部使用，毛澤東
撰寫〈星星之火可以燎原〉所在的協成店還是住著原屋主，白砂
木材商人傅光甫的兒媳袁清秀一家人。古田會議會址及相關革命
遺址群的「光芒」尚未顯露，而改變的第一個契機則是在古田一
躍成為國家重點文物保護單位之後。

四、重燃星火餘燼

1959 年是古田會議 30 週年，按理說，逢五、逢十都值得大
肆慶祝，官方紀念地景依例必須舉辦各類活動，尤其又以逢十的

週年更為隆重,但這一年卻完全不見任何紀念活動,甚至連小小的宣傳也未曾聽聞。沒有舉辦慶祝活動的原因可以輕易從社會經濟脈絡找到解釋,因這一年正處於大躍進階段,也是官方所謂「三年困難年」的頭一年,如古田雖然在年初還維持大食堂,但春季尚未結束就面臨經濟的窘迫,基本生活都無以為繼,紀念活動當然難以進行。

從實際狀況來說,經濟問題似乎並未影響宣傳活動,檔案館及博物館的數量也隨著「大躍進」而飛躍,龍巖各地紛紛成立紀念館、革命博物館,如后田暴動紀念館、長汀縣革命紀念館、才溪鄉革命紀念館、連南暴動紀念館、寧化革命文物展覽館都在這年成立。上杭縣也鼓吹「大走群眾路線」,預計在12月要實現全縣「博物館化」,才溪鄉因為「實現了文書、檔案、資料、紅旗博物革命紀念館、圖書七合一的檔案館」得到縣裡的褒揚推崇,希望其他鄉鎮仿效[58]。

如果古田會議在革命紀念館「躍進」階段就已經成為革命過程值得大書特書的重要事件,地方政府卻未在會址舉辦任何活動,甚至沒有簡單的紀念儀式似乎難以想像。但事實確實如此,一直要到五年後的1964年,才首度看到龐大動員紀念活動,這個轉變的關鍵與古田會議舊址在1961年4月成為國務院第一批全國重點文物保護單位密切相關,而1964年正是古田會議舊址成為重點文物保護單位的第一個逢五週年慶。這一年,會議舊址的照片、〈紅軍第四軍第九次代表大會決議案〉書影,及會址介紹

---

58 上杭縣人民委員會辦公室,〈提供檔案資料大利用,為建設社會主義革命服務」〉(1959年2月23日),上杭縣檔案館:33-1-164。

才首度出現在《文物》月刊[59]。龍巖和古田會議紀念館人員以 35
週年的名義展開動員，重點任務是完成會議址復原和輔助陳列工
作，古田會議的相關回憶紀錄也從這一年開始大量生產。

革命博物館大躍進時，龍巖專署成立文管會，主要任務是籌
備閩西革命博物館，以及統籌管理新成立的紀念館、博物館，古
田會議舊址也直接歸其管轄，會址維修與陳列工作從區、鄉幹部
移交到龍巖專署專責人員手中。1960 年，「龍巖專區展覽會辦
公室」成立，由文管會兼任辦公室成員，持續閩西革命紀念館的
重點工作，翟忠華擔任籌備辦公室主任，謝耀承為秘書。陳列計
劃由謝耀承負責編寫，整體架構是依據「第一次國共革命戰爭、
閩西暴動、紅四軍入閩與古田會議、閩西二年游擊戰爭、抗日
戰爭、解放戰爭」，目的是將閩西革命鬥爭大事記與中共革命過
程結合，但當時重點明顯是籌備閩西革命紀念館，古田會議僅僅
是閩西革命博物館陳列計畫的一小部分。

陳列計畫初稿分別上呈副總理鄧子恢、最高人民檢察長張鼎
丞、省長魏金水、司令劉永生等閩西革命時期重要領導人，其中
鄧子恢是涉入意見最多、層級最高的中央級官員。1961 年 7 月
底，鄧子恢指示地委，派人赴京聽取親筆修改的陳列計畫，地委
獲令即指派謝耀承和龍巖黨史辦陳少雲二人前往。當時因閩西財

---

59 〈古田會議會址和決議〉，《文物》（1964）：10-11。《文物》月刊在
 1961 年刊載〈國務院關於發布文物保護管理暫行條例〉以及詳列全國第
 一批全國重點文物保護單位時，曾登出 33 個「革命遺址及革命紀念建築
 物」當中 12 個遺址圖文說明，與中共革命相關的有上海一大會址、韶山
 毛主席故居、廣州農民講習所、瑞金革命遺址、遵義會議會址、延安革
 命遺址，其中並未包括古田會址。

政困難，鄧子恢指示，如果有條件，可以先修繕龍巖虎嶺山，紅十二軍軍部舊址，暫時在此進行閩西革命紀念館的陳列工作，若經濟情況實在不允許，退而求其次的方案才是在古田會址進行輔助陳列[60]。

1964 年 3 月 1 日，省長魏金水指示，以省文化局主導，會同省民政廳、省軍區、龍巖專署，成立「古田會址修繕復原陳列規劃小組」，之後又更名為「古田會議會址建館規劃聯合工作組」。這裡所謂的建館並非 70 年代初期完成的古田會議紀念館，而是利用古田會議舊址展開陳列。聯合工作組組長由省文管會秘書韓閱書兼任，成員包括省文管會陳仲光、龍巖專區文管會翟忠華、謝耀承四人組成。4 月 21 日，聯合工作組人員到古田召開群眾幹部座談會，了解會址與古田會議基本情況後，提出〈古田會議會址修繕復原陳列計畫報告〉，隨後韓閱書率陳仲光、翟忠華、謝耀承、「長征」老紅軍黃德彪到井崗山、廣州農民講習所，又到南昌起義紀念館、井崗山、貴州省博物館、遵義會議紀念館參觀，重點是參考其他革命遺址的復原與布置，同時交流複製文物資料的工作經驗。

因為徵集到的實物有限，紀念館陳列的革命文物大多為複製品，石印的印刷文物，如馬克思、列寧像由謝耀承負責，手書文告則由武平國畫老師黃克光複製，整體輔助陳列計畫、版面製作，會址復原工作都由謝耀承配合省文管會進行。1964 年上半年開始興建古田會址接待室，由於紀念館陳列復原和各項工程陸

---

60 謝耀承，〈古田會議紀念館籌建前後的一段回憶（1960-1970 年）〉，古田會議紀念館資料室：2-0247。當時永安、清流、寧化仍屬龍巖專區管轄。

續開展，人力嚴重不足，又從漢劇團派員到接待室支援，並從廈門大學美術系請專業人員製作「古田全景」沙盤模型，陳列在接待室大廳。1964 年 12 月古田會議 35 週年紀念日，會址正式對外開放，翌年元月開始新增參觀接待的講解工作。

對歷史學者而言，1929 到 1964 年的 35 年並不算太長，但是就個體的回憶來說，卻久遠到足以遺忘細節。古田會議舊址雖然經過 1954 及 1955 年的維修和復原，但基本上「創造」的成分遠高於「復原」，地方政府沒有著手調查古田會議詳細經過，更遑論忠實還原會場樣貌。共產革命重大事件的影響及其重要性是黨史或歷史學者感興趣的工作，例如古田會議後，毛澤東在紅軍的地位，以及會議決議是否確如黨史所賦予，奠定黨對軍隊絕對領導的關鍵地位，以及緊接著中共主力移往贛南建立中華蘇維埃的過程。然而在整個中共革命史，甚至縮小範圍至福建、閩西革命史，古田會議不過如大片革命歷史書寫的滄海一粟，當時官方資料完全不見細節描述，甚至連會議召開天數，紅四軍停留在古田的時間，四個縱隊駐紮地點等基本問題都是眾說紛紜，這段歷史在當時也是渾沌一片。

透過 1964 年和 1969 年，古田會議逢五、逢十週年紀念的籌備工作記錄不難發現，會議過程和具體事件經過一次又一次訪談回憶過程被重塑。部隊行動的詳細路徑與日程，「主席在閩西的光輝形象」也在回憶過程中被建立，再經過不斷增添細節，形塑出古田會議樣貌，會議的重要性也在官方的加持下不斷凸顯。

所有古田會議舊址的回憶中，毛澤東的意見應該毫無疑問是地方政府最應重視的回憶，毛不僅為中共最高領導人，同時也是古田會議的重要參與者。但毛澤東對古田會議舊址的回憶似乎只有一句話，而這句話也是透過至少輾轉三次的傳遞，先是福建省

委傳到省文管會秘書韓閱書，再由韓閱書傳遞到龍巖文管會翟忠華。整個回憶背景是福建省委將整修後的會址製作成模型，在1958年送到中共中央辦公室，並寫著「請中央首長回憶」：

> 有一天，毛主席來到那裡（中共中央辦公室），知道是古田會議舊址，非常關心並詳細地觀看了模型，問道：「會議（址）前的荷花池塘還在不在？」省文管會支書韓閱書曾將毛澤東對會址復原工作的關切向原龍巖專區文管會傳達過。後來經過調查核實，1929年古田會議期間，會議址左前方確有一小丘種上蓮藕的地。這塊地因為在水井旁，經常出水，淤積成壑，水牛又常在那裡喝水打滾，年久變成了一個大水坑。有人在水坑裡種上蓮藕，夏秋荷花盛開，綠葉復疊，就成為這個地區唯一的荷花田。1938年，這塊地蓋了一座大房屋，住五戶人家，荷花田也被填為地基。1964年上半年，為了恢復革命舊址的原貌，這座房子拆遷他處，並按當地老年人回憶的大小規模挖一個小坑種上蓮藕，其餘的闢為水田。其實原來的面積只有現在的四分之一左右。[61]

這則輾轉好幾手的回憶經常被用來說明毛澤東對古田會址的關心，甚至還記得會址旁的荷花池，各類宣傳資料經常據此發揮文學式想像，描述「主席經常在池邊散步，思考問題」。

---

61 翟忠華，〈翟忠華同志談原省文管會支書韓閱書傳達中央同志的意見〉（1971年3月25日），古田會議紀念館資料室：5-4-0310。

令人不解的是，既然 1958 年毛澤東就已經提出了荷花池，但福建省政府、龍巖專區文管會為何遲至 1964 年上半年才決定拆除民宅，恢復舊觀？現在或許無法得知這段輾轉回憶的具體情況，以及地方幹部為何延遲 7 年才執行「最高指示」。重點是，整個過程充分證明了 1964 年，古田會議舊址成為國家重點文物保護單位的第一個逢五週年紀念，確實是會址被賦予光輝神聖的關鍵年。

籌辦古田會議 35 週年紀念活動的具體方式是在會址內安排文物陳列，而最重要的文物就是會址本身。為了襯托會址，周遭地景也要經過整理，重建毛澤東記憶的荷花池，拆遷紅軍大操場靠山邊的公社大禮堂，移除雜亂的電杆。至於會議場景的復原遠較整理周邊地景困難得多。畢竟會議經過三十多年，人事滄桑與時局動亂，再加上古蛟鄉建會的反共策略，短暫的古田會議能留下多少蛛絲馬跡？當然更沒有人能預料，這場沒有多少人聽聞的會議，竟然使得平淡無奇的山區宗祠成為國家級文物，任誰也不會刻意記錄三十多年前的會議過程。

除了回憶與建築空間以外什麼都不存在的情況下，文物遺址調查組工作人員採取召開座談會，以及下鄉訪問，根據蒐集到的民眾回憶繪製會場圖，再派員攜會場圖至北京採訪曾經參與古田會議，建國後成為高級將領的楊至誠、宋裕和、劉型等人。調查組工作人員記錄所有發言，重點是會場布置，如馬、列像、標語、黑板、講台、桌椅、鐘的位置等細節，以及毛澤東在古田會議期間的辦公室、寢室位置與陳設。

1964 年的會場復原不同於 1955 年，不再由區、鄉層級地方幹部提出計畫，而是由福建省、龍巖文管會，省和地市級幹部直接主導。這些幹部展開會場復原的主要過程包括赴外地著名革命

遺址參觀學習，以及在古田本地調查訪問。查訪形式分為4月的群眾座談會，以及5至6月間的下鄉訪談，前者的重點是回憶會場，而後者則是從山街周邊大隊社員的回憶中，了解毛澤東與紅四軍其他領導人及部隊的活動。幹部在座談會上鼓勵與會者盡可能回憶1929年的古田會議經過，鉅細靡遺描述會議場景，以此做為復原依據。

座談會與會人員包括曾列席古田會議，但被註記為叛變或四類分子，曾出任中共北五區區委書記，又在傅柏翠領導下的古蛟鄉建會擔任執行部主任兼古蛟鄉長的廖廣淵，以及中共北五區團委書記張子君。或許因為廖廣淵、張子君為四類分子，他們並未參加4月12日的座談會，而是在前一天由工作人員先行「提問」，似乎是避免發言彼此干擾，或是他們的發言「污染」了座談會。這次負責調查的幹部當然不會漏掉曾經在前一次復原工作大鬧，不久從蘇家坡搬遷至古田，自1958年起擔任會址管理員的雷實標。

雷實標及其他與會者的發言相當典型的反映出，回憶來源包括自身經歷、他人轉述，以及有意無意間，以各類文字文本權充的自身回憶。雷實標回憶在古田會議第三天，從蘇家坡將前委籌募的金條三十餘斤，白銀四十餘擔挑到古田，交給紅四軍軍需主任。交卸完成後經過會場，當時毛澤東正在發言，內容是反對平均主義。毛澤東看到雷實標經過，隨即中斷發言，當場要雷實標進入會場，報告地方發放病傷員醫療費的情況。會議結束到紅軍離開前，雷實標又到古田面交毛澤東信件。

在紅軍或中共黨內無足輕重的雷實標雖然並非正式與會或列席人員，更未全程參與會議，但這些經歷想必令他相當自豪，也使得他的發言相當踴躍，雖然內容不見得是根據自己親身經歷。

例如 1961 年，當時最高檢察長，曾參與古田會議的張鼎丞到訪會址，身為管理員的雷實標為理所當然的接待人員，這個經歷也成為報告回憶的素材。雷實標轉述張鼎丞的回憶說，開會時正廳神龕前曾用穀笪圍起來，人多椅子不夠坐，士兵就以自己的背包和軍毯席地而坐，當時下了場大雪，士兵在天井地上烤火禦寒[62]。

身為管理員，雷實標應曾隨機探詢附近民眾記憶中的會址與會議，例如他引述曾擔任和聲小學教師張懷生交談內容，在座談會上報告課桌數量與形式。除了來自親身經歷以及他人轉述，雷實標甚至將既有的文字資料，以「回憶」的方式在會場提出。雷實標擔任管理員期間，上杭縣檔案館已經編印了《上杭縣古田會議址情況介紹》——有關古田會議前後的局勢與會議、會址第一份大量油印簡介資料，雷實標本人，或是接觸過古田會議與會址工作人員或許曾參與編寫，至少手邊掌握了這份資料。

從記錄看來，雷實標的發言相當冗長，他所引述紅四軍入閩、攻打龍巖的大部隊活動等內容都來自檔案館編的古田會議舊址情況介紹，而他「回憶」：「古田會議共開了五天，頭三天是黨的會議，後二天是士兵會議」，也是根據會議情況介紹資料，但就目前來說卻是錯誤或過時的官定本。在這裡可以明顯發現，就探索回憶而言，已出版的文字資料會形成一套定著化版本，這類文本也將「污染」純粹的回憶。

工作幹部歸納 4 月座談重點有三：會址、會場、毛主席辦公室。會址是記錄會議期間兼做和聲小學之用的廖氏宗祠內部陳設

---

62 雷時標發言，〈古田會議會址復原陳列資料：古田老革命、群眾座談會記錄〉（1964 年 4 月 12 日）。

以及周遭地景，而和聲小學的原有陳設，如北橫屋中間小廳壁上掛有中國地圖和世界地圖，下面有大炕床，北走廊中間有學校客廳兼教員休息室等意見[63]，幹部僅僅作為參考，並未付諸於實際復原工作。在周邊地景部分，1950年以後新增建物，似乎用不著回憶，就可以直接移除，而毛澤東的「荷花池」，根據回憶只是「一塊深水田，可以養魚，很像池塘」[64]，重點還是放在會場及主席辦公室。

廖氏宗祠，或和聲小學的陳設應該不至於太過複雜，目前的古田會議會場樣貌相當簡單，大致上如同與會者報告的景象，也移除1955年的復原工作中增添的裝飾成分。會議場是在宗祠中堂正廳，上堂原本是擺放牌位、香爐的神龕，根據廖廣淵等人回憶，「1928年暴動時破除迷信，神牌和香爐都弄掉。1930年辦曙光小學時神龕才用竹笪圍起來。」[65]因此神龕牆面在復原後，還是維持空無一物，但沒有用當地稱為竹笪的粗製竹蓆圍繞。

面對神龕的左側是會議主席臺，主席臺上方橫掛長條型紅布，紅布上方貼有菱形白紙，分別書寫「中國共產黨紅軍第四軍第九次代表大會」，亦即所謂的會銜。會銜的設置主要是根據解

---

63 廖雲揚發言，〈古田會議會址復原陳列資料：古田老革命、羣眾座談會記錄，廖雲揚發言〉（1964年4月12日上午）。古田會議期間廖雲揚擔任古田四個鄉少先隊政治委員，會議時負責清潔工作，1964年時54歲，提供烤火取暖的火堆位置。

64 傅佐滋發言，〈古田會議會址復原陳列資料：古田老革命、羣眾座談會記錄〉（1964年4月12日）。

65 張子今、廖廣淵回憶，〈「古田會議」會址復原資料：調查材料原始記錄〉（1964年4月11日）。古田會議會址修繕復原陳列工作組，〈古田會議會址復原陳列調查材料〉（1964年7月10日）。

放軍中將賴毅在 1960 年《解放軍日報》發表古田會議的回憶文章，提及正廳靠北邊的牆上，掛了一條寫著「中國共產黨紅軍第四軍第九次代表大會」的紅布橫條[66]，但會議時期擔任古田四個鄉少先隊政治委員的廖雲揚卻說會議相當秘密，因此沒有掛會銜[67]。

會銜下方為黨旗，黨旗下紅色的列寧、馬克斯像並立左右。主席臺上有長桌，桌上擺放大茶壺和四個小茶碗。方桌之後為黑板，前方有四排六列桌椅，布置成會議代表的坐席。目前會場中心圓柱張貼「中國共產黨萬歲」、「反對機會主義」、「反對盲動主義」、「反對冒險主義」標語，但楊至成回憶的卻是「反對軍閥主義」、「反對機會主義」、「反對冒險主義」、「反對逃跑主義」[68]。面對神龕左廂房分別是北五區黨團辦公室、朱德辦公室，右廂房由內往外則分別是陳毅與毛澤東辦公室。正廳前方是天井，天井另一端為前廳，和連結左右廂房的迴廊。

會銜紅布條、肖像、黑板、桌椅、標語等元素都是 1955 年以來，會場復原的重點，而復原真正的困難是參與座談會，曾目睹古田會議實況群眾記憶的歧異性。實際參與或接觸古田會議群眾提供的會議場景不僅分歧，甚至南轅北轍。例如，會議期間張子君坐在下廳門坎下，第一天聽毛主席在主席臺上講話，因為距離遠，聽不清楚，第二、三天朱德、陳毅便站在天井中間腰形桌旁講話，因接近下廳，所以聽得很清楚。廖廣淵坐在上廳後段

---

66 賴毅，〈關於古田會議的一點回憶〉，《解放軍報》，1960 年 12 月 28 日。

67 廖雲揚發言，〈古田會議會址復原陳列資料：古田老革命、羣眾座談會記錄，廖雲揚發言〉（1964 年 4 月 12 日上午）。

68 〈訪問楊至成同志記錄整理稿〉（1964 年 11 月 12 日）。

靠天井長凳子上，但他回憶毛主席、朱德、陳毅都是在主席臺上講話[69]。會議發言的具體內容或許很容易遺忘，相較之下，發言位置的記憶應該比較深刻，但與會者記憶中的共產黨領導人發言位置卻產生如此的差別。最終決定機制還是來自官方裁示，以發言者都站在上廳講臺描述會議過程。

會議現場重要領導者發言時所站的位置都無法確定，現場實物的複製更是困難重重。討論最多的是當時和聲小學使用的課桌椅形式。為了複製會場陳設，工作人員詳細記錄民眾印象中的課桌，如上廳桌子是斜面，下廳桌子是平面，底下只有一塊托板，教師講桌是平面，上蓋可掀開，較學生使用的桌子高大許多[70]。也有原在和聲小學就讀的民眾回憶，當時有甲、乙、丙三個班級，課桌有高有矮，甲班高一點，乙班低些，丙班更低，桌面是斜的[71]。同時參與會議的廖廣淵和張子君對桌椅的印象也不同，但工作幹部似乎較重視他們二人的意見，分別畫出他們印象中的桌椅，目前是以張子君描述的桌子為藍本。

會場黨旗下的肖像曾經過數度更動，也反映出會場復原從寫實到政治導向，最終再回歸到寫實的過程。1955 年 3 月，古田區鄉政府的復原計畫中，預備懸掛炭筆繪製的馬克斯、列寧像。

---

69 本資料經過 1969 年重新謄錄，因此朱德、陳毅分別被抄錄者以朱╳、陳╳表示。

70 謝貢邦發言，〈古田會議會址復原陳列資料：古田老革命、羣眾座談會記錄〉（1964 年 4 月 12 日）。發言稿末加註：「附註：謝貢邦當年為第二國民學校學生，有時到古田會議址玩。」

71 廖壽仁回憶，〈古田會議會址復原陳列資料：古田老革命、羣眾座談會記錄〉（1964 年 4 月 12 日）。

7月龍巖專署除要求懸掛馬、恩、列、斯及毛主席、朱副主席像外，另新增林彪、陳毅、粟裕等領導人像，而 12 月又去除林彪、陳毅、粟裕相，改為劉少奇、周恩來、朱德、陳毅四人相片。這三次會場懸掛照片修改所凸顯的完全是政治圖像，而非歷史圖像。

在 1964 年的座談、訪問中，除了宋裕和日後敘述會場沒有馬克思、列寧像外[72]，其餘人員都分別回憶了不同印刷、繪製方式的馬克思、列寧像，只不過與會者回憶的肖像顏色、印刷方式稍有不同，廖廣淵記得有黑色石印肖像[73]，楊致成回憶肖像是毛邊紙黑色油墨印[74]，也有人回憶是藍色的[75]。負責工作的幹部似乎企圖還原歷史，最終應該是選擇黑色肖像。官方最正式、最「標準」，目前原件儲存在中國歷史博物館的古田會議油畫繪製時間是 1971 年，當時正在興建會址旁的古田會議紀念館，而油畫就是何孔德當時根據復原後的會場場景繪製，畫面描繪的正是黑色馬克思、列寧像。但目前會址懸掛的卻是完全沒有出現在會議紀錄中的紅色馬克思、列寧像，復原後的瑞金中華蘇維埃第一屆全國代表大會會場，文昌閣內中共閩西第一次代表大會會場等革命

72　〈訪問楊至成同志記錄整理稿〉（1964 年 11 月 12 日）。

73　張子今、廖廣淵回憶，〈「古田會議」會址復原資料：調查材料原始記錄〉（1964 年 4 月 11 日），

74　〈訪問楊至成同志記錄整理稿〉（1964 年 11 月 12 日）。發言稿末加註：「楊至成同志當年為紅四軍司令部副官處副官長，古田會議時參加籌備工作，解放後曾任高等軍事學院副院長。」

75　傅佐滋發言，〈古田會議會址復原陳列資料：古田老革命、群眾座談會記錄〉（1964 年 4 月 12 日）。

遺址也都是懸掛紅色馬、列像，而紅色馬、列像似乎是 1990 年
以後新修的官定版。

　　革命時期的艱難困苦，領導者的艱辛也同樣是幹部紀錄的重
點，會議大廳主場地以外，最重要的就是毛澤東在會議進行期間
的辦公室兼休息室，毛澤東與主席團成員開會的場所[76]。這個地點
目前是位於面對會議大廳右側廂房的第二間。但另有一說主席辦
公室原是區黨委辦公室[77]，如果此說屬實，則毛澤東辦公室應在左
廂房第一間。辦公室房間靠窗有一張方桌，原是一般家庭沒有油
漆的飯桌，桌旁有一條長凳，以及用兩條長凳架上六塊床板鋪成
的床鋪[78]。原本古田區鄉政府在 50 年代的復原計畫中要製作「古
田會議期間毛主席辦公室」紅色白字橫木條，懸掛在門框上，但
被龍巖專署要求去除「古田會議期間」字樣，在這個時期又重新
加上。

　　50 到 60 年的古田會議議場和地景復原工作到 1964 年大致底
定。會議的天數從 1959 年第一個官定版本，也就是雷實標引為
自己回憶的 5 天，以及張子君回憶的至少 3 天，但現在官方正式
版本 2 天的不同說法。1955 年古田區鄉政府在計畫中預備懸掛
炭筆繪製的馬克斯、列寧像或許是最接近真實的版本，也與廖廣
淵、楊致成回憶的肖像顏色相同，至於是黑色石印肖像、毛邊紙
黑色油墨肖像，或是炭筆繪製肖像的差異可能僅僅是回憶者對畫

---

76 〈訪問楊至成同志記錄整理稿〉（1964 年 11 月 12 日）。

77 廖雲揚發言，〈古田會議會址復原陳列資料：古田老革命、群眾座談會
　　記錄，廖雲揚發言〉（1964 年 4 月 12 日上午）。

78 古田會議會址修繕復原陳列工作組，〈古田會議會址復原陳列調查材料〉
　　（1964 年 7 月 10 日）。

質認知的問題。但無論是以何種印刷、繪製方式，都並非目前官方標準化版本──紅色的馬克斯、列寧像。肖像是紅或黑可能有其他因素考量，會議的天數或許也因黨史研究者與參與會議代表的認知和定義差異而有所不同，但最關鍵的還是根據回憶鍛造聖地，以政治決定回憶的正確性，藉此傳遞國家意象、革命的神聖性。

古田會議舊址的天井完全沒有陳設，但天井邊的燒痕直到現在都是解說員或導遊導覽必定特意介紹的重點，為各級領導或遊客者介紹：「這是古田會議期間因天氣寒冷，代表們烤火取暖所留下的痕跡，引人無限遐思。」早在1964年座談會時，文管會工作人員就相當重視面對正廳左側天井地上類似燃燒後留下的痕跡，謝耀承根據工作筆記，在2005年講述的回憶記錄中，特別詳細提出，烤火取暖的火堆位置是4月12日上午，古田會議期間的少先隊政治委員，當時負責會議清潔工作的廖雲揚提供。

1971年5月，為了古田會議紀念館與建完成後的陳列、解說，資料室人員又重新整理摘錄1964年座談會關於烤火的場景：開會那年冬天特別冷，下大雪並有霜凍，「當時紅軍戰士穿的卻是單衣，毛主席也只是穿了一條長布衫」。代表在聽報告、討論時，都圍著火堆烤火，祠堂的綠色大瓷香爐也用來當作火爐，地板上還留下當年烤火的痕跡[79]。雖然也摘錄了「好像沒有烤火」的

---

79 廖雲揚發言，〈古田會議會址復原陳列資料：古田老革命、群眾座談會記錄，廖雲揚發言〉（1964年4月12日上午）。謝木東回憶，〈「古田會議」情況調查訪問記錄〉（1964年5月31日至6月5日）。謝星明回憶〈「古田會議」情況調查訪問記錄〉（1964年5月31日至6月5日）。謝星明曾參加過分土地工作，下中農。

回憶[80]，但顯然是受到忽略的意見。

　　這個看起來相當平淡無奇，若非特意說明，沒有人會注意的天井旁燒痕似乎沒有必要經過如此繁複的考證，但謝耀承對烤火地點得到確認的回憶是如此鮮明，在工作筆記的記載是如此詳細，說明當時得知這個訊息令工作人員相當興奮，似乎如同考古學者在周口店首次發現中國直立人已經開始用火的證據。這個遺跡對古田會議的各種宣傳而言，確實相當重要，畢竟這是會場中唯一保存下來，與古田會議直接相關的「遺跡」。各類解說詞與古田會議介紹的文本中，特意用來說明紅四軍在革命時期的艱苦；山區小鎮冬夜的篝火連結到以鄉村包圍城市，可以燎原的星星之火，也聯繫到「古田會議永放光芒」初燃的火光。透過1950到1960年代的拼貼與鍛造，在原本樑朽瓦掀的殘破會議遺址中，又重新燃起了革命星火的餘燼。

今日的古田會議會址外觀

---

80 〈訪問劉型同志紀要〉（1970 年 11 月 4 日）。劉型當年為紅四軍三縱隊
　　十九大隊黨代表，曾參加最後一天的古田會議。

古田會議舊址天井，右下角不起眼的小陰影即為調查小組報告指稱
的古田會議期間的烤火痕跡

復原完成的古田會議會場

五、生活中的紅色印記

中共中央或福建省級的黨史研究，不會詳細討論紅四軍在古田活動的片段，如四個縱隊駐紮地點，及每個縱隊政治部、司令部具體位置，畢竟這些問題在整個中共革命過程太過瑣碎與渺小。但對 1964 年正在進行古田會議陳列版面的工作人員來說，紅四軍在古田的行動與分布，以及毛澤東、林彪、陳毅當時住居陳設等，都是有必要詳細了解的問題，以提供年底在會址進行的展覽版面文字與舊址復原的參考。

除了廖廣淵、張子君列席會議，廖雲揚負責清潔工作，古田其他參與會址復原座談會的民眾都是以過去的和聲小學學生，或是會議前後曾進入會場的民眾為主，他們對古田會議的認識應該相當有限。但是工作組成員除了會址及會議外，還要了解紅軍進入古田之後的分布活動情況，以及「主席光輝形象」和其他紅軍領導人的樣貌，而這個調查就幾乎涉及古田山街的社會記憶。座談會之後，古田會議調查工作人員從 5 月 31 日至 6 月 5 日下鄉訪問，在古田公社下塘、上洋、榮屋、溪背、八甲、竹嶺等 6 個大隊，調查訪問了當地老革命群眾 28 人、四類分子 5 人，重點是了解 1929 年古田會議期間，紅四軍四個縱隊的駐紮地點和縱隊司令部的住房[81]。

---

81 陳仲光、李金祥、李北華，〈毛主席在閩西偉大革命實踐活動調查資料〔第二集〕〉（1969 年 12 月），古田會議陳列館資料室：類 3 字 0891 號。檔案末頁附有受訪者名單，包括八甲大隊：廖玉清、傅祐茲、馬其昌、廖桂安、廖培清、廖榮希之妻、廖榮元、廖折先、廖廣淵（×）。溪背大

　　紅四軍首度進入古田的時間點上，群眾回憶相當一致，是在
1929 年農曆 4 月 14 日，也就是陽曆的 5 月 22 日。當天正逢古
田墟期，紅軍在老墟場草坪，八甲大隊第七生產隊的位置召開群
眾大會，毛澤東曾在大會上講話，主要內容是發動農民分田地的
問題，隊伍當天就開到龍巖攻打陳國輝，當地群眾將這一天稱為
「暴動」。但民眾記憶紅四軍第二次開到古田的具體時間則有相
當大的差異，從 1929 年 10 月到 11 月 20 日之間，前後相差一個
多月，各自記憶的紅軍停留時間從 18 天到 40 幾天 [82]，但大致可以
確定是 1929 年冬，到 1930 年初才離開古田。

　　根據鎮民回憶，紅四軍四個縱隊都分布在古田山街，也就
是廖、賴、謝、張四個宗族居住的範圍內。第一縱隊駐紮在賴

隊：雷時標、廖雲揚、廖書田、廖萬仁、廖壽仁、廖厚仁（×）。上洋大隊：
賴天桂、賴培興、賴贊林、張世運。上塘大隊：賴忠海、賴根基、賴炎新、
賴丙坤（×）。榮屋大隊：謝木東、謝星明、謝貢邦、謝□蘇。竹嶺大隊：
張家祐、張崇基、張崇營、黃金福、張子君（×）、嚴德軒（×）。以上
有（×）號者為四類分子。陳仲光、李金祥、李北華，〈古田會議情況調
查訪問記錄〕〉（1964 年 6 月 10 日），古田會議陳列館資料室：5-4-0113
號。

82 竹嶺大隊黃金福記得是農曆 11 月 14 日至 12 月 14 日；下塘大隊賴炎新
記得是農曆 11 月 20 日至 12 月 8 日；八甲大隊廖桂安記得是農曆 11 月
至新年；上洋大隊賴培興記得是陽曆 12 月初至新年；溪背大隊廖書田記
得是農曆 10 月至新年；溪背大隊廖萬仁記得是陽曆 12 月到來，但忘記
何時離開；榮屋大隊謝星明記得是農曆 11 月，住四十餘天。說明最清楚
的是下塘大隊 73 歲的賴炎新，他回憶紅四軍第二次來古田是 1929 年農
曆 11 月 20 日，到了農曆 12 月 8 日撤走，一共住了 18 天。紅四軍在古
田的時間，除上述的農曆 4 月和 1929 年冬天之外，也有少數人反映，當
年農曆 5 月以後，紅四軍又曾在古田活動過。

坊，即下塘、上洋一帶，司令部設在賴坊賴氏宗祠右方 20-30 公尺處的協成店。第三縱隊駐紮地為溪背大隊第七生產隊隊長廖萬仁、九仁、壽仁兄弟居住的名生堂大屋，司令伍忠何住在屋子後進正廳右首小房間。相較於第一和第三縱隊肯定的駐紮地點，其他二個縱隊的駐紮地點則眾說紛紜。第二縱隊司令是劉安恭，調查訪問期間，只有 6 個人提到第二縱隊的駐紮地點，其中有 4 個人表示第二縱隊駐紮竹嶺大隊部所在的圍屋，但也有人認為，圍屋是第二縱隊某支隊駐紮地點。另有人反映第二縱隊是設在老墟，即八甲一帶。調查人員最後只得根據推論，研判第二縱隊司令部設在竹嶺大隊部的可能性較高，原因是「這裡屋子寬敞，又是竹嶺一帶中心之地」，在復原的陳列版面說明文字中，將竹嶺大隊部訂為二縱隊司令部。知道第四縱隊駐紮地點的民眾也不多，他們回憶第四縱隊駐紮榮屋一帶，即會議址對面龍汀公路西面。司令部設在榮屋大隊「念倫堂」謝家璋家裡，這座屋子原來是一座大屋，但前半部已擴建，屋角處又添蓋小樓，原狀已完全改變。司令胡少海住在這座屋子裡正廳右側的房間內，縱隊政治部則設立在附近另一座名為「日新堂」的大屋裡，在調查時，屋子崩塌大半，早已無人居住。

　　四個縱隊駐紮地點的調查記錄顯示出，建築與空間的原有功能、意義，以及保存狀態都關係到記憶的持續。例如第一和第三縱隊駐紮地點在調查當時都是保存良好的民居，因此受訪者，無論是否為屋主都可以藉由建築回憶事件，屋主更能提供詳細的回憶材料。如「名生堂」屋主回憶當時和第三縱隊住在一起，他清楚的回憶共有四十多名官兵，門口有兩名衛兵看守，縱隊司令伍忠何當時只二十多歲，「外表甚為清秀」。但有可能為第二大隊駐紮地的竹嶺大隊部圍屋，過去是隨著 30 年代末竹嶺墟的興

建而修築，曾經是雲田區政府所在，並非一般住家，區政府人員來來去去，對於這個地點並無類似家屋的依賴感與熟悉感，是與生活經驗幾乎無關的空間。第二大隊另一個可能的駐紮地是八甲老墟，調查當時屋子早已不存在，更難讓人產生聯想。

1964 年福建省各級單位展開調查期間，古田會議前後紅軍活動空間與時間等問題充滿高度分歧，但在古田會議 35 週年紀念活動的展示版面上，這些分歧已經有了代表官方，「正確」的歷史敘述。現有資料僅顯現出 1929 年紅四軍在古田活動眾說紛紜的記錄，但卻無法得知分歧的記憶如何形成官定版歷史。革命歷史如何書寫，又如何標準化是一個問題，另一個更重要的問題在於 1929 年底到 1930 年初，紅四軍在古田停留至多不超過二個月的歷史片段，成為 1960 到 1970 年代末，山街群眾持續被官方喚醒的集體記憶，同時也是古田從單純的會議遺址擴大到古田會議舊址群的關鍵。官方持續大規模的調查訪談是為了了解革命過程，但在互動式的訪談中，使得受訪者與旁觀者無形中接收了革命宣傳，越來越多的居民和房舍與革命產生聯繫，革命過程的小小片段也與個體生命史、社區史相連結。

最典型的例子是「三打龍巖示意圖」陳列版面的製作過程。目前的閩西黨史中，紅四軍三打龍巖城的時間與部隊動態有相當清楚的描述，但在 70 年代以前，除了知道紅四軍三次進攻龍巖以外，其餘細節完全付之闕如，詳細過程也是透過長期下鄉訪談逐步建立。1971 年廈門大學一批畢業生分配到古田會議紀念館籌備處，當時正在興建古田會址對街山坡上的會議紀念館，何孔德繪製的標準版古田會議油畫才完成底稿。這批大學剛畢業青年第一個任務，即為下鄉訪問紅四軍三打龍巖的經過。他們到各個村落採訪，因為語言不通，需要找受過教育，懂得普通話的

年輕人翻譯。

　　對農民來說，紅軍短暫的來去與他們的生活並無太大關連，甚至一般人也很難分辨紅軍、白軍或民團，更不會刻意記得紅軍是何時經過自己的村子，加上部隊來來去去，誰也不知道軍隊的動向與目的地。但是農民卻可以清楚記得自己身邊或村落的大事，例如結婚日期、兒女出生日期，以及村莊、集鎮廟宇的建醮活動。這群廈門大學的青年學生就是利用這種方式，重建紅四軍三打龍巖的經過，並且由美工組製作電動的「三打龍巖示意圖」陳列版面，懸掛在新建的古田會議陳列館中。

　　領袖形象與紅軍活動的片段可以從民眾的回憶取得，但毛澤東與1968年以後成為「毛主席接班人」的林彪在會議期間的生活情況，就不是一般人可以掌握。會址陳列工作組人員需要的復原資料主要還是來自當時被列為四類分子，但在古田會議前後卻是中共地方組織重要人物的廖廣淵，或是曾接待毛澤東與賀子珍的廖肇藩。第一、三縱隊的位置調查，除了訪問十餘位耆老，最重要的還是得到廖廣淵確認。紅四軍政治部、司令部因為目標顯著，幾乎所有人都知道前者設在廖肇藩的松蔭堂，當時八甲大隊部，後者則是設在中興堂。但政治部樓上的「古田會議期間毛澤東故居」，以及與毛同住在政治部的賀子珍居住情況就不是一般人所能接觸，即使有受訪者勉強擠出片段回憶也明顯看出是含糊其詞，最後還是在1969年「提問」原屋主，「廖姓封建勢力頭子」廖肇藩提供詳細的內部陳設，屋內擺設也是根據廖肇藩的回憶繪製與仿製[83]。

83　〈提問廖兆藩〉，引自古田會議四十周年籌備處資料組編印，〈毛主席

　　1964 年調查訪問期間，林彪的政治地位還不是一人之下、萬人之上，工作人員僅僅是在調查四個縱隊駐地時，簡單敘述第一縱隊司令林彪當時住在司令部——賴坊協成店內。林彪成為全中國第二號人物以後，古田會議舊址工作人員在 1969 年，古田會議 40 週年慶祝活動籌備前後，又再度調查林彪在古田擔任第一縱隊司令的情況與形象[84]。賴坊耆老應該都接受過訪問，調查記錄也特別強調「老人們都見過縱隊司令林彪」，但這個時候的記錄顯示，受訪者當年都沒有進入過協成店，原屋主傅光甫在訪問前十餘年去世，傅氏的兒媳袁清秀在林彪居住期間還未嫁入傅家，所以也無從得知林彪住房的具體位置和內部陳設。工作人員根據大隊文書回憶，當年屋主住在樓下，縱隊司令部設在樓上，因此推論「林彪元帥的住房應在樓上後進，那裡有左右兩個廂房，其中必有一間是林彪同志的宿舍」。

　　當前古田會議舊址群建築中，協成店的意義經過多次轉換，先是純粹縱隊司令部所在地，接下來著重於「毛主席接班人」的活動空間，但在林彪 1971 年「九一三叛黨事件」後，協成店的宣傳重點成為毛澤東書寫〈星星之火可以燎原〉舊址。〈星星之火可以燎原〉除了作為毛澤東的重要理論，也成為毛澤東早已看出林彪狼子野心的證據，以及批判林彪在革命時期思想不堅定。1972 年，為了確定毛澤東書寫〈星星之火可以燎原〉的地點，

　　　在閩西偉大革命實踐活動調查資料〉（1969 年 12 月）；〈賀子珍在閩西活動情況：採訪廖肇藩整理資料〉。

84　〈林彪副主席在古田會議前後形象〉（1972 年 2 月整理），古田會議紀念館資料室：3-0828；〈林彪親率紅四軍一縱隊在閩西為捍衛毛主席革命路線而鬥爭〉（1971 年 2 月整理），古田會議紀念館資料室：5-4-0308。

古田會議紀念館人員訪問賴坊協成店附近，經營豆腐店的賴根基，他回憶 1930 年元旦後沒幾天「經過協成店，看見毛主席，當時是委員在屋內」，這次的回憶相當簡單，也可以了解受訪者印象並不深。但在 1977 年，紀念館人員又再度訪問賴根基，以及協成店旁另一戶豆腐店童養媳張順娣時，回憶又明顯增加許多，又新增門口有二位荷槍警衛，當時曾看到廖廣淵進入協成店等內容[85]。但賴根基、張順娣對毛澤東在協成店內的情況完全不了解，最後還是要透過「叛變」的廖廣淵，曾進入毛澤東協成店住房唯一的存活者，描繪協成店內「毛澤東故居」樣貌。

　　古田山街一般民眾對於紅軍或領導人都只有相當片段的印象，但工作人員特別重視紅軍親民愛民的形象，如「1929 年我只有七歲，當時記得很喜歡看紅軍打土炮玩耍，紅軍很愛小孩子，常煮東西給我們吃。據以後知道賴坊街上差不多每間屋子都住了紅軍」[86]。以及主席形象，「老一輩的人都和毛主席談過話，我也和毛主席談過話。主席找農民談話的內容主要是說農民的生活要過的好，要有田地耕種等等。毛主席來古田以後，田地就分給農民了」[87]。「古田會議開會時，毛主席住在政治部（即禮拜堂），每天都從『名生堂』後面林路經過，記得當時主席穿的是長布

85 林雲偉，〈賴根基同志回憶記錄〉（1972 年 4 月 27 日），古田會議資料室：3-0671。劉寶聯，〈訪古田大隊賴根基紀錄〉（1977 年 11 月 3 日），古田會議紀念館資料室：3-0670。劉寶聯，〈訪古田大隊張順娣紀錄〉（1977 年 11 月 3 日），古田會議紀念館資料室：3-0268。

86 賴忠海（男，調查當時 42 歲，下塘大隊文書）。

87 謝星明（男，75 歲，下中農，五保戶，榮屋人，當年參加過分土地工作）。

衫」[88]。

　　毛澤東在閩西活動的片段在文革時期經過古田會議紀念館大規模的整理[89]，這些片段加上紅軍的活動成為閩贛所有革命宣傳故事的原型[90]，也是目前所有閩西紅色宣傳的原型。古田會議相關的故事著重於毛澤東在寒冬的深夜起草古田會議決議，甚至專注到連炭火火星引燃棉襖都未察覺，以及在賴坊協成店苦思如何回復林彪「紅旗能打多久」的問題。最失意的時候在蛟洋文昌閣親切教導小學生識字，在蘇家坡化名「楊先生」宣揚革命，又因為得知炊事員將家中唯一的棉絮讓給參加紅軍的兒子，而將自己的棉絮贈給炊事員。

　　這些革命故事都被轉化為古田會址的講解詞與導遊詞，以及古田會議紀念館的文物介紹，如蘇家坡那位接受主席贈與棉絮的農民事後又將已經烏黑的棉絮回贈古田會議紀念館。革命遺址的背景也編為可以琅琅上口的「民歌」，但從「民歌」內容看來，顯然出自黨員知識分子手筆，如果不是對這些遺址有一定程度了解，似乎也無法創作出下列難以稱之為民歌的「民歌」。如〈毛委員來到古田村〉：「風雪茫茫一盞燈，毛委員來到古田村。巨筆驅散滿天霧，決議光芒照乾坤」，說明古田會議背景及讚揚會

---

88 廖壽仁（男，溪背大隊，61歲）。

89 〈毛主席在閩西偉大革命實踐活動調查線索〉（1969年8月），古田會議紀念館資料室：5-4-0230；〈戰地黃花分外香：毛主席在蘇家坡的活動片段〉（1969），古田會議紀念館資料室：5-4-0511；〈偉大領袖毛主席在古田會議前後形象〉（1971年5月），古田會議紀念館資料室：3-0827。

90 〈紅軍在贛南閩西（編寫故事素材）〉，古田會議紀念館資料室：5-4-0252。

議決議。〈毛委員來蛟洋〉、〈樹槐堂日月光〉則是歌頌毛澤東
在文昌閣召開閩西共產黨第一屆代表大會，以及紀念毛澤東在閩
西特委機關蘇家坡樹槐堂的活動情形。〈站崗古田會址邊〉描述
的「站崗古田會址邊，心潮澎湃相雲天。橫眉怒對帝修反，世
界風雲擔在肩」，則是連結到1960年代初期反修正主義，而〈古
田決議放光芒〉「海外同志到古田，古田會址是課堂。古田紅旗
飄萬代，文昌閣尖映朝陽」，則明顯是周恩來在1970年五、一
紀念晚會，指示加強宣傳才溪、古田，要外國兄弟代表團不是只
到上海、北京，而要盡量到革命時期的重要地點參觀[91]。這些革命
故事在今日又因地方貫徹國務院〈愛國主義教育實施綱要〉，蒐
錄到中小學的鄉土教材中。

　　中國共產黨透過文字、圖像以及地景空間，在全國鄉鎮、村
落，宣傳、展演與傳遞國家意象或政策，但是古田與其他絕大多
數鄉鎮不同的是在小小山街旁，有著一座國家級的革命遺址，以
及集體擁有、不斷傳遞的片段革命記憶。60到70年代之間，因
為會址復原與重現革命過程的需要，年長的村民不斷接受訪談，
其他人也在訪談過程中，結合個體的生命歷程與革命記憶。例
如，家屋與革命領袖，公共空間與紅軍活動的關係，長子的滿
月酒、婚禮、葬禮等重要生命儀式進行時間與紅軍部隊移動過
程。個體的生命史、家族史與社區史成為黨史的參照點，革命
記憶也因為鍛造聖地空間地景的過程，逐漸烙印在村民心頭。

---

91 上杭民歌編輯小組，《上杭民歌》（福州：福建人民出版社，1973），
　　頁3、26、30、88-89、90-92、131、156。〈毛委員來蛟洋〉：「毛委
　　員來蛟洋，文昌閣上紅旗揚。召開閩西黨代會，革命星光耀汀江」，〈樹
　　槐堂日月光〉：「蘇家坡水水流長，毛委員住在樹槐堂。領導窮人鬧革命，
　　樹槐堂前日月光」。

第六章

革命朝聖

　　1969，古田會議 40 週年，相較於前一個靜悄悄的十週年慶，這年的活動明顯隆重許多，從此之後，逢五、逢十的紀念活動再也沒有被忽略過。福建省革委會批示再次整建會址，並在前廳放置毛澤東像，會址後方社下山豎立了專程從福州燒製，3 公尺見方的「古田會議永放光芒」八個搪瓷紅色大字[1]，並計畫在隔著山街的會址另一頭山坡上興建古田會議紀念館[2]。革命遺址搭配紀念館幾乎成為革命空間展演的固定模式，韶山「毛主席故居」早在 1964 年就興建完成「毛主席故居紀念館」。1973 年古田會議紀念館興建完成後，除了必要說明版面，會址內原有的陳列展示完全移到紀念館，會址成為純粹的「革命遺址」。

　　40 週年慶結束不到半年，古田這個地名出現在 1970 年 4 月 30 日，北京人民大會堂的「五、一紀念晚會」。總理周恩來在大會上指示中共中央對外聯絡部：「今後外國兄弟黨代表團和個人來華參觀，特別是一些尚在革命時期還未執政的黨，多請他們到上杭古田、才溪看看，看看我們當年在艱苦環境下怎麼鬧革命的。」[3]這個指示進一步推動紀念館和賓館建設的腳步。

　　1971 年福建省委正式批示建立古田會議紀念館，同時在紀念

1　「毛主席像章」充斥每個角落的年代，1968 年曾發行毛澤東浮雕像下方印有「古田會議精神永放光芒」的像章，只是不知為何社下山的搪瓷標語漏去「精神」二字。

2　古田會議紀念館計畫建館時間根據目前官方資料是 1970 年批准，1972 年動工至翌年完成。但根據謝耀承筆記，早在 1969 年就已經提出興建計畫。謝耀承，〈古田會議紀念館籌建前後的一段回憶（1960-1970 年）〉，古田會議紀念館資料室：2-0247。

3　摘自黃祖洪、陳志濤，〈古田會議會址維修、復原及保護管理記實〉，《閩西文史資料（第一輯）》，頁 22。

館旁興建賓館，接待外賓以及團級以上幹部。會址附近的溪背、五龍、八甲村，在「外國兄弟黨」到訪的時候，都會在事前得到通知，每個人都負有簡單的任務，外賓到訪時必須注意儀容服飾，除了要讓外賓感受革命的艱苦，更要讓他們看到革命的成果。古田賓館從此之後長達 20 年的時間裡成為全古田最神秘的地方，一般人完全無法進入，而進住的外賓也不得私自外出，嚴格規定必須集體活動。大多數鎮民都不清楚賓館的玄虛，但從絡繹不絕的外賓和領導專車飛馳在會址與賓館之間，不用太多的宣傳，所有鎮民都能深刻感受古田會址的重要性。

在此之前的 1966 年底到第二年初，文化大革命大串連期間，古田會議舊址也曾湧入大批「革命師生」，雖然古田的重要性與知名度確實遠遠不及延安、韶山、井岡山這些著名革命聖地，當然更不及「革命師生」心目中的串連終極目標天安門，但作為第一批全國重點文物保護單位的古田會議舊址，也成為膜拜的聖地之一，到訪人數相當可觀。上杭縣政府、文管會全體人員組織接待站，迎接「毛主席的客人」，在會址裡為革命師生講解古田會議精神。

遍及全國的大串連持續時間不長，但影響不小，串連所到之處的革命遺址建築與交通基礎建設都有相應發展，形成文革時期的革命旅遊風氣。古田會議舊址一直是附近小學生每年旅遊學習的重點，福建省各級機關、部隊、學校舉辦入黨、思想教育訓練的重要場所。甚至蛟洋各小學，每學期都翻越山頭來到會址，讓兒童在革命遺址培養愛國情操，從步雲搬到古田的馬老紅軍一連二十幾年，每年在這裡重複講述自己的革命故事。

改革開放後，為了防止資本主義帶來的「腐化」，全國上下強調加強民族主義和愛國主義教育，從官方「實踐證明」，

精神教育的最佳實施地點就是各類紀念館、博物館以及革命遺址。1990 年代，全國「老革命地景」加上陸續增加的「新革命地景」，冠以「愛國主義教育基地」之名。2004 年，中共中央根據交通地理關係，將其中與革命相關的教育基地，串連成今日各地的「紅色旅遊經典路線」，福建省也根據省內革命遺址的分佈，推出以古田為中心的閩西蘇維埃紅色旅遊區，規劃「紅色朝聖之旅」和「革命搖籃之旅」。

愛國主義教育是否成功抵制資本主義造成的精神污染或腐化是另一個問題，答案當然也是不言而喻，但隨著經濟發展造成「封建迷信思想」恢復卻是相當明顯的現象。在官方宣揚革命傳統的過程中，底層民眾逐漸賦予革命聖地類似傳統信仰的新詮釋，對正統教義派的黨員知識分子而言，這些詮釋造成革命神聖空間的污染，但從另一方面來說，也正是這些「庸俗化」的詮釋賦予革命聖地新意義。尤其是毛澤東曾經接觸過的空間，從大串連開始因為盲目個人崇拜形成的革命聖地，轉換為官員、民眾祈禱賜福，有如民間信仰的聖地。而這些轉變都可以從大串連——革命朝聖的原型談起。

一、第二次「長征」：文革大串連

如同世界其他地區的政治運動，共產革命也是將傳統視為摧毀的目標，在成功建立政權之後，又以理性、解放、階級鬥爭、革命等概念，取代舊有的神明信仰。除了共產中國以外，其他現代國家或政權建立之後，同樣以新的神聖地景，連結重要領導人與事件，取代傳統的朝聖和旅遊中心，例如莫斯科的史

達林墓、彼得堡的冬宮、巴黎公社[4]。Susan Naquin 等人探討中國
歷史聖地（pilgrims sites）也指出，中華人民共和國建國以來，
一方面積極掃除過去的文化殘留；另一方面也藉由延安、韶山、
井岡山等地點，連結黨及其領導人的關係，建立新的神聖地景
（geography）[5]。因此，既然代表封建主義或迷信的傳統地景與文
化被視為摧毀的目標，革命聖地與宗教聖地必然存在相當大的衝
突，但是就聖地形成過程來說，二者的相似性似乎遠大於歧異性。

中國歷史上的信仰正統性必須透過官方確立，聖地之所以成
為聖地也有一定的時空脈絡。信仰的正統或異端向來都不是導因
於神聖性質或信仰對象的不同，而是來自政治，或利益團體的操
弄以及信徒的宣傳，神聖性的概念也會因為不同的時空和人群有
所差異[6]，但聖地或神明信仰的正當性論述主要還是掌握在國家及
知識分子手中[7]。中華人民共和國建立以後，對於革命遺址或革命

4　Wagner, G. Rudolf, "Mao Memorial Hall in Peking: The Tribulations of the
Implied Pilgrim," in Susan Naquin and Chun-fang Yu eds., *Pilgrims and
Sacred Sites in China* (Berkeley: California University Press, 1992), pp.
378-423.

5　Susan Naquin and Chun-fang Yu, "Introduction: *Pilgrimage in China*,"
Pilgrims and Sacred Sites in China, p. 9.

6　例如，Susan Naquin 對北京碧霞元君信仰的變遷與進香活動對於不同
人群所代表的意義，及妙峰山之所以成為聖地的原因和過程有相當清楚
的討論，尤其對世界各大宗教的朝聖活動及其意義，以及中國民間信仰
與其他地區朝聖過程的共通性與差異性有深入的探討。相關討論收錄於
Susan Naquin and Chun-fang Yu eds., *Pilgrims and Sacred Sites in China*.

7　神明如何透過官方力量取得正統化的過程可參見 James Watson,
"Standardizing the Gods: The Promotion of T'ien Hou ('Empress of

聖地的論述也同樣是掌握在國家與知識分子，不同的是，這些知識分子由以往熟悉傳統禮儀的士大夫及鄉紳轉而成為熟悉共產黨意識型態，國家政治情勢、政治風向的黨員知識分子。

從表面看，被國家列為革命遺址和革命紀念建築物「客觀」的反映出共產革命過程，但在眾多的革命活動空間中，列入國家重點文物保護單位的共產革命空間大多連結到毛澤東在革命時期的關鍵性轉折。1980 年代以前，所謂的「革命聖地」不如今日普遍，幾乎專指抗戰時期被稱為「民主聖地」的延安[8]，革命根據地、會議召開場所都被冠以革命聖地是在 2000 年以後才大量出現[9]。如果就中華人民共和國建國後編的漢語辭典解釋「聖地」的意義：宗教徒奉為神聖的地方，常是聖徒朝聖的目標，例如麥加；以及「有革命意義和作用的地方，如延安」來說，幾乎所有革命遺址都有革命意義和作用，也都可以稱之為聖地。但在各類宣傳中，是否將革命空間稱之為聖地，是次要的問題，因為革命遺址的神聖化，以及毛澤東的神格化，早在文革時期就已經形成，

Heaven') Along the South China Coast, 960-1960," in David Johnson, Andrew J. Nathan, and Evelyn S. Rawski eds., *Popular Culture in Late Imperial China*, pp. 292-324.

8 抗戰期間，延安就被中共稱為「民主聖地」，1951 年以後開始出現以「革命聖地」形容延安的地位。1965 年，江西高小四年級語文課本收錄〈我到了革命聖地延安〉一文。（南昌市師範國民小學六年級年級組，〈我到了革命聖地延安〉，《江西教育》，1965 年 2 月）。

9 例如，2004 年 5 月 18 日《人民日報》報導中小學民族精神鄉土教育叢書的主要內容包括：「各地的愛國主義基地、革命聖地和遺址、古蹟和紀念性建築；歷代民族英雄、先烈、歷史名人；發生在當地的重大歷史事件等。」

尤其是 1966 年開始的紅衛兵大串連——一場遍及全國，類似信仰的朝聖活動。

　　1966 年 10 月，大連海運學院 15 位學生組成「長征紅衛隊」，用了一個月的時間，從大連徒步到北京，揭開了全國革命師生大串連，中國史無前例的全國大規模朝聖活動序幕[10]。他們學習紅軍「長征」，在旅途中一方面學習與宣傳毛澤東思想、無產階級文化大革命，另一方面也替農民幹活，向群眾學習。《人民日報》社論高度讚揚這個活動，也鼓勵「全國大專學校的學生，中學的一部分學生，到首都來串連，各地的學生互相串連，這是學生自己教育自己的最好方式之一。」[11]從參與文革大串連的紅衛兵及革命師生對毛澤東的狂熱，以及強調串連過程的艱辛，大串連已經不是單純的政治運動或是「史無前例的政治旅遊」，而帶有接觸聖地、淨化革命心靈的朝聖意義[12]。

---

10 1966 年 9 月 5 日，中共中央、國務院就發出〈關於組織外地高等學校革命學生、中等學校革命學生代表和革命教職工代表來北京參觀文化大革命運動的通知〉，但大連海運學校學生徒步進京是受到高度讚揚，廣為流傳且被視為標竿的行動。

11 〈紅衛兵不怕遠征難〉，《人民日報》，1966 年 10 月 22 日。

12 文革十年的歷史到目前還是中國近代史研究的禁區。受限於檔案材料的限制，文革研究相當倚重回憶、日記、自傳，以致於文革四十年後，學者還必須重構文革的集體記憶（宋永毅編，《文化大革命：歷史真相和集體記憶》〔香港：田園書屋，2007〕，頁 xii-xiv）。本文的重點不在於討論文革的始末，主要描繪大串連活動與形塑革命聖地的關係，主要根據燕帆，《大串連：一場史無前例的政治旅遊》（北京：警官教育出版社，1993），以及劉濤編，《大串連》（北京：知識出版社，1993）。這二本書都是收錄其他刊物已出版，曾經參與大串連的學生描寫串連過程，以及內心感受的文章，從這些文章和日記可以明顯感受到

　　有關朝聖現象最經典的分析莫過於人類學者 Victor Turner
運用 Arnold van Gennep 分析生命過程中通過儀式（rite of
passage）的三個階段：隔離、過渡（liminality）、再結合（re-
incorporation），將朝聖（pilgrimage）描述為一種社會過程。在這
個過程中，朝聖者離開熟悉的家園，前往聖地，在過程中進入中
介（liminal）狀態，接下來步入歸途、轉化，與原來的社區再次
結合。在朝聖過程中，旅者脫離原來的社會結構，置身在不同於
日常生活關係模式的形態，進入到平等主義、無差別的和開放的
交融狀態（communitas）[13]。

　　過渡儀式中，參與者通常必須透過肉體的試煉，以轉化新的
社會身分。信徒在有如過渡儀式的朝聖之旅過程，通常必須通過
長途跋涉、身心試煉，透過苦行淨化心靈。Naquin 從中國民間
信仰的進香、朝山活動說明，朝聖之旅越是經過長途跋涉、困頓
艱辛，以及肉體上磨難，朝聖者越能感受心靈上不可思議的幸福
感，肉體痛苦程度越高，越能顯現出信仰的虔誠，而種種試煉與
痛苦成為獲取現世或來世期待的保障[14]。這種透過磨練達到殊勝感

青年學生對革命，對毛澤東狂熱的崇拜和激情。有關文革學術性較新的
著作，可參閱劉青峰，《文化大革命：史實與研究》（香港：香港中文
大學出版社，1996）、竹內實，《文化大革命觀察》（北京：中國文聯
出版社，2005），但文革歷史並非本研究重點。

13 Victor Turner, *The Ritual Process* (Chicago: Aldine, 1969); Victor Turner,
"Pilgrimages as Social Processes," in Victor Turner ed., *Dramas, Fields,
and Metaphors* (Ithaca: Cornell University Press, 1974), pp. 166-230.

14 Susan Naquin, "The Peking Pilgrimage to Miao-feng Shan: Religious
Organization and Sacred Site." *Pilgrims and Sacred Sites in China*, pp. 333-
378.

受的朝聖過程描寫，也同樣出現在《人民日報》的報導中。

《人民日報》特別用引號，「引述」大連「長征紅衛隊」隊員長征過程，以及抵達北京之後的體會，呈現出類似朝聖者在朝聖過程的艱辛，以及接觸聖地後，心靈得到的解放：

> 我們雖然離開了明亮的教室，舒適的床位和優越的生活條件，拋開了方便的交通工具，但是在思想上得到了一次大解放，大鍛煉，大提高。事實正是這樣，不打算艱苦奮鬥的人，不可能成為真正的革命者。誰想要「舒舒服服地幹革命」，誰就可能「舒舒服服地和平演變」，滑到修正主義的泥坑中去。

在報導中也強調，「無產階級革命事業的接班人，一定要經過艱難困苦的磨煉」。唯有透過磨煉才能淨化革命心靈，才不會墜入修正主義的罪惡深淵。

起初全國各地「革命師生」長途跋涉大串連的最高目標是到聖地中的聖地，中國的政治中心北京，目的是擠進天安門廣場，一睹心中的「紅太陽」。中央也默許，甚至鼓勵地方複製這種串連活動，各省省會、每個縣的縣城，也成為串連的目的地，但這種行政上的階序未必符合革命串連的意義。1966 年 11 月，北京地圖出版社出版了《中國地圖冊（供革命串連用）》，標示出各地的革命聖地。短短一個月時間，在同年 12 月，地圖冊就已經印了 5 刷，印量是 75 萬冊[15]，由此可見這本《地圖冊》有相當的

---

15 《中國地圖冊（供革命串連用）》（北京：地圖出版社，1966）。這本

《中國地圖冊（供革命串連用）》書影

需求量。

《地圖冊》的封面左方印有毛語錄：「你們要關心國家大事，要把無產階級文化大革命進行到底」的鮮紅字，右側分別是拿著語錄與紅旗的男女紅衛兵。《地圖冊》封底的〈編後記〉除了強調毛澤東對串連活動的支持，也引述《人民日報》讚揚大連學生的社論，最後則是說明出版這本冊子是為了「配合『長征隊』急切的需要……由於時間緊迫，來不及新編，利用原有版本，改變了原來的方案，地圖上省印了幾種顏色，圖幅編排沒有

冊子的總發行量目前缺乏統計資料，本文引用的是我個人蒐集到 1966 年 12 月第五次印刷的版本，在最末頁的出版資料顯示了本次印刷的數量。

一定的順序；內容也未做詳細的審查修改」。

這本《地圖冊》確實是在相當「緊迫」的情況下完成，例如台灣地圖一隅，還括號標注「日侵佔」三個字。但編者沒有說明究竟什麼是「長征隊」急切的需要，以致於必須倉促印製一本專供革命串連用的地圖。如果串連的目的是「到首都來串連，各地的學生互相串連」，中華人民共和國建國後編印的《中國分省地圖》或是原本的《中國地圖冊》就足以應付，似乎沒有必要「利用原有版本」新編一冊適合串連用的地圖，何況這本地圖對於交通及地形描繪比起其他地圖反而顯得更為簡略。

從地圖標示圖案可以發現，所謂「改變了原來的方案」，主要是在每頁分省地圖中標示出 1961 年第一批國務院列為「革命遺址及革命紀念建築物」的位置，以及新增第一頁的〈中國工農紅軍長征地圖〉。在《地圖冊》的圖例說明，北京是用星號標注，而紅旗的標誌則顯示出「革命歷史紀念地」所在位置。《地圖冊》首頁的長征地圖似乎僅為精神象徵，而非指引串連路徑，重點是長征地圖左上方框內引述毛語錄：「長征是歷史記錄上的第一次，長征是宣言書，長征是宣傳隊，長征是播種機⋯⋯。」

從目前看到的自傳和回憶性質文章看來，似乎沒有紅衛兵和革命師生徒步走上二萬五千里「長征路」，甚至串連學生還享受免費搭乘交通工具的特殊待遇，中央指示北京和其他縣級以上單位必須熱情「歡迎毛主席的客人」，提供必要食宿。串連的目的不是重返長征路線，而是學習毛語錄上的長征精神；《地圖冊》指引串連隊伍的不是交通資訊，而是聖地的位置。地圖上標示出來的「革命歷史紀念地」才是串連的重點，而毛澤東曾經居住或停留的地點，更是重點中的重點。除了北京以外，延安、井岡山、韶山都是串連的主要目的地。毛澤東的故居被捧為「永遠

不落的紅太陽」升起的地方，「毛澤東同志舊居陳列館」更早在 1964 年興建完成並同時開放。在展覽室裡，紅衛兵「懷著無限崇敬的心情，仔細參觀，學習毛主席青年時期的革命史跡」，聽老赤衛隊員回憶革命光榮事蹟[16]。原地保留的紀念遺址加上新建紀念館成為全國革命聖地的普遍模式。

全國大串連雖然維持不到一年[17]，但革命遺址的聖地地位和革命旅遊勝地的功能已經確立。長期在中宣部任職的著名黨史研究者龔育之回憶 1970 年，利用一年一度的探親假從蘭州五七幹校到井岡山，這個行程是作者「探親假後半段的主要目的……（因為）革命聖地井岡山在我們的心中多麼崇高」。每一個景點都有拍照服務，革命旅遊者「一個個身配（毛澤東）像章，有的還手執語錄」，每個景點都有印戳，刻有景點名和標誌，供遊客蓋在小冊子或毛語錄的空白位置。事實上，龔育之描述文革時期革命聖地的設施和旅遊設計，早在大串連時期就已經存在[18]。

為了連結聖地與聖地之間的交通，當時還有往返井岡山和韶山的汽車，單程要三天。龔育之也利用這個方式到了韶山，他認為「利用探親假所做的沿途旅遊，可以說是心無旁騖的紅色旅遊」。當時還沒有出現紅色旅遊這個詞彙，但卻明顯反映出，龔

---

16 〈這裡升起了永遠不落的紅太陽：記毛澤東同志舊居韶山陳列館〉，《人民日報》，1966 年 10 月 26 日。

17 由於串連活動造成社會的混亂，中共中央在 1967 年 3 月 19 日發出了〈關於停止全國大串連的通知〉。

18 燕帆，《大串連：一場史無前例的政治旅遊》、劉濤編，《大串連》，尤其書中的圖版可以看到革命遺址印戳和串連學生在各個革命聖地的留影。

育之撰寫回憶錄的 2007-2008 年間，「紅色旅遊」一詞已經相當流行且深植民間。熟稔中共黨史的龔育之還透露了革命歷史展示的建構成分：「在井岡山，我們看到的故居舊址、地點都是真的，但在這些地點的歷史介紹上，卻都有摻假的成分。最突出的有兩點，一是過分突出了一個人－林彪，一是完全抹煞了兩個人－彭德懷和賀子珍。」[19]這些現象應該不僅井岡山，而是革命紀念地景在當時政治情勢下的普遍作法。

雖然串連活動都有一定的目標，主要重點是北京、韶山、井岡山、延安。由於交通限制，串連隊伍還是會根據實際情況，以及所處的區域進行調整。例如，一群從青島南下串連的紅衛兵搭乘火車抵達貴陽，因為串連人潮洶湧混亂而暫時無決定行止，「當知道遵義這座選定了偉大革命舵手的英雄城離貴陽不遠時」，大家決定轉往遵義[20]。在《地圖冊》中，福建省境唯一被標記上紅旗的地點就是古田。古田會議舊址也成為鄰近閩、粵、贛三省紅衛兵串連的革命聖地之一。

曾參與古田會議紀念館籌建工作的謝耀承回憶，1966 年 9 月以後文化大革命紅衛兵大串連，每天成千上萬紅衛兵到古田參觀，文管會全體人員長期在古田負責接待講解，當時「沒有擴音器只有電池喇叭，嗓子喊啞了仍堅持講解」[21]。上杭縣城關，以及革命師生到訪重點的古田、才溪在 10 月設立革命師生串連接待

---

19 龔育之，〈幹校探親憶瑣〉，《黨史札記（末編）》（北京：中共黨史出版社，2008），頁 388-390。

20 馬庚存，〈從遵義到衡陽〉，《大串連》，頁 190-191。

21 謝耀承，〈古田會議紀念館籌建前後的一段回憶（1960-1970 年）〉，古田會議紀念館資料室：2-0247。

站，接待來自各地的紅衛兵[22]。古田會議紀念館經龍巖專屬同意，發給每位紅衛兵古田會址照片一張，「不到四個月，贈送照片三萬多張」[23]。

在大規模串連活動中，革命師生、紅衛兵以類似宗教朝聖的心態與活動，透過長途跋涉、讀毛書、接觸聖地，淨化革命心靈，各地革命遺址在大串連結束後，文革時期成為「革命旅遊」景點，但這種旅遊不是休閒，更非遊山玩水，而是以朝聖的心態，接觸、瞻仰革命聖地，就如龔育之描述，即使一年難得有機會可以和妻子、家人團聚還要利用半個探親假，前往「心目中崇高的」韶山、井岡山旅遊。

世界上當然沒有永遠不落的紅太陽，日落以後，中國社會很快迎來改革開放的黎明。在破曉前，中共內部雖然也經歷中國未來姓「社」還是姓「資」的暗潮洶湧，但鄧小平拍板「不走回頭路」堅持改革開放路線，堅持「中國特色的社會主義」宣示，決定了中國的現況。應該沒有多少人了解什麼是「中國特色的社會主義」，對非黨員或是不用學習社會主義政治課程者來說或許也無心深究，以往的革命激情很快轉為追逐利益的熱情，革命聖地的光芒也隨之逐漸消退。直到90年代以後，中共中央宣揚民族主義、愛國主義的系列計畫與活動當中的紅色旅遊，才又開始積極賦予聖地新生命。

從表面看來，紅色旅遊與大串連以及文革時期的革命旅遊有

---

22 上杭縣志編纂委員會，《上杭縣志》，頁44。

23 黃祖洪、陳志濤，〈古田會議會址維修、復原及保護管理記實〉，《閩西文史資料（第一輯）》，頁21。當時還沒有興建今日的古田會議紀念館，所謂的紀念館就是指古田會議舊址。

相當大的差別，前者兼具經濟發展功能，而後者完全出於官方鼓動的革命激情，但是官方媒體描述到革命聖地學習，藉由接觸聖地達到朝聖的意義卻始終不變。四十年前，《人民日報》「引述」大連海運學校師生經由大串連的過程，「思想上得到了一次大解放，大鍛鍊，大提高」，四十年後《人民日報》宣傳紅色旅遊的「魅力」也同樣「引用」參觀者，「來過教育基地後，我有了一種積極、健康、向上的態度，爆發出一種激情」，「瞻仰一次聖地，淨化一次靈魂」，描述接觸聖地的體驗[24]，強調接觸聖地對於洗滌心靈的意義。大串連鼓勵學生到北京，到革命聖地相互學習，而紅色旅遊幾乎是鼓勵全民學習的全國運動。

二、「寓教於遊」立紅旗

中共雖然在 1978 年底宣示告別革命，卻未曾停止塑造或展現革命的神聖性，無論以往的大串連、革命旅遊、參訪愛國主義教育基地，到今日的紅色旅遊，最關鍵的載體就是革命紀念地景，在神聖空間感受民族、國家與革命精神。記憶地景之所以存在，關鍵是再也沒有記憶的真實環境[25]，以當代中國發展而言，尤其是改革開放以後的社會、經濟急遽變遷，革命記憶早已褪色，更無法利用過去組織動員，發動大規模政治運動，強迫全民感受黨國輝煌的過去。中共在面向中國融入世界資本主義體系，

---

24 呂先聲，〈「紅色旅遊」的魅力〉，《人民日報》，2005 年 3 月 2 日。

25 Pierre Nora, "Between Memory and History: *Les Lieux de Memoire*," *Representations* 26 (1989): 7.

社會經濟發展的「新」未來，也必須不斷宣揚、強化革命輝煌及光榮建國的「舊」傳統。

為了貫徹鄧小平宣示提高民族自尊心、自信心，以及防止資本主義勢力侵蝕腐化，中宣部在 1994 年提出〈愛國主義教育實施綱要〉，推出百部愛國主義影片、百種愛國主義圖書。由於「實踐證明，組織各種活動特別是各類博物館、紀念館、紀念建築物以及其他歷史遺址、遺跡開展愛國主義教育，富有吸引力和感染力。」[26] 1997 年公布首批百大愛國主義教育基地，福建省共有五處，其中又以古田會議紀念館居首。

國家發展和改革委員會 2004 年發布的〈2004-2010 紅色旅遊計畫規劃綱要〉基本上就是愛國主義教育計畫下的一環，關鍵是「要充分挖掘和利用革命歷史文化資源，開展愛國主義和革命傳統教育，弘揚和培育偉大民族精神，不斷增強民族凝聚力」。因為絕大多數的革命老區都屬貧困區，除了政治宣傳面向，發展和改革委員會還加入推動革命老區經濟發展功能。〈綱要〉中規劃全國十二個旅遊區，第一個旅遊區是以中共建黨的發源地上海為中心，最後一個旅遊中心則是在象徵正式取得政權的北京[27]。發改

---

26 劉雲山，〈培養愛國主義之情，激發報國之志：寫在百個愛國主義示範教育基地系列叢書出版之際〉，《愛國主義教育示範基地叢書（古田鑄軍魂：古田會議紀念館）》（北京：中國大百科全書出版社，1997），頁 1-2。

27 中華人民共和國國家發展和改革委員會，〈2004-2010 全國紅色旅遊發展計畫規劃綱要〉。旅遊區包括 1. 以上海為中心的「滬浙紅色旅遊區」，主題形象是「開天闢地，黨的創立」。2. 以韶山、井岡山和瑞金為中心的「湘贛閩紅色旅遊區」，主題形象是「革命搖籃，領袖故里」。3. 以百色地區為中心的「左右江紅色旅遊區」，主題形象是「百色風雷，兩

委提出的〈綱要〉事實上是綱領式的宣示，是全國愛國主義教育基地通盤整合，地方政府早在改革開放，人民所得明顯提高之後，就已經開始運用各地革命資源發展經濟。例如最早提出紅色旅遊一詞的江西省，早在 1999 年就開始系統化運用省內革命景點發展觀光旅遊。

　　福建省根據發改委紅色旅遊計畫綱要，在 2005 年也提出〈2005-2010 年福建省紅色旅遊發展規劃綱要〉，著重於「開發以古田會議址為龍頭，以閩西蘇區為重點的紅色旅遊產品」[28]，在全省紅色旅遊區建立了 136 個愛國主義教育基地。2005 年福建以「紀念紅軍長征 70 週年」和「抗日戰爭勝利 60 週年」的名義，正式推出以古田會議址為中心的閩西蘇區紅色旅遊區，規劃紅色朝聖之旅和革命搖籃之旅，以及上杭古田會址景區、長汀紅

江紅旗」。4. 以遵義為中心的「黔北黔西紅色旅遊區」，主題形象是「歷史轉折，出奇制勝」。5. 以滇北、川西為中心的「雪山草地紅色旅遊區」，主題形象是「艱苦卓絕，革命奇跡」。6. 以延安為中心的「陝甘寧紅色旅遊區」，主題形象是「延安精神，革命聖地」。7. 以松花江、鴨綠江流域和長白山區為重點的「東北紅色旅遊區」，主題形象是「抗聯英雄，林海雪原」。8. 以皖南、蘇北、魯西南為主的「魯蘇皖紅色旅遊區」，主題形象是「東進序曲，決戰淮海」。9. 以鄂豫皖交界地域為中心的「大別山紅色旅遊區」，主題形象是「千里躍進，將軍故鄉」。10. 以山西、河北為主的「太行紅色旅遊區」，主題形象是「太行硝煙，勝利曙光」。11. 以渝中、川東北為重點的「川陝渝紅色旅遊區」，主題形象是「川陝蘇區，紅岩精神」。12. 以北京、天津為中心的「京津冀紅色旅遊區」，主題形象是「人民勝利，國旗飄揚」。

28　中共福建省委辦公廳、福建省人民政府辦公廳，〈2005-2010 年福建省紅色旅遊發展規劃綱要（閩委辦〔2005〕70 號）〉（2005 年 10 月 12 日）。

色景區、永定連城紅色景區[29]。福建省「中旅假期」、各地旅行社選擇在古田會議舊址舉行「紅色之旅工程啟動儀式」，推出「上杭—長汀—江西瑞金」紅色旅遊線路[30]。

由於發改委規劃的12個紅色旅遊區中，古田是被涵蓋在「革命搖籃，領袖故里」，以韶山、井岡山和瑞金為中心的「湘贛閩紅色旅遊區」。因此福建省開發紅色旅遊路線除了以古田會議會址為中心的省內旅遊外，還企圖藉由連結鄰近的瑞金、井岡山等「紅色經典景區」的著名革命景點，宣傳「閩贛紅色旅遊黃金線路」。

就推展紅色旅遊的過程來說，省似乎是跑在中央前面，如江西就早於國家發展改革委員會，而地市和縣的實際作為又早於福建省提出〈紅色旅遊綱要〉之前。如龍巖和上杭在2003年已經投入1,300多萬人民幣，開始進行福建古田幹部教育基地、古田會議舊址群維修和規劃保護，除了1964年以前即調查確立的古田會議舊址，紅四軍司令部、政治部舊址與協成店外，另外新增維修了二處古田革命舊址新景點，分別是原為三汲橋的紅軍橋遺址，以及更名為紅軍哨所的文光閣。龍巖市旅遊局規劃的古田會議舊址群旅遊區中，除上述古田會址群景點外，還包括中共閩西特委機關舊址樹槐堂，中共閩西第一次代表大會會址文昌閣，〈才溪鄉調查〉紀念館，臨江樓，新泉革命遺址。

推展紅色旅遊的官方宣傳大致根據發改委的〈紅色旅遊綱

---

29 江寶章，〈「紅色之旅」成為福建旅遊新亮點136個愛國主義教育基地吸引八方遊客〉，《人民日報》，2005年2月25日。

30 江寶章，〈寓教於遊 寓教於樂：福建紅色旅遊方興未艾〉，《人民日報》，2005年4月5日，14版。

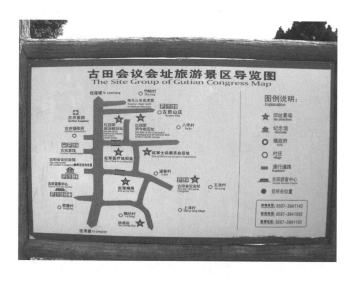

古田會議會址景區導覽圖

旅遊人潮

要〉，強調愛國主義教育與經濟發展結合，寓教於樂的功能。由
於過去革命老根據地絕大多數都位於經濟發展落後的區域，紅色
旅遊的經濟功能就是「幫助老區人民脫貧致富，紅軍長征經過的

11個省，基本都打出了紅色旅遊品牌」，強調紅色旅遊為地方經濟帶來的貢獻，凸顯旅遊人潮為地方帶來直接、間接的經濟效益[31]。根據官方媒體統計，上杭縣2004年接待遊客達64.8萬人，全縣旅遊收入1.136億人民幣，2005年春節期間，古田紅色旅遊7天遊客達2.3萬人[32]。紅色旅遊是否如同官方的統計數據，確實為老區帶來豐厚的經濟利益是可以質疑的問題，即使有眾多人潮擁入革命景區是否純粹為了「紅色」更值得思考。

事實上，從中央到地方政府都相當清楚，在市場經濟體制下，發展具有愛國主義教育意義的旅遊活動，除了動員黨政軍及教育機構的公款旅遊，很難以愛國或純粹的「紅色」為號召吸引民眾，提高旅遊興致。因此，中央到地方的紅色旅遊計畫都著重「寓教於遊」，強調革命精神的政治宣傳外，加入生態以及文化旅遊。市場經濟和過去計畫經濟最大的不同就是自由競爭，每個地方政府為了爭取政治及經濟資源，除了要強調地方革命景點的重要性，更要在黨國意識型態宣傳外，宣揚地方文化特色。因此，紅色旅遊脈絡下書寫的地方特色，主要重點有三個部

---

31 許志峰、龔雯，〈「紅色旅遊」激人奮起〉《人民日報》，2004年8月12日，2版。據這篇報導統計，中國共有1389個老區縣，遍布在28個省、市、自治區，總人口超過3.7億多，占全國人口29.3％。2003年，韶山旅遊收入近3億元，占當地GDP的1/4，延安2003年接待中外遊客逾8500萬人次，收入可觀，井岡山紅軍醫院舊址所在地小井村，過去年人均收入僅300元，但村民藉由紅色旅遊的推廣，經營紀念品店和餐館，人均年純收入超過5000元，按旅遊者人均花費測算，紅色旅遊基地所在地區每年旅遊總收入約200億元。

32 江寶章，〈寓教於遊 寓教於樂：福建紅色旅遊方興未艾〉，《人民日報》，2005年4月5日，14版。

分，包括愛國主義、民族主義教育的政治宣傳，「豐富歷史文化底蘊」的社會文化宣傳，以及自然景觀介紹。除了自然生態景點，其餘二個部分都被冠上「傳統」之名，一個是革命或是紅色傳統，而另一個則是中共革命過程中不斷要打倒，直到1980年代以後才復甦的社會文化傳統。

龍巖市旅遊局出版的《龍巖市紅色旅遊經典景區導遊詞》，一本為了「提高導遊講解紅色景區的能力和水平」而編寫，同時在旅遊景點公開販售的小冊子中，龍巖市政協副主席介紹古田會議「為我黨我軍奪取中國獲大勝利奠定了堅實基礎，『古田會議是我黨我軍建設史上的里程碑』。古田會址因此被稱為共產黨的『麥加』和人民解放軍的軍魂所在。」[33] 所謂的「里程碑」是江澤民1989年在古田會議紀念館的題詞，至於會址何時被稱為「共產黨的麥加」不可考，但應該不會早於紅色旅遊，也沒有出現在「正式」的官方文字宣傳中，但卻是龍巖、上杭、古田地方幹部相當普遍的「口頭」宣傳。而古田成為「人民解放軍軍魂所在」，最正式、顯著的應該是1997年「百個愛國主義教育示範基地叢書」之《古田鑄軍魂：古田會議紀念館》的標題上。

究竟何謂正式，官方立場有時相當模糊，很難有清楚的界定，就如龍巖紅色旅遊導覽詞，雖然是市旅遊局發行，但提升古田會址有如共產黨員「麥加」地位的作者卻是正式黨政組織以外，具有濃厚政治色彩，卻又貌似「民間」的政協副主席具名。地方政府一方面要維持黨的政策和意識型態，但在市場競爭

---

33 袁梅英，〈龍巖紅色旅遊別有韻致〉，龍巖市紅色旅遊經典景區導遊詞編委會，《龍巖市紅色旅遊經典景區導遊詞》（龍巖：龍巖市旅遊局，2005）。

中也不得不加入凸顯地方重要性及特色，具有「豐富歷史文化底蘊」，但卻充滿傳奇或官方批判「迷信色彩」，可以吸引遊客的民俗活動。

充滿傳奇與迷信色彩的宣傳內容無法由地方政府出面，而最保險的方式就是由非官方的政協，或是地方幹部以個人具名出版。如《走進龍巖叢書》雖然是龍巖市政協主席掛名總主編，卻是由龍巖市委主導，中央文獻出版社出版，《福建上杭之旅》也是由非官方的上杭縣旅遊產業發展委員會掛名編輯，而《品味上杭》則是由上杭縣旅遊局長、宣傳部長個人名義出版[34]。紅色旅遊經濟發展脈絡下的宣傳品作者，或口語宣傳「非官方說法」的能動者都屬「黨員知識分子」，這些人包括政協成員，在職或離退休幹部等熟悉共產黨意識型態的黨員，他們在發展旅遊的地方書寫與口語傳播過程都扮演關鍵角色。

整個福建省旅遊規劃中，最重要的就是以古田為中心的「閩西蘇區紅色旅遊區」。因為這整片「紅土地」被建構為1929到1949年維持「二十年紅旗不倒」的光榮老區[35]，是中央蘇區的一部分、長征的起點、古田會議的召開地。有關閩西革命過程的

---

34 林仁芳總主編，《走進龍巖叢書》（北京：中央文獻出版社，2007），這套叢書共有5冊，分別是《滄桑閩西》、《紅色閩西》、《風情閩西》、《山水閩西》、《活力閩西》。李迎春等，《品味上杭》（福州：海朝攝影藝術出版社，2007）。上杭縣旅遊產業發展委員會編，《福建上杭之旅》（龍巖：上杭縣旅遊局），這本畫冊未標示出版資料，但從縣城圖片中的金葉大酒店正在興建推估，應該是2004年左右。

35 今日的閩西範圍，是指龍巖市轄下的漳平市，及長汀、永定、上杭、武平、連城五縣。

介紹，都是從 1927 年「南昌起義部隊」入閩為起點，到中共成立農民協會、地方組織，「領導人民進行土地革命，對抗地主在紅軍北上之後的『恢復業權』鬥爭」。旅遊景點著重於革命過程中，共產黨組織、紅軍部隊曾活動的地景空間，以及曾在閩西參與革命的中共重要領導人毛澤東、周恩來、劉少奇、朱德，及紅軍將領與革命地景的關係[36]。最後則是介紹不斷出現在鄉土教材，支持共產革命的代表性人物，藉此說明閩西人民如何在革命過程中「無私奉獻」。紅色閩西的宣傳中，古蛟的位置與代表性主要是古田會議舊址群和蛟洋文昌閣，而傅柏翠的位置則是擺放在閩西四大暴動之一，蛟洋暴動領導人[37]。

在「二十年紅旗不倒」的光榮老區討論古蛟的過去有些尷尬，似乎也很難將 1929 到 1949 年，傅柏翠領導下的古田納入革命歷史脈絡，尤其是 50 年代的土改補課，以及土改補課之後將古田劃為政治「落後鄉」的經歷。但上杭縣描述「紅土地」的革命輝煌經歷，則是將這個尷尬轉化為「傅柏翠與毛澤東」相知相惜的傳奇。因為「在比較封閉的山區，毛澤東能遇到傅柏翠這樣有學識且有非凡經歷的人物，也感到非常難得。兩人經常闊論天下大勢，還吟詩論詞」。被上杭引以為傲，複製品掛滿每個公共空間，毛澤東在上杭臨江樓寫的【採桑子·重陽】，也被描述為毛澤東與傅柏翠「談詩論詞」下的作品[38]。

---

36 中共十大元帥除徐向前外，都曾在閩西活動。

37 林仁芳總主編，《紅色閩西（走進龍巖叢書）》。

38 傅柏翠在其回憶整理稿曾說：「毛主席的【採桑子·重陽】應該是在臨江樓寫的，只有上杭縣城才有遍地黃花的景致」，間接說明他當時並未在上杭縣城，更無從與毛「談詩論詞」。

　　除了介紹傅柏翠的早年經歷，也說明他在家鄉進行實驗改革是出於留日背景所接觸「空想社會主義的思想根源」的「新村主義」，同時與毛澤東比較——「毛澤東早年同樣信仰過『新村主義』，後來卻在革命過程中探求到正確的理論和道路」。也不隱諱的敘述 1931 年閩西蘇區肅清社會民主黨過程中，傅柏翠領導鄉兵抵抗。但對整起事件的評論是，「傅柏翠雖有冤情，卻畢竟脫離了革命站在中間立場，還接受國民黨的縣長委任（未到職），無疑是政治上的一大失足」。在接下來的敘述則是著重傅柏翠在閩西秘密為中共打通國民黨對贛南中央蘇區的經濟封鎖，1949 年又發動起義，迎接解放軍南下。最後評價傅柏翠「在人生道路上雖有可非議之處，然而為理想勇於探索的精神還是值得後人敬佩，並能引發許多反思」[39]。

　　整個閩西和福建都為古田爭取「共產黨的麥加」地位，在社會文化宣傳中，上杭縣則是企圖挑戰「客家人的麥加」——寧化石壁村的地位。今日行政區劃下的閩西全境，龍巖、漳平大體屬於「河洛」，而其他的五個縣才是客家地區，但在爭取客家鄉親和旅遊資源過程中，整個龍巖都著重客家祖地論述。從80年代的「客家熱」以來，學術團體和客家社團不斷進行客家祖地，以及客家社會文化的探討。這個過程中，寧化石壁成為普遍認同的客家南遷祖地，這個地位似乎難以撼動。上杭雖然是客家縣，但地方人士也很清楚「從大範圍來說，（上杭）也可以屬於客家祖地一部分……在實際上它跟客家祖地是完全不一樣的，因為在世界範圍內通行的說法客家祖地就是指寧化石壁」，「石

壁成為客家人的麥加」。即便如此，上杭縣仍然試圖以二十幾個
姓氏的入閩始祖在上杭開基，爭取客家遷徙過程「祖地」的頭
銜，或是宣揚汀江畔的上杭如「客家的香格里拉」。

　　為了論述上杭為客家「祖地」，必須先有「理論」基礎。
《品味上杭》等書先是提出羅香林的《客家研究導論》記載：
「僅粵東的 18 個姓氏中就有 16 個是在上杭開基的。有越來越多
的人發現他們的根是在上杭……據廣東省梅州市七縣一區 130 多
個客家姓氏中，從上杭遷去的就有 117 個，占 90％。」[40] 接著是討
論「瓦子街傳奇」，因為廣東、江西等地許多族譜記載祖先是從
上杭「瓦子街」遷徙到現居地，試圖證明「瓦子街」就是上杭
縣城內，名為郭坊的地點，再加上被視為客家李氏始祖李火德的
李氏大宗祠位於上杭，進而強調客家郭、李二姓的入閩始祖都在
上杭。最終是要說明，石壁雖然是客家祖地，但李、賴、張、
廖、江、丘、游、溫、呂等二十個姓氏只是途經石壁，並未在
當地生根又開始南遷，最終在上杭開基。正因這些姓氏入閩始祖
都是在上杭，所以「上杭是客家文化的重要發源地」。這些姓氏
又陸續經由汀江遷往粵贛，而汀江則被標舉為「客家母親河」[41]。

　　閩西、粵東、贛南的客家祖地之爭歷時已久，未來也將持續
進行，上杭試圖挑戰石壁的位置有極度困難，但在吸引海內外，

---

40 羅香林的《客家研究導論》（台北：古亭書屋，1992〔1933〕），頁
　　55-57，確實根據族譜列出粵東 18 個姓氏的原居地與遷徙經過，其中 16
　　個姓氏也確實經長汀、上杭，但長汀、上杭在羅香林表格的標示中，僅
　　為遷徙路徑之一，並未見開基的說法。

41 上杭縣旅遊產業發展委員會編，《福建上杭之旅》；李迎春等，《品味
　　上杭》，頁 176-183。

尤其港澳台客家鄉親，提高知名度、發展經濟的脈絡下，難以避免加入這類客家祖地的宣傳戰。正是在這種客家社會文化的宣傳中，形成地方傳統的懷舊與想像，同時在懷舊與想像中，結合客家與革命傳統。

1980年代以來，閩粵贛交界的客家方言群聚集地區，在官方色彩強烈的各地政協，以及與政協密切相關的客家文化協會推動下，持續發揚、尋找或創造「客家傳統」，在「發掘紅色旅遊的人文價值和歷史內涵」中，又被進一步強調。除了共同的「客家文化」，各地也同時找尋或創造具有地方特色的客家傳統，如豆乾、筍乾、豬膽肝、蘿蔔乾之類食物被稱為「閩西八大乾」，是有別於其他客家地區的特產，閩西漢劇、木偶戲、山歌也是有別於其他客家地區的民俗活動。被稱為「紅軍可樂」的米酒，因為兼具客家傳統與革命特色，成為在古田餐桌上體會客家風情與革命歷史的招牌飲品，紅色歌舞「打馬刀」或「紅色大刀舞」、「婦女出操舞」，以及紅色歌謠則是在發揚社會文化宣傳中，滲入了革命傳統，藉此展現閩西農民對共產革命的熱情。古田大道旁一家家標榜客家風味、傳統美食的小飯館，以及販售客家特產的商店也從地方傳統、客家文化的懷舊與想像中找到商機。

透過現代化傳播科技的包裝與修飾，今日中共媒體宣傳的革命歷史一改過去乏味、空洞與教條化，而融入群眾的休閒娛樂活動中。紅色旅遊景點的設計與內涵如 Ann Anagnost 描繪主題公園如何在實體及概念空間中，再造（recreate）國家；從不同階段

的革命與改革時期公共空間的雕刻作品，呈現革命傳統風貌[42]。以革命背景為題材，印刷編排精緻的書刊畫報不斷出版，以革命人物、戰役為焦點的電影、電視連續劇不停播放。各地中小學鄉土與愛國主義教材，更是結合革命與地方傳統，將愛國教育從根做起，革命懷舊想像也因此融入日常生活、基礎教育與大眾娛樂中。

夾雜民族主義情緒的革命傳統，透過媒體、教科書和社會懷舊情緒的交互影響應運而生，革命艱困時期的歷史也成為懷舊消費文化的主要內涵，助長了1990年代再起的民族主義教育。古田大道旁諸如「紅土地餐廳」、「紅軍客棧」、「翔龍知青人家」等，以店名連結革命傳統，或是刻意裝潢成大集體時代，農家氣氛的餐廳不難發現，革命懷舊在當代已經成為一種消費，民眾可以在刻意裝修為小農舍，但用餐消費所費不貲的餐館裡感受下鄉知青的生活，或是實際接觸店鋪和市場販賣的毛澤東徽章、文革時期明信片和月曆等價格逐年攀升的革命商品[43]。

當然沒有人願意回到文革，革命商品的主要價值有小部分是憶舊，但當前文革懷舊幾乎局限於物或客體的記憶大都成為被消費、在市場流通的商品，集中在革命文物的商品與娛樂價值[44]。古

---

42 Ann Anagnost, *National Past-Time: Narrative, Representation, and Power in Modern China* (Durtham: Duke University Press, 1997).

43 Jennifer Hubbert, *The Long March to Modernity: Intellectuals, Generations and Moral Authority in Post-Mao China*(Ithaca: Cornell University Ph.D Dissertation). 徐賁，〈懷舊物品與文革記憶〉，《文化大革命：歷史真相與集體記憶》（香港：田園書屋，2007），頁982-1003。

44 徐賁，〈全球傳媒時代的文革記憶：解讀三種文革記憶〉，《文化大革命：

田會址旁原為接待高級幹部用的接待室早已失去原有功能，發包由民間開設販賣古玩以及革命文物的商品店。沒有資本開設商店的小販，則利用假期在會址內的草坪上販售毛像章、毛語錄，以及各類文革時期紀念品。

　　未曾歷經革命的新世代，從小學開始被安排到古田會議舊址進行各項團體活動，中學以上的學生也從包裝成憶舊的旅遊活動學習革命精神。當然，這種「革命精神」並非中共目前絕口不題的文化大革命，而是從創黨到建國之間的革命精神、老區傳統。以古田為中心的閩西旅遊景點推出走長征路、過紅軍橋、看紅軍標語、登紅軍哨所、穿紅軍草鞋、喝一碗南瓜湯。學生在革命基點村「穿上紅軍服，當一天紅軍，做一天老區人」，聽老紅軍講故事，在活動中貼近歷史，「把歷史的記載和現存的文物，曾經的想像和親身的體驗疊加整合為深層的理解和領悟」。在活動中教育學生及遊客，走進古田就是走進歷史的一頁，重走紅軍路「思考歷史與現實，可以真真切切的接受革命傳統教育和靈魂的洗禮」[45]。

　　旅遊產業帶動下，古田已經有了相當不同的面貌，尤其是古田位於龍巖到步雲梅花山國家公園原始森林的必經之路，森林景緻也為古田帶來旅遊人潮。這些人潮不乏「單位」安排的公費旅遊團體，或是旅行社招徠的旅行團，私人交通工具越來越普及之後，所謂「自駕旅遊」的散客也逐年攀升。旅遊既然以紅色為名，傳遞革命歷史知識以及革命精神是古田會議紀念館在靜態

歷史真相和集體記憶》，頁 934-935。

45 上杭縣旅遊產業發展委員會編，《福建上杭之旅》。

展示以外的另一項重點工作，即使是民間旅行社介紹景點的商業廣告，也會很自然的以「紅色聖地」描繪行程中的古田會議舊址。

古田會議紀念館自1971年起正式設置解說員編制，在紅色旅遊尚未展開，人潮湧現以前，解說員專為到訪的部隊、機關團體及高級幹部導覽解說。紅色旅遊推展之後，除了上述團體及個人，解說員也開始為事先申請的十人以上團體解說導覽古田會址群景點。5月1日勞動節、10月1日國慶及春節等遊客量暴增的連續假期，紀念館的遊客接待中心也開放參觀者自費，請解說員隨同，價格是依解說員到館資歷與職務有所分別。解說員代表正式的愛國主義教育言論，他們訓練的基礎是必須一字不漏的背誦講解詞，包括古田會議前後紅軍活動大事與發生日期，重要人物姓名、事蹟，甚至紅四軍官兵成分百分比數字。

古田會議舊址講解詞自1970年代開始編寫，版面文物介紹說明也隨著革命文物新增而修訂，但重點是古田會議前後紅軍在閩西革命的過程，以及革命過程的艱難。空間不寬廣的會址內，大廳前的天井是唯一可以容納較多人群的空間，面對天井左側地上黑色火燒焦痕無法安排解說文字，必須經由講解，才能了解遺跡的革命意義。解說員藉由這個焦痕，向遊客說明，這是古田會議代表在寒冬開會取暖時留下的痕跡，從這個「令人無限遐想」的痕跡，說明革命的艱難與光輝。

民間旅行團導遊工作的重點是吸引遊客興趣，《龍巖市旅遊局紅色旅遊解說詞》有關會址的文字說明，成為導遊實地講解的依據，但傳遞革命神聖性顯然不是導遊的主要任務。除了地方官員陪同進入會址的中央或其他地方官員，所有觀光客進入古田會址前，通常首先迎來的是拍照的小販。這些小販都是會址附近，

溪背、八甲、五龍村的廖氏聚落婦女。雖然並無明文規定其他姓氏不得經營這個行業，但會址過去既然為廖氏宗祠，其他姓氏也無人與廖氏宗族競爭，更何況僅僅廖氏本身就因利益爭奪常起衝突，更容不下其他姓氏涉入其間。

這些爭著為遊客拍照的小販最常用的問候語是「歡迎到我們廖氏宗祠，保佑你們一家平安，升官發財」。接著緊跟遊客，詢問是否需要拍照服務，緊貼著遊客的過程中，小販也會開始介紹會址傳奇，渲染中央到地方領導瞻仰古田遺址的神奇事蹟，以及各級官員如何在蒞臨會址不久就升官的靈驗。在紅四軍司令部舊址，結束行程之後，遊客會被提醒看看大門前的三層石階，然後接受管理員送上「回去之後連升三級」的祝福。

就如 Susan Naquin 敘述清末民初到妙峰山進香的人群在下山後互道「帶福還家」，會址院牆內拍照的廖氏宗族小販，旅遊團導遊也藉由聖地賜福的各種話語營造出類似氣氛。例如，2008年9月，某旅行團在省級幹部剛離開後就進入會址，必須重要官員到訪才會打開的中門尚未關閉，拍照的小販抓緊機會跟隨在遊客身旁，告訴這些遊客今天運氣是如何之好，平常不開的中門難得大開，要不要在中門拍個有官帽山背景的照片，升官又發財。對遠道而來的遊客除了道聲辛苦，也不忘說明「這裡就是越遠來的越靈，越辛苦越靈」。

「帶福還家」的祝福和靈驗事蹟背後的商業動機不言而喻，但如果僅著重商業利益面向，我們很容易將這些靈驗神蹟的創生者指向導遊和以拍照為業兼具「導遊」的小販。此外，純粹商業利益的考量，似乎高估了這些能動者的言語感染力與影響範圍，以及忽略會址由革命神聖空間到具有升官賜福，有如民間信仰神聖空間的轉換過程，更無法深入分析靈驗事蹟的起源，以及

黨員知識分子在空間神聖性轉換扮演的角色。

三、總書記到古田

　　大串連以後的整個文化大革命過程，甚至到了 1990 年代初，古田在所有革命聖地中，地位並不突出，就如《崛起的聖地》介紹：「在革命聖地的群落裡，古田不如其他革命聖地那麼受到矚目。我們可以在那一場動亂裡，個人迷信到顛峰的日子裡找到證據，中國革命進程被簡縮為：韶山－井岡山－遵義－延安－天安門，不僅古田，就連瑞金都榜上無名。」[46]古田改革開放後所以「崛起」的關鍵，以及種種「傳奇」主要從 1989 年江澤民到訪開始，接著是 2002 年繼江澤民之後接任總書記位置的胡錦濤，也曾在 1999 年以國家副主席身分到古田訪問。在中央最高領導人的加持下，古田的政治地位越來越高，聖地範圍也越來越廣，2006 年公布的全國重點文物保護單位，甚至上杭、連城的革命遺址都併入古田會議舊址，擴大為古田會議舊址群。

　　1989 年 6 月，江澤民接任鄧小平的總書記位置，11 月又接任中央軍委會主席，集黨軍大權於一身。江澤民接任總書記以後，先後到了延安和井岡山，中國最著名的革命聖地，到訪聖地的第三站就是古田。1989 年，古田會議 60 週年的 12 月 22 日，江澤民接掌中央軍委會主席僅月餘即到訪古田，參觀會址和紀念館，成為中華人民共和國建國以來，第一位蒞臨古田的中共最

---

46 謝春池、何永先、劉少雄，《崛起的聖地：中國老區第一鎮古田啟示錄》
　　（廈門：鷺江出版社，1996），頁 3-4。

高領導人。從表面看,江澤民到古田的時機正逢古田會議 60 週
年,但他在接任中央軍委會主席之後就到了這個確立「黨指揮
槍」的革命聖地也引來不少揣測。據古田會議紀念館工作人員的
敘述,當天晚上江澤民回到龍巖,接見地方幹部時曾說:

> 我今天瞻仰了古田會址,看到了古田會議決議受到了很
> 大的啟發,主要有兩點:一是說明人民解放軍自建軍開
> 始就是中國共產黨領導的、用馬列主義武裝起來的軍
> 隊。毛主席親自起草的古田會議決議案總結了紅軍建軍
> 二年多以來的成功經驗和失敗教訓,對後來人民解放軍
> 的建設起了很大的作用[47]。……在今年春夏之交發生的政
> 治風波中(六四天安門事件),我自嶷然不動,就是為
> 我們有一支用毛澤東思想武裝起來的好軍隊。[48]

江澤民到訪古田再度宣示黨指揮槍的意味不言而喻,此行對古田
日後的政治與民間傳奇地位的提升更有關鍵影響。

　　對小小的古田鎮來說,總書記到訪自然是不得了的大事;對
古田會議紀念館工作人員來說,更是建館以來難得的殊榮,這是
繼毛澤東在此地參與古田會議 60 年之後,國家最高領導人首次蒞
臨。參與陪同的除了省、龍巖地市、上杭縣主要領導,還包括
古田會議紀念館館長。江澤民下午四點抵達,晚間在龍巖用餐,
停留古田時間至多二小時,但這次相當短暫的訪問,卻成為古田

---

47 「紅軍建軍二年多」係指 1927 至 1929 古田會議之間。

48 傅柒生,《冬韵心曲》,頁 9-10。

傳奇的原型，因此有必要交代下述稍嫌瑣碎的過程。

　　江澤民抵達古田後直接前往古田會議舊址，按照參觀動線安排，進入舊址大門後直接左轉，從面對舊址左側邊門進入，而舊址正面大門平日不開，只有重要領導人物到訪，如省級與中央部級以上幹部到訪才會開啟中門，總書記到來自然是中門大開。會址面積不大，江澤民參觀過布置為會議場景的中堂，即穿過迴廊參觀面對正廳右手邊的「古田會議期間毛主席辦公室」，接下來的路徑自然是穿過前廳走出會址。陪同的工作人員回憶，江澤民在行經大廳門前突然停了下來，站在中門眺望遠方山勢，而所有隨行人員自然也佇足在旁。從大門向外遠望的山峰中，有左右小、中間大的三座相連小山包，形似京劇中明代小知縣穿戴的官帽。有些陪同在旁的幹部回憶，江澤民僅僅是駐足眺望遠方，並未開口。但另一些幹部傳出的版本則是，江澤民向身旁的陪同人員說：「你們看看，那幾座山像不像官帽？」

　　山街對面大約一公里的古田會議紀念館，當時正緊張的準備江澤民參訪會議舊址後接下來的行程。但原本經過安全人員一再嚴密檢查的紀念館卻發現了一條小蛇，山區有蛇並不稀奇，稀奇的是山區的寒冬裡發現蛇。國家領導人到訪是絕對不允許這種令人生厭或恐懼的生物存在，這條小蛇在嚴密的追捕下奇蹟似的逃脫，也沒有人受到傷害，只有一位參與捕蛇的古田會議紀念館保安在隨行過程中，因為車尚未停妥就趕忙下車，腳步踉蹌差點跌倒。

　　紀念館參訪行程結束後，江澤民題了「繼承和發揚古田會議精神，加強黨和軍隊的建設」。1990年代初，這個題詞被刻在大理石碑，立在會議紀念館右側，為求對稱，左方也放置型制相同的石碑，刻有毛澤東在1951年為老根據地訪問團出發至各地訪

問前手書題詞「發揚革命傳統，爭取更大光榮」。毛澤東的題詞在背對大門左方，江澤民的題詞在右方。1951年，南方老根據地訪問團確實有來到古田，諷刺的是古田在不久的土改補課時已經被劃為落後鄉，直到80年代才又重新回復光榮的老根據地地位。2000年初，二座石碑同時被拆除，毛澤東的題詞碑不知所終，而江澤民的題字則是在2005年被放大，刻在6-7公尺高的花崗石碑上，放置在古田會議舊址正門入口前。

　　江澤民來訪後，古田會議舊址逐漸熱鬧起來，到此地參訪的中央、地方級文職幹部，以及解放軍離退休或現職將領逐漸增加，尤其是1999年，古田會議70週年，國家副主席胡錦濤到訪三年後，又繼江澤民成為中共最高領導人，更成為古田另一個傳奇[49]。參與接待者的回憶中，胡錦濤到訪時的規模陣仗與江澤民沒有太大差別，參訪活動也是先到古田會議舊址，然後是紀念館，以紀念館前的合照活動結束行程。而這次胡錦濤到訪又發現蛇的蹤跡，胡錦濤到訪時，正值6月夏季，發現蛇蹤似乎更不足為奇，但重點是每個人都會將這個事件聯想到江澤民到訪發現的蛇，令人更為不解的是這條小蛇發現的位置居然是在天花板的燈箱裡，到現在也沒人弄懂這條蛇是怎麼進去的。大人物到小地方的一舉一動很自然成為眾人茶餘飯後的閒談材料，有關江澤民以最高領導人身分到訪古田，以及胡錦濤來訪不久，就提升為最高領導人等傳奇，傳遍了古田、龍巖，甚至整個福建省，或許也傳到了北京。

---

49 古田會議紀念館編的《相約聖地：古田會議紀念館建館40週年紀念畫冊》（2005年1月），頁45-55附有大事記，主要內容除了建設陳列事務外，詳載了高級官員的訪問日期，從中明顯看出到訪官員增加趨勢。

　　事實上，當工作人員講述江澤民、胡錦濤到訪經過前，我在首度閩西行即耳聞相關傳奇，只不過當時並非置身神聖氛圍，而是在雷電交加、風雨大作的汀江畔酒店包廂裡，縣委某辦公室林主任招待的晚宴中。飯局看似熱絡，但彼此似乎都有戒心。直到我們提及幾天前停留在古田的經歷，才稍稍化解有些僵硬的局面，也打開了林主任的話匣子。林主任正襟危坐，深深吸了一口氣，以類似「如是我聞」的語氣，告訴我們一段古田聖地的「傳奇」：

> 　　講到古田……我說件事，這怎麼說，不知道你們相不相信。江澤民總書記到過古田，他到古田的時候是下午兩點五十三分，先到（古田會議）會址，然後到（古田會議）紀念館，見了很多紅軍老戰士，晚上在古田吃的飯。總書記吃過飯之後，服務人員進來看到總書記的椅子下面有一條蛇，結果有人要打，蛇最後跑到涵洞裡面，沒打到。後來是胡錦濤總書記，他那時候還不是總書記，也到古田來，接待他的規模和江總書記一樣的。胡錦濤吃過飯，也在椅子下面看到一條蛇。這蛇的頭是黃黃的，捲起來的。
>
> 　　保安拿一根竹竿要打蛇，蛇就跑，……跑掉了。結果那天晚上那個保安就沒有了。那個保安騎摩托車，他家很遠，那一天下雨，他騎山路。因為胡錦濤走的時候，參加接待的人一起吃飯，大家喝了酒，保安也喝了不少。這一次是我親眼看到的，前一次是聽人說的。還有一次是在 2000 年，中央電台在會址搞了一個大型聯歡晚會，不過下了一天的雨。聯歡晚會有個節目是古

> 月扮毛澤東。你說怪不怪，原本下了一天的雨，古月
> 扮的毛澤東登臺之後，雨馬上就停。要問我的想法
> 啊……我想國家領導都要到古田來，政治局常委大部分
> 都來過，好像到廟裡面一樣。古田很靈，要是以前，
> 一定會蓋一個廟。這些事中央都知道。

　　林主任活靈活現的陳述了這段「親身經歷」。他刻意強調江澤民抵達的準確時刻，似乎是為了提出在場證明，也竭盡所能的從中央領導參訪細節中，表達出「古田真的很靈」。只不過即使林主任確實參與重要領導人的接待準備工作，但以工作性質及層級來說，他想必沒有陪同在國家領導人身旁。

　　正當大家聚精會神的聆聽，包廂內悄然無聲的時候，神秘氣氛突然被雷電擊碎酒店整片玻璃門的巨響打斷，話題也偏離了古田的傳奇。接下來陸續幾次的田野過程中，在完全沒有預期的狀況下，從古田、上杭到福州還是不斷聽到有關會址的種種「傳奇」。古田的耆老告訴我們，會址有三大「傳奇」。除了前面提到「蛇的故事」，以及在會址現場直播的聯歡晚會上，扮演毛澤東的演員一出場，傾盆大雨驟然而止外。另一個傳奇是，雖然會址後方緊靠著濃密樹林，但黑色的屋瓦上永遠沒有落葉，永遠都是乾乾淨淨、一塵不染。

　　更沒想到從福州前往機場途中，司機也告訴我們古田的「傳奇」。當然，「蛇的故事」是不會忽略的重點。帶有濃厚江湖味的司機大哥或許擔心我們不明白中國「傳統文化」，因此費心的跟我們解釋，「其實中國『傳統』的蛇就是龍」，同時強調：「我經常帶領導到古田，只要是領導到古田『上香』，就知道他要升官了。」接著用左手握住方向盤，右手在耳邊比出打電話

的姿勢說：「有時候還沒到家，就接到電話要升官了。」為了宣傳旅遊，上杭所有「星級」酒店、賓館客房床頭櫃都擺放《品味上杭》等旅遊文宣，品味的重點自然以福建革命聖地之首，「共產黨的麥加」古田為主。上杭到古田各級幹部除了再三說明古田有如麥加的地位，還不斷告訴我們，這個聖地還得心誠才到得了，他們以某位中央副部級幹部希望到古田參訪，卻幾經波折才能如願的「實例」強調：「（官員）如果心不誠，想來（古田）也來不了」。這些出自地方黨員知識分子傳遞的聖地傳奇，並未得到支持，反而是受到批判的「庸俗化」言論。

會址大廳，左後為大門，向外遠眺即為「官帽山」

四、庸俗化與再神聖化

民間口耳相傳，有關古田的傳奇事蹟難以細數，也不容易蒐集到「完整的」版本。因為傳奇、神話或傳說，在形成文字以前都是「活的」，都是有生命的，也會繁衍或變形，更沒有所謂完整的文本。上杭林主任在飯桌上對我們講完了古田「傳奇」之後，又補上一句「這些事『中央』都知道」，或許是希望強調這些傳奇的真實性，以及古田的神聖性。目前無從證實中央是否耳聞這類傳奇，但是從 2005 年《人民日報》〈「紅色旅遊」不能庸俗化〉的評論文章可以得知，隸屬中共中央宣傳部，向來反映中共最正式、官方，或是「正統教義派」的媒體毫無保留將這些「非官方說法」的「聖跡」視為對革命聖地的「污染」。從其他媒體也可以發現，紅色旅遊和愛國教育基地的傳奇事例確實不少 [50]。

〈「紅色旅遊」不能庸俗化〉一文強調：「『紅色旅遊』是弘揚革命傳統、宣傳愛國主義精神的重要載體。……是黨員幹部了解黨史、不忘傳統、汲取精神營養的最佳『課堂』。」然而，某些「紅色旅遊」景點卻產生了「公款旅遊」和過於追求經濟利益的弊端，而「最令人擔憂的還是教育內容的庸俗化」：

---

50 類似報導自 2005 年以後大量出現，例如新華網署名奚旭初發表的〈紅色旅遊不能褪色更不能變色〉一文也批判「紅色旅遊被『醬化』……以拼貼、遮蔽、戲說等手段將高尚的文化（革命傳統）庸俗化」。（http://big5.xinhuanet.com/gate/big5/www.godpp.gov.cn/zt_/2006-01/12/content_6035671.htm）

> 由於缺少規範性要求，一些「紅色旅遊」景點的講解
> 人員為了找「噱頭」、尋「賣點」，常常對革命歷史
> 事蹟、人物精神內涵幾句帶過，卻熱衷於講曖昧的「秘
> 聞」、編搞笑的「段子」，甚至在歷史中摻雜迷信，
> 拿英雄、先烈「尋開心」。[51]

　　這篇文章並沒有明確指出哪些「紅色旅遊」景點有所謂「庸
俗化」現象，似乎「庸俗」已經成為紅色旅遊發展過程中，所
有革命聖地的通病，但內文唯一引述的就是古田鎮委書記、鎮長
對於外界以「關係單位」、「對口部門」名義，要求免費接待的
抱怨。報導直接引述古田鎮長的話：「最多的一次，一個中午鎮
政府就接待了三十六桌，吃都吃怕了！」由此可見，這篇評論的
作者曾造訪古田，當然也聽過會址的種種「傳奇」，而這些「傳
奇」應該也屬於必須批判的「庸俗化」事例，更是對革命聖地
的污染。從古田鎮長的抱怨聲中，更不難發現以「公款旅遊」
到古田朝聖的「部門」、「單位」之踴躍。
　　評論作者甚至提出，為了遏止革命聖地「庸俗化」言論，
「有必要建立舉報機制，對歪曲歷史、褻瀆先賢的言行，鼓勵群
眾進行舉報，並給予嚴肅處理」。會址內可以稱為「庸俗化」言
論的例子不勝枚舉，除了上述神蹟，毛澤東的私生活，即《人民
日報》所謂「曖昧的『秘聞』也是遊客關心的重點。紅四軍政
治部舊址二樓的「毛主席故居」和「賀子珍故居」為相鄰的二

---

51 士心，〈「紅色旅遊」不能庸俗化〉，《人民日報》，2005 年 8 月 16 日，
　　9 版。

個房間，遊客參觀此地經常提出的問題是，「毛主席和賀子珍為什麼分房」。旅行社導遊可以隨性發揮，甚至在遊客未提問前還先行提示，再編出「秘聞」，但古田會址編制內的解說員則不得隨性發揮，而正式解說詞當然也沒有這個內容。

　　事實上，所有被「庸俗化」的革命領袖幾乎都集中在毛澤東一個人身上，早在毛澤東生前的60年代，相關傳奇就已經流傳全國。最著名的一則神話是當初在韶山為毛澤東立雕像的時候，載運雕像的卡車中途不明原因熄火，司機和修車工人無論怎麼嘗試都無法發動車子，最後是以樹枝充當香火，對毛雕像朝拜之後，車子才順利發動。只不過在毛澤東死亡，改革開放的社會脈絡下，這些神蹟又被進一步轉化為具體的、類似圖騰的崇拜。紅色旅遊景點被「污染」之前，毛澤東紀念章已經成為「護身符」，在井岡山旅遊紀念品市場公開販售。有二位學生投書《人民日報》，描述他們「覺得特別彆扭」的心情：

> 11月中旬，學校組織我們學員去江西井岡山革命聖地參觀學習。在那裏的旅遊紀念品市場，我們看到，有人將偉人圖像製成「護身符」，當作紀念品出售。比如有一種鍍金膜的紀念卡，正面是毛主席圖像，下端印有「護身符」三個字；背面是井岡山革命烈士紀念碑的圖像和鄧小平同志的題詞。看到這種東西，我們心裏覺得特別彆扭。「護身符」是封建迷信的玩意兒，毛澤東、鄧小平等老一輩無產階級革命家都是無神論的倡導者和實踐者，將他們與「護身符」聯繫在一起，有損

領袖形象。希望當地有關部門管管這件事。[52]

《人民日報》批判各色各樣，革命聖地和革命領袖被「庸俗化」的言論，反映出中共「正統教義派」的主張，他們的一貫反封建迷信立場類似清末民初到五四以來，知識分子以啟迪民智為口號，將民間信仰視為迷信，並加以撻伐[53]，也將迷信與信仰、封建專制神權並而稱之[54]。但民國初年知識分子哲學式、深奧的「反迷信」話語對中國傳統文化「糟粕」的反思，影響層面大致停留在知識分子圈內，對中國底層社會所能發揮的影響相當有限。當代基本教義派黨員知識分子提倡「規範的」、「高尚的革命精神」也同樣無法深入民間。

1960 年代，族權和神權完全被摧毀，砸爛了城隍、土地、菩薩之後，毛澤東卻取代了傳統神明的位置，甚至有過之而無不及[55]。尤其在文化大革命期間，毛肖像、塑像、像章充斥在每一

---

52 蕭兵、李唐，〈江西井岡山革命聖地 偉人像變「護身符」〉，《人民日報》，2001 年 11 月 25 日。

53 某些早期人類學及社會學者對於鄉民文化、民間信仰並未將其視為「糟粕」。極少數的歷史學者，如顧頡剛對民間信仰也有濃厚的興趣，並且實際參與進香活動，見顧頡剛編，《妙峰山》（廣州：中山大學，1928）。

54 沈潔，〈「反迷信」話語及其現代起源〉，《史林》2（2006）：30-42。

55 毛澤東在〈湖南農村調查報告〉自豪的引述了自己是如何向農民宣傳破除迷信，農民協會為終身膜拜觀音、關帝等神明，卻始終出賣勞力而無生產工具的農民推翻了地主。除了打倒民間信仰的神權、國家系統的政權，還要「推翻宗族族長的族權和城隍土地菩薩的神權以致丈夫的男

個角落，群眾被要求閱讀毛著、毛選，對著毛肖像「早請示、晚匯報」成為日常生活的一部分，在這種社會氛圍中，所有與革命相關的客體與空間都披上一層神聖色彩。文革將毛澤東推上神壇，改革開放後的80年代末，不在人世的毛澤東更深入民間。廣州計程車司機開始將毛澤東像作為平安符懸掛在車內，「農民習慣將毛主席像放在標準神龕內，每逢節日總是要放供品」，中國又開始興起另一波「毛澤東熱」[56]。

雖然正統教義派黨員知識分子，與流浪海外的民運人士、文革研究者的黨國立場幾乎完全對立，但是批判毛澤東熱，將其視為「科學不發達」、「迷信」的解釋卻相當一致。不同的是，正統黨員知識分子為了堅定擁護黨國體制，不容許任何「迷信」的話語和舉措「褻瀆革命先賢」，而海外異議分子則是徹底否定毛澤東的歷史定位。如同五四以來僅停留在智識階層的反迷信話語，當代各陣營的反迷信言論似乎都無法阻擋「毛澤東熱」，以及與此相關，深入民間的革命聖地「庸俗化」現象，地方政府更運用這股熱潮宣揚革命聖地，以及革命精神以外的神聖性。

《人民日報》抨擊聖地被「庸俗化」文章發表的同時，龍巖市旅遊局也發行了《紅色旅遊經典景區導遊詞》。在介紹古田會議舊址的導遊詞中，先交代會址建築的歷史、內外結構、古田會議召開的背景與意義，以及當代國家領導人、中央級幹部先後踴

權」。毛澤東，〈湖南農民運動考察報告（1927年3月）〉，《毛澤東選集》第一卷（北京：人民出版社，1991），頁33-34。

56 張京明，〈毛澤東潛返人間〉，轉引自陳小雅，〈毛澤東的「品牌化」、神話及其退化：「毛澤東熱」透視〉，《文化大革命：歷史真相與集體記憶》，頁972。

躍造訪，各級單位對會址的重視。說明會議及會址建築後，導遊
詞將遊客帶領出會址，介紹毛澤東曾經關切過，「主席經常在這
裡散步思考」的荷花池，以及遠方形似毛澤東仰臥頭像，「當
地親切的稱之為『主席山』」的山峰。關鍵的聖地傳奇被放在導
遊詞壓軸結束語，介紹會址前方稻田，也就是中央電視台心連心
藝術團 2000 年演出的場地。

> 演出的前一天，古田天氣晴朗，可藝術團的人進入古田
> 的那天，彷彿是先輩們要考驗演員，突然下起大雨，演
> 員們冒雨在會址前演出，可當扮演毛澤東的特型演員古
> 月一出場講話，天空即停止了下雨。演出一結束，雨
> 又下了起來。由於這場天氣變故，當地老百姓對古田會
> 址的特殊情感得到進一步昇華。關於古田會址和毛澤東
> 的種種「神話」，民間有多種傳說，老百姓以樸素直觀
> 的感情認為主席當年呆（待）過的地方，是吉祥之
> 地。[57]

　　龍巖市旅遊局相當巧妙的將「古田會址和毛澤東的種種『神
話』」歸結到「老百姓樸素直觀的感情」，輕鬆避開了《人民日
報》對聖地「庸俗化」或「污染」嚴厲的批判，更技巧的表達
了可以吸引遊客，證明古田靈驗不得不談的「傳奇」，留給遊客
許多想像。

---

57 龍巖市紅色旅遊經典景區導遊詞編委會，《龍巖市紅色旅遊經典景區導
　　遊詞》，頁 4。

　　2008 年北京奧運，全國上下都為之瘋狂。福州、上杭、古田每個餐廳、家庭的晚餐時間，大家都目不轉睛的觀看奧運賽程，計算中國總共得到幾面金牌，在各項賽事中激起強烈的愛國主義、民族主義情緒。8 月 17 日晚間進行的羽毛球男子單打決賽，奪冠者是上杭林丹，又為古田增添了傳奇。隨著電視的實況轉播特寫，所有人都看到林丹球衣上的「毛主席像章」。在賽程結束的新聞發表會上，記者們似乎對這枚像章相當感興趣，也在實況轉播，及各類媒體敘述了「毛主席像章」的傳奇：

　　2004 年，國家隊到湖南進行奧運前的集訓，臨回北京前，隊裡組織大家前往韶山毛主席的故居走一趟。那時張甯等隊友很虔誠地一路小跑上山，不但拜了主席的牌位，還買了一些紀念品和吃的帶回了北京。而他（林丹）因為嫌天氣熱，躲在了大巴車上沒有上山，看隊友上山，他還衝著主席像開起玩笑，「主席，你熱不熱呀？」「結果，好像主席真顯靈了似的，我去雅典奧運會第一輪就被淘汰了。」林丹笑著說。今年（2008）集訓結束後，國家羽毛球隊的成員又特意帶著大家前往韶山祭拜主席。這次，林丹可當回事了。他和陳金一起正拾階往上走，他們的教練這時對他們說，「誰要是第一個跑上去，誰的心就是最誠的。」聽完此話，他和陳金一路小跑沖（衝）在了最前面。當到了山頂，林丹、陳金他們，認認真真祭拜了主席，不但將酒繞著主席像倒了一圈，還有心地買了像章帶回來。說到買像章，林丹說還是來自孔令輝的啟發，「2000 年（奧運會），孔令輝奪冠時就是帶著毛主席像章的，所以我

希望帶上它，今天也能帶給我好運。」今晚，林丹如願
以償拿到這枚等待已久的金牌。他說，「我要找個時
間回韶山一趟，去給主席還願。」[58]

　　林丹在賽前到韶山「認認真真祭拜了主席，不但將酒繞著主
席像倒了一圈，還有心地買了像章帶回來」，同時希望「找個時
間回韶山一趟，去給主席還願」應該是「標準」的「庸俗化」
言論，但似乎沒有受到正統教義派的黨員知識分子批判，不勝枚
舉的報導在文字媒體、電子媒體中更是俯拾皆是。林丹有沒有到
韶山「還願」不得而知，但林丹的故事似乎在媒體報導前，已
經成為上杭家喻戶曉的傳奇。上杭縣政府在奧運開賽前，曾經到
林丹家中拜訪，其中一位官員興奮的提到：「我們到他家以前，
就特地到古田會址買了毛主席像章，還特地拿到林丹家裡，他父
母好高興，馬上打了個電話給林丹。告訴林丹，縣裡來人了，
還從會址帶了個毛主席像章來。不久林丹家人到北京，親手將
像章交給林丹。」暗示林丹配掛的主席像章正是在會址「請」
來的。比賽結束後，林丹在 9 月 11 日來到會址，作為上杭、龍
巖，甚至全中國驕傲的奧運冠軍，來到古田的陣仗自然不小，在
前呼後擁下進入會址。

　　林丹的到來雖然陣仗不小，對古田會議紀念館和當地民眾卻
沒有造成太大騷動，畢竟國家前後任主席、總書記都來過這裡，

---

58 林丹還願的故事流傳相當廣，大致是他奪冠當日接受採訪的發言，中央
　電視台也曾實況轉播，本段文字摘自丁塵馨，〈林丹：毛主席像章保佑
　我奪冠 要找時間回韶山還願〉，中新社北京 8 月 17 日電。（http://2008.
　sina.com.cn/cn/bd/2008-08-18/0253223345.shtml）

而各級中央地方官員更是屢見不鮮 。當天下午在會址內的「毛主席辦公室」桌上，整齊擺放 6 支煙，明顯是二種牌子，每種牌子各有 3 支煙，正對毛澤東像前，似乎象徵祭拜主席的香火。「主席辦公桌」上的煙是否與林丹有關很難得到證實，因為林丹參觀時身旁有龍巖市和上杭縣各級領導，「閒雜人等」被排除在外，館內人員也委婉拒絕說明 。只不過對會址管理人員而言，「祭拜毛主席」似乎是司空見慣的事，甚至曾經有婦人在主席辦公室內焚燒金紙，但立即遭到制止的情事，而工作人員及古田鎮

古田會址「毛主席辦公室」桌上擺放三支一束的香菸

民也千篇一律以「還願」形容林丹的到訪。

中共官方對「毛澤東熱」的態度始終抱持不鼓勵，但也不干預的立場，林丹的故事不但沒有遭受制止，反而是大大方方的出現在各類官方媒體，而韶山、井岡山或是龍巖地方政府，也利用毛澤東神話宣傳旅遊。韶山旅遊官方網站描述林丹的「毛主席像章」：「這樣的故事我們並不是第一次聽到，也不是第一次親歷。佩戴、張貼、懸掛、收藏毛主席像章是群眾中普遍的現象……佩戴毛主席像章者，其含義並不完全一樣，有的是出於對毛主席等締造了人民共和國的老一輩無產階級革命家的崇敬，有的是出於對毛主席的懷念，也不排除有的人祈求毛主席保佑平安幸福……。」[59]

除了可以形成文字，公開宣傳的「毛主席傳奇」，古田會址所以具有進香朝聖意義，更能吸引遊客的還包括僅能透過口語私下傳遞，卻無法公開宣傳的神聖文本。這些沒有列入《龍巖市紅色旅遊經典導遊詞》，卻令遊客興趣濃厚的會址「種種『神話』」，靈驗、神聖文本都與國家領導到訪有關。二位國家領導人到訪都發現蛇，而試圖打蛇最後傳言遭到不測的保安，似乎是說明觸犯神聖的下場。會址中門遠方的「官帽山」，可從古田會議紀念館廣場上，向左前方遠望的「主席山」，都成為古田聖地的「新地景」，逐漸取代了古田作為革命聖地的集體記憶，成為所有鎮民及遊客耳熟能詳，新創的「革命傳統」。

除了解說員和古田會議紀念館工作人員，幾乎沒有人知道紅

---

59 湖南在線，〈林丹講故事：戴毛主席像章參加比賽〉，2009 年 2 月 23 日。（http://www.shaoshan.com.cn/html/news/20092237018240.htm）

四軍四個縱隊的駐紮地點，更不用說古田會議的意義。除了極少數對黨史有基本認識，了解古田會議前後脈絡的遊客外，解說員經常被問到，在每一次解說過程必須重複的是：「古田會議究竟解決了什麼問題？」事實上，這個問題對絕大多數遊客來說似乎無關緊要，他們希望了解的還是官帽山的方位，或是會址後方社下山，只要接觸或合抱即能官運亨通，具有靈力的古樹到底在哪裡。

　　國家與地方，官方與非官方的論述經常存有模糊、朦朧的灰色地帶，這類論述經常是深入了解中國的關鍵。諸如古田種種私下流傳，民間的、或至少不被官方認可的靈驗事蹟，是絕對不可以公開宣揚且必須「隱藏」的文本，但性質完全不同於西方學者探討缺乏公共論述空間的共產或集權主義社會中，被支配者或非官方，對國家及支配者檯面下的挑戰、從對抗和衝突脈絡下分析的隱藏文本（hidden transcripts）[60]。從古田的各種傳奇事例來說，這些傳奇雖然不受官方認可，甚至被嚴厲批判，但絕非抗拒、衝突或挑戰，反而是地方黨員知識分子利用傳統民間信仰「世俗化」的特質，傳遞革命遺址的神聖性。

　　正統教義派試圖將革命聖地的神聖性導向精神層面的超越與淨化，如經過朝聖和聖地的洗禮，得到「積極、健康、向上的態度，爆發出一種激情」，以及「瞻仰一次聖地，淨化一次靈魂」似乎與西方宗教傳統具有超驗（transcendent）、相對於世俗的神聖類似。宗教聖地與革命聖地的形成同樣必須透過口語、文

---

60 James C. Scott, *Domination and the Art of Resistance: Hidden Transcripts*, p. xii.

字、莊嚴地景傳遞神聖意象，也必須在不斷展演過程中強化聖地記憶，延續聖地生命，聖地之所以成為聖地，背後也有相當複雜的政治權力運作。問題是，這類與「世俗」強烈分離的神聖論述，似乎如同清末民初知識分子的反迷信理論或宣傳，難以深入基層社會，更無法打動人心。

古田會議舊址起初吸引的是官員，尤其是副職希望升至正職的幹部，上杭、古田黨員知識分子不只一次強調，「中央政治局委員，沒來過古田的，位置都坐不久」，或是舉出一連串到古田朝聖之後高昇的官員。靈驗事蹟渲染擴大之後，一般民眾也希望「到會址沾沾福氣」，龍巖地區學生在入學高考前也會趕來古田祈求考試順利。會址內當然禁止燃燒香燭，但面對會址右後方，就在「古田會議永放光芒」的「光芒」二字角落，除非是沿著會址外部走一圈才會發現的公王神龕，卻提供了可以燃燒香燭的場所。

《廖氏族譜》記載，公王名為「都衙泰將」，廖氏在民國八年曾重修神龕，三片石壁加上石頂的小小神龕是以往廖氏宗族的祭拜場合，因為當地「殺豬宰羊必告公王」習俗，每日清晨屠戶，或一般人家準備殺豬之前，都會來此祭拜。公王神龕目前每逢假日都有賣香燭的老人在旁設攤，這些香燭當然不是為了供應熟門熟路的本地人，而是賣給前來進香的遊客。

古田會址和公王神龕的位置似乎正好反映出會址空間「正統」與「世俗」二種神聖特質存在的位置，面對會址正面看到的是代表革命神聖的「古田會議永放光芒」，但在「光芒」二字底下，外部無法發現的角落，更吸引人的正是維護「正統」的黨員知識分子抨擊為庸俗的言論與信仰。

表面上，聖地神聖性質的轉換似乎出自民間的自發行為，就

如龍巖紅色旅遊導遊詞試圖以灰色、曖昧的語調向遊客說明，因為神蹟使得「老百姓對古田會址的特殊情感得到進一步昇華」，而民間有關古田會址種種「神話」，主要也是源自「老百姓樸素直觀的感情」。重點在於，「『種種』神話」從何而來？尤其是這些神話都與中央或是省級大員到訪古田有關，而這些官員的行程、參訪經過，到訪後的官運是否扶搖直上，或許不是「樸素直觀」的老百姓所能了解。

除了最高領導人到訪是轟動全鎮的大事，一般人甚至不知道古田會議紀念館接待了哪些要員。會址院牆內為人拍照的小販，或外地導遊，充其量只是神話的傳遞者，或許神話在傳遞過程中會產生扭曲或變形，衍生出新神話，但他們無論如何都無法成為神話的創生者。真正的創生者正是熟悉共產黨意識型態、官場文化，又能親歷或耳聞各級大員到訪之後經歷的黨員知識分子。

雖然這些隱藏的聖地傳奇成為「正統」共產黨員知識分子眼中「庸俗化」的言論，也是對革命聖地的「污染」，但類似的敘事卻帶給聖地新生命，成為宣傳紅色旅遊的賣點。為了吸引更多遊客增加收入，以及藉由人潮展現紅色旅遊績效，爭取中央及省的財政挹注。地方幹部在相當程度上也默許，甚至私下傳遞、渲染聖地傳奇。這些神蹟是吸引遊客的經濟資源，也成為黨員知識分子在陪同各級幹部過程中，用以結納其他官員的政治資源。

當然這不表示地方黨員知識分子鼓勵民眾祭拜公王，或是在會址內「毛主席辦公室」桌上擺放香菸，而是因為中國民間信仰向來就沒有西方制度化宗教超驗的神聖性，以及神聖／世俗截然而分的觀念。中國民間信仰是一種滲透日常生活，與其他世俗制度，如祖先崇拜、國家祭天大典混合，沒有獨立道德系統的普化

宗教（diffused religion）[61]。因此，國家或統治階層雖然有建立革命神聖歷史、神聖空間的霸權，但在中國社會文化體系內，革命神聖性的論述與展演仍然受到文化規範（norms），或內在文化框架的制約，也幾乎不可能達成中共正統教義派堅持、官方宣傳的「淨化靈魂」，或是鼓舞「革命精神」的目標。1954年，上杭縣第七區修復古田會址計畫，正是在缺乏正統黨員知識分子所標舉，超越世俗的革命聖地可供參照，而試圖新建牌樓、懸掛「古田會議決議」黑底金字牌匾，在正門掛上寫有「古田會議址」的燈籠[62]，以常見的宗祠、寺廟民間信仰建築元素，展現革命聖地的神聖。

試圖將革命神聖性深入民間或許不是「革命」字面意義所表達的完全捨棄傳統就能達到目的。雖然中國共產革命關鍵論述是推翻舊傳統，進入馬列主義終極目標的共產新社會，弔詭的是，很少有革命是完全打破傳統而能達到目標，中國共產革命也不例外。在建國以前的革命時期，共產黨反而是利用傳統宣傳革命，為政治服務[63]。改革開放後，地方黨員知識分子同樣利用傳統塑造革命聖地的神聖性，也正是因為將革命神聖性鑲嵌在中國傳統民間信仰，也就是所謂的「庸俗化」，才吸引更多的紅色旅遊人潮，也藉此帶來革命聖地新生命，以及再神聖化。

中共中央或省縣級地方政府公布「新」的革命聖地或紀念

---

61 楊慶堃，〈儒家思想與中國宗教之間的功能關係〉，《中國思想與制度論集》（台北：聯經出版公司，1976），頁 334-335。

62 修建古田會議址工作委員會，〈修建古田會議址工作初步計畫（手抄、油印本）〉（1954），上杭縣檔案館：98-1-4.1。

63 洪長泰，《新文化史與中國政治》，頁 151-177、261-297。

地景不斷增加 [64]，各個聖地的「庸俗化」言論也難以勝數，國家
及正統教義派「黨員知識分子」站在「淨化」革命聖地立場，
必須對各類「庸俗化」言論提出強烈批判。但古田聖地的種種
傳奇反映出，地方黨員知識分子私下對革命遺址的神聖性概念有
別於中央，形成自我詮釋方式。雖然這些詮釋並非試圖挑戰國
家或黨中央，但確實與國家企圖展現黨國輝煌的歷史，強調民族
主義、愛國主義精神有相當的差異，會址神聖空間的詮釋也如
同 James Watson 描述天后對不同人群代表不同的意義 [65]。對官員
來說，或許是有助於官運亨通的聖地，對龍巖及福建來說，古田
成為朝聖進香的場所，是一個可以帶回福氣，「沾沾靈氣」的
聖地，當然也不能排除「正統」黨員知識分子可以在這裡「淨
化心靈」。更重要的是，對廖氏宗族來說，古田會址在 90 年代以
後，又逐漸成為「我們（廖氏宗族）的宗祠」。

64 1961 到 2006 年，中共公布了六批「全國重點文物保護單位」，直到
    1988 年第三批全國重點文物保護單位的第一項都是「革命遺址及革命紀
    念建築物」。1996 年的第四批重點文物分類有些改變，革命遺址與建築
    歸入「近現代重要史蹟及代表性建築」，直到 2006 年公布的第六批全國
    重點文物中，不斷有新的革命遺址或紀念建築物被列入保護。

65 James Watson, "Standardizing the Gods: The Promotion of T'ien Hou
    ('Empress of Heaven') Along the South China Coast, 960-1960," in David
    Johnson, Andrew J. Nathan, and Evelyn S. Rawski eds., *Popular Culture in
    Late Imperial China*, pp. 292-324.

古田會議舊址建築右後方樹林裡的公王神龕

古田農家樂餐廳

第七章

照映宗族的星火

　　如果古田的傳奇與「靈驗」事蹟令人感到絲毫驚訝、難以理解，或許是因為許多描述共產中國的媒體、通俗或學術著作經常帶給閱聽人片面想像，也就是包括祖先崇拜等信仰祭祀活動，以及「迷信」思想似乎隨著共產革命而煙消雲散。但是以上杭來說，這類活動與思想從未在官方壓力下瓦解，而是逐漸隱藏。例如，清明祭墓是包括幹部在內都相當重視的活動，各類香燭紙炮生產更未曾斷絕，上杭縣直到 1964 年 12 月還發出通知，要求在 1965 年 1 月 1 日起，全面禁止生產和銷售「迷信品」[1]。至於庫存品的處理，則是盤點全縣迷信用品製造和批發商販，能回收再利用者改為其他用途，如神香可改為蚊香，神燈可改為照明燭，銅或錫香爐、燭台可以燒融改造為其他器具，而不能再利用者，如陶瓷香爐、迷信紙折品、迷信書籍、圖畫冊都必須銷毀[2]。

　　這個政策在城關應該實施得相當徹底，因為不久之後，「迷信品」製造業者生活開始發生困難，有人希望政府能給予被封存的迷信紙製品適當補償，也有業者懇求政府代為安排轉業，否則三餐難以為繼[3]。雖然經過雷厲風行的全面查禁「迷信用品」，但 1965 年清明前夕，上杭縣人委仍須以「勸導」方式，要求清明節不要祭祠拜墓，因為「香燭紙炮，酒果三牲，花糧花錢，嚴

1　上杭縣人委，〈縣人委關於禁止生產和銷售迷信品問題的通知〉（1964 年 12 月 3 日），上杭縣檔案館：33-1-289。

2　上杭縣人委，〈縣人委關於處理庫存迷信品的通知〉（1964 年 12 月 3 日），上杭縣檔案館：33-1-289。

3　上杭縣民賴雅卿、郭東娣、邱榮新等人來函。這些信函附於上杭縣人委，〈縣人委關於禁止生產和銷售迷信品問題的通知〉（1964 年 12 月 3 日），上杭縣檔案館：33-1-289。

重浪費；而且在繁忙的春耕中，曠工費時，影響生產」。更重要的是這類「迷信活動」對於國家試圖打破原有社會結構，建立階級關係帶來的不利影響：若是只講宗族，則可能導致不分階級敵我，容易被四類分子利用，爭風水容易發生糾紛，燒紙放炮則易引起火災，破壞森林資源[4]。

1966 年，官方用更為強烈的手段禁絕迷信活動，縣政府在每個鄉鎮、墟市，貼起布告，要大家「唱革命歌曲、演革命戲劇、貼革命對聯」[5]。古田農民終於感受到另一波革命已經來到，但是清明至父母、祖父母墳上致祭習俗依舊維持，甚至大隊幹部也是如此，彼此心照不宣。官方極力取締「迷信用品」的成效似乎有限，城關「迷信用品」店鋪雖然無法繼續營業，但生產者卻是化明為暗，如古田東部偏遠山區的磨坑就是「迷信用品」製造大本營，香、燭、紙錢生產從未斷絕，根本原因當然是社會強烈需要。磨坑村民透過個別走街串巷的方式，將祭祀用品帶到鄰近鄉鎮與村落[6]。

明清以來盛行的金蠶蠱毒，或古蛟地區所謂的家鬼，沒有因為高漲的革命勢頭稍有隱匿，依然在鄉間「作祟」，公社、大

---

4 龍巖專署，〈上杭縣人委轉發「專署關於教育人民群眾在清明前後不要祭祠拜墓的通知」〉（1965 年 3 月 30 日），上杭縣檔案館：33-1-289。

5 上杭縣政府，〈關於過一個革命化春節的佈告〉（1966 年 1 月 11 日），上杭縣檔案館：33-3-300。

6 陳永發教授提醒我，中共在集體時代雖然禁止民間燃燒紙錢，但卻依靠外銷紙錢到南洋地區賺取外匯，是否因此有部分香紙流入民間。陳教授的意見相當寶貴，然而就古田的例子而言，目前沒有確切材料說明這個問題。

隊幹部到社員仍深信不疑。雖然傅柏翠早在 1929 年就為了極力破除迷信，甚至槍斃堅持「唯心思想」，指控他人飼養金蠶的民眾[7]，但經過如此激烈、長期的破除迷信運動卻收效甚微。古田公社某位堅持「唯物思想」的大隊幹部在集體化強調「人民民主專政」時代，因為所有社員指控大隊某戶飼養家鬼，依照群眾意見，當然也包括大隊幹部個人意見，召開社員大會後，將被指控飼養金蠶的農民關在豬圈十幾天。

　　故事迄今仍未結束，被懷疑飼養金蠶的家庭沒有因為接受懲罰而變得「純淨」，堅持身為黨員應該抱持「唯物思想」的大隊幹部還是不敢踏入被懷疑飼養金蠶者家中，更遑論不知「唯物思想」為何物的一般村民。為了預防邪祟，孩童經過疑似出家鬼的宅前大門，必須默唸的「家鬼嬤、家鬼精，家上家下家自己」童謠，也持續在鄉野流傳[8]。

一、宗族傳統的復興

　　既然個別的祭祀活動或「迷信」思想從未斷絕，改革開放後的宗族與民間信仰儀式「公開化」也不能稱之為恢復，或許以復興形容這些活動較為妥切。值得思考，同時也是過去經常被提出討論的問題是，所謂傳統復興究竟是復興「舊」傳統，還是發明「新」傳統。從改革開放以來的中國社會文化研究似乎可以發

7　袁永珍，〈我的情況自述〉（1955 年 7 月 14 日），中共古蛟區委幹部自傳，上杭檔案館：98-1-6。

8　歌謠當中「家上家下家自己」的「家」被作為動詞使用，有加害他人的意思。大意是希望到處害人的家鬼最終自食惡果。

現，目前所見的傳統，相當程度上是傳統的發明，或是如蕭鳳霞所謂，中國民間信仰或各種傳統在改革開放後的發展不能完全視為文化復興，而是「（中國）傳統在馬克斯主義國家權力影響下的新詮釋」[9]。

蕭鳳霞詮釋改革開放後的傳統復興現象相當正確，正如龍巖、上杭、古田黨員知識分子藉著操弄被官方媒體抨擊為「庸俗化」的民間信仰傳統，詮釋與傳遞古田會址革命聖地的神聖性；不同團體或個人也透過各種不同媒介或文本，將文化以及地方傳統嵌入在國家及革命神聖性的論述。這二種看似動機與作用力不同的復興，同樣是在傳統民間信仰框架內的操作，使得星火和香火也因此相互輝映。

由於宗族集體祭祀活動公開化和組織龐大，目標過於顯著，無法如個別祭墓或家庭內部儀式可以化明為暗，以宗族為單位的祭祠拜墓自土改到 1980 年間確實完全消失。宗族組織雖然也在土改時被徹底打破，但宗族意識反而因為集體化的生產制度得到保存。古田山街以往的社會結構主要由廖、賴、謝三個姓氏，每個姓氏房支又分為幾個單姓村組成。

集體化時代，每個大隊基本上就是過去的單姓村，只有少數大隊因為人數平均問題，經過調整後成為以二個主要姓氏，再加上個別小姓氏組成的大隊。原為賴氏小聚落的五公村和廖氏小聚落的黃龍口合併為五龍村，上洋則是由賴氏與張氏合併的大隊，但這些不同姓氏大隊在劃分生產隊時，大致還是以同姓村民共組

9　Helen F. Siu, *Agents and Victims in South China: Accomplices in Rural Revolution* (New Haven: Yale University Press, 1989), p.11.

生產隊為原則 。因為生產隊彼此的資源競爭，反而強化了同姓和宗族意識，改革開放後的村長選舉中，村長都是由姓氏人數最多者擔任 。以原居地宗族或地緣關係區劃生產隊的結果，使得傳統社會結構得以維繫，只不過由支部書記和大隊長取代以往宗族房長地位[10]。

改革開放後，宗族盛行的華南地區大致都開始進行集體祭祀活動，各級政府也以官方或半官方立場支持，鼓勵海外華人返鄉尋根祭祖，使得沉寂許久的修族譜、建宗祠，大規模祭祖的民間組織逐漸恢復 。原為地方宗族的個別活動，更擴展到區域聯宗，古田廖、賴二姓，及其他姓氏宗族都試圖共立遠祖，擴大宗族意識，將地方宗族活動聯繫到港、澳、臺，以及海外宗親 。這個階段的中共國家形構過程中，也利用「尋根熱」建立中華意識，再次強化黃帝的「中華人文始祖」地位 。宗族復興現象固然有敬宗收族、追本溯源的社會文化因子，但在形式、組織及意識型態背後也明顯可以看到黨國的影子，各種活動與文本都反映了符合現階段中共國家形構下的「正統」。

各地積極修族譜、建宗祠的傳統復興過程中，古田山街幾個

---

10 集體化下的宗族、家族與生產組織、黨政組織的關係研究可見黃宗智，《長江三角洲小農家庭與鄉村發展》，頁 195-215；Anita Chan, Richard Madsen & Jonathan Unger, *Chen Village Under Mao and Deng* (Berkeley: California University Press, 1984), pp. 31-36, 66-71；Sulamith Heins Potter and Jack M. Potter, *China's Peasants: The Anthropology of a Revolution* (Cambridge: Cambridge University Press, 1990), pp. 251-269; Gregory A. Ruf, *Cadres and Kin: Making a Socialist Village in West China, 1921-1991* (Stanford: Stanford University Press, 1998).

宗族1990年代末才展開明顯行動，似乎較南方沿海地區晚了許多。主要原因還是在於經濟因素，因為在此之前，古田還是需要「扶貧」的老區，宗族缺乏舉辦集體活動的經費，而另一個因素或許與交通地理區位有關。地理區位應該也可以解釋，為何明清華南地區普遍修族譜風氣並未傳到古田，以致於山街宗族都是集中在民國初年，才展開尋根問祖，刊印族譜。改革開放後，廖氏宗族在1996年完成新修族譜，賴氏宗族直到2002年以後才發起整建賴氏宗祠致愛堂。賴氏族人賴馨雖然在1927年手抄整理族譜，卻未正式刊刻，直到2004年繼宗祠修建完成後，才正式刊印《賴氏族譜》。

古田以外其他地區的籌建宗祠、重編或新修譜等宗族活動過程中，經常可以發現國家體制外的民間權威，例如過去成分較差的知識分子或族長、道士禮生等儀式專家又開始發揮重要功能，經濟狀況較佳的社區成員藉由資助公共活動取得相對的社會地位[11]，儀式及禮儀也需要依賴宗族耆老從記憶中拼湊[12]。此外，這些看似民間自發性組織的背後都有各地政協、統戰部的支持與「指導」，或是退休幹部所組織，以各種學會、協會為名，對外運作，而這些能動者的角色卻是討論宗族復興現象經常被忽略的關鍵。由於官方組織介入，加上地方黨員知識分子將符合國家形構的意識型態帶到地方，導致宗族活動趨向標準化形式，也可以看到中共建構革命文化的陰影，宗族更由純粹的地方事務擴展為

---

11 王銘銘，〈一個閩南村落的家族、社會與國家〉，《中央研究院民族學研究所集刊》85（1997）：51-120。

12 Jung Jin, *The Temple of Memories: History, Power, and Morality in a Chinese Village.*

跨地域活動。

　　古田各宗族以往因祭祀和其他社會功能而建立的嘗、社組織
名稱轉變為模仿黨政組織的族譜編纂委員會、宗祠或祖先陵園修
建委員會，甚至每年祭祖活動組織也以簡稱為「組委會」的各類
組織委員會命名，補助子弟進學性質的油燈嘗改為獎學金。知識
分子或族長，以及當地稱為「先生」的禮生雖然成為宗族活動的
重要人物，但各項委員會的「領導班子」主要還是由村長擔任，
也固定舉辦「換屆選舉」。組織結構以出資者較多或社會地位較
高者掛名榮譽主任委員，其下則是設置主任委員、副主任委員及
各類委員，而委員主要以曾任或現任的村幹部為主體。這些現
象明顯反映出，當代宗族組織名稱以大家熟悉的黨政機構名稱出
現，以及凸顯機構的功能性。古田廖氏與賴氏宗族都是透過新的
宗族組織名義展開宣傳工作，也以組織名義與外地宗親連結，形
成跨區域宗族組織。

　　不同地域的同姓宗族透過聯宗，形成跨鄉鎮、縣、省的組織
並非新興活動，但是改革開放後每個姓氏試圖連結的區域都比清
末、民國大了許多。所謂聯宗是指分散在一個或相鄰區域同姓不
同宗的宗族，透過各種方式共立始祖、開基祖或始遷祖，連結原
本相互獨立，分屬不同房派、房支，不同系譜關係的宗族，使區
域內原本無實質關係的宗族能夠依憑「歷史」共識，達到連結的
功能。因此，聯宗的本質就是建構社會關係，完全不同於基於血
緣、世系關係，一般所理解自然形成與分裂的宗族。社會關係
的建構主要採取宗族世系關係擬制化及淡化策略，從開始就帶有
明確的功利動機和功能目標，目的是為了強化宗族結合及本宗族

與外界關係[13]。

　　錢杭認為，由於聯宗過程較易受儒家思想的攻擊和責難，往往得不到官方支持，再加上需要龐大人力、物力，也容易受到社會經濟條件限制。因此聯宗的功能性目標往往難以達成，大多數都只能在觀念上喚起同宗意識，無法產生新的、長期發揮作用的功能集團，聯宗的現實意義，大多只能體現為區域性宗族歷史意識重建[14]。但是從清末就以花公為始祖，逐漸連結的閩粵贛三省廖氏花公世系來說，2005 年還共同重修花公墓，也說明宗族意識確實能發揮功能集團作用，另一方面也可以從中看出中共黨政組織在其中扮演的角色。

　　當代古田廖氏與賴氏積極與外地聯宗得到官方大力支持，同時藉由尋根問祖以及反方向往外的宣傳祖源地過程，得到相當龐大的政治、社會、經濟資源，形成相當固定的祭祀組織，不僅未受「儒家思想」的責難，反而得到來自各級政府部門的鼓勵。由此不得不思考：得以維繫宗族凝聚，使得斷裂四十年的宗族活動再度興起，並不斷向外連結的動力與基礎為何？

　　過去半個多世紀，歷史學者用宗法、禮教，人類學者運用源自非洲部落社會的世系群（lineage）概念，以祖先崇拜、親屬、血緣、財產、社會結構探討中國宗族，已經累積相當豐富的成果，但是就國家與宗族關係，宗族意識形成與滲透，直到近幾年

---

13 錢杭，〈當代中國農村宗族聯宗的性質、過程及其變化趨勢：對浙江省平陽縣陳姓聯宗的考察〉，莊英章、潘英海編，《華南農村社會文化論文集》（台北：中央研究院民族學研究所，1998），頁 149-190。

14 錢杭，《血緣與地緣之間：中國歷史上的聯宗與聯宗組織》（上海：上海社會科學院出版社，2001）。

才從歷史學者的描述看到基本圖像。

　　歷史學者的明清珠江三角洲宗族研究提醒人類學者，要理解宗族組織在社會史上的作用，必須超越血緣和親屬，將宗族視為一種獨特的社會意識型態、特殊的社會經濟關係。他們分析了中國傳統祖先崇拜自朱熹以降，背後有一個相當重要，代表正統意識型態，知識分子製造出來的宋明理學。知識分子要維護儒學源流正統，以治世為己任，需要考慮禮制的應用，而宗族的實踐，正是宋明理學家在地方上推行教化，建立起正統性國家秩序的過程，宗族意識形態透過鄉紳、知識分子和禮生滲透到地方社會，推廣宗族禮儀，結合地方認同與國家象徵[15]。陳春聲也從抗戰前夕，廣東偏遠客家山城的族譜，論述族譜本身是「有意識的史料」，透過族譜書寫將地方歷史帶入更廣大的國家民族脈絡[16]。

　　探討改革開放後的宗族復興，也有必要從國家形構角度，思考看似民間自發行為的宗族復興背後「正統」意識型態是什麼，及其形成基礎。改革開放後的歷史背景，時代脈絡與明清宋明理學滲透到地方的時序相隔甚遠，國家體系更是天差地別。中共形構的「大眾的新文化」滲透不需要地方刻意模仿，三、四十年來的實踐過程中，早已經深入基層，自然融入日常生活之中。

---

15 科大衛、劉志偉，〈宗族與地方社會的國家認同：明清華南地區宗族發展的意識型態基礎〉，《歷史研究》3（2000）：3-14；David Faure, "The Lineage as a Cultural Invention: The Case of the Pearl River Delta," *Modern China* 15.1(1986): 4-36.

16 陳春聲，〈鄉村故事與「客家」歷史記憶的重新塑造：以〈明季嶺東山砦記〉的研究為中心〉，宋德劍編，《地域族群與客家文化研究》（廣州：華南理工大學，2008），頁1-19。

1980 年代以來的宗族活動背後的「正統」觀念，正是帶有強烈政治色彩，從宗族乃至民族，最終連結到國家認同，逐漸擴大的「新中國」觀念。

　　古田山街民國時期編修的族譜已經脫離明清時代脈絡，無須附麗有品秩的同姓官員取得合於律例，得以建造宗祠的正當性、合法性，或是透過宗族禮法使地方仕紳化。山街三大姓之一的《閩杭張氏宗譜》率直說明：「吾鄉僻處山阪，自非可與通都大邑，代產英豪，簪纓祈濟，朱紫盈門者比。」卻又相當自信的說：「孔子曰十室之內必有忠信，吾儕又豈可以地僻而自棄哉。」[17] 新舊時代之交編纂的族譜雖然可以看到從人類體質特徵「圓顱方趾均人也，均同胞也」，再敘述到種族、五族共和，以及從宗族、社會、國家層層上推，只有宗族穩固才是世界大同基礎的新思維及新時代脈絡論述[18]。但基本上還是延續明清宗族背後代表正統的意識型態，透過如歐陽修、朱熹，或同姓顯赫官員的序與跋，彰顯宗族光榮歷史，傳遞宗族完全符合中國傳統士大夫的意識型態。

　　《廖氏族譜》是最能代表古田山街「標準化」版本的族譜，倡修者廖道南序中開篇即引《禮記》，「人道親親也，親親故尊祖，尊祖故敬宗，敬宗故收族」，傳遞宗族所以存在的基本價值。族譜四章〈舊序〉應該是抄錄自廖氏其他地區族譜，前二篇分別為歐陽修、朱熹掛名的序與跋，內容適用於所有廖氏族譜的

17　張焜謙，〈衿紳紀〉，《閩杭張氏宗譜》，石印本，民國八年。

18　賴惟勳，〈張氏創修家譜序〉，《閩杭張氏宗譜》。本書經重新裱褙，惟該篇文字近三分之一缺失，但原意應如本文所述。

序，而後二篇則是明正德吏部尚書廖焦芳、清乾隆翰林院檢討廖鴻章，適用於廖氏花公世系的〈舊序〉，接下來才是古田廖氏族裔，如族譜倡修者廖道南、拔元父子，以及官職最高的廖江南與其他裔孫所書新序。

　　民國初年古田宗族不約而同展開修族譜活動應該可以視為鄰近地區相互模仿的結果。如廖慶修在《廖氏族譜》序中描述自己父親通岐黃之術，走遍各地行醫，但「行蹤所遍不見無譜之族」[19]，雖然此說稍嫌誇大，但主要目的是表達，本族無譜實屬罕見，更為宗族之恥。而模仿的動機還是站在傳統的傳承，以「昔司馬溫公有言，三世不修譜為士之恥」，說明修譜的重要。族譜於宗族有如國史之於國家的地位，「家之有譜如國之有史也，國無史孰知治亂興衰之由，家之無史孰知世系源流之別」[20]。將宗族與族譜必須同時存在視為理所當然，如「自有姓氏即有宗族，有宗族而即有譜」[21]，「宗族為中華文化之特色，而譜牒者又為家族制度之根源」[22]。

　　雖然古田各宗族都將族譜比擬為宗族的「國史」，但民國時期三個姓氏族譜所涵蓋的僅僅是各姓氏小房派，而非代表所有古田同姓宗親，族譜描述的吾土局限宗族的小地界，吾民則限於房支成員。例如《廖氏族譜》是第十四世以達公派下編修的族譜，《張氏族譜》為上福張五郎公派下，《賴氏族譜》則僅僅是整理

19 廖道南等，《古田武威廖氏東興堂族譜》，石印本，民國九年。

20 張道經，〈序〉，《閩杭張氏宗譜》。

21 張桂馨，〈序〉，《閩杭張氏宗譜》。

22 廖江南，〈序〉，《古田武威廖氏東興堂族譜》。

賴坊上塘、下塘外樓二個支派。由此可見，當時三個姓氏凝聚的範圍相當有限，廖氏、張氏雖然分別確立花公、五郎公為入閩始祖與開基祖，但卻無法以歷史符號凝聚所有房派，而賴氏直到2003年才以標公凝聚古田所有賴氏宗親。

各姓氏族譜雖然可以發現相互模仿痕跡，但在形式及企圖表達吾土吾民的方式還是有相當大的差異。相較之下，1990年以來古田前後編修的《廖氏族譜》、《賴氏族譜》、郭車《黃氏族譜》在編修者及族人的序言之前，都以同樣的編排順序，登載了孫文、毛澤東關於族譜的談話，以及國家檔案局、教育部、文化部有關族譜蒐集與研究的文件。這三個文本已經成為必須放在族譜最前幾頁，不可或缺的文件，取代了歐陽修、朱熹等大儒的「通序」，成為編修族譜的「新傳統」。

族譜編排一律在扉頁書寫族譜名稱，次頁為目錄，接著是引述孫中山：「『族譜』記述中華民族由宗族團結擴充到國家民族的大團結，這是中國人才有的良好傳統觀念，應要加應用。」接著是毛澤東：「搜集家譜、族譜加以研究，可以知道人類社會發展的規律，也可以為人文地理、聚落地理提供寶貴的資料。」[23]次頁則引述國家檔案局、教育部、文化部〈關於協助編好「中國家譜綜合目錄」的通知〉。這份通知強調：「家譜是我國寶貴遺產中亟待發揚的一部分，蘊藏著大量有關人口學、社會學、民族學、民俗學、經濟史、人物傳記、宗族制度以及地方史的資料，它不僅對開展學術研究有重要價值，而對當前某些工作也起

---

23 以上文字完全摘自各族譜，未加修改。孫中山的話未標明出處，毛澤東則標明「摘自毛澤東1957年在成都會議上的講話」。

著很大作用。」這個主要作用就是，「隨著對外開放政策的實行，很多根在大陸的台灣同胞、海外僑胞的思鄉之情日趨濃烈，他們也亟需利用家譜來尋找自己的血緣關係」，因此要「充分發揮家譜在學術研究和統戰工作中的重要作用」[24]。宗族與族譜在中共當代國家形構的功能與意義也完全體現在這些文本中。

每個姓氏族譜都發揮統戰工作的部分作用，而整個中華民族的凝聚則有賴「中華人文共主」——黃帝。為了凝聚全球華人向心力，建構「中華民族」最大公約數，1980年代開始，「黃帝陵」就被《人民日報》宣導為炎黃子孫祭祖聖地[25]。雖然20世紀初期，黃帝就已經從帝王系譜納入國族發展脈絡[26]，但黃帝意象與圖騰似乎還未深入民間，古田山街民國族譜還沒有出現黃帝圖像。張氏以漢留侯張良圖像顯現張氏祖先，廖氏宗英紀最遠的祖先僅談到廖氏得姓祖叔安公，賴氏家譜最遠談到他們追認的唐代入閩始祖標公。

2000年以後，廖氏、賴氏，以及山街以外郭車黃氏新修族譜以及各類宣傳資料，不約而同的置入軒轅氏圖片。廖氏取材自《廖氏通書》，刊印平民裝扮的黃帝塑像照片，而賴氏則是請人繪製身著袞冕的黃帝形象，顯示出地方社會雖然並不了解民國

---

24 國家檔案局、教育部、文化部，〈關於協助編好「中國家譜綜合目錄」的通知〉，國檔會字（1984）7號。

25 〈炎黃子孫敬祖聖地 - 黃帝陵〉，《人民日報》，1984年9月1日。

26 沈松橋，〈我以我血薦軒轅：黃帝神話與晚清的國族建構〉，《台灣社會研究季刊》28（1997）：1-77；Prasenjit Duara, *Rescuing History from the Nation, Questioning Narratives of Modern China* (Chicago: Chicago University Press, 1995), pp. 3-16.

以後的黃帝「標準」意象及其象徵，至少中共改革開放後的國家形構過程中，已經成功的將軒轅氏「中華人文共祖」觀念帶入地方，成為族譜不可或缺的內容。

如果黃帝陵是「炎黃子孫祭祖聖地」，各地不同姓氏的始遷祖、開基祖墳塋與宗祠則可以視為宗族聖地。象徵宗族聖地的祖墳原本只和宗族相關，無須經過官方確立，只不過各宗族還是汲汲爭取年代久遠的祖先墳塋列入地方重點文物保護單位，藉此提升宗族聖地的官方位階。如同革命遺址列入重點文物保護單位的關鍵是空間建築象徵意義，而非遺址本身的價值；宗祠或祖墳能否列入重點文物保護單位的關鍵也不在於文物保存價值與歷史，而是文物背後的意義能否凝聚宗族或方言群。90 年代以來，上杭縣的宣傳重點除了革命老區之外，還試圖爭取客家祖地的位置，因此特別重視與客家各姓氏始祖相關的宗祠與墓地，如被視為客家李氏始祖李火德宗祠早已列入縣文化保護單位。

位於上杭盧豐的廖氏花公墓，經過幾次重修，已經完全看不出原來的建築結構，但因花公為廖氏入閩始祖的重要意義，縣政府基於，「要打好客家牌，聯絡海內外客家裔孫，激發他們愛國愛鄉的熱情」，將墓地列入縣級文物保護單位，同時「根據國家《文物保護法》規定，劃定保護區」[27]。宗族聖地成為文物保護單位也是標準化過程，賴氏重新整建宗祠，改立標公神主後，也開始聯絡文化部門，積極爭取將賴氏宗祠列入縣級文物保護單位。

---

27 上杭縣盧豐畬族鄉人民政府，〈縣級文物保護單位：「廖花墓園」徵地協議〉（2006 年 4 月 3 日）。

二、建構宗族聖地

誠如民國初年《廖氏族譜》描述古田各個宗族之間「好若陳朱，從無械鬥」，但若宗族彼此完全不存在競爭關係似乎也不盡然。賴氏的人力、財力是唯一能與廖氏相抗衡的宗族，古田山街耆老口傳「先有千金屋、再有萬原祠」，就是說明賴氏宗祠雖然先建，但廖氏起建規模最大的宗祠之所以名為「萬原」，就是為了壓倒賴氏千金屋的「千」字。這個傳說姑且不論真偽，至少顯示出，在其他姓氏眼中，賴、廖二氏面子上的競爭由來已久。廖氏詮釋三汲橋，也就是現在紅軍橋的風水，都認為具有「絆馬索」功能，能夠防止賴氏勢力延伸到廖氏地界，1930年代以後的墟場爭奪，基本上也是賴氏與廖氏之爭。

賴氏2002年之後整修宗祠、編印族譜，將原本分散的古田賴氏，凝聚在「大唐入閩始祖標公」——民國初年開始建構的宗族歷史符號之下，同時逐步興建宗族聖地——入閩始祖標公陵園，將古田賴氏擴展為福建賴氏，甚至整個東南賴氏祖地的位置，種種行動背後也隱約有宗族競爭意味。

賴氏俗諺「賴不進京」，反映出族人在官場上不足以與廖氏抗衡，現今也缺乏如同廖氏宗族背後有萬原祠的革命背景為依托，在競爭過程中顯得較為吃力。雖然目前萬原祠之名僅存在簡介資料，也不具有實際的祭祀功能，但廖氏宗族仍然巧妙的將其轉換為宗族聖地。反觀賴氏宗祠千金屋在集體化時代曾經作為倉庫甚至牛圈，直到2002年才由賴坊村長發起重修賴氏宗祠活動，10月召開賴氏宗祠維修會，上塘、下塘、下洋三個村的賴氏族人一致同意下，達成重修共識，於11月19日舉辦奠基開工典

禮，由當時賴氏古田首富剪綵，並發出倡議書，募集宗祠維修經費。典禮後的會議中，選出宗祠維修委員會成員。以往被劃為地主、右派的鄉紳及其後代，或是熟悉宗族及各種禮儀的知識分子也在這個過程中找到新的社會位置。

　　整修與恢復宗祠雖然達成共識，但具體整修方式卻有相當大的分歧，甚至意見衝突。衝突焦點在於維持宗祠原貌，還是加高地基，而主要出資的二位宗族成員正好各有堅持。主張地基加高的理由是，賴氏宗祠附近幾十年來新建物越來越多，以及新增許多二、三層樓房，導致宗祠越顯得低下，如果不加高則難以凸顯宗祠的壯觀。而堅持不變的一派則是基於「祖先留給我們的宗祠應該維持原貌」、要「尊重歷史」，最後是「維持傳統」的一方占多數。即使如此，所有委員一致強烈要求，整修前必須請風水先生，參照風水先生意見，以及派代表到各地參考其他姓氏宗祠修復情況。

　　2003 年第一期工程完工，原本宗祠前的石獅、石鼓在文革時期由私人挪為他用，這次修復過程中又出資購回。2003 年 5 月，宗祠大體結構修復完成，賴氏宗族又召開會議，討論祖先牌位安置的關鍵問題。根據 1927 年《賴氏族譜》手抄本記載，宗祠主祀原為「松陽賴氏始祖考念二郎公妣阮太儒人歷代昭穆神主」，念二郎公下方，由左至右分列原建祠者均義、均智、仲旻、仲慶四公神主。如果站在「尊重歷史」、「維持傳統」的立場，必須根據族譜安置神主。但是宗祠建成入新神主時，除建祠四公位置不變，最上方主祀改為「松陽賴氏唐入閩始祖考標公府君」。在各類宣傳圖片中，也特別註明該祠「為大唐入閩始祖賴標之宗祠」，試圖以世系更久遠的入閩始祖標公取代原來念二郎公，達成連結鄰近地區賴氏，甚至閩粵贛三省宗親的目標。

2003 年 6 月，賴氏形成強烈共識，要將簡報發送至除了福建以外的廣東、江西地區，廣為告知三省賴氏共同始祖在古田，同時派遣專人分赴三省，積極建立賴氏網絡。上塘、下塘、上洋村長，分別到晉江賴厝等五個村，以及福州、寧德、長汀、梅縣、羅溪、羅源等地，告知外地宗親，古田預備召開理事會擴大會議的情況，更關鍵的任務是「廣為宣傳賴氏入閩始祖在古田」。在北京中央單位任職的賴氏宗親提議，要發揮網際網路的影響力，「讓世界都知道入閩始祖標公就是在我們古田」。網頁的名稱是中國東南賴氏，背景是用新修賴氏宗祠，網頁的擁有者註明為福建省姓氏源流委員會，賴氏委員會。貌似民間社團的福建姓氏源流會實際上具有強烈官方色彩，會長即為前福建省統戰部副主任。

擴大會議召開時，三省都派有代表參加，計有本地代表 27人，外地代表 25 人，除了討論宗祠修建問題，還成立標公陵園籌備委員會。賴氏的宣傳似乎達到預期效果，7 月的擴大會議中，來自晉江、永定、龍巖、長汀的代表增加了一倍，共計 60餘人到古田。這次宣傳不僅傳達福建各地賴氏宗親，也影響福建省政協下的福建姓氏源流會。賴氏擴大會議召開不久，福建姓氏源流會即通知古田，預計在古田召開賴氏研討會，因此詢問古田賴氏宗親的意見。對古田所有賴氏而言，這是一個增加知名度的機會，當然毫無疑問同意，並動員三個村子的人力、財力進行會前準備。

賴氏宗祠修復工作趕在 2003 年陰曆八月初一祭祖前完成，利用祭祖的機會同時進行宗祠竣工慶祝典禮。祭祖儀式後進行剪綵，主要是由出資最多的賴宗明、賴永興主持，理事長賴汝輝講話。祭祖人數較往年擴大，依據三個村人口比例派出代表，下塘

40 人、上塘及文山下各 20 人。三個村子的九個外姓居民，也受邀參加慶典，同時還邀五龍、八甲、溪背廖氏、榮屋謝氏、竹嶺張氏書記、村長參加。這次宗祠修建活動共募得經費 282,547元，建築加上慶典花費共計 197,192 元，剩餘經費借予古田賴氏宗親，孳息充為各項經費使用。

　　整建完成的賴氏宗祠以金黃琉璃瓦取代過去青銅色屋瓦，灰黑牆面的古樸建築，除了位置，從外觀上幾乎看不出原有宗祠風貌。因為宗祠位於通往重要革命遺址協成店的路旁，二者相距不到 50 公尺，宗族與革命遺址空間也產生小小衝突。賴氏準備整修宗祠前，即出資購得面對宗祠右前方協成店部分道路，及後方原賴坊大隊禮堂道路地權，但古田會議紀念館 2004 年規劃古田會議遺址群時，為了拓寬通往協成店道路，占用部分宗祠前方土地，使得宗祠門坪產生左右不對稱的情況。

　　針對革命遺址空間擴大，侵入宗族神聖空間的現象，賴氏宗族成員有人提出抗議：「我們宗祠是有一定歷史的，對（古田會議）舊址群的改造我們都一定支持，但從現狀看來十分不協調，我們很難接受……按照現在方案（靠近協成店的一側縮減），明顯把我宗祠前坪變成往會址群（協成店）的道路了。產權都變了，我賴氏宗祠也是歷史文化遺產，政府也提倡加以保護利用。」原本已經安置在宗祠前的一對路燈，因為正擋在協成店門口，經過古田會議紀念館人員要求，也不得不移入宗祠內。事實上，革命遺址與宗族聖地密邇，應該可以成為賴氏宣傳的重點。問題在於協成店原為白沙傅姓商人舊居，與賴氏毫不相關，也難以利用革命遺址宣傳宗族聖地。

　　宗祠整建完成後，賴氏宗祠理事會隨即成立賴氏族譜編委籌委會，初步決定由三個村子個別整理，經費自籌，村長為當然的

籌委會成員。但因以往古田賴氏下塘、文山下奉四郎公為一世
祖，上塘內樓、外樓，分別奉仲旻公、仲慶公為一世祖，五公
村又以十六郎百一郎為一世祖，這些宗支所奉的一世祖彼此最多
差別到十五世。因為重立宗祠神主時已經奉標公為古田一世祖，
因此每個賴氏支系新修族譜時都以標公為主，統一原本紊亂的世
系關係。

2004年1月，三個村子完成個別整理族譜工作，正式成立
上杭縣松陽古田賴氏族譜編修委員會，決定族譜內容包括：民俗
風情、地理物志、世系、照片、序跋，並分別選出各單元編輯
負責人。上杭縣標榜十餘個姓氏在上杭開基，藉此爭取客家祖地
的位置，廖氏、賴氏入閩始祖花公與標公墓都位於上杭，是相當
重要的宣傳材料。因此在賴氏族譜編修完成正式付梓前，上杭縣
政協副主席兼統戰部長、上杭縣政協、教委、文史工作室副主
任、客家聯誼會副會長也到古田「調研」、「指導工作」，以官方
立場支持賴氏宗族編修族譜。

編修族譜過程中，手邊有民國二十七年賴馨手抄本族譜的賴
氏族人指出標公入閩年代早在唐乾封年間，而不是手抄本族譜的
乾符年。賴氏族人對乾封、乾符相差的二百多年相當重視，因
為「能影響擴大古田賴氏的歷史長久」，並且建議在宗祠裡樹立
「文武雙全樣式」的標公像。標公是古田賴氏藉以提升宗族地位
相當重要的歷史符號，為了探訪標公入閩路徑，將近十位賴氏代
表於2004年5月到「賴氏祖地」江西寧都，以及長汀訪問當地
賴氏宗親。

第一站是到寧都賴坊村，經當地長老介紹，又分別到竹苄、
豐園參閱賴氏老譜，到縣級文物保護單位碩公、得公墓參觀。
編委會成員看到得公墓碑是由標、級、樞三兄弟所立，「確定

得公是標公父親」，他們因此推斷得公時還是在江西，到標公時入閩。7月到梅縣訪七郎公後裔，邀請他們參加舊曆八月初一的祭祖活動。在四處尋根問祖之後，古田賴氏族人撰寫〈標公考〉附於族譜之前，為他們發現標公早於原族譜記載二百年入閩的「歷史」證據。

2003年宗祠正進行整修階段，賴氏就開始醞釀興建標公陵園，三個賴姓村也早已達成共識，但是標公陵園卻無法如廖氏花公陵園在原墓址興建。因為早在2001年，政府就已經在古田會址舉行贛州到龍巖的贛龍鐵路開工典禮，並陸續進行鐵路周邊用地徵收工作，而這條鐵路的上杭站設在坪埔，預計經過賴氏標公、五郎公等八處墓地。施工期間，賴氏祖先墓碑及建材石料先被工程人員棄置一旁，直到2005年才由賴氏族人運回宗祠安置，標公、四郎公、一官公三個墓碑放在宗祠左廂房的陳列室，也在旁附簡介。因為贛龍鐵路徵用賴氏墳地，賴氏派出代表與上杭縣政府交涉土地補償問題，縣政府也同意撥付上塘、下塘、文元村各一萬元補償金。

標公墓遷移後，賴氏宗族正式討論要重建「墓地遺址」，還是興建陵園。上洋村首先提出願意捐出20畝地，立標公石像、建立標公紀念亭或是「墓址群」。但無論重建「墓地遺址」或陵園，建築經費是最為迫切的問題。賴氏宗族再次廣發倡議書，宣傳「賴氏入閩始祖在古田」希望外地賴氏宗親努力捐輸，並且指派專人到龍巖適中、長汀涂坊、晉江賴厝、武平高梧、廣東興寧等地籌措資金。

2006年6月，閩西七縣與古田的賴氏宗親正式成立標公陵園籌備委員會，分為閩東、閩西、閩南三個組，分別進行募款工作。從標公陵園修建委員會成員名單可以發現，雖然標榜著標公

陵園為整個福建省的賴氏始祖，但40位委員中，古田就占了15位，上杭4位，除了一位來自晉江，其餘成員都是龍巖、長汀、永定等閩西地區的賴姓宗親[28]。籌備委員會初步選定古田附近五個適合興建標公陵園的地點，由賴氏代表三人，另外加上地方對勘輿有研究的外姓人士共計六人進行「勘踏」。在風水之外，負責勘踏的賴氏成員還表示：「這個地點要具有歷史文化底蘊的觀賞景點，還要與革命文化相得益彰。」試圖將標公陵園規劃為古田旅遊景點，以及東南賴氏發源地，「標公事蹟要代代相傳，因此要安排講解」。「歷史文化底蘊」加上「革命文化」，也正是紅色旅遊的宣傳基礎，但因「革命文化資源」都在廖氏地界，賴氏所謂的結合也難以付諸行動。

標公陵園第一期工程的標公亭及迴廊在2006年完工。9月25日（陰曆八月四日），結束年度例行祭祖後，舉行標公祭典及賴氏「十大將軍」揭幕剪綵儀式。標公石像是上洋賴氏宗親請人根據戲劇想像唐代將軍服飾設計，請晉江石工以浮雕彩繪製作。祭典的順序「按農村老規矩」，由上塘、下塘、文山卜先祭奠，接下來是永定、長汀、永安、清流、晉江、龍巖、贛州，以及上杭其他鄉鎮賴氏宗親致祭，外地人數最多的是永定虎崗賴氏宗親，共計百餘人。祭典儀式結束後席開114桌，總計千餘位賴氏宗親參與這次祭典。第二期工程2007年開始，包括修建道路、門樓、停車場、石碑，整體工程在2007年祭祖前完成。

賴氏強調「尊重歷史」和「老傳統」的主要意義是指「解放

---

28 福建省賴氏宗祠館委會2006年刊行的〈福建省賴氏標公陵園〉資料。這份資料是以折頁形式出現，封面有「福建省賴氏標公陵園」，內頁主要是一則「通報」，接著是「會議紀要」。

前」的宗祠空間、宗族儀式，代表心目中「正統」的傳統。中國各地極力恢復已經中斷四十年的傳統過程中，不得不依賴沉澱在思維與儀式行為的無形記憶，以及藉由文字、圖像流傳的有形記憶填補失落的過去片段。如蘭州孔廟重建委員會成員藉由回憶，重新拾回消失的過去與儀式傳統，同時也操弄儀式中的歷史記憶，堅持在儀式中使用文言文與繁體字，強調「傳統」的重要性[29]。賴氏宗族活動雖然再三強調「尊重傳統」，但他們所謂的「傳統」有相當大的一部分存在於想像，標公陵園以及標公祭典更是「老傳統」中所沒有的新元素，更無所謂恢復可言。標公陵園樹立石碑問題的討論過程中，沒有如同蘭州孔氏宗族堅持在儀式中使用文言文與繁體字，而是完全站在當前國家正統，無異議通過碑文要用「國家標準的簡化字，內容盡可能用白話文」。

族譜付梓的同時，賴氏宗族大量印發以賴氏宗祠致愛堂照片為底，圖說註明「大唐入閩始祖賴標之宗祠」明信片，以及封面、標題如同「正式」《古田賴氏族譜（續修）》，封面標明「精簡版」的冊子[30]。這本冊子是所謂的「族譜頭」，除了沒有「正式」版本的宗支世系，其餘內容並無差別。明信片和彩頁冊子的主要作用是寄送至各地賴氏宗族，廣為告知「東南賴氏始祖標公」宗祠在古田。

賴氏「精簡版」族譜冊子試圖透過圖片展演古田賴氏的歷史，這個歷史是革命前的歷史，完全排除官方強調，但重點都在

---

29 Jung Jin, *The Temple of Memories: History, Power, and Morality in a Chinese Village.*

30 古田松陽賴氏族譜編委會，《古田賴氏族譜》（2004）。

廖氏聚落的革命遺址。歷史建築的選取重點是位於賴氏地界，如現在的古田中心小學，原為 1830 年建造的成翹書院，2000 年以後由賴氏宗親修復的天后宮、吉當山廟。尤其是清至民國《上杭縣志》記載由古田賴貴義在明萬曆年間倡修的報恩寺，過去唯一可以凝聚全古田山街宗族，形成祭祀圈中心的寺廟。著名的革命歷史建築，位於賴坊的協成店遺址卻沒有收入冊中，古田革命聖地意象也完全沒有出現在任何宗族宣傳的文本，似乎地方的「歷史」與「老傳統」完全屬於民國以前，避開了難以攀附的「革命傳統」與尷尬的民國歷史，從清代之後就直接邁入改革開

賴氏宗族修建的標公陵園

賴氏宗祠前的祭祖活動

放的「新時代」。

三、收納革命光芒

以往閩粵贛各省廖氏每逢八月初一至初三到古田萬原祠致祭入閩始祖廖花，或稱實蕃公的景象，有實際記憶的耆老幾乎全數凋零，但是到已經成為古田會址的萬原祠遊客，或心懷虔誠，希望帶福還家的朝聖者卻越來越多，其中有達官顯貴、官夫人、部隊學校，也有紅色旅遊帶來的人潮。原本懸掛「廖氏宗祠」牌匾的門額目前已經空無一物，除非是解說員、導遊講解，或是自行閱讀旅遊資料，否則遊客看到的僅僅是革命聖地古田會址，誰也不明白這裡原本是廖氏萬原祠。但是對古田廖氏宗族而言，古田會址在 90 年代以後的言談中，又逐漸成為廖氏宗親以及會址內拍照小販口中「我們的廖氏宗祠」。在當前社會脈絡下，這種表述完全沒有問題，但在改革開放前，已經成為古田會址的萬原祠僅能存在廖氏宗族心靈深處的記憶，而無法以宗族聖地的角度公開討論。

1990 年代起，古田廖氏著手重修族譜，1996 年完成《廖氏武威郡閩杭古田族譜》，彌補八十年前，以達公派下古田仕紳廖道南在《武威廖氏東興堂廖氏族譜》序言中感慨未能合族而修的遺憾[31]。廖道南等人 1920 年刊刻族譜前，曾與族人往鄰近省縣尋根問祖，並參照寧都譜、郭坊譜、廣東譜不同版本，最終卻對

---

31 廖氏武威郡閩杭古田廖氏族譜編纂委員會，《廖氏武威郡閩杭古田廖氏族譜》（1996）。

入閩以前之世系，甚至郡望之由莫衷一是，「遍查譜牒亦不得其詳」。因此對於「源流之說，郡分之由，未敢論定」，也期盼後世博學者考其實。 1996 年廖氏新修族譜前，也同樣往外地尋根探源，探查範圍較民國時期更廣，分別組織古田廖氏宗親前往寧化石壁、江西石城、瑞金、福建龍巖、永安、長汀、永定、上杭郭坊等地。同時參考了《永定廖氏族譜》、《浙江處州玉邑廖氏彩堂宗譜世系》、《江西寧都賴田坪禾田廖氏族譜》，當然還有民國初年本地編修的《東興堂廖氏族譜》，但在尋根探源及參閱各地族譜後，顯然也無法解決源流與郡分問題。

　　1996 年新修《廖氏武威郡閩杭古田族譜》雖然也認為廖氏從子璋公上溯周朝封姓叔安公起，下從子璋公傳世至花公約三千多年，其中註明妻室、後裔、出仕朝代、遷居狀況因年代久遠，無從考證。但編者在「不得其詳」的情況下，卻可以「對照歷

民國辛酉年廖氏二世祖妣榮遷公處合墳三省吉日眾祭留形

史紀年表，符合發展規律，使本宗百世可聯」。相較於廖道南等八十年前「未敢論定」的謹慎態度，新修族譜的推論似乎大膽許多。類似論述在改革開放後許多新編族譜屢見不鮮，因為編修族譜的重點是藉由聯宗連結鄰近區域宗親，擴大宗族影響，至於宗族結合的源由與依據是較為次要，也是可以操作的問題。

從宗族歷史意識角度而言，閩粵贛三省武威廖氏至少在清代就已經奉花公為入閩始祖，以「民國辛酉年廖氏二世祖妣榮遷公處合墳三省吉日眾祭留形」的照片也可以發現，三省廖氏在1921年就已經展開共同祭祀活動，到了1935年《閩粵贛武威廖氏族譜》問世之後[32]，花公為始祖的三省廖氏宗族系譜關係更得到普遍認同。閩粵贛三省何時共奉花公為始祖難以考證，但是就修建萬原祠及花公神主入火的時間點上，可以了解古田廖氏是在清末才參與這個過程。

事實上，修建萬原祠的初衷並非為了興建可以凝聚古田所有廖氏的大宗祠，神龕上僅供奉二十二世五大房出資者牌位[33]。花公神主直到宗祠建成後二年的1850年才入萬原祠，且位於陪祀地位，顯示出古田廖氏奉花公為始祖不會早於這個年代，興建萬原祠的原始動機也與花公無關。花公神主入萬原祠後，古田廖氏並未中斷每年前往福州玉森祠、汀州府纘文祠，以及龍巖、上杭花公祠祭祀，以達公嘗會中的達孝社、親親嘗即為專供族人赴龍巖、上杭花公祠祭祀所需費用設置的產業，直到1920年東興堂族譜編修時，嘗社仍然維持。東興堂族譜雖然是以達公派下所

---

32 廖步宵纂，《閩粵贛武威廖氏族譜》，民國二十五年，鉛印本。

33 民國廖氏族譜倡修者廖道南為二十四世。

修，仍在世系中奉花公為一世祖，註明「實蕃公與馮氏墓地在上
杭爐（盧）豐」。

　　萬原祠雖然並非專為花公起建，但奉祀花公神主後，不僅
成為古田廖氏大宗祠，也具有閩粵贛武威廖氏大宗祠的潛力。
1996年古田廖氏合修族譜，更是刻意凸顯萬原祠奉祀花公的意
義。在介紹萬原祠的圖片中，右頁全頁印出目前並無擺放牌位的
神龕，但在文字說明中卻將原為陪祀的實蕃公（即為花公）、馮
夫人改為主祀，原為主祀者，出資建祠的五大房祖先牌位反而列
在陪祀位置。另二張照片分別是萬原祠的內大門與外大門，但卻
完全看不到「古田會議永放光芒」的背景，甚至在內大門的門額
上還可以看到紅底黑字的「廖氏宗祠」牌匾。從目前所見1960
年以後的照片資料，似乎從未發現成為古田會址後的萬原祠正門

2005年廖氏族譜書影，萬原祠照片左上方標註了「閩西人文建築」

上懸掛「廖氏宗族」牌匾，顯見族譜印製圖片時刻意取近景，以及隱去後方「古田會議永放光芒」大字的方式呈現萬原祠。

　　2005年，上杭、永定武威廖氏合修的《中國廖氏族譜武威（花公世系）》出版，封面才出現背後有「古田會議永放光芒」八個大字的萬原祠全景[34]。但封面照片的左上方，卻印製一行和圖片上「古田會議永放光芒」字體差不多大小的「閩西人文建築」字樣。照片、圖像毫無疑問是文字以外的重要文本，甚至相較文字，更能直接、迅速、具體表達意義，族譜呈現的萬原祠圖片表達的正是一種「隱藏文本」，試圖以宗族聖地置換革命聖地的意象，喚醒上杭、永定廖氏宗親，全國著名的古田會址就是廖氏萬原祠。這二本廖氏族譜顯示出，不僅古田，甚至整個上杭、永定，都將萬原祠視為武威廖氏的象徵，同時希望藉由圖片，顯現出古田會址仍然具有武威廖氏宗祠的意涵。

　　古田廖氏1996年編修族譜前，古田廖景能與上杭城關、永定等三名廖氏宗親，自1980年起奔走閩粵贛三省，倡議維修上杭縣盧豐鄉「杭永始祖」花公墓，共募集6,000元，於1983年重修完成。重修花公墓的後續行動，也使得閩粵贛三省廖氏在政治、經濟地位較高的廖氏宗親主持下，正式連結成更龐大的組織。80年代重修花公墓，受限於經濟條件，以及花公墓周邊土地已經是盧豐鄉農地，能夠利用的空間有限，因此在2000、2003年，分別有永定廖氏宗親籌措16,000元，上杭、梅州、深圳廖氏裔孫籌措30,000元希望擴大花公墓地，但盧豐鄉政府及當地農

---

34 中國廖氏族譜武威花公世系編纂委員會編，《中國廖氏族譜：武威（花公世系）》（2005）。

民無意出讓土地，重修工程只得暫時擱置。

　　2005 年，三省廖氏宗親請原籍福建永定的第十一屆全國政協常委，全國政協港澳台僑委會副主任，澳門商人廖澤雲出面，協助處理花公墓地的土地徵收問題。廖澤雲分別在 8 月和 9 月致函上杭縣委書記、龍巖市委書記，最後由上杭縣統戰部出面協調，在同年 12 月就得到龍巖、上杭地方政府同意解決土地問題。2006 年初，廖氏宗親在永定召開廖氏花公陵墓修建委員會成立大會，共計有江西代表 2 人，廣東代表 4 人，龍巖代表 3 人，上杭代表 10 人參加。

　　上杭縣政府解決花公陵園土地問題的方式是先將花公墓列為縣級文物保護單位[35]，2006 年由身兼上杭縣政協副主席身分的統戰部長出面，召集盧豐鄉政府與豐康村第二村民組，與廖氏花公陵園代表簽署徵地協議書[36]。同年 8 月，三省廖氏宗親又在上杭召開擴大會議，募得資金 710,285 元。2007 年，因為前一次徵地範圍外的 91 平方公尺土地不利村民耕作，鄉政府希望由花公管理委員會一併徵用[37]。因此，花公墓經二度協調土地所有權後，共計徵得千餘平方公尺土地，花費人民幣十餘萬元，自 2007 年 7 月動

---

35 廖花墓正式被列為縣文物保護單位是在 2007 年，上杭縣人民政府辦公室，〈上杭縣人民政府關於公布第八批縣級文物保護單位及其保護範圍的通知（杭政綜〔2007〕342 號）（2007 年 11 月 13 日）。但在 2006 年的徵地協議書中，已經稱廖花墓為縣文物保護單位。

36 上杭縣盧豐畬族鄉人民政府，〈縣級文物保護單位：「廖花墓園」徵地協議〉（2006 年 4 月 3 日）。

37 上杭縣盧豐畬族鄉人民政府，〈縣級文物保護單位：「廖花墓園」再徵地協議〉（2007 年 1 月 28 日）。

工，11 月完成，當月 20 日舉辦祭祀大典 。 至此，閩粵贛三省廖氏聯宗組織已完全成形 。

　　古田廖氏在龐大的武威廖氏聯宗組織整體架構下的正式名稱為廖氏武威郡花公裔孫聯誼會古田分會，為了凸顯古田廖氏在整個武威廖氏的重要性，古田分會廖氏宗族在 2007 年編寫一本名為《廖氏武威萬原祠》全彩的冊子寄送到三省各地分會，同時免費贈送到訪古田的廖氏宗親 。 這本冊子主要性質是宣傳與介紹古田廖氏宗族，尤其著重已經成為古田會址的廖氏萬原祠，封面就是經常看到「標準版」，與 2005 年族譜完全相同的古田會議址全景照片，但圖片上並無「閩西人文建築」或其他字樣，圖片下方即為紅色楷書大字──「廖氏武威萬原祠」。 小冊子以「武威」取代「古田」的用意相當明顯，因為只有以郡望之名才能涵蓋閩粵贛所有花公世系廖氏宗親 [38]。

　　封面裡是三段「古田民謠」，內頁第一頁是身著紅軍軍裝的毛澤東像。 這三段「古田民謠」應該是相當晚近的作品，分別說明萬原祠修建者繼承祖宗遺德的理想，以及萬原祠有幸成為古田會議召開地，最後則是以往族譜、詞聯經常看到對後世子孫的期許，只不過在當前的脈絡下並非要求子孫知禮上進，而是聯繫到愛國主義精神 。

> 吾族廿二化成公，謹擇寶地奉祖宗 。 裔孫承志念祖德，
> 英才輩出族運鴻 。 欣逢朱毛紅軍到，祖屋幸中偉人瞧 。
> 一會召開定原則，革命征途陽光照 。 人民勝利黨成功，

---

38 廖氏武威郡花公裔孫聯誼會古田分會編，《廖氏武威萬原祠》（2007 年 10 月）。

萬原祠堂紅彤彤。凡廖族人都榮耀，緊跟時代再建功。

接下來的兩頁是江澤民在 1989 和到訪古田會議址所書「傳承和發揚古田會議精神加強黨和軍隊的建設」提詞，以及 2004 年江澤民雖未到古田，但為紀念館所題的「古田會議是我黨我軍建設史上的里程碑」。

這本《廖氏武威萬原祠》的內容編排相當接近閩西或上杭「半官方」黨員知識分子為宣傳地方特色，或是紅色旅遊編印的圖書、手冊資料。在「古田民謠」和國家領導提詞之後的正式內容中，首先透過萬原祠介紹古田會議，刊登參與會議的毛澤東、朱德、陳毅等人照片，接下來則是古田會址群建築與文字說明。包括位於廖氏以達公派下八甲村的紅四軍政治部、司令部，以及還未修復的紅軍士兵委員會，原為毓公祠的廖氏小宗祠，說明文字都凸顯這些建築是「廖氏」松蔭堂、「廖氏」中興堂。為求完整性，古田會址群唯一不在廖氏宗族範圍，位於賴坊的協成店也列於冊中，但在照片說明文字上，僅註明這棟建築為〈星星之火可以燎原〉寫作地，並未如其他遺址註明協成店具體位置。接下來的圖片應該是取自古田會議紀念館，包括江澤民、胡錦濤、溫家寶等中央領導到訪古田會址，以及中央電視台心連心節目 2000 年在古田會址演出時的宣傳照片。

小冊子介紹古田會議、黨和紅軍革命過程的革命歷史，中央級領導到訪會址的宣傳圖片被標示為「萬原榮耀」單元。在黨為廖氏帶來的「萬原榮耀」之後，才開始從黃帝軒轅氏、廖姓賜姓始祖叔安公、入閩始祖花公等祖先畫像為首，以「萬原源流」為單元名稱，介紹宗族歷史。1920 年東興堂族譜強調「神為鄉中保障，宮、寺、壇理宜悉載」的崇德報功思維，再度進入《廖

氏武威萬原祠》冊子，「萬原源流」單元詳列四界公王神龕位置與圖片。萬原祠邊上，老族譜介紹的「都衙泰將」公王，比附為三國廖化，將原本即為廖氏供奉的公王，再度透過三國人物納入宗族體系。

革命「光輝」帶來萬原祠榮耀，也因為萬原祠的「光芒」輝映，才照亮周遭革命地景。古田廖氏村落幹部和耆老再三強調，「沒有萬原祠就沒有（古田會議）紀念館」。當然，沒有萬原祠更不會有紅四軍政治部、司令部、協成店。2006 年這些革命空間以古田會址群為名，納入全國重點文物保護單位後，遊客可以到訪的紅色旅遊景點也不限於古田會址。新進解說員和年輕導遊有時考慮交通動線，將遊客先帶往停車場附近的紀念館，再回頭「瞻仰」古田會址。但廖氏村幹部和族人對這樣的參觀順序頗不以為然，指責「這些年輕人不懂」。因為「瞻仰」和參觀必須有一個順序，「江澤民、胡錦濤和中央幹部哪一個不是先『瞻仰』會址再『參觀』紀念館」。協成店——遠離會址群核心區域，位於賴坊的革命遺址則是經常被忽略，或是因行程緊湊被省略的旅遊景點。

90 年代中期，古田藉由經營水泥廠、水力發電站，以及各項觀光收入，經濟能力大為提高，也由長期需要外界「扶貧」的革命老區發展為中國第一個億元鎮。在經費無虞的情況下，古田廖氏為何沒有新建大宗祠，取代不再具有祭祀，或是舉辦各類宗族活動功能，已經成為國家重點文物保護單位的萬原祠？箇中原因相當值得玩味。根據廖氏宗族異口同聲的說法，社下山前的萬原祠實在是難得一見的風水寶地，「否則毛澤東也不會選在這裡開會」，現在古田再也找不到比萬原祠風水更好，可以用來興建古田廖氏大宗祠的土地。這是具有相當說服力，以及地方信仰

「正當性」的說法，但是從另一方面來說，無論廖氏宗族投入多少財力興建新宗祠，都無法取代背後有「古田會議永放光芒」支撐的萬原祠。

如同龍巖、上杭、古田的黨員知識分子用灰色、曖昧手法，以傳統民間信仰元素操弄革命神聖空間，獲取政治經濟資源，整個閩西廖氏宗族同樣藉由圖片展演、口語傳遞，遮掩古田會議展現的革命「光芒」，或是用「閩西人文建築」取代萬原祠的革命象徵。古田本地廖氏則是利用古田會址的知名度宣傳萬原祠供奉花公，武威郡望正統，凸顯萬原祠在閩粵贛三省的地位。萬原祠或是說古田會址的標準圖像在不同文本中，既可以作為置換「革命聖地」意義，帶有無言抗拒的隱藏文本，但在凸顯古田廖氏的時候，又可以藉由攀附革命「光芒」，「革命聖地」的既有地位，展現萬原祠「光榮」歷史。

四、人民英雄與祖先

柯大衛等人的珠江三角洲研究顯示出，這個區域明清以來的宗族實踐是宋明理學家在地方上推行教化，建立正統性國家秩序的過程，而古田自 1990 年代以後開始推展，貌似民間自發性的宗族活動過程中，象徵國家正統的意識型態更是只增不減。如宗族組織與活動的背後都有政協和統戰部的身影，宗祠、祖先墓地或廖氏、賴氏的入閩始祖「陵園」，必須透過政府部門列入「文化保護單位」來提高宗族聲望，以毛澤東、孫文和國家檔案局鼓勵編修族譜的文件，取代過去朱熹、歐陽修或同姓歷史名人的通序，黃帝畫像也進入不同姓氏的族譜，正式成為社會實踐上的「中華人文共祖」。

　　古田勢力最大的廖氏與賴氏在宗族復興過程各自選擇了最符合宗族發展與擴張的「傳統」象徵，由於古田會址的「光芒」照耀，也使得廖氏、賴氏宗族在恢復「傳統」之外，更帶有濃厚革命色彩。廖氏宗族並未展開修宗祠活動，他們自己的解釋是「再也找不到萬原祠那麼好的風水寶地」，但卻將已經成為國家重點文物保護單位，「革命聖地」、福建紅色旅遊中心的古田會址轉換為武威廖氏萬原祠意象。賴氏宗族缺乏強而有力的革命傳統可供攀附，轉而強調存在於想像中的「老傳統」以及「尊重歷史」。運用入閩始祖標公歷史符號統一幾個小房派，再藉由修宗祠、族譜、建造標公陵園，試圖宣傳古田為中國東南地區賴氏祖地，也與中共當前從宗族到民族，最終達成國家認同與凝聚的國家形構目標一致。計畫將標公陵園納入古田紅色旅遊景點，模仿古田會址安排解說員，宣揚宗族與革命，同樣是試圖將宗族鑲嵌於革命傳統之中。

　　當代中國政治與社會環境使得廖氏重新建構宗族歷史，賦予已經成為國家支配記憶地景的古田會址，轉換為被支配地景的萬原祠成為可能。站在「基本教義派」黨員知識分子立場，廖氏宗族宣傳的萬原祠似乎是具有抵抗意味的「隱藏文本」，但是就地方政府，或地方黨員知識分子立場而言，宣揚武威廖氏萬原祠，以及入閩始祖花公，卻是爭取客家祖地的有利條件。萬原祠的宣傳塑造了武威廖氏宗族、客家廖氏開基祖的集體記憶，卻不可能掩蓋萬原祠背後的革命「光芒」，本地廖氏更是需要革命「光芒」彰顯萬原祠與宗族榮耀，這座不甚起眼的宗祠也因此負載「星火」、香火雙重意義。

　　在同樣的「光芒」照耀下，廖氏、賴氏宗族復興過程編修的族譜不完全為了敬宗收族，標明世系。事實上，明清時期的族

譜編修即依地區性不同而有相當大的差異,重點是無論所謂的蘇式、歐式或譜牒式,都僅僅是世系的排列方式不同,除此之外,並沒有固定內容[39]。目前所見大量的清代至民國初年族譜可以簡單至僅顯示世系關係的零散紙頁,也可以繁複至從序到跋的完整結構,竭盡所能收錄遠古傳說、先秦始祖,再到各地開基祖的遷徙過程、墓地、宗祠的分布,甚至民國初年的古田廖氏還模仿方志體例,以方志為標準化藍本描繪地方,記錄與族譜功能完全無關的內容。

類似廖氏族譜書寫的地方「歷史」或過去,其意義會隨著時空分散,也會根據當前需要塑造過去,不論無意識的選擇、詮釋和扭曲,都是社會情境的產物[40]。無疑都受到社會、政治、經濟環境的形塑,也受到信仰與價值觀影響,隱含文化規範和意識形態[41]。1990年以後,廖氏和賴氏族譜書寫的「風俗民情」內容同樣反映了當前社會情境,鍛造屬於宗族的「革命傳統」,或是試圖使宗族傳統與革命傳統「相得益彰」,更在同樣的脈絡下書寫宗族菁英。

宗族利用族譜記載了虛擬的、現存的,或攀附的「宗英」與祖先事蹟,國家除了以文字書寫英雄歷史,更廣泛利用雕像、石

---

39 「蘇式」、「歐式」分別代表相傳為蘇洵與歐陽修創發,標明世系關係的格式,譜牒式則是純粹以文字記錄系譜關係。

40 Peter Burke, "History as Social Memory," in Thomas Butler ed., *Memory: History, Culture and Mind* (Oxford: Basil Blackwell Ltd., 1989), pp. 97-113.

41 Jacob J. Climo & Maria C. Cattell, *Social Memory and History: Anthropological Perspectives* (Walnut Creek: AltaMira Press, 2002), p. 4.

刻或碑銘等紀念地景展現建國英雄或先烈，藉由公共建築彰顯國家意識與英雄形象更是國家形構相當普遍及重要的過程。中共在建國大典前一日即決定要在天安門廣場上建築人民英雄紀念碑，發展到今日，幾乎每個縣級以上行政區域的主要城市都可以看見形制各異，但意義相同的「人民英雄紀念碑」。

這些紀念碑如洪長泰描述「鐫刻在石頭上的革命歷史」[42]，也如巫鴻（Wu Hung）在紀念碑的政治史討論人民英雄紀念碑上浮雕所展現毛澤東的歷史觀，一方面將「新中國」成立以前的中國歷史定義為代表邪惡、腐朽的二十四個朝代，而新歷史才是英雄、道德的人民革命史[43]。除了象徵性的「人民英雄」，中共更透過追悼烈士紀念儀式，利用傳統清明節日紀念烈士，將傳統節日政治化，烈士紀念活動不僅紀念死者，更同時鼓舞生者，宣揚為黨國犧牲，光榮的烈士及其家屬[44]。

天安門廣場上人民英雄紀念碑不斷的重複「人民」二字，文字銘刻著要紀念「人民解放戰爭、人民革命戰爭」，以及1840年以來，在「革命鬥爭」中犧牲的「人民」。所謂人民英雄凸顯的不是特定人物或特定「國家英雄」，而是在毛澤東「大眾化的新文化」論述，強調「大多數人民」當中為國家犧牲的普通民眾。

---

42 Chang-tai Hung, "Revolutionary History in Stone: The Marking of a Chinese National Monument," *The China Quartely* 166 (2001): 457-473.

43 Hung Wu, " Tiananmen Square: A Political History of Monument," *Representations* 35 (1991): 84-116.

44 洪長泰，〈生與死的節日：中共的通俗政治文化〉，張啟雄主編，《「二十世紀的中國與世界」論文選集（下）》（台北：中央研究院近代史研究所，2001），頁896-916。

人民英雄的意義符合「大眾化的新文化」論述的「新中國」——
奠基在百分之九十的「廣大人民」支持的國家 。為國家捐軀的烈
士是屬於群眾的人民英雄,是「新中國」的「祖先」,更是生活
在「新中國」,除了階級敵人之外,所有「國民」的祖先 。中共
在文革前開始強烈禁止清明祭墓,卻利用傳統祭祖節日舉行烈士
紀念儀式,正是運用了傳統節日,將人民英雄的崇拜鑲嵌在傳統
的祖先崇拜觀念與特定時間當中 。

　　中共革命過程剷除了宗族和民間信仰,對於革命烈士的紀念
儀式也試圖徹底改變建祠與供奉牌位,讓亡者享受香火的傳統,
但是就整個閩西而言,至少在 50 年代中期,供奉烈士牌位仍然
是地方政府推廣的方式 。 1955 年,龍巖地委發出規定,希望有
條件的鄉村可以在鄉內興建烈士紀念碑,而經濟條件缺乏的鄉
村,也可以將烈士牌位奉祀在祠堂[45]。從當時經濟發展而言,有條
件的村莊應該相當罕見,反而是以奉祀牌位較易採行 。除了利用
宗祠奉祀烈士,古田會址旁的空地也被用來作為烈士墓使用,直
到福建省 1964 年恢復古田會址舊觀工程中,於當年底遷移至上
杭縣烈士公墓 。

　　目前無從得知中共中央或福建省級單位對於奉祀烈士牌位的
意見,但龍巖地委採取在宗祠內奉祀烈士牌位,取代立碑的作法
無疑與中共「正統」的烈士紀念儀式抵觸,這裡可以看到中央和
地方的差異,但也反映出以牌位祭祀烈士仍然是當時地方幹部認
為理所當然,或是可以取代建立紀念碑的替代方案 。雖然龍巖地

---

45 龍巖地委,〈中共龍巖地委關於當前老區工作幾點補充通知〉(1955 年
　 2 月 10 日),福建省檔案館。

委並未詳細說明烈士牌位是放置於本族宗祠，還是村莊撥出宗祠統一安置，重點是烈士牌位、烈士墓已經融入了大眾觀念的祖先崇拜空間。

如同中共普遍作法，龍巖地委和上杭縣委不斷透過各級政府動員組織群眾，將革命烈士喪葬儀式轉換為全民參與的活動。如新四軍二支隊政治部主任羅化成骨骸由江蘇遷回步雲安葬時，上杭縣政府行文各單位，必須攜帶炮竹及二個花圈，「單位大的可敲鑼打鼓前往」，以及動員群眾參加追悼大會。1962 年起，縣城北門外，兵塘山上的烈士墓開始逐步擴建修飾，預備建設為可供全縣人民瞻仰的「烈士陵園」[46]，此後陸續興建的革命紀念碑、亭、陵、館，主要目的就是「表達老區光榮鬥爭歷史和教育後代」[47]。

中共透過烈士紀念儀式達到為黨國犧牲奉獻的教育功能，更透過年節慰問烈士遺屬與「五老戶」儀式，讓生者感受到身為參與「新中國」肇建者後代的光榮感[48]。1951 年起，毛澤東即派遣「南方老革命區訪問團」，帶著「發揚革命傳統，爭取更大光榮」的使命，到閩西、贛南等革命老區，慰問老區群眾，尤其是烈士家屬，而各省、地（市）、縣到鄉鎮，每年三節都固定由地

46　上杭縣人民委員會辦公室，〈關於羅化成、賀文選、丘熾雲等烈士的建墓經費和遷葬追悼會的報告通知〉（1962 年 8 月 9 日），上杭縣檔案館：33-1-200。

47　上杭縣人民委員會辦公室，〈關於修理革命烈士紀念碑等經費的報告〉（1962 年 8 月 9 日），上杭縣檔案館：33-1-200。

48　五老是指老烈士家屬、老游擊隊員、老交通員、老堡壘戶（掩護共產黨員或紅軍的家庭）、老黨員。

方幹部到各「五老戶」致贈禮品或慰問金。這些例行儀式在過去
二十餘年來，由於江澤民、胡錦濤不斷到古田、井岡山、西柏
坡等革命遺址瞻仰，以及瞻仰過程毫無例外，同時被刻意強調凸
顯的「問候關懷老區『五老戶』」行程，甚至胡錦濤、溫家寶連
續幾年在「五老戶」家中過年，更加深民眾對於「五老戶」，或
是身為「烈士」後代所感受的光榮感。

上杭縣革命烈士證明書

2010年胡錦濤來到古田五龍村，在廖姓「五老戶」家中過
年，對地方而言更是莫大的榮耀，整個春節活動大大小小照片高
懸在餐廳，或放大為街頭看板。然而，居住在閩西「聖地」中
心，1950年代以來不斷參與或目睹「國家祖先」、「人民英雄」
與烈士紀念儀式的古田鎮民而言，因為以往特殊的歷史背景，要
到改革開放後才逐漸感受到社區屬於革命老區的光榮感。以下的

例子顯示出，經過中共長期的國家形構，沒有人不了解什麼是人民英雄形象，以及什麼樣的祖先事蹟才是符合中共正統意識型態的「歷史」，而個人或家族成員為親屬平反的動機之一，也是在接受國家意識型態之後，為家人或親屬「正名」的行動。

　　古田賴氏新修族譜 2004 年正式付梓前，賴潤生銜父命走了趟城裡的檔案館。行前老父親又再三囑咐，無論如何要找到潤生未曾謀面的祖父，燦榮公的資料，好證明祖父在閩西共產政權正式成立之際是「起義人員」，而不是「反革命分子」。對潤生這位文革期間出生，成長於後毛澤東時代的中青年世代而言，改革開放二十幾年後才進行平反工作似乎遲了些，更何況早已取消的階級成分根本不會為當前的工作或生活帶來任何影響，但潤生的父親卻有自己的堅持 [49]。

　　用了大半天時間，潤生順利從檔案館複製了祖父於 1949 年5 月，以行動委員會支會名義發給中共上杭縣人民政府，上頭有祖父簽名的起義電文。另外還拿到縣裡簽發的起義證明、起義證書、法院判決書。但潤生父子都沒有注意到，縣裡核發的種種文件簽註日期都是 1981 年，而不是調閱檔案時的 2004 年。這些文件是不是早該在二十年前就發到家屬手上？這個問題沒有人了解，對潤生的老父親來說也無關緊要，重點是順利拿到文件。這樣一來，燦榮公的事蹟、職務就能大大方方的登載在當時即將編

49　有關「潤生」一節之人名均為化名，燦榮公於 1952 年 6 月被依反革命罪嫌遭逮捕，1956 年死於獄中，見趙樹岡，〈國家代理人筆下的基層社會：從檔案看中國的地方「歷史」，1949-1966〉，發表於「歷史視野中的中國地方社會比較研究計畫研討會」，中央研究院近代史研究所主辦，2008 年 12 月。

修完成的族譜上，又有誰會計較文件是何時簽發。相較於潤生父親早年失怙，大半生因階級成分備受的歧視與苦難，法院核撥的250元人民幣賠償金似乎更顯諷刺。

檔案館的其他資料中，還有一大部分是潤生沒有興趣或無法接觸，有關民眾揭發、控訴祖父「反革命、惡霸地主劣蹟」的材料。在目錄上，有部分這類檔案條目的備註欄會加蓋小小的、橫式長條框的「控制」章戳。所謂的「控制」，原則上是禁止調閱的文件，但「控制」在某種程度來說卻不等於機密，而有點「限制閱讀」的意味。例如，潤生是燦榮公的直系親屬，因此被允許閱讀及複製小部分與燦榮公個人相關的「控制」檔案，今日除了親屬關係、特殊因素或其他管道，旁人無論如何也無法得知這些檔案內容。

在不斷革命的年代裡，記載反革命等四類分子種種「劣蹟」，當前受到嚴格「控制」的檔案內容，經常反覆出現在各種批鬥場合、幹部會議、群眾大會的場子，不斷被幹部或群眾公開複述，以及重複出現在檔案館的各項調查報告中。這是潤生父子及當地民眾耳熟能詳，關於燦榮公的另一層「歷史」，也曾經是官方標準版的論述。燦榮公如此，附近其他村子的四類分子遭遇也相去不遠。

對潤生的父親和其他父執輩親屬、鄰里來說，過去在鎮壓反革命、土改補課、文革等政治運動所生產的論述，多半是充滿誇大、扭曲的言詞。現在偶爾回想，有時還是會為了各類激烈政治運動中被扭曲的人性、個別的醜態啞然失笑，或是不禁為自己或親人所遭遇難以彌補的苦難而唏噓感慨。尤其談到當地土改補課運動時，幾乎異口同聲的表達出，「1929年『第一次解放』的時候，土地就分出去了，古田、蛟洋哪裡來的地主？」村民在茶

餘飯後閒談中，不經意描述 50 到 70 年代的生命經歷就像一齣在野臺放映，布幕上人物影像隨風飄盪而不時扭曲變形的荒謬老電影：過去受到尊重的鄉紳可能在一夕間成為地方上避之唯恐不及，彷彿飼養金蠱的家鬼；以往遭人唾棄的二流子，或許又在轉眼間成為積極分子，再被提拔為幹部或楷模。

在不同的政治運動中，片段的個體生命歷程，宗族、社區的過去，隨著不同的政治氛圍被書寫，有些被刻意遺忘，而另一些似乎微不足道的事件或許又被選擇性的放大。無論當事人眼中誇大扭曲的報告，或是不同政治氛圍中被書寫，關於社區或個體的過去，都並存在檔案館——官方儲藏過去的空間。潤生父子希望到檔案館確認親屬「歷史成分」的例子並非個案，卻毫無疑問是特殊歷史情境，政治運動下的產物，但在族譜中書寫先人的道德修養、在宗族鄰里之間所行的善行義舉，到國家民族層面的忠義表現等等符合國家正統意識型態的事蹟，卻是迄今不變的宗族傳統。

明清以來，無論族譜和宗祠都強調與國家的聯繫，祖先的官銜也成為與國家連結最有效的方式[50]。民國初年古田山街三大宗族的族譜「宗英紀」中，記載具有清代秀才以上功名，民國時期小學畢業學歷，或功在桑梓、擔任各級官員的族賢菁英。改革開放之後新修族譜的「宗英」標準和過去並無二致，只不過以幹部級別和學歷取代以往的品秩和功名，如廖氏和賴氏都以中共正式國家公務員體系的「正科級」，以及大學畢業的「本科」學歷等

---

50 David Faure, "The Written and the Unwritten: The Political Agenda of the Written Genealogy," 中央研究院近代史研究所編，《近世家族與政治比較歷史論文集（上冊）》（台北：中央研究院近代史研究所，1992），頁 271。

資格,作為收錄族譜「宗英」的標準。至於族譜中列入「榮譽主任委員」等修族譜、修宗祠、建祖先陵園的主要出資者,或捐輸相當金額被列入芳名錄內的宗族成員則是另一套標準。

雖然在當前社會氛圍中,即使祖輩或父輩曾在國民政府、部隊任職,以往階級成分註記為「偽職」的家庭成員再也不用抬不起頭。問題是,家屬是否願意將這些「偽職」列入「宗英」經歷?更重要的是,在過去數十年來的國家形構過程中,成為中共「烈士」或「起義人員」在當代中國還是較以往擔任「偽職」的祖輩、父輩更「光榮」。平日生活可以毫無避諱的敘述祖先經歷的「偽職」,但在編纂族譜,必須將祖先經歷轉為文字時,這些經歷是否符合當前「宗英」形象,就成為考量的重點,而祖先的「歷史身分」最終還是必須依賴官方檔案確認。

現在所謂的老紅軍或「五老」已經逐漸凋零,但重點不在於經歷革命,已經逝去的先烈或現存的英雄本人,而在於他們的配偶及子孫,以及由個人到家庭,再擴展為宗族的榮耀。潤生的父親希望從官方檔案以及地方政府發給的證明為憑,說明燦榮公是「起義人員」而不是「反革命分子」,主要著眼點正是要說明祖上的「光榮事蹟」,事實上也相當於在族譜裡書寫、延續了革命星火。

當前積極參與宗族活動的古田廖氏與賴氏宗親,僅有小部分能確實記憶傅柏翠的古蛟鄉時代,但都共同目睹和親身經歷古田從中共建國到1951年土改工作前後被賦予「光榮蘇維埃區」稱號,1956年土改補課運動淪為「劃分階級不徹底」的落後鄉,到1990年代又被標誌為「二十年紅旗不倒」的閩西老區中心。國家形構不同背景下的社會意象與地方「歷史」詮釋顯現出天差地別的游移變動,也如幻燈機快速變換投影。改革開放以來的族

譜編纂過程，古田鎮民再度從當前的國家意識型態，重新認識與書寫地方的過去，整個古田也定格在族譜描繪的「革命聖地」畫面。在香火繚繞的盛大祭祖儀式，雖然多少接續了屬於傳統的一縷青煙，卻在同時召喚了看似漸行漸遠的革命幽靈。

第八章

結語

　　2009 年，福建省及其下轄的龍巖市、上杭縣共同挹注大筆經費，動員龐大人力投入古田會議八十週年紀念活動。會址旁的房舍幾年前就開始徵收並拆除，計畫復原古田會議召開期間的農田景色，山街兩旁老舊建築全數改建，甚至街市招牌也統一形制，試圖藉此打造既具客家歷史風味，又富革命傳統的街景。主要幹道老遠就沿路設置紅旗飄揚型態的標示牌，印製古田會址圖像以及「古田會議永放光芒」字樣，標示牌下方的另一塊看版則是印製「人民軍隊從這裡走來」字樣，以及三位解放軍戰士行舉手禮的圖片。

　　旅遊帶來一波波人潮，有如隨著季節與假期而變化的流動地景，更牽引龐大的商機。繁榮的主幹道已經無法容納越來越多刻意模擬革命年代，以「紅色」、「紅軍」為主題市招，或是標榜客家特色的「農家樂餐廳」，民居小餐館只有逐漸往鄰近村莊蜿蜒狹窄的小徑蔓延。古田會議舊址院牆內，面積不大的廣場上，除了照相小販攤位，又新增四、五輛改裝為活動店面的小貨車，貨架上絕大多數都是各式各樣的毛澤東畫像、雕像、金箔畫等紀念品，或是毛語錄、「主席像章」等文革商品。貨架後方的側面車壁裝置成大型廣告看版，書寫著類似「仰古田會址、沾聖地靈氣」等詞句，其中最引人注目的就是「開光主席像，祝君好運」。

　　價格相對低廉，供遊客懸吊在汽車後照鏡，各種材質的「毛主席平安符」尤其受到遊客青睞，只不過招牌上似乎刻意避開「符」字的敏感，而一律標示為「平安車掛」。店家對如何為「主席」開光說不出所以然，但以同類型商家擴張的速度而言，至少反映了祈求平安、好運為訴求的商品，吸引了不少遊客，革命商品化的進程持續邁進，相關產業也正持續蓬勃發展。

　　除了街景和紅色旅遊帶來的人潮，小鎮更顯眼的改變是下了
高速公路，剛出隧道口就可以看到會址後方山丘頂上，周邊有青
山翠竹環繞的背景前，矗立著的亮白毛澤東雕像。整座山丘由
上杭旅遊局以「主席園」為名進行開發規劃，成為新增的紅色旅
遊景點。入園小山徑旁，有座原木搭築，以鮮花屋為名的嶄新
花店，屋前告示牌上，印製斗大字樣提醒遊客：「買束鮮花獻主
席」，接著「溫馨提示」了「瞻仰儀式」三步驟：1. 向主席像三
鞠躬；2. 向主席像獻上鮮花；3. 繞主席像一周。

　　儀式說明底下又列出七點規定，重點是服裝儀容整潔，不
得嘻笑、大聲喧嘩、吸煙。其中「致敬」一條說明，「採取
鞠躬、獻花、默哀等方式表達對領袖的崇敬，開展革命傳統
教育」。這個內容顯然與「主席園瞻仰儀式」重複，似乎顯得
多餘，但卻顯現出，除了明訂的「瞻仰儀式」外，早已存在著
的，以擺放香菸取代上香，或其他「致敬」方式仍舊相當普遍，
因此有必要特別排除某些被視為庸俗化的致敬儀式，才能夠「開
展革命傳統教育」。

　　如同所有記憶地景，主席園的核心——立在圓形圍欄環繞，
八角形二層底座上的毛澤東像也有一套建築規格與尺寸的象徵：
如像高 7.1 公尺，象徵 7 月 1 日建黨；總高 10.1 公尺，第一層平
臺 1.949 公尺，寓意 1949 年 10 月 1 日建國；基座為八角形，象
徵紅軍八角帽。另有 10 組數字分別表示毛澤東生日、忌日、執
政時間、古田會議召開日期。

　　幾乎所有建築細節尺寸或形制相關數字都被賦予意義的主席
園，卻獨獨遺漏正下方入口，獻花過程必須拾級而上，二層底座
由下而上，分別有九階、五階的階梯級數。刻意從建築尺寸數
字尋找、附會革命象徵，但在各類公開的介紹說明文字卻完全不

見階梯級數的「寓意」頗耐人尋味。只不過對鎮民、遊客與導遊，甚至一般大眾來說，象徵毛澤東如同開國帝王，最高政治位階的「九五至尊」級數「寓意」，或許反而比毛澤東的生辰、忌日和古田會議召開日期更重要。這類無須說明卻幾乎眾所周知的寓意和會址的種種神話，有如毛澤東雕像下方的基座，支撐著「新中國」，也維繫了革命的神聖性。

安穩站在八角形基座，耀眼漢白玉雕刻的毛澤東身著風衣，右手伸掌向前高舉，左手背於後方，兩眼向前平視，可以就近俯瞰會址全景，若再往前遠眺就是紅四軍當年進出古田的主要道路。然而，這個寬廣開闊的視野與高度，卻無論如何都看不到眼角下、會址後的「古田會議永放光芒」八個大字，更看不到「芒」字左後方，四片花崗岩堆疊的公王神龕——傅柏翠等經歷五四運動的「新青年」試圖推倒的傳統，共產黨接著亟力剷除的「封建迷信」。歷經清末民初追求「進步」的浪潮，與緊接著的赤色風暴衝擊後，公王至今仍在革命「光芒」背後，紅色陽光永遠無法穿透的濃蔭下，周邊長滿青苔的灰暗角落中，默默享受不斷的香火。

刻意彰顯於外，高高在上的毛澤東石雕，以及樹林角落不顯眼的公王神龕看似毫無關連，但二者恰恰反映出政治制度以外，中共國家形構過程的革命與傳統，以及統治得以完成的重要文化基礎。宏偉高大的毛澤東雕像是公開、刻意展現的政治記憶地景，背後的整套機制是由國家推動，在不同時期透過歷史書寫、階級鬥爭，述說建國輝煌，藉由各類革命遺址、革命文物等不同方式陳列展演「新中國」圖騰。靜默沉隱的公王神龕象徵改革開放前，中共亟力去除的「封建迷信」，但卻成為當代延續革命傳統，隱藏的大眾文化基礎。

　　維繫公王香火背後的文化驅力，同時建構了民間的「革命傳統」，也使得「毛主席」得以成為「平安車掛」。排除庸俗化的「致敬規定」，明文標示的「瞻仰儀式」，凸顯出中共迄今仍堅持自認為正統、唯物的共產主義，而刻意隱藏的「九五至尊」象徵或種種神話，則留待正統以外的民間或大眾詮釋。

　　相對於民間或大眾，中共官方面對當代宗族與民間信仰活動，表現出截然不同的二種態度。中共中央到地方黨委體系，如省、縣委書記以及《人民日報》等代表正統言論媒體，有如「正統教義派」信徒，依然堅持身為共產黨員必須堅守的唯物主義信仰，不僅刻意迴避宗族與民間信仰儀式，同時持續批判「庸俗化」。但在某些必須展現官方支持這類活動的場合，則由「政府」，如省長、縣長或是退休幹部為主體的政協及其附屬機構，通常以各類學會、協會為名的「人民團體」出面，或由中央到縣級政協出版，冠以地名的「文史資料」發聲。政協的言論向來具有政治正確性，卻可以用來虛擬「群眾」的聲音。「九五至尊」的寓意或許又可以如同古田不斷繁衍的神話，最終被地方政協歸結到「老百姓樸素直觀的感情」，但應該沒有人懷疑政協及其附屬組織背後，同樣代表著另一套正統。

　　1950 年代迄今，可歸類為中國研究的跨學科學者，持續不斷探討中共黨政組織、政治制度與社會控制，或是以國家－社會模式，想像 1989 年後逐漸形成，但卻值得商榷的「市民社會」。著重政治菁英、上層知識分子的國家研究，詳細描繪了中共國家體系，或是在國家－社會二元對立框架中，梳理與分析強烈社會控制底下，通常以幽微隱藏方式呈現的各類抵抗。更有越來越多的學者透過深入、細膩的田野調查，希望從政治風暴橫掃過的荒原，找尋可稱之為傳統的社會文化元素。然而，中共如何形

構「新中國」，國家如何根植於不同領域，及其在日常生活中的會遇，各類能動者在不同階段，又是如何利用「新中國」賴以維繫，大眾的、革命的「新文化」詮釋地方歷史，更是相當關鍵且值得持續深入探討的問題。

閩西古田小鎮 1920 年代迄今的實際發展，以及 1950 年代之後不斷被重新詮釋的過程，可以為國家形構如同文化革命，世界產生意義的觀點，以及國家－文化的討論帶來相當清晰的圖像。更得以從大眾文化與地方歷史視野，檢視中共國家形構過程中，大眾如何在日常生活認識或詮釋國家與革命，國家如何根植於傳統的宗族與民間信仰。透過這個視野，不僅看到顯而易見的主席園及其彰顯的國家象徵，也進一步看到官方說明文字以外，象徵「九五至尊」的階梯，更看到革命「光芒」照耀不到的濃蔭下，隱藏的公王香火，以及這些看似毫無關連，星火與香火的象徵如何產生連結。

建國「史詩」的真實感

在整個中國歷史朝代的嬗遞過程中，中共政權的特殊性除了政治制度與組織之外，主要在於建構自認屬於大多數人「大眾的新文化」，文革以前更透過不間斷的政治運動，徹底將這套「新文化」轉化為全國大眾的文化。站在國家形構角度，中共統治之所以完成，除了政治軍事，更重要的還來自組織動員能力，而動員之所以有效，背後強大的機制就是源於帶著大眾面具的「新文化」論述。這套論述是「新中國」的基礎，也讓人民重新認識世界，而整部二十四史，各地千差萬別的地方發展歷程，都成為「新文化」論述的載體。

姑且不論是否有客觀的歷史，但歷史確實是，也一直是被操

弄的工具。中共建構「新文化」過程中，先秦到民國，以及各地千差萬別的發展歷程，都成為批判「舊文化」的教材，藉此反襯「新中國」之所以能夠，以及必須建立的必然性與正當性。同時在革命建國論述中，建構如 Ana Maria Alonson 所謂連結過去和現在，同時創造現在、過去與未來穩定階序的史詩（epic）[1]。早在延安整風時期，毛澤東就強調學習和研究中國歷史，要求黨員「把革命熱情與實際精神結合起來，在這種態度下就是不要割斷歷史……不單是要懂得希臘，而且要懂得中國……不但要懂得今天，還要懂得昨天與前天。」[2] 除了文革十年，黨史出版工作由中宣部負責，清楚反映出至少在 1980 年以前，所謂的「歷史」對中共來說，只是一種宣傳工具[3]。

不容否認，所有政權都試圖利用各類媒介展現國家輝煌的過去，以及建立歷史正當性論述。但在「利用為綱」的工具論、功能論的操作，或是毛澤東所謂「科學的」整理歷史號召下[4]，

1　Ana Maria Alonso, "The Politics of Space, Time and Substance: State Formation, Nationalism, and Ethnicity," *Annual Review of Anthropology* 3(1994): 379-405.

2　毛澤東，〈改造我們的學習〉（1941 年 5 月延安幹部會議上的演講）。摘自竹內實監修，毛澤東文獻資料研究會編，《毛澤東集》，頁 317-318。

3　從整個中國共產黨組織來看，黨中央之下除了辦公廳以外，最重要的兩個組織就是中共中央組織部以及中共中央宣傳部，這兩個組織是中共取得政權以及維持政權穩定最關鍵的機構，前者主要是對於人的管理，後者主要是意識型態的管理。

4　毛澤東，〈新民主主義的政治與新民主主義的文化〉（〈新民主主義論〉）。

「不要割斷歷史」的意義，是為「新中國」架設一個「廣大人群」受到階級壓迫，不斷產生階級鬥爭和反抗的歷史場景，而中共為其「新中國」置放在歷史場景的最後一幕——停格在帶領群眾，取得鬥爭最後勝利的場景。

1978年是改革開放的年代，也被視為「告別革命」的年代[5]。中國共產黨在這一年的十一屆三中全會為改革開放路線定了基調，宣告脫離階級鬥爭和群眾動員路線。中央到地方的重點工作除了經濟體制改革，更需要重新詮釋建國以來經歷的動亂與悲劇，對「過去」的處理態度從消極的檔案彙編到正式的歷史書寫[6]。為建國以來在鎮壓反革命、土改、反右、文化大革命等運動中的「冤假錯案」平反，同時摘去地主、富農階級的帽子[7]。平反和「摘帽」工作涉及「歷史問題」重新定調，是繼土改普遍劃分階級之後，再度藉由政治力量詮釋地方與個體的過去。這個過程反映出，中共不再依賴動員和鬥爭維繫權力後，必須轉而強調或重新詮釋過去，藉以凝聚全民對黨、對國家的認同。

1981年，中共十一屆六中全會通過〈關於建國以來黨的若干歷史問題的決議〉，回顧了中共1921年建黨、1949年建國，

---

5 「告別革命」一詞取自李澤厚、劉再復的《告別革命：回望二十世紀中國》（香港：天地公司，1995）。

6 1950至1970年代，中宣部在中共黨史編纂工作上扮演相當關鍵的角色，其間的關連可參閱龔育之，《龔育之回憶：「閻王殿」舊事》（南昌：江西人民出版社，2007）。龔育之在1952到1966年間，曾任職文革時期被稱為「閻王殿」的「老中宣部」。1991年春天，在黨史研究室主任胡繩的要求下，又參加黨史最後階段的修改和定稿。

7 所謂摘去地主、富農的「帽子」主要是取消過去的階級標籤，但並不否認他們來自地主和富農家庭的「事實」。

到 1980 年改革開放的整個過程。但重點主要是檢討文化大革命
——這場為中國大陸帶來十年動亂，造成中國社會文化基本價值
幾乎徹底毀滅的大浩劫之所以發生的原因，並正式將其視為「內
亂」，以及為毛澤東一生功過蓋棺論定。〈決議〉文對革命的神
聖性以及共產革命在中國歷史上的必然性再一次強調，也透過對
四人幫的批判，解釋革命經歷的崎嶇主要是人謀不臧，並強調未
來必須堅持改革開放的方向。如果說 1978 年是中共宣告揮別革
命路線的年代，直到 1981 年的〈決議〉文才正式為革命劃上句
點。國家的過去、現在與未來的正當性論述也濃縮在八萬餘字的
〈決議〉文中。

　　這些文件反映出核心領導階層錯綜複雜的權力鬥爭，大多數
歷史學者不會試圖從這些討論「歷史問題」的文件字面上，了解
中國的過去，因為文件中的「歷史問題」是帶有高度意識型態的
歷史，是官方定於一尊、為政治服務的歷史。陳永發也認為：
「……整個中國共產革命，只是中共按照馬列主義社會進化原則
『人為』製造出來的歷史，其過程更帶有各種程度的偶然性和選
擇性。」[8]這種人為製造出來的歷史，確立了中共革命建國的正當
性、政權的合法性，「決議」這個詞彙也充分反映出統治階層企
圖透過政治手段，建構出官方、權威，不容挑戰的國家歷史論
述。依賴政治決議的「歷史」形塑了歷史論述框架、限制了歷
史書寫與各類媒介展演過去的範圍與方向，也影響各地對於自身
過去的詮釋。

　　土改到文革之間，地方幹部同樣透過「新文化」的階級透

8　陳永發，《中國共產革命七十年》，頁 7。

鏡，書寫地方的當下與過去。1950 年代古田土改補課過程，清楚展現了檔案的意義或許不在於內容是否如實描述社會樣貌，而是基層國家代理人、黨員知識分子如何書寫「新文化」脈絡下的「真實」。地方幹部透過政治意識型態框架，與執行政策立場書寫地方，工作組、工作隊成員等國家代理人在各類調查、總結報告中，帶著階級意識書寫選擇性的「歷史」。如同 Natalie Davis 討論赦免書敘事的虛構，以及敘述者和文本生產者「共謀」，創造試圖赦免死囚的故事[9]，土改等各類政治運動檔案也顯現出相當類似的結構。為了呈現報告的真實性與臨場感，檔案生產者以相當的篇幅，表達敘事者階級背景、情緒、完整的事件情節；為了要批判「舊社會」，敘事內容涉及相當多的回憶，檔案生產者再從中擷取自認為「真實」的社會樣貌。

　　檔案無疑是行政統治的重要工具，執政者更能以各類名目，透過繁瑣嚴格的檔案管理與銷毀體系，控制人民對於過去的了解。此外，歷史與人類學者藉由跨學科視野，利用 Michel Foucault 的「論述型構」（discursive formation）概念，探討檔案生產的能動者，將檔案視為思想和範疇的強制分類，是一種知識生產領域、國家歷史利益產物等觀點，更凸顯了檔案作為歷史書寫材料以外的文本意義[10]。這些研究跳脫了檔案能否真實反映地方過去的爭論，將焦點集中於檔案如何在不同社會情境下被書寫，

9　Natalie Zemon Davis 著，楊逸鴻譯，《檔案中的虛構：十六世紀法國司法檔案中的赦罪故事及故事的敘事者》（台北：麥田出版公司，2001）。

10　Brian Keith Axel ed., *From the Margins: Historical Anthropology and Its Futures*.

透過這個視野，可以更深入的詮釋與理解中共政治運動脈絡生產的地方檔案，同時認識到檔案的敘事內容不完全是虛構，而是國家形構過程中，反映「新文化」的載體，展演「新中國」的另一種文類。

　　革命建國「史詩」的真實感一方面來自檔案書寫策略，以及包括政治、歷史教科書等，各式各樣著重情節描述的宣傳文本，有如「說故事」的生活敘事與回憶，更來自細節的堆疊。透過長期拼貼、鍛造與細節的堆疊，也展演了今日古田會議舊址群的「真實感」。中共中央到福建省屬各級政府與組織，1950年代以來，不斷調查探訪古田會議前後，毛澤東、朱德與紅四軍活動，以及會場擺設的微小細節。任何一位局外人置身在經過精心鍛造的古田會議舊址建築群落，都可以強烈感受中共試圖在原為宗祠的建築空間重現古田會議場景，利用圖文看版呈現1929年古田會議前後的共產革命片段、紅軍活動過程。透過實物、圖像、文字的展演，將革命事件如膠囊般的凝聚在小小空間，而建築、文物、圖像的鮮明和具體，似乎自然而然的呈現出「真實感」，卻也經常因此令人自然而然的忽略了被強烈聚光燈聚焦的「真實」之外，同時存在著，但卻隱而不顯，1930至1950年代的古田社會樣貌。

　　以鄉鎮層級的地方而言，短暫的革命活動因為不斷的調查與細節的書寫變得越來越清晰，建構了所謂「真實」的效果，會址內的革命星火遺跡，正是在不斷找尋「真實」的過程中被「發現」。類似「如是我聞」的現場親臨或第一手轉述，經常是神話或強調「真實」論述的基礎，各類調查報告除了絕對不會忽略的具體人名與時間，更經常運用引號，強調引述內容來自敘事者的「原話」。建構「真實」的過程，也使得社群逐漸遺忘或扭曲了

地方實際發生的歷史事件，而逐漸匯入革命系譜。

　　Ana Maria Alonso 以墨西哥的個案討論真實的效力，論述國家歷史紀年（historical chronologies）連接多樣性的個人、地方及區域歷史，日常生活經驗則歸類為國族事件。國族過去的再現需要以地方和區域歷史為素材，各類分歧多樣的地方歷史就如未加工的事實（raw facts），根據國家霸權食譜烹煮，為官方歷史服務[11]。國家霸權或政治暴力強烈影響地方歷史書寫的筆觸是毫無疑問、屢見不鮮的事實，但政治力量的強制性似乎僅僅是地方歷史支流匯集的一股外在動力。關鍵是中國大眾文化的族譜、方志書寫傳統，原本就有往國家或主流歷史移動，共構國家的傾向。因此，我們看到了古田廖氏民國初年編纂的族譜以「國之將亡必有妖孽」詮釋宣統年間「妖獸食人」，直到「革命軍興，其禍乃平」，到了 2000 年以後修「花公陵園」、重修族譜過程，又自然而然的收納，或是攀附了共產革命光芒。

　　各個姓氏族譜裡的族賢，由以往具功名的縉紳，到當前中共行政體系下，具有一定級別的幹部，長久以來官方宣傳符合人民英雄與革命烈士的事蹟，成為宗英紀的核心內容。宗族無權認定烈士身分，而須取決於官方檔案記錄與證明文件，烈士後人與國民感受的光榮感，主要來自不時出現在媒體畫面，天安門廣場上高大宏偉，象徵無名大眾的「人民英雄紀念碑」，以及中共中央到地方領導人每年拜訪烈士家屬，令鄰里稱羨的象徵性儀式。古田以往的「新村」和傅柏翠的歷史也在同樣的社會情境下，從檔

11　Ana Maria Alonso, "The Effects of Truth: Re-Presentations of the Past and the Imagining of Community," *Journal of Historical Sociology* 1. 1 (1988): 40-44.

案堆裡「復活」。

革命支譜的匯流

　　新村運動是 20 世紀初期相當重要的思潮，反映出近代中國曾經一度出現以社會改造取代國家的思想。辛亥革命不久，當沒有多少人了解什麼是民國，或是中華民國從排滿邁向五族共和，建設現代化國家初萌芽階段，國家觀念旋即被掩蓋在大量的社會改造，以及各色各樣的社會「主義」浪潮中。其中有因為追逐時髦一知半解，或僅知其名而侈言社會改造者，也有因政治野心，以社會改造為可茲利用的工具，新村思想則是以上二種社會改造思潮之外，有感民國新政體並未帶來預期的社會改善，而試圖透過實踐，根本改造社會[12]。

　　相較於同一時期提倡「神道原堪設教」的廖氏鄉紳，或是以張五郎從祭祀「黃璋狗」的獵者到奉為社神，證明開基祖來歷的張氏鄉紳，經歷這段風起雲湧社會改造思潮的傅柏翠，確實如其傳記所稱的「進步青年」。五四運動期間，傅柏翠即透過媒體認識，並嚮往武者小路實篤提倡，同時在日本實踐的新村，但傅柏翠回憶錄裡，自述接觸新村思想不過寥寥數語，對新村的認識似乎僅止於周作人的譯文，此外再無深入體悟，更遑論實踐。傅柏翠與中共決裂後，雖然置身民國紛擾世局中，仍不忘寄情山水、悠遊泉林，參與周邊文人活動，唯一與其他土改過程被劃為地主

---

12 君左，〈社會改造與新思潮〉，《改造》3.1（1920）。轉引自王奇生，《革命與反革命》（北京：社會科學文獻出版社，2010），頁 48。另有關五四前後的個人、社會、群眾與各類社會主義的介紹，亦可見該書頁 39-65。

階級鄉紳的差異，主要是因為短暫的革命激情，領導蛟洋暴動，並放棄自家百畝田產，以致於經濟一度陷入窘境，甚至不得不出售愛馬[13]。

　　中共建國不久，傅柏翠旋即離開古蛟，直到 1993 年以九十八高齡辭世之間，回鄉探親次數屈指可數。然而，1950 到 1980 年代，古田、蛟洋地區政治風雨中，傅柏翠這個名字卻不斷出現在檔案裡，被描述為「殘酷冷血」、「欺騙群眾」、「公開叛黨」的階級敵人。目前無從得知中共官方為傅柏翠平反的文件，至少在正式黨史體系，如中共上杭縣組織史的區劃，30 至 50 年代的古蛟地區既非國民黨統治的白區，也不是紅色蘇維埃區，而是以特殊標記，標注此地為「傅柏翠占領區」[14]，1991 年的《福建革命史》更將 1928 年以後的古蛟地區定調為「實際上形成了初期割據的局面」[15]。由此可見，傅柏翠1949年的「起義」行動，無法改變古蛟區的歷史事實，福建省內的黨史專業學者大多

---

13 古田、蛟洋鄰近鄉鎮文人曾共組規模頗大的古蛟詩社，傅柏翠為詩社成員。《古蛟詩選》中的〈傅松濤和韻呈柏翠兄〉：「畢竟浮生一夢過，優游眾石快如何。東山此日歸田去，四海蒼生引領多」；〈喜柏翠兄解官歸里〉：「宦海歸來手一竿，相逢道左笑開顏。旁人漫說行裝簡，還有清風兩袖間」；〈柏翠兄饋魚〉：「客邸生涯亦可憐，盤飧草草苦相看。誰知舊雨關心甚，饋得嘉魚入饌先」等詩句反映出傅柏翠的悠遊泉林生活。他自撰的〈別馬吟〉：「代步有小馬，珍愛已三年。今日長為別，傷心淚涓涓。責汝言何忍，金盡迫使然。人飢馬不飽，計莫能兩全」反映出生活曾經遭遇的窘困。

14 中共上杭縣委組織部等，《中國共產黨福建省上杭縣組織史資料（1926年 12 月 -1987 年 12 月）》（廈門：廈門大學出版社，1989）。

15 蔣伯英主編，《福建革命史（上）》，頁 239-240。

仍然將傅柏翠視為擁兵自重，雄霸一方的「軍閥」。

　　傅柏翠與閩西共黨分裂後，曾積極尋求上杭縣國民黨部承認古蛟區的合法性，以及計畫建立中正公園和反共烈士紀念碑。就現實政治層面而言，所謂的「紅旗」早在當時就已經倒下，而福建革命史和上杭組織部描述的古田、蛟洋反而符合史實。如果就民國時期絕大多數地區都處於國家勢力所不及，仍舊由地方菁英把持的政治環境，1930到1950年代的古蛟發展雖然曲折，但相較於其他地區還不至於有天差地別的差異。此一時期的古蛟或許大體上確實維持人均分配土地，但絕非中共建國之初所描繪的「維持蘇維埃土地革命果實」，或是近來號稱的「二十年紅旗不倒」，而是傅柏翠利用宗族勢力矛盾，以及客家地區原有的宗族財產管理蒸嘗組織，維繫原本就由宗族掌控的土地、山林。

　　自始至終全為虛無飄渺、從未出現的「新村」幻影，似乎早就該隨著山河易幟，社會情境的急遽變遷，消逝得無影無蹤，更與當前古田紅色聖地的背景毫不相干。但有如幽靈般的「新村」，卻隨著古田會址「聖地化」過程逐漸被召喚，更被賦予事實上與日本新村完全無關的「進步」描繪。究竟傅柏翠回憶錄一筆帶過的「新村」何以成為描繪傅氏個人與古蛟地區的重點？背後的機制與意義是什麼？這些都是相當有趣且值得思考，同時也為地方歷史視野探討國家形構的核心問題。

　　如同中共官方對宗族與民間信仰的二種模式與灰色地帶，當前中國大陸的地方歷史書寫同樣存有模糊空間。正式黨史與方志有嚴格的政治階序與限制，例如類似「決議」的歷史是官方定

調，且不容挑戰的框架[16]，中央到地方的黨史辦公室同樣負責編纂代表黨的正式歷史，而地方史則歸屬各地方志辦公室業務。2006 年 5 月 18 日，中共國務院頒布〈地方志公布條例〉，規定縣級以上行政區域的地方志書必須由該級人民政府負責，其他組織和個人不得編纂，嚴格限制地方史的編修權限。此外，政協出版的大量《文史資料》是黨史和方志以外，主要由黨員知識分子在內，地方文史工作者書寫地方人物傳記、風土民情的特殊文本。雖然在階序上，各類文史資料遠低於黨史、方志，但仍可視為「官方」論述。

正式黨史、方志、文史資料外，可歸類為地方歷史書寫的還包括黨員知識分子以個人名義出版，介紹地方風土民情的著作。表面上，這些都屬私人著述，但從編輯成員而言，還是可以明顯感受到「政府」的影子；從內容而言，更不難發現以地方傳統為包裝的共產革命色彩。這類由「私人」生產的文本事實上也具有「民間黨史」、「類方志」或「類文史資料」性質，而「新村」即活生生的出現在這類公開發行，以普及化讀物面市的書刊。80 年代以來，地方黨員知識分子在取消階級政策，穩固社會，凝聚國家認同的脈絡下，透過類方志和文史資料的灰色模糊地帶詮釋地方，以個人名義出版古蛟與傅柏翠「歷史」，重新以「紅色」意象描繪以古田為首的紅色閩西；描寫古蛟地區「非紅色」二十年，是銜接上紅色閩西的宣傳。

---

16 除了 1981 年的〈關於建國以來黨的若干歷史問題的決議〉，中共建國以來歷史最高規格的詮釋外，1951 年 6 月 22 日《人民日報》也刊載了性質有些類似的〈中國共產黨的三十年〉，不過這篇文章並未以「決議」為題，而是由胡喬木署名。

　　嚮往無政府干預、自給自足，取代國家的新村社會改造思想，正可以用來說明古蛟區以往的「進步」，以及 1930 至 1950 年代之間的「不共不國」。強調獨立自主的「不共不國」，隱藏了傅柏翠依據三民主義與國民政府立場頒行的「古蛟鄉建設委員會三年計畫綱要」，汲汲尋求國民黨上杭縣黨部承認古蛟區的合法性，更進一步為曾經公開叛黨的傅柏翠，雕琢出「白皮紅心」，暗助中央蘇區的形象。「新村」與英雄傅柏翠又逐漸進入民眾記憶，民眾言談之間的「古蛟地區 1929 年第一次解放」，比黨史還「正統」的論述開始深入民間。文史工作者在這個過程中又加入客家元素，連結客家精神與革命傳統，透過文史資料影響學術界，甚至西方歷史學者也利用這些民間黨史工作者建構的文本，討論中共革命根據地與客家精神的關連。

　　民間論述的傅柏翠與古田「二十年紅旗不倒」，不完全符合黨史及組織史的觀點，福建黨史研究社群，再三表示對於大量私人撰述，與黨史歧異的傅柏翠傳記，以及古蛟「歷史」的不滿。重點是，透過正式出版和口語傳遞，這類民間論述的古田與傅柏翠傳奇已經掩蓋了一般人難以觸及，更無太大興趣的正式黨史。「民間觀點」與「黨史論述」之間的歧異，是否可視為地方抗拒國家正統歷史的論述，可以進一步討論，但重新發現與重塑古田歷史與傅柏翠經歷的「民間論述」，何嘗不是中共國家形構過程中，「新文化」根植民間的結果。從這個角度而言，「民間論述」不但不是為了推翻「正統」黨史，反而是民間黨史與文史工作者試圖將地方的過去，轉化為革命支譜，並進一步納入主流的中共革命系譜。

　　古田廖氏與賴氏宗族復興過程中，由於古田會議的「光芒」照耀，使得宗族恢復傳統之外，更帶有濃厚革命色彩。站在

「基本教義派」黨員知識分子立場，廖氏宗族宣傳的萬原祠，如同「民間觀點」論述的傅柏翠及其「新村」，是具有抵抗意味的隱藏文本。但就地方政府而言，宣揚武威廖氏萬原祠，以及入閩始祖花公，卻是爭取客家祖地的有利條件。對廖氏宗族而言，攀附革命光芒的意味更高於抵抗。宗族將族譜納入革命系譜的動力有部分來自攀附「正統」，另一方面也來自中共「新文化」形構人民英雄與烈士的光榮感。傅柏翠也在同樣脈絡下，由宗族成員將其納入國家正統框架。以「奇人奇事」述說傅柏翠與毛澤東二人「相知相惜」的交往，以「桃花源」描繪古蛟的過去等「民間論述」文本被不斷編織，頑強存活在正統黨史論述的縫隙，綿密鑲嵌在主流革命系譜之中。

徘徊纏繞的紅色幽靈

中共黨史脈絡「永放光芒」的古田會議，和地方重塑的「革命傳統」與神話，將古田建構為具有多重意義的「聖地」，無論古田當地居民或外來遊客都不會認為在此地建立主席園、豎立毛澤東雕像有何特異之處，平日也確實可以看到星星落落的幾束鮮花靜置在「主席」腳前。只不過應該沒有多少人了解，這尊雕像是早在四十年前就完成的作品。

1969年，福建省原計畫在福州「五、一廣場」立毛澤東雕像，沒想到雕像完成後，省革委會風聞毛澤東表示不希望「到處站衛兵」，因此將雕像轉送遠在山區，訊息來得較慢的古田。然而當雕像運抵古田時，地方政府也輾轉得知了這項「最高指示」。凡事充滿政治禁忌的文革時期，如何處理雕像考驗著地方政府，最後決定撥款建立倉庫，悄然恭敬的「請主席入住」，沒想到這一待就是整整四十年。

　　古田會議八十週年的政治以及社會經濟發展，相較於四十年前有如天壤之別，但文革時期完成的毛澤東雕像被賦予的意義卻沒有太大差異。只不過封存四十年的雕像重新出現在陽光下，似乎有如幽靈般的重現人間。在「聖地」豎立毛澤東雕像不足為奇，值得討論的並非雕像本身，而是為什麼在今日政治經濟急遽變遷過程，類似毛澤東雕像等革命圖騰出現在公共空間已經成為不足為奇的「習慣」。

　　如同 Michael Billig 討論平庸的（banal）國族主義，象徵國家的旗幟，通常不是在熱烈激昂的情緒中飄揚延續，總是在不被注意的日常生活及公共空間，提醒著國家的存在[17]。換言之，國家圖騰不見得在危急存亡關頭才能讓人民感受，中共長期國家形構過程中，毛澤東圖像、雕刻，各類革命象徵已經融入日常生活，令人覺得理所當然、司空見慣，因為這就代表著國家。象徵革命建國的圖騰、語言如揮之不去，徘徊纏繞的紅色幽靈，雖然無法捉摸，但卻內化為日常生活或行動的公共領域。

　　中國共產黨創造、傳遞革命「新文化」的有效性應該無庸置疑。茅盾（沈雁冰）的女兒沈霞在延安四年書寫的日記，鮮明反映一位二十出頭，原本應該天真無邪的青春少女，在充滿黨性的氛圍中，如何鄙視自認為不配成為黨員的一群人，以及期待自身成為共產主義新人，為黨犧牲奉獻[18]。中共建國後，以階級鬥爭為主的革命文化取代了傳統社會秩序與儒家道德，共產主義「新人」更成為個體最崇高的生命目標。正因為持續且強烈的「新文

17　Michael Billig, *Banal Nationalism* (London: Sage Publication, 1995), p. 8.

18　沈霞，《延安四年（1942-1945）》（鄭州：大象出版社，2009）。

化」與「新人」的建構，導致後革命時期因為集體組織和道德崩解造成人民的迷惘，如 1980 年代初期白樺的《苦戀》和「潘曉討論」，鮮明反映出轉型時期個體與大眾的苦悶。

　　1980 年 5 月，共青團所屬《中國青年》雜誌第 5 期出版一篇化名「潘曉」，事實上是由編輯結合二位女青年的投書，以〈人生路阿，怎麼越走越窄〉為標題的讀者來函。融合二位女青年生命經驗的「潘曉」，自述童年時期對黨，以及共產主義新人的高度嚮往，但在文革時期，卻感受社會現實與書本描繪共產主義美麗世界的高度差異。文革結束後，開始對過去從未懷疑，黨的教育與宣傳所提倡崇高道德理念的徹底幻滅，甚至「想起來又是多麼的可笑」。潘曉感受的失落與幻滅是後革命時期青年人的共同心聲，《中國青年》當年 5 月至 8 月的發行量高達 390 萬份，更有超過 6 萬封讀者來函，共同話題都是對文革的反思，從集體到個體的矛盾 [19]。

　　曾在電影大螢幕播映的《苦戀》，片尾畫面停格在無垠雪地，主人翁僵硬、蜷曲著的身體化為「新中國」建國以來，個體與國家大大問號下的一小點，「潘曉討論」對人生、對國家、對黨的懷疑與理想的幻滅等諸多意象或文字，傳遞了無數大眾的迷惘與疑問，再加上改革開放初期資本主義進入造成社會急速「腐化」，使得中共中央無法漠視。1983 年，反資本主義精神污染可以視為由中共中央發動，最後一波政治運動，主要目的是「淨化」中國。然而，這波運動的成效卻相當有限。接下來

---

19 有關 1980 年《中國青年》的「人生的意義到底是什麼？」問題討論的始末，請參閱時任編委的郭楠檸所著〈我經歷的「潘曉討論」〉，《炎黃春秋》12（2008）：28-54。

的五、六年間，青年從懷疑、困惑，到要求改革累積的高漲情緒，最終在六四天安門事件完全宣洩。

中共中央以激烈手段平息「動亂」，另一方面更積極推動愛國主義教育。中宣部將各個革命博物館、革命遺址訂為愛國主義教育基地，並在 2000 年以後推動紅色旅遊，企圖在人民經濟所得提高的同時，也能藉由旅遊過程接觸「聖地」、淨化「心靈」。包裝精美、置入共產革命背景，但卻極具娛樂性的影片及書刊大量出現，試圖延續「喜聞樂見」的形式，不斷展演建國歷史，凝聚人民的向心。

劉曉波曾強烈抨擊中央電視台廣受歡迎的「小品」，認為這些演出是「文化鴉片」，「具有主流意識型態的幫閒功能」[20]。「文化鴉片」或許過於強烈，但大眾媒體扮演傳遞意識型態的「幫閒」功能卻無庸置疑。更重要的是，除了被視為「庸俗」的小品，以中共黨史為主體論述，抗戰與國共鬥爭為背景，依賴精緻情節、著名演員擔綱演出的連續劇，使得符合「新中國」意識型態的「歷史」與民族主義，在不自覺且輕而易舉的狀態下，滲透大眾日常生活。這不是當前中共執政者的創舉，而是延續中共建黨以來，傳遞「新文化」與意識型態一貫的宣傳方式。

中共建黨、建國迄今的革命過程大體可以分為三個階段[21]，如果將革命定義為以組織動員群眾為手段所進行言語、行為暴力，無間斷的政治運動，後毛澤東時代毫無疑問確實告別了革命。然

---

20 劉曉波，《向良心說謊的民族》（台北：捷幼出版社，2002），頁 3-4。

21 1921-1949 年，是建黨到建國的「革命奪權」階段，1949-1978 年，建國到文革結束的「不斷革命」階段，以及 1978 年徹底否定文革到今日的「告別革命」階段。參見陳永發，《中國共產革命七十年（上）》，頁 6-10。

而，從大眾文化與社會實際發展脈絡而言，革命到「告別革命」或許不存在分明的界線，無論行政體系和社會控制的現況，或是裴宜理（Elizabeth J. Perry）從制度與意識型態等面向的觀察，都說明了當代中國還未告別革命[22]。因此，相當有必要重新思考革命在日常生活、大眾文化的意義。

國家形構是永遠的進行式，無論令人感到索然無味，官樣文章宣傳的革命事蹟，或是被部分黨員知識分子與官方媒體視為「庸俗」，卻為人津津樂道的聖地神話都是革命傳統，也都是國家形構的重要內容。1951年，南方革命根據地訪問團出發前，革命就已經成為毛澤東所謂的「傳統」，經歷不同階段的政治經濟變遷，當代日常生活中的革命傳統大致可歸納為三種內涵。

首先是中共官方持續進行，且不可能放棄，代表中共政權正當性的革命論述，亦即中共政權是建立在「無產階級革命」基礎、代表「無產階級利益」，受到「廣大群眾」支持的政權，亦即各類星火象徵背後，試圖傳遞的關鍵論述。第二種革命內涵主要是來自懷舊，在目前的生活條件下，幾乎沒有人願意回到革命年代，但在充斥著不確定感和複雜的社會生活狀況下，也興起了懷念革命時期簡單純樸的生活，特別是對革命模糊的想像。將革命理想化，主要來自貧富差距越來越大，幹部貪腐事件頻傳的現實生活，底層農民將大集體時代相對平等、單純的生活，視為難以回歸，想像中的天堂。第三種革命論述是不自覺，已經內化、滲透日常生活的革命語言，在不同社會情境下，有時帶著戲

---

22 Elisabeth J. Perry, Studying Chinese Politics: Farewell to Revolution? *The China Journal* 57 (2007): 1-22.

謔調侃，有時轉化為生命鬥志。但革命傳統通常總是夾雜著民族主義情緒，透過媒體和社會懷舊情緒的交互影響應運而生。

對革命世代而言，革命歌曲與媒體呈現的革命情節早在文革時期就已經成為大眾娛樂，走過福建上杭、廣東蕉嶺、江西贛州的城鎮巷弄，不難發現退休老人自組社團，在活動中心、公園傳唱革命歌曲，這類活動已經成為日常休閒。「新中國」創建過程的「光輝歷史」與「封建社會」的對比，仍持續傳唱，更刻印在政治、歷史課本與鄉土教材；「群眾」對黨、對國家的支持，黨員為國家、為人民犧牲奉獻的敘事主軸，仍嵌入高度娛樂性質的電視、電影情節。後革命世代，雖然早已不理會父祖輩親身經歷的革命記憶，但至少透過影片中的革命情節，紅色旅遊過程參與紅軍、白軍對抗的戰爭遊戲，大眾化以及「喜聞樂見」的宣傳與娛樂，理解何謂革命星火。

無論農村或城市，所謂傳統雖然並未因革命瓦解，當代革命的三種內涵，更未因開放而消停，老幹部口中「辛辛苦苦三十年，一覺醒來回到解放前」反映部分群眾在現實生活中懷念革命年代，這類懷舊情緒使得革命進一步成為當代大眾的「新傳統」。所謂的「解放」、「開放」雖然是中國研究相當基本且便於描繪的歷史分期，但絕非過去與現在，革命與傳統的清楚界線，尤其遠離北京、上海、廣州等大城市觀點，或跳脫部分透過媒體、網路認識中國的西方觀察家與中國研究學者的視野，更可發現這條界線的模糊。

延安時期的「新文化」至今仍是中共官方緊握的「傳統」。從鄧小平到當前中共中央領導人發表重要談話時，絕對不會忽略且持續強調的「中國特色社會主義」，就是「新文化」當中「民族的」定義，反「封建迷信」的「科學的新文化」更是基本教義

派黨員知識分子迄今不移的觀念，而強調「大眾的新文化」更是
中共必須持續推動的虛偽意識型態。中共可以依賴「決議」徹底
否定文革，禁絕傷痕文學公開出版販售，卻絕對無法塗抹建黨、
建國到文革過程中，革命的「新文化」取代大眾文化的深層烙
印，也無法擺脫象徵中共建國「史詩」，目前卻寄生在正統教義
派黨員知識分子視為庸俗化、大眾文化領域的革命傳統。所謂的
革命，未來也將如揮之不去的紅色幽靈，漂浮在中南海及每一座
城市與農村，而星火與香火也將持續糾結，徘徊纏繞在陰暗灰色
的角落。

古田會議八十週年街景

主席園毛澤東像

主席園遠眺會址

鮮花屋

鮮花屋前豎立的致敬儀式規定

會址小販

參考書目

一、方志、族譜與宗族資料

曾曰瑛、李紱,《汀州府志(乾隆十七年修,同治六年刊本)》,台北:成文
　　出版社,1967。

張廷球、徐銑纂修,《龍巖州志(乾隆三年)》,龍巖市地方志編纂委員會整
　　理,福州:福建地圖出版社,1987。

蔣廷銓纂修,《上杭縣志(康熙二十六年〔1687〕十二卷刻本)》,收錄於
　　《清代孤本方志選》,北京:線裝書局,2001。

丘復,《上杭縣志(民國二十七年)》,龍巖:上杭縣地方志編纂委員會2004年
　　重印。

龍巖地區地方志編纂委員會,《龍巖地區志》,上海:上海人民出版社,1992。

上杭縣志編纂委員會,《上杭縣志》,福州:福建人民出版社,1993。

廖步宵,《閩粵贛武威廖氏族譜》,鉛印本,1936。

廖道南等,《古田武威廖氏東興堂族譜》,石印本,民國九年。

張炤謙等,《閩杭張氏宗譜》,石印本,民國八年。

賴馨,《賴氏家譜》,手抄本,民國十七年。

廖氏武威郡閩杭古田廖氏族譜編纂委員會,《廖氏武威郡閩杭古田廖氏族
　　譜,》(1996)。

古田松陽賴氏族譜編委會,《古田賴氏族譜》(2004)。

中國廖氏族譜武威花公世系編纂委員會編,《中國廖氏族譜:武威(花公世

系）》（2005）。

福建省賴氏宗祠管委會，〈福建省賴氏標公陵園〉（2006）。

武威廖氏花公陵園修建委員會編，〈武威廖氏花公陵園修建紀念冊〉（2007）。

廖氏武威郡花公裔孫聯誼會古田分會編，《廖氏武威萬源祠》（2007）。

無撰者，《古蛟詩選》（手抄本）。

二、檔案

福建省檔案

福建省研究院社會科學研究所，〈福建省研究院社會科學研究所農村經濟調查
　　計畫之一：閩西土地改革實況調查綱要〉（1945），福建省檔案館：36-13-
　　3458。

〈福建省人民政府關於龍巖專區經過土地革命地區有關土地改革若干實施辦法
　　規定〉（手抄原稿），福建省檔案館：101-5-571。

中共龍巖地委，〈中共龍巖地委致省委函〉（手寫書信，1955 年 7 月 16 日），
　　福建省檔案館：101-5-785。

中共龍巖地委，〈中共龍巖地委關於蘇維埃時期分配的土地基本上保留在農民
　　手中地區的土地改革問題的報告〉（1954 年 3 月 19 日）。

〈福建省委關於頒發土地證的指示〉（1954 年 4 月 2 日），福建省檔案館：101-
　　1113-2.1。

〈中央人民政府政務院關於劃分農村階級成分的決定〉（1950 年 8 月 4 日），福
　　建省檔案館：101-1113-2.1。

趙亦松，〈關於上杭工作概況報告〉（1928 年 7 月 9 日），《福建文件》3，頁
　　136-137。

龍巖地委，〈中共龍巖地委關於當前老區工作幾點補充通知〉（1966 年 1 月 11
　　日），福建省檔案館。

中共福建省委辦公廳、福建省人民政府辦公廳，〈2005-2010 年福建省紅色旅

遊發展規劃綱要〉(閩委辦 [2005]70 號)。

上杭縣檔案

上杭古蛟鄉村建設委員會,〈上杭古蛟鄉村建設委員會三年計畫綱要〉
(1942),上杭縣檔案館:98-1-1。

上杭古蛟鄉村建設委員會,〈上杭古蛟鄉村建設委員會組織章程〉(1942),
上杭縣檔案館:98-1-1。

人民解放軍閩西義勇軍行動委員會,〈全銜通知〉(義政山字第二十號)
(1949 年 5 月 25 日),上杭縣檔案館:3-1-1。

賴欽安,〈成立雲田支會電文〉(1949 年 6 月 2 日),上杭縣檔案館:3-1-3。

蛟洋區公所,〈張潤姑飼養金蠶案〉(1952 年 3 月 16 日),上杭縣檔案館:87-
1-15。

上杭縣第七區土改工作隊,〈上杭縣第七區土改工作總結報告〉(1951 年 4 月 3
日),上杭縣檔案館:87-1-9-1。

上杭縣古蛟區,〈上杭縣古蛟區「三八」婦女結工作彙報〉(1952 年 3 月 25
日)。

上杭縣第七區委,〈今後方針任務報告〉(1952),上杭縣檔案館:85-1-2。

上杭縣第七區,〈上杭縣第七區五月份綜合性工作總結報告〉(1952 年 10 月 6
日),上杭縣檔案館:86-1-2。

上杭縣人民政府第七區公所報告,〈上杭縣第七區革命遺址蛟洋文昌閣修建費
預算書〉(1953 年 1 月 24 日),上杭縣檔案館 。

上杭縣老區辦公室,〈上杭縣老區辦公室為表揚老區人民革命傳統及光榮保存
了蘇維埃時期各種革命文物,發贈紀念章、毛主席相片、毛主席提詞〉
(1953 年 2 月 7 日),上杭縣檔案館:38-1-1。

上杭縣第七區,〈上杭縣第七區貫徹婚姻法工作總結〉(1953 年 4 月 25 日)。

中共上杭縣第七區委會,〈傅柏翠的政治材料〉(1953 年 9 月 6 日)。

上杭縣第七區委,〈上杭縣第七區第二次城鄉物資交流總結〉(1953),上杭縣
檔案館:99-1-19。

上杭縣人民委員會辦公室，〈關於檔案工作和處理人民來信工作情況報告（57）杭辦字第 008 號〉，上杭縣檔案館：33-1-135。

上杭縣第七區委，〈上杭縣第七區第二次城鄉物資交流總結〉（1953），上杭縣檔案館：99-1-19。

福建省老區辦公室，〈通知蒐集老區人民革命鬥爭故事由（老辦字第 00588 號）〉（1953 年 11 月 17 日），上杭縣檔案館：33-1-164。

修建古田會議址工作委員會，〈修建古田會議址工作初步計畫（手抄、油印本）〉（1954），上杭縣檔案館：98-1-4.1。

上杭縣第十三區委，〈上杭縣第十三屆春節文娛活動基本總結〉（1954 年 2 月 21 日）。

古田鄉人民政府，〈上杭縣第十三區古田鄉情況調查報告〉（1954 年 4 月 4 日），上杭縣檔案館：98-1-27。

〈古田鄉情況調查報告〉（1954 年 4 月），上杭縣檔案館：98-1-27。

第十三區公所，〈修建古田會址計畫〉（1955 年 3 月 17 日），上杭縣檔案館：38-1-8。

上杭縣人民委員會、老區辦公室，〈本縣：「修建古田會址、才溪光榮亭及道路、學校等計畫」〉（1955），上杭縣檔案館：38-1-8。

土改小組，〈上杭縣第十三區古田鄉土改遺留問題情況調查報告〉（1954 年 4 月），上杭縣檔案館：98-1-27。

「古田區＿＿＿＿鄉處理土改遺留問題賠罰款意見表」、「古田區＿＿＿＿鄉處理土改遺留問題倒算意見表」、「上杭縣＿＿＿＿鄉處理土改遺留問題地主、富農、工商業家分戶登記表」

袁永珍，〈我的情況自述〉（1955 年 7 月 14 日），中共古蛟區委幹部自傳，上杭縣檔案館：98-1-6。

上杭縣第十三區古田鄉人民政府，〈賴振祥債利生活者材料〉（1955 年 10 月 3 日），上杭縣檔案館：98-1-27。

上杭縣雲田鎮人民政府、中國共產黨雲田區雲田支部、雲田鎮處理落後鄉工作組，〈上杭縣古田區雲田鎮處理土改遺留問題工作總結〉（1955 年 11 月 6

日），上杭縣檔案館：99-1-35。

中共古田鄉黨支部、改造落後鄉工作組，〈上杭縣古田鄉土改保留地區處理土改遺留問題工作總結報告〉（1955 年 11 月 8 日），上杭縣檔案館：98-1-27。

上杭縣古田區，〈上杭縣古田區幹部擴大會議中關於檢舉揭發控訴傅柏翠叛徒和地主封建勢力罪惡行為的初步整理〉（1955 年 11 月 30 日），上杭縣檔案館。

龍巖專署老區辦公室，〈關於修建古田會址問題兩點初步意見〉（1955 年 7 月 4 日，類似公文的函件），上杭縣檔案館：38-1-8。

龍巖專署老區辦公室，〈關於修建古田會址意見〉（1955 年 9 月 15 日，類似公文的函件），上杭縣檔案館：38-1-8。

龍巖區專員公署，〈地委劉□□關於古田會址的修建意見〉（1955 年 12 月 14 日），上杭縣檔案館：38-1-8。

龍巖區專員公署老區辦公室，〈批復古田會議址撥款問題〉（1955 年 12 月 16 日），上杭縣檔案館：38-1-8。

中共古田區委，〈中共古田區委關於古田地區土改補課及生產合作〉（1956 年 2 月 9 日），上杭縣檔案館：98-1-21。

上杭縣檔案館，〈關於堅決反右傾狠狠鼓幹勁實現處理人民來信來訪工作大躍進的報告〉（1959 年 8 月 27 日），專區工作會議文件之三，上杭縣檔案館：33-1-164。

丘官華，〈丘官華自傳〉（1956 年 1 月），中共古蛟區委幹部自傳，上杭縣檔案館：98-1-50。

上杭縣古蛟區公所，〈上杭縣古蛟區公所關於報請撥款修建革命文物蛟洋文昌閣的報告〉（1957 年 11 月 6 日），上杭縣檔案館。

中共龍巖地委，〈關於張昭娣同志的錯誤事實和檢查交待情況的報告〉（1960 年 5 月 27 日），上杭縣檔案館：15-2-243。

上杭縣人民委員會，〈關於辦好農村俱樂部大力開展春節文娛活動的通知〉（1962 年 12 月 26 日），上杭縣檔案館：33-1-213。

福建省文化局，〈關於古田蘇家坡的樹槐堂列為重點文物保護單位的問題〉（1

962 年 2 月 20 日），上杭縣檔案館：33-1-213。

上杭縣人民委員會，〈關於蘇家坡樹槐堂與革命遺址列為我縣文物保護單位的
通知〉（1962 年 3 月 30 日），上杭檔案館：33-1-213。

上杭縣委，〈關於大力開展農村文娛宣傳活動，迎接 1963 年元旦，並積極做
好春節文娛活動準備的通知〉（1963 年 12 月 11 日），上杭縣檔案館：33-1-
213。

上杭縣人委，〈縣人委關於禁止生產和銷售迷信品問題的通知〉（1964 年 12 月
3 日），上杭縣檔案館：33-1-289。

上杭縣人委，〈縣人委關於處理庫存迷信品的通知〉（1964 年 12 月 3 日），上
杭縣檔案館：33-1-289。

上杭縣民賴雅卿、郭東娣、邱榮新等人來函。附於上杭縣人委，〈縣人委關
於禁止生產和銷售迷信品問題的通知〉（1964 年 12 月 3 日），上杭縣檔案
館：33-1-289。

龍巖專署，〈上杭縣人委轉發「專署關於教育人民群眾在清明前後不要祭祠拜
墓的通知」〉（1965 年 3 月 30 日），上杭縣檔案館：33-1-289。

上杭縣政府，〈關於過一個革命化春節的佈告〉（1966 年 1 月 11 日），上杭縣
檔案館：33-3-300。

上杭縣人民委員會辦公室，〈關於修理革命烈士紀念碑等經費的報告〉（1962
年 8 月 9 日），上杭縣檔案館：33-1-200。

上杭縣人民委員會辦公室，〈關於羅化成、賀文選、丘熾雲等烈士的建墓經費
和遷葬追悼會的報告通知〉（1962 年 8 月 9 日），上杭縣檔案館：33-1-200。

第十三區公所，〈修建古田會址計畫〉（1955 年 3 月 17 日），上杭縣檔案館
：38-1-8。

上杭縣人民委員會辦公室，〈提供檔案資料大利用，為建設社會主義革命服
務」〉（1959 年 2 月 23 日），上杭縣檔案館：33-1-164。

邱大文、邱金發，〈利用為綱、花果豐碩（上杭縣人民委員會辦公室縣：關於
文書檔案工作的材料）〉（1959 年 2 月 23 日，手抄複寫），上杭縣檔案館：
33-1-164。

上杭縣檔案館，〈關於堅決反右傾狠狠鼓幹勁實現處理人民來信來訪工作大躍
　　進的報告〉（1959年8月27日），專區工作會議文件之三，上杭縣檔案館：
　　33-1-164。

上杭縣委辦公室，《群眾反映》（發行起迄日期不詳）。

上杭縣盧豐畬族鄉人民政府，〈縣級文物保護單位：「廖花墓園」再徵地協議〉
　　（2007年1月28日）。

上杭縣盧豐畬族鄉人民政府，〈縣級文物保護單位：「廖花墓園」徵地協議〉
　　（2006年4月3日）。

古田會議紀念館資料室

謝耀承，〈閩西革命紀念館、古田會議紀念館籌建前後的一段（1960-1970年）
　　回憶〉（2005年1月19日），古田會議紀念館資料室：2-0247。

翟忠華，〈翟忠華同志談原省文管會支書韓閱書達中央同志的意見〉（1971年
　　3月25日），古田會議紀念館資料室。

古田會議會址修繕復原陳列工作組，〈「古田會議」會址復原資料：調查材料
　　原始記錄〉（1964年4月11日），古田會議紀念館資料室。

古田會議會址修繕復原陳列工作組，〈「古田會議」會址復原陳列資料：古田
　　老革命、羣眾座談會記錄〉（1964年4月12日），古田會議紀念館資料
　　室。

古田會議會址修繕復原陳列工作組，〈「古田會議」情況調查訪問記錄〉
　　（1964年5月31日至6月5日），古田會議紀念館資料室。

古田會議會址修繕復原陳列工作組，〈「古田會議」會址復原陳列調查材料〉
　　（1964年7月10日），古田會議紀念館資料室。

古田會議會址修繕復原陳列工作組，〈訪問楊至成同志記錄整理稿〉（1964
　　年11月12日），古田會議紀念館資料室。

古田會議會址修繕復原陳列工作組，〈訪問劉型同志紀要〉（1970年11月4
　　日），古田會議陳列館資料室。

古田會議紀念館整理，〈省政協常委傅柏翠先生談閩西革命鬥爭情況〉（1978

年 8 月 17、18 日），古田會議紀念館資料室 。

古田會議會址修繕復原陳列工作組，〈訪問宋裕和同志記錄〉（1970 年 12 月
　　5 日），古田會議紀念館資料室 。

古田會議紀念館，〈毛主席在閩西偉大革命實踐活動調查資料〔第二集〕：古
　　田會議調查材料 1964 年 5 月 31 日 - 1964 年 6 月 5 日〉（1969 年 12 月），
　　古田會議紀念館資料室：類 3 字 0891 號 。

賴毅，〈關於古田會議的一點回憶〉，原載 1960 年 12 月 28 日《解放軍報》，
　　古田會議紀念館資料室 。

雷實標，〈傅柏翠叛亂分子及古蛟革命的中斷〉（1955 年 5 月），古田會議紀念
　　館資料室：3-0730。

友仁，〈傅柏翠欺騙和威脅下的北四區群眾〉，《杭武縣蘇反白色恐怖運動週
　　特刊》（1931 年 4 月 18 日），古田會議紀念館資料室：01-0468。

中共永定區委，〈反對社會民主黨的決議〉（1931 年 5 月 3 日），古田會議紀念
　　館資料室 。

張子君等，〈土地革命時期上杭古田共青團組織的建立及其活動情形〉（1960
　　年 3 月 31 日），古田會議紀念館資料室：5-4-0124。

韓涵，〈福建省第六區行政督察專員出巡報告書〉（中華民國二十七年八月），
　　古田會議紀念館資料室 。

邱林忠、古田會議紀念館整理，〈傅柏翠同志談閩西革命鬥爭的一些情況〉；
　　〈訪問傅柏翠整理材料〉（1976 年 6 月 3-9 日記錄），古田會議紀念館資
　　料室 。

上杭縣檔案館編，〈林彪副主席在古田會議前後形象〉（1972 年 2 月整理），古
　　田會議紀念館資料室：3-0828。

上杭縣檔案館編，〈林彪親率紅四軍一縱隊在閩西為捍衛毛主席革命路線而鬥
　　爭〉（1971 年 2 月整理），古田會議紀念館資料室：5-4-0308。

上杭縣檔案館編，〈紅軍在贛南閩西（編寫故事素材）〉，古田會議紀念館資料
　　室：5-4-0252。

上杭縣檔案館編，〈偉大領袖毛主席在古田會議前後形象〉（1971 年 5 月），古

田會議紀念館資料室：3-0827。

上杭縣檔案館編，〈戰地黃花分外香：毛主席在蘇家坡的活動片段〉（1969），古田會議紀念館資料室：5-4-0511。

上杭縣檔案館編，《上杭縣古田會議址情況介紹》（1959年1月）。古田會議紀念館資料室：雜-46。

上杭縣檔案館編，〈毛主席在閩西偉大革命實踐活動調查資料：古田會議調查材料〉》〔第二集〕（1969年12月），古田會議紀念館資料室：類3字0891號。

林雲偉，〈賴根基同志回憶記錄〉（1972年4月27日），古田會議紀念館資料室：3-0671。

劉寶聯，〈訪古田大隊賴根基紀錄〉（1977年11月3日），古田會議紀念館資料室：3-0670。

張子今、廖廣淵回憶，〈「古田會議」會址復原資料：調查材料原始記錄〉（1964年4月11日），古田會議紀念館資料室。

張子君、廖修、官道崇談話記錄，〈土地革命時期上杭古田共青團組織的建立及其活動情況〉（1960年3月31日），古田會議紀念館資料室：5-4-0124。

陳少雲，〈閩西革命歌謠〉，古田會議紀念館資料室：7-0007。

陳仲光、李金祥、李北華，〈毛主席在閩西偉大革命實踐活動調查資料〔第二集〕〉（1969年12月），古田會議陳列館資料室：類3字0891號。

陳仲光、李金祥、李北華，〈古田會議情況調查訪問記錄〉（1964年6月10日），古田會議陳列館資料室：5-4-0113。

陳述祖，〈福建省上杭縣概況〉（1945年10月），古田會議紀念館資料室：6-0030。

傅佐滋發言，〈古田會議會址復原陳列資料：古田老革命、羣眾座談會記錄〉（1964年4月12日），古田會議陳列館資料室。

傅柏翠，〈傅柏翠給中共閩西特委的信〉（1930），古田會議紀念館資料室：1-0557。

提問廖兆藩，古田會議四十周年籌備處資料組編印，〈毛主席在閩西偉大革命

實踐活動調查資料〉（1969 年 12 月）；〈賀子珍在閩西活動情況：採訪廖
肇藩整理資料〉，古田會議陳列館資料室。

雷時標發言，〈古田會議會址復原陳列資料：古田老革命、羣眾座談會記錄〉
（1964 年 4 月 12 日），古田會議陳列館資料室。

雷實標，〈傅柏翠叛亂分子及古蛟革命的中斷〉（1955 年 5 月），古田會議紀
念館資料室：3-0730。

廖雲揚發言，〈古田會議會址復原陳列資料：古田老革命、羣眾座談會記錄，
廖雲揚發言〉（1964 年 4 月 12 日上午），古田會議陳列館資料室。

謝木東回憶，〈「古田會議」情況調查訪問記錄〉（1964 年 5 月 31 日至 6 月 5
日），古田會議陳列館資料室：5-4-0310。

謝星明回憶，〈「古田會議」情況調查訪問記錄〉（1964 年 5 月 31 日至 6 月 5
日），古田會議陳列館資料室：5-4-0310。

廖壽仁回憶，〈古田會議情況調查訪問記錄〉（1964 年 5 月 31 日至 6 月 5 日），
古田會議陳列館資料室：5-4-0310。

廖壽仁回憶，〈古田會議會址復原陳列資料：古田老革命、羣眾座談會記錄〉
（1964 年 4 月 12 日），古田會議陳列館資料室。

福建師範大學檔案

舊省民監，〈訪問傅柏翠記錄〉（陳一琴、洪仁富、翁仁發整理，1969 年 9
月 12、13、16 日）。

〈省政協常委傅柏翠先生談閩西革命鬥爭情況〉（1978 年 8 月 17、18 日）、〈上
杭初期革命鬥爭情況〉（無年代）。

〈南昌起義到古田會議〉（石家莊高級步校黨史教研室翻印，1979 年 7 月
12、13、14 日）。

〈回憶紅軍與國民黨 19 路軍的關係〉、〈毛主席紅四軍進入閩西活動的經過〉，
以上無年代、訪問者。

福建省外檔案

中華蘇維埃共和國臨時政府文告,〈人民委員會對於赤衛軍及政府工作人員勇敢參戰而受傷殘廢及死亡的撫卹問題的決議案〉,《紅色中華》(1932 年 9 月 13 日)。

〈中共中央批復浙江省委關於執行「中共中央關於改造落後鄉工作的指示」的意見〉(1955 年 3 月 9 日)

毛澤東,〈毛主席對福建公安廳關於鎮壓反革命工作報告的批示〉(1951 年 4 月 7 日),摘自川西黨委,〈毛主席對鎮壓反革命的批示和指示〉(1951 年 5 月 1 日)。

中共省委辦公廳編,〈中共中央批復浙江省委關於執行「中共中央關於改造落後鄉工作的指示」的意見〉(1955 年 3 月 9 日),《中央關於劃分農村階級成分的補充規定》(1964 年 10 月)。

毛澤東,〈中央對福建省委「繼續貫徹鎮壓反革命的計畫報告」的批示〉(1951 年 1 月 28 日),摘自川西黨委,〈翻印毛主席黨中央關於鎮壓反革命問題給各地的指示〉(1951 年 2 月 7 日)。

〈關於劃分農村階級成分的補充規定(草案)〉(1951 年 3 月 7 日)。引自中共浙江省委辦公廳翻印之《中央關於劃分農村階級成分的指示》。

國家檔案局、教育部、文化部,〈關於協助編好「中國家譜綜合目錄」的通知〉,國檔會字(1984)7 號。

〈河南省委關於當前農村社會主義教育運動情況的報告〉(1963 年 4 月 15 日)。

中華人民共和國國家發展和改革委員會,〈2004-2010 全國紅色旅遊發展計畫規劃綱要〉。

〈關於農村社會主義教育的兩個問題的報告〉(1963 年 4 月 10 日)。

三、黨史與文史資料

乃 平

　　1949　〈十五年前中共在閩贛邊區〉，《社會》1（11）：8。

上杭民歌編輯小組

　　1973　《上杭民歌》，福州：福建人民出版社。

上杭縣旅遊產業發展委員會編

　　2004　《福建上杭之旅》，龍巖：上杭縣旅遊局。

孔永松、林天乙

　　1982　《閩贛路千里：紅軍轉戰閩贛與創建閩西根據地的鬥爭》，上海：人
　　　　　民出版社。

中共上杭縣委組織部等

　　1989　《中國共產黨福建省上杭縣組織史資料（1926年12月-1987年12
　　　　　月）》，廈門：廈門大學出版社。

中央檔案館編

　　1981　《解放戰爭時期土地改革文件選編（1945-1966）》，北京：中央黨校
　　　　　出版社。

中央檔案館、福建省檔案館編

　　1984　《福建革命歷史文獻彙集（閩西）1928-1936》。

中共福建省黨史資料徵集編輯委員會編

　　1983-86　《福建黨史資料》。

中共龍岩地委黨史資料徵集研究委員會編

　　1987　《閩西革命根據地史》，北京：華夏出版社。

中國人民政治協商會議全國委員會文史資料研究委員彙編

　　1986　《文史資料選輯（第一輯）》，北京，中央文史出版社。

王冶秋

　　1997　〈在紀念性博物館工作座談會上的發言（1957）〉，國家文物局編，
　　　　　《王冶秋文博文集》，北京：文物出版社。

古田會議紀念館編

　　〔年代不詳〕《閩西革命史文獻資料（1-8）》。

古田會議紀念館編

　　2005　《相約聖地：古田會議紀念館建館 40 週年紀念畫冊》。

伍洪祥

　　2004　《伍洪祥回憶錄》，北京：黨史出版社 。

李迎春等

　　2007　《品味上杭》，福州：海潮攝影藝術出版社 。

沈霞

　　2009　《延安四年（1942-1945）》，鄭州：大象出版社 。

林仁芳、傅如通、符維建

　　2007　《走進龍巖叢書：紅色閩西》，北京：中央文獻出版社 。

　　2007　《走進龍巖叢書：風情閩西》，北京：中央文獻出版社 。

馬庚存

　　1993　〈從遵義到衡陽〉，劉濤編，《大串連》，北京：知識出版社 。

姚鼎生

　　1995　《曲折前半生：傅柏翠傳》，北京：中央黨史出版社 。

陳明睿、傅柒生

　　1997　《古田鑄軍魂：古田會議紀念館（愛國主義教育示範基地叢書）》，
　　　　　北京：中國大百科全書書版社 。

陳賽文、黃寧、傅柒生

　　1995　《傅柏翠》，北京：中國人事出版社 。

章振乾

　　1996　《閩西農村調查日記：1945 年 4 月 -7 月》，福州：中國政協福建省
　　　　　委員會編 。

郭楠檸

　　2008　〈我經歷的「潘曉討論」〉，《炎黃春秋》12：28-54。

傅柒生

  2003 《冬韵新曲》，北京：作家出版社 。

  2004 《軍魂：古田會議記實》，北京：解放軍文藝出版社 。

  2006 《古田會議論文集》，北京：解放軍出版社 。

黃宏 、 林仁芳

  2007 《古田精神》，北京：人民出版社 。

黃祖洪 、 陳志濤

  1999 〈古田會議會址維修 、 復原及保護管理記實〉，中國人民政治協商會
        議福建省龍巖市委員會文史資料委員會編，《閩西文史資料（第一
        輯)》，龍巖，中國人民政治協商會議福建省龍巖市委員會文史資料
        委員會 。

廈門大學出版社

  1993 《古田之光》，廈門：廈門大學出版社 。

傅柏翠

  1985 《土地革命時期上杭北四區農民武裝鬥爭，福建文史資料》第 7 輯，
        福州：中國政協福建省委員會編 。

翟志成

  2006 〈集體記憶與歷史事實：「平型關大捷」的建構與解構〉，《中央研
        究院近代史研究所集刊》51：131-186。

謝春池 、 何永先 、 劉少雄

  1996 《崛起的聖地：中國老區第一鎮古田啟示錄》，廈門：鷺江出版社 。

蔣伯英

  1988 《閩西革命根據地史》，福州：福建人民出版社 。

  1996 《鄧子恢傳》，北京：人民出版社 。

  2004 《鄧子恢與中國農村變革》，福州：福建人民出版社 。

蔣伯英主編

  1991 《福建革命史（上 、 下)》，福州：福建人民出版社 。

劉濤編

　　1993　《大串連》，北京：知識出版社 。

劉雲山

　　1997　〈培養愛國主義之情，激發報國之志：寫在百個愛國主義示範教育基
　　　　　　地系列叢書出版之際〉，《愛國主義教育示範基地叢書》，北京：
　　　　　　中國大百科全書出版社 。

燕　帆

　　1993　《大串連：一場史無前例的政治旅遊》，北京：警官教育出版社 。

福建人民出版社編輯部編

　　1960　《閩西歌謠》，福州：福建人民出版社 。

袁梅英

　　2005　〈龍巖紅色旅遊別有韻致〉，龍巖市紅色旅遊經典景區導遊詞編委會
　　　　　　編，《龍巖市紅色旅遊經典景區導遊詞》，龍巖：龍巖市旅遊局 。

龍巖市紅色旅遊經典景區導遊詞編委會

　　2005　《龍巖市紅色旅遊經典景區導遊詞》，龍巖：龍巖市旅遊局 。

無撰者，〈土改工作中怎樣做好保護文物古蹟〉，《文物》（1951 年 1 月）。

無撰者，〈中央人民政府和福建省人民政府先後撥二億六千萬元修建在福建省
　　　　　的革命遺址和歷史上的名勝古蹟〉，《文物》（1953 年 1 月）。

無撰者，〈古田會議會址和決議〉，《文物》（1964）：10-11。

無撰者，〈國務院關於公布第一批全國重點文物保護單位的通知（1961 年 3 月
　　　　　4 日）〉，《文物》（1961：4-5）：7-12。

和平，〈我國博物館史的幾則珍貴資料〉，《文物》8.9（1960）：6。

無撰者，《福建革命歷史文獻彙集》。

四、學術著作

山本真

2007　〈革命と福建地域社會：上杭縣蛟洋區の地域のエリート傅柏翠に著目して〉，三田史學會編，《史學》4（75）：33-44。

井上徹

2008　《中國宗族與國家禮制：以宗法主義角度所作的分析》，錢杭譯，上海：上海書店出版社。

王奇生

2010　《革命與反革命》，北京：社會科學文獻出版社。

王明珂

2010　〈國族邊緣、邊界與變遷：兩個近代中國邊疆民族考察的例子〉，《新史學》21.3：1-54。

王業鍵

1987　〈十八世紀福建的糧食供需與糧價分析〉，陳春聲譯，《中國社會經濟史研究》2：69-85。

王銘銘

1997　〈一個閩南村落的家族、社會與國家〉，《中央研究院民族學研究所集刊》85：51-120。

竹內實

2005　《文化大革命觀察》，北京：中國文聯出版社。

宋永毅編

2007　《文化大革命：歷史真相與集體記憶》，香港：田園書屋。

沈松僑

1997　〈我以我血薦軒轅：黃帝神話與晚清的國族建構〉，《台灣社會研究季刊》28：1-77。

2000　〈振大漢之天聲：民族英雄系譜與晚清國族想像〉，《中央研究院近代史研究所集刊》33：81-158。

2009 〈中國的一日，一日的中國：1930年代的日常生活敘事與國族想像〉，《新史學》20.1：1-59。

沈潔

2006 〈「反迷信」話語及其現代起源〉，《史林》2：30-42。

房學嘉

1996 《客家源流探奧》，台北：武陵出版社。

周作人

1919 〈日本的新村〉，《新青年》6.3：266-277。

林開世

2003 〈風景的形成與文明的建立〉，《台灣人類學刊》1（2）：1-38。

松本一男

1996 《客家人的力量》，台北：國際村文庫。

艾思奇

1940 〈抗戰中的陝甘寧邊區文化運動：二十九年一月六日在邊區文協第一次代表大會上的講話〉，《中國文化》1（2）：2-19。

洪長泰

2001 〈生與死的節日：中共的通俗政治文化〉，張啟雄主編，《「二十世紀的中國與世界」論文選集（下）》，台北：中央研究院近代史研究所，頁896-916。

2003 《新文化史與中國政治》，台北：一方出版有限公司。

2007 〈空間與政治：擴建天安門廣場。冷戰國際史研究 IV〉，華東師範大學國際冷戰史研究中心編，北京：世界知識出版社，頁138-173。

科大衛、劉志偉

2000 〈宗族與地方社會的國家認同：明清華南地區宗族發展的意識型態基礎〉，《歷史研究》3：3-14。

徐賁

2007 〈全球傳媒時代的文革記憶：解讀三種文革記憶〉，《文化大革命：歷史真相和集體記憶》，香港：田園書屋，頁934-935。

2007 〈懷舊物品與文革記憶〉，《文化大革命：歷史真相和集體記憶》，
香港：田園書屋，頁 982-1003。

茅盾

1940 〈舊形式、民間形式，與民族形式〉，《中國文化》2.1：5。

翁紹耳

1941 《福建省墟市調查報告》，紹武：私立協和大學農學院農業經濟系。

陳小雅

2007 〈毛澤東的「品牌化」、神話及其退化：「毛澤東熱」透視〉，《文
化大革命：歷史真相與集體記憶》，香港：田園書屋。

張富美

1992 〈清代典買田宅律令之演變與台灣不動產交易的找價問題〉，陳秋
坤、許雪姬編，《台灣歷史上的土地問題》，台北：中央研究院台
灣史研究所籌備處。

張鴻祥

2003 《長汀城關傳統社會研究》，香港：國際客家學會、海外華人研究
社、法國遠東學院。

莊英章

2002 〈試論客家學的建構：族群互動、認同與文化實作〉，《廣西民族學
報》24（4）：40-43

郭志超

2000 〈清理資料來源是鑒別舊志所載的重要方法：以明代閩西南設「撫瑤
土司」說辨正為例〉，《中國地方志》3：61-63。

陳支平

1998 《客家源流新論：誰是客家人》，台北：臺原文化出版社。

陳永發

2001 《中國共產革命七十年》，台北：聯經出版公司。

2011 〈「新村」夢碎：閩西古蛟四十年〉，陳永發編，《明清帝國及其近
現代轉型》，台北：允晨出版公司，頁 435-508。

陳春聲

　2001 〈正統性、地方化與文化的創制：潮州民間信仰的象徵與歷史意義〉，
　　　　《史學月刊》1：123-133

傅衣凌

　1982 〈明末清初閩贛比鄰地區的社會經濟與租佃關係〉，《明清社會經濟
　　　　史論文集》，北京：人民出版社，頁 339-340。

　1999 《明史新編》，台北：昭明出版社。

黃宗智

　1992 《長江三角洲小農家庭與鄉村發展》，北京：中華書局。

　1994 《長江三角洲小農家庭與鄉村發展》，香港：牛津大學出版社。

黃道炫

　2005 〈1920-1940 年代中國東南地區的土地占有：兼談地主、農民與土地
　　　　革命〉，《一九二○年代的中國》，北京：社會科學文獻出版社，頁
　　　　266-284。

　2011 《張力與限界：中央蘇區的革命（1933-1934）》，北京：社會科學文
　　　　獻出版社。

楊開道

　1930 《新村建設》，上海：世界書局。

楊彥杰

　1996 《閩西客家宗族社會研究》，香港：國際客家學會、海外華人研究
　　　　社、法國遠東學院。

楊彥杰主編

　1997 《閩西的城鄉廟會與村落文化》，香港：國際客家學會、海外華人研
　　　　究社、法國遠東學院。

　1998 《汀州府的宗族廟會與經濟》，香港：國際客家學會、海外華人研究
　　　　社、法國遠東學院。

　2000 《閩西北的民俗宗教與社會》，香港：國際客家學會、海外華人研究
　　　　社、法國遠東學院。

2002 《長汀縣的宗族、經濟與民俗》，香港：國際客家學會、海外華人研究社、法國遠東學院。

楊慶堃

1976 〈儒家思想與中國宗教之間的功能關係〉，《中國思想與制度論集》，台北：聯經出版公司。

趙樹岡

2003 《當代鳳陽花鼓的村落：一個華北農村的人類學研究》，台北：唐山出版社。

2008 〈國家代理人筆下的基層社會：從檔案看地方「歷史」〉，發表於中央研究院近代史研究所主辦，「歷史視野中的中國地方社會比較研討會」，2008年12月17-19日。

劉大可

2002 《閩西武北的村落文化》，香港：國際客家學會、海外華人研究社、法國遠東學院。

劉永華

1993 〈宋元以來閩西社會的土客之爭與佃農鬥爭〉，《中國社會經濟史研究》2：36-40。

劉志偉

2010 《在國家與社會之間：明清廣東戶籍賦役制度研究》，北京：中國人民大學出版社。

劉青峰

1996 《文化大革命：史實與研究》，香港：香港中文大學出版社。

劉曉波

2002 《向良心說謊的民族》，台北：捷幼出版社，2002。

劉龍心

2009 〈通俗讀物編刊社與戰時歷史書寫（1933-1940）〉，《中央研究院近代史研究所集刊》64：87-136。

蔣炳釗

　　1995　〈試論客家的形成及其與畬族的關係〉，莊英章、潘英海編，《臺灣與福建社會文化研究論文集（二）》，台北：中央研究院民族學研究所，頁285-298。

錢杭

　　1998　〈當代中國農村宗族聯宗的性質、過程及其變化趨勢：對浙江省平陽縣陳姓聯宗的考察〉，莊英章、潘英海編，《華南農村社會文化論文集》，台北：中央研究院民族學研究所，頁149-190。

　　2001　《血緣與地緣之間：中國歷史上的聯宗與聯宗組織》，上海：上海社會科學院出版社。

謝重光

　　1999[1995]　《客家源流新探》，台北：武陵出版社。

　　2001　《客家形成發展史綱》，廣州：華南理工大學。

羅香林

　　1992（1933)　《客家研究導論》，台北：古亭書屋。

譚偉倫、曾漢祥編

　　2005　《連州的傳統經濟、宗教與民俗》，香港：國際客家學會、海外華人究社、法國遠東學院。

顧頡剛編

　　1928　《妙峰山》，廣州：中山大學。

Girard, Rene

　　2002　《替罪羊》（*Le Bouc emissaire*），馮壽農譯，北京：東方出版社。

Crang, Mike

　　2003　《文化地理學》（*Cultural Geography*），王志弘、余家玲、方淑惠譯，台北：巨流出版公司。

Abram, Philip

　　1988　"Notes of the Difficulty of Studying the State(1977)," *Journal of Historical Sociology* 1.1: 58.

Adama, Kathleen

1997　"Nationalizing the Local and Localizing the Nation Ceremonials, Monumental Displays and National Memory-Making in Upland Sulawesi, Indonesia," *Museum Anthropology* 210: 113-130.

Alonso, Ana Maria

1988　"The Effects of Truth: Representations of the Past and the Imagining of Community," *Journal of Historical Sociology* 1.1: 33-57.

1994　"The Politics of Space, Time and Substance: State Formation, Nationalism, and Ethnicity," *Annual Review of Anthropology* 3: 379-405.

Anagnost, Ann

1997　*National Past-Time: Narrative, Representation, and Power in Modern China.* Durtham: Duke University Press.

Appadurai, Arjun

1981　"The Past as a Scarse Resource," *Man* 16:201-219.

Averill, Stephen C.

2006　*Revolution in the Highland: China's Jinggangshan Base Area.* Lanham: Rowman & Littlefield Publisher.

Axel, Brian Keith ed.

2002　*From the Margins: Historical Anthropology and Its Futures.* Durham and London: Duke University Press.

Aretxags, Begona

2003　"Maddening State," *Annual Review of Anthropology* 32: 393-410.

Bevir, Mark and R. A. W. Rhodes

2010　*The State as Cultural Practice.* Oxford: Oxford University Press.

Billig, Michael

1995　*Banal Nationalism.* London: Sage Publication.

Chan, Anita, Richard Madsen & Jonathan Unger

1984　*Chen Village Under Mao and Deng*. Berkeley: California University Press.

Chen, Yung-fa

1986　*Making Revolution: The Communist Movement in Eastern and Central China*. Berkeley: California University Press.

Climo, J. Jacob & Maria G. Cattell

2002　*Social Memory and History: Anthropological Perspectives*. Walnut Creek: AltaMira Press.

Cohn, Bernard S.

1982　"History and Anthropology: The state of Play," *Comparative Studies in Society and History* 22: 192-221.

1987　*An Anthropologist Among the Historians and Other Essays*. Delhi: Oxford University Press.

Cohn, Bernard

1981　"Anthropology and History in the 1980s: Toward a Rapprochement," *Journal of Interdisciplinary History* 7(2): 272-252.

Connerton, Paul

1989　*How Societies Remember*. Cambridge: Cambridge University Press.

Constable, Nicole

1996　"Introduction: What does it mean to be Hakka?" Nicole Constable, ed., *Guest People: Hakka Identity in China and Abroad*. Seattle: University of Washington Press, pp. 3-35.

Corrigan, Philip and Derek Sayer

1985　*The Great Arch: English State Formation as Cultural Revolution*. Oxford: Basil Blackwill.

Daves, Natalie Zemon, & Randolph Starn

1989　"Introduction," *Representations* 26: 1.

Davis, Natalie Z.

   1987 *The Hollow Crown: Ethnohistory of an Indian Kingdom.* Chicago: Chicago University Press.

   1988 "The Possibilities of the Past," *Journal of Interdisciplinary History* 7(2): 267-275。

Dirks, Nicholas

   2002 "Annals of the Archive: Ethnographic Notes on the Sources of History," Brian Keith Axel ed., *From the Margins: Historical Anthropology and Its Futurs.* Durham and London: Duke University Press, pp. 47-65.

Duara, Prasenjit

   1995 *Rescuing History from the Nation: Questioning Narratives of Modern China.* Chicago: Chicago University of Press.

Erbaugh, Mary S.

   1992 "The Secret History of the Hakkas: The Chinese Revolution as a Hakka Enterprise," *The China Quarterly* 132: 937-968.

   1996 "The Hakka Paradox in the People's Republic of China: Exile Eminence, and Public Silence," in Nicole Constable ed., *Guest People: Hakka Identity in China and Abroad.* Seattle: Washington University Press, pp. 196-230.

Faure, David

   1986 "The Lineage as a Cultural Invention: The Case of the Pearl River Delta," *Modern China* 15.1: 4-36.

   1992 "The Written and the Unwritten: The Political Agenda of the Written Genealogy,"《近世家族與政治比較歷史論文集（上冊）》，台北：中央研究院近代史研究所 。

   2007 *Emperor and Ancestor, State and Lineage in South China.* Stanford: Stanford University Press.

Stephan Feuchtwang

    2007   *Popular Religion in China: The Imperial Metaphor*. Stanford: Stanford University Press.

Fox, Richard ed.

    1990   *Nationalist Ideologies and the Production of National Cultures*. Washington: American Anthropological Association.

Gupta, Akhil

    2006   "Blurred Boundaries: The Discourse of Corruption, the Culture of Polities, and the Imagined State," in Aradhana Sharma and Akhil Gupta eds., *The Anthropology of the State: A Reader*. Malden: Blackwell Publishing, pp. 211-242.

Hall, Stuart

    1981   "Notes on Deconstructing 'The Popular' ,"in Raphael Samuel ed., *People's History and Socialist Theory*. London: Routledge and Kegan Paul, p. 233.

    1986   "Popular Culture and the State," in Tony Bennett, Colin Mercer, and Janet Woollacott eds., Popular Culture and Social Relations. Philadelphia: Open University Press, pp. 22-49.

Handelman and Shamgar-Handelman

    1990   "Shaping Time: The Choice of the National Emblem of Israel," E. Ohunki-Tierney ed., *Culture Through Time: Anthropological Approaches*. Stanford: Stanford University Press, pp. 193-226.

Handler, Richard

    1988   *Nationalism and the Politics of Culture in Quebec*. Madison: Wisconsin University Press.

Harrell, Steven

    2001   "The Anthropology of Reform and the Reform of Anthropology: Anthropological Narratives of Recovery and Progress in China,"

Annual Review of Anthropology 30: 143.

Hodgkin, Katharine & Susannah Radstone

2006　*Memory, History, Nation: Contested Pasts*. New Brunswick and London: Transaction Publishers.

Hung, Chang-tai

1994　*War and Popular Culture: Resistance in Modern China, 1937-1945*. Berkeley: University of California Press.

Huang, Philip C.C.

1995　"Rural Class Struggle in the Chinese Revolution: Representational and Objective Realities from the Land Reform and Culture Revolution," *Modern China* 12(1): 111.

Jenkins, Keith

1991　*Re-thinking History*. New York: Routledge.

Jin, Jung

1996　*The Temple of Memories: History, Power, and Morality in a Chinese Village*. Stanford: Stanford University Press.

Joseph, M. Gilbertand Daniel Nugent

1994　"Popular Culture and State Formation in Revolutionary Mexico," in *Everyday forms of State Formation: Revolution and the Negotiation of rule in Modern Mexico*. Durbam and London: Duke University Press, pp. 3-23.

Judd, R. Ellen

1983　"Revolutionary Drama and Song in Jianxi Soviet," *Modern China* 9.1: 127-160.

Krohn-Hansen, Christian and Knut G. Nustad

2005　*State Formation: Anthropological Perspectives*. London: Ann Arbor.

Leong, Sow-Theng

1997　*Migration and Ethnicity in Chinese History: Hakka, Pengmin and*

Their Neighbors. Stanford: Stanford University Press.

Liu, Xin

2000　*In One's Own Shadow: An Ethnographic Account of the Condition of Post-Reform Rural China*. Berkeley: California University Press.

Mitchell, Timothy

1990　"Everyday Metaphors of Power," *Theory and Society* 19.5: 545-577.

1999　"Society, Economy, and the State Effect," George Steinmetz., ed., *State/Culture: State-Formation after the Cultural Turn*. Ithaca: Cornell University Press, p. 76.

Mueggler, Eric

2001　*The Age of Wild Ghosts: Memory, Violence, and Place in Southwest China*. Berkeley: California University Press.

Naquin, Susan & Chun-fang Yu eds.

1992　*Pilgrims and Sacred Sites in China*. Berkeley: California University Press.

Naquin, Susan

1992　"The Peking Pilgrimage to Miao-feng Shan: Religious Organization and Sacred Site," *Pilgrims and Sacred Sites in China*. Berkeley: California University Press, pp. 333-378.

Navaro-Yashin, Yael

2002　*Faces of the State: Secularism and Public Life in Turkey*. Princeton: Princeton University Press.

Nora, Pierre

1989　"Between Memory and History: Les Lieux de Memoire," *Representations* 26: 7-23.

Nugen, Danielt and Ana Maria Alonso

1994　"Multiple Selective Tradition in Agrarian Reform and Agrarian Struggle: Popular Culture Formation in the Ejido of Namiqupa,

Chihuahua," in Gilbert M. Joseph and Daniel Nugent, eds., *Everyday Forms of State Formation: Revolution and the Negotiation of Rule in Modern Mexico*. Durbam and London: Duke University Press, pp. 209-246.

Nuttall, Sarah & Carli Coetzee eds.

1998 *Negotiating the Past: the Making of Memory in South Africa*. Cape Town: Oxford University Press.

Olick, Jeffrey K.

2003 *State of Memory: Continuities, Conflicts, and Transformations in National Retrospection*. Durham: Duke University Press.

Perry, J. Elizabeth

1994 "Trends in the Study of Chinese Politics: State-society Relations," *China Quarterly* 139 (September), pp. 704-713.

2007 "Studying Chinese Politics: Farewell to Revolution?" *The China Journal* 57: 1-22.

Potter, Sulamith Heins & Jack M. Potter

1990 *China's Peasants: The Anthropology of a Revolution*. Cambridge: Cambridge University Press.

Rosaldo, Renato

1980 *Ilogot Heathuntinf, 1883-1974: A Study in Society and History*. Stanford: Stanford University Press.

Roseberry, William

1994 "Hegemony and the Language of Contention," *Everyday forms of State Formation: Revolution and the Negotiation of rule in Modern Mexico*. Durbam and London: Duke University Press, pp. 355-366.

Schwarcz, Vera

1996 "The pane of Sorrow: Public Uses of Personal Grief in Modern China," *Daedalus*125.1: 119-148.

Schwenkel, Christina

    2006   "Recombinant History: Transnational Practices of Memory and Knowledge Production in Contemporary Vietnam," *Cultural Anthropology* 21.1: 3-30.

Scott, C. James

    1986   *Weapons of the Weak: Everyday Forms of Peasant Resistance.* New Haven: Yale University Press.

    1990   *Domination and the Art of Resistance: Hidden Transcripts.* New Haven: Yale University Press.

Sharma, Aradhana and Akhil Gupta

    2006   *The Anthropology of the State: A Reader.* Oxford: Blackwell Publishing.

Sherman, Daniel

    1994   "Art, Commerce, and the Production of Memory in France after World War I," *Commemorations: The Politics of National Identity.* Princeton: Princeton University Press.

Silverman, Marilyn & P. H. Gullver. eds.

    1992   *Approaching the Past: Historical Anthropology Through Irish Case Studies.* Columbia: Columbia University Press.

Siu, Helen F.

    1989   *Agents and Victims in South China: Accomplices in Rural Revolution.* New Haven: Yale University Press.

    1990   "Recycling Tradition: Culture, History, and Political Economy in the Chrysanthemum Festivals of South China," *Comparative Studies in Society and History* 21 (4): 765-794.

    1993   "Cultural Identity and the Politics of Difference in South China," *Daedalus* 122 (2):19-43.

Steinmetz, George

    1999   "Introduction: Culture and the State," in George Steinmetz ed., *State/ Culture: State-formation after the Cultural turn*. Ithaca: Cornell University Press, pp. 12-23.

Trouillot, Michel-Rolph

    2001   "The Anthropology of the State in the age of Globalization: Close Encounters of the Deceptive Kind," *Current Anthropology* 42 (1): 125-138.

Turner, Victor

    1969   *Dramas, Fields, and Metaphors*. Ithaca: Cornell University Press.

Wagner, G. Rudolf

    1992   "Reading the Chairman Mao Memorial Hall in Peking: The Tribulations of the Implied Pilgrim," Susan Naquin and Chun-fang Yu eds., *Pilgrims and Sacred Sites in China*. Berkeley: California University Press, pp. 378-423.

Watson, James

    1986   "Standardizing the Gods: The Promotion of T' ien Hou ('Empress of Heaven') Along the South China Coast, 960-1960," David Johnson, Andrew J. Nathan, and Evelyn S. Rawski eds., *Popular Culture in Late Imperial* China. Berkeley: University of California Press, pp. 292-324.

Watson, Rubie, ed.

    1994   *Memory, History, and Opposition Under State Socialism*. Santa Fe: School of American Research Press.

Wolf, P. Arthur

    1974   "Gods, Ghosts, and Ancestors," in Arthur P. Wolf ed, *Religions and Ritual in Chinese Society*. Stanford: Stanford University Press, pp. 131-183.

Wu, Hung

　　1991　"Tiananmen Square: A Political History of Monument,"
　　　　　Representations 35: 84-116.

Zonabend, Francoise

　　1984　*The Enduring Memory: Time and History in a French Village.*
　　　　　Manchester: Manchester University Press.

五、媒體資料

丁塵馨，〈林丹：毛主席像章保佑我奪冠 要找時間回韶山還願〉，中新社北京 8
　　月 17 日電。http://2008.sina.com.cn/cn/bd/2008-08-18/0253223345.shtml

《閩西日報》，1953 年 10 月 10 日、1954 年 4 月 7 日。

賴毅，〈關於古田會議的一點回憶〉，《解放軍報》，1960 年 12 月 28 日。

新華社展覽照片，〈絕對不能忘記過去〉，封面設計：焦煥之，1963 年 11 月。

〈紅衛兵不怕遠征難〉，《人民日報》，1966 年 10 月 22 日。

〈這裡升起了永遠不落的紅太陽：記毛澤東同志舊居韶山陳列館〉，《人民日
　　報》，1966 年 10 月 26 日。

〈炎黃子孫敬祖聖地 - 黃帝陵〉，《人民日報》，1984 年 9 月 1 日。

李貴海，〈將軍的心願〉，《閩西日報》，1999 年 12 月 8 日。

蕭兵、李唐，〈江西井岡山革命聖地 偉人像變「護身符」〉，《人民日報》，
　　2001 年 11 月 25 日。

許志峰、龔雯，〈「紅色旅遊」激人奮起〉，《人民日報》，2004 年 8 月 12 日，
　　2 版。

江寶章，〈「紅色之旅」成為福建旅遊新亮點 136 個愛國主義教育基地吸引八
　　方遊客〉，《人民日報》，2005 年 2 月 25 日。

呂先聲，〈「紅色旅遊」的魅力〉，《人民日報》，2005 年 3 月 2 日。

江寶章，〈寓教於遊 寓教於樂：福建紅色旅遊方興未艾〉，《人民日報》，

2005 年 4 月 5 日，14 版 。

士心，〈「紅色旅遊」不能庸俗化〉，《人民日報》，2005 年 8 月 16 日，9 版 。

湖南在線，〈林丹講故事：戴毛主席像章參加比賽〉，2009 年 2 月 23 日 。
（http://www.shaoshan.com.cn/html/news/20092237018240.htm）

六、地 圖

地圖出版社

　　1966　中國地圖冊（供革命串連用），北京：地圖出版社 。

福建省地圖出版社

　　2002　福建省地圖冊，福州：福建省地圖出版社 。

古田鎮政府

　　2008　古田行政區圖 。

索引

（索引頁碼後加註 n 者，表示在該頁註腳內）

55n, 56n, 61n, 62, 62n, 63, 64, 64n,
65n, 68, 71, 71n, 73n, 74, 75, 75n,
76, 76n, 77, 78, 78n, 79, 79n, 84, 86,
88, 92, 94, 95, 97, 98, 99n, 106, 107,
107n, 108n, 109, 110, 110n, 111,
111n, 112n, 114, 114n, 115, 116,
117, 119, 120, 121n, 124, 125, 126,
126n, 127n, 128, 128n, 129, 130n,
131, 133, 134, 134n, 135n, 138n,
142n, 146n, 149n, 150n, 151, 152n,
154n, 159, 159n, 161, 170, 171,
171n, 172, 172n, 173, 174, 174n,
175, 175n, 176, 176n, 178, 178n,
181, 182n, 183n, 185n, 186n, 187n,
190n, 191n, 193n, 194, 194n, 195,
198n, 200, 202n, 209, 213n, 215n,
216n, 217, 217n, 218, 218n, 219,
219n, 220, 221, 221n, 222, 222n,
224, 225, 228n, 229n, 235, 235n,
236, 238, 239n, 240, 242n, 243,
243n, 244, 244n, 245, 246, 246n,
247n, 248n, 249, 249n, 251, 251n,
258, 275n, 279, 280, 290, 291n, 294,
295, 297, 298, 299, 299n, 300, 300n,
301, 301n, 302, 302n, 305n, 308,
309, 313, 314, 315, 321, 322, 323,
326, 328, 328n, 333, 333n, 334n,
335n, 336, 346, 346n, 351, 352, 353,
355, 357, 358, 359, 360, 361, 361n,
363, 365, 369, 370, 370n, 372, 379,
380, 391, 391n, 392, 394, 400, 405,
406, 407

大眾／ 10, 14, 17, 18, 19, 20, 22, 22n,
23, 24, 27, 28, 29, 30, 32, 33, 35, 36,
37, 38, 40, 44, 45, 82, 214, 304, 341,
368, 369, 370, 381, 382, 383, 389,
397, 398, 399, 400, 401

大眾文化／ 14, 27, 28, 29, 30, 32, 33,
35, 40, 44, 45, 381, 383, 389, 399,
401

才溪鄉／ 251, 295

四劃

公王／ 234, 326, 327, 330, 364, 381,
382, 383

文化局／ 3, 243n, 253

文史資料／ 4, 45, 66, 72, 72n, 73, 73n,
89, 241n, 279n, 291n, 382, 393, 394

五老戶／ 370, 371

方志／ 39n, 55, 55n, 56n, 64n, 68, 69,
74, 74n, 76, 77, 77n, 78, 80, 81, 82,
84, 86, 88, 89, 90, 97, 98, 100, 111n,
122n, 209, 367, 389, 392, 393

方言群／ 49, 66, 67, 68, 71, 73, 74, 83,
303, 346

井崗山／ 3, 11, 67, 226, 229n, 235,

英文索引